Fenli Zai "Liangge Xianxing" Zhong
Fengxian Zhijiao Liliang
Zhejiangsheng 2022 Nian Zhiye Jiaoyu
Guojiaji Jiaoxue Chengguo Huibian

奋力在"两个先行"中
奉献职教力量

浙江省 2022 年职业教育国家级教学成果汇编

主 编　丁金昌　祝鸿平
副主编　程江平　丁明军

ZHEJIANG UNIVERSITY PRESS
浙江大学出版社
·杭州·

图书在版编目(CIP)数据

奋力在"两个先行"中奉献职教力量：浙江省 2022 年职业教育国家级教学成果汇编／丁金昌，祝鸿平主编. -- 杭州：浙江大学出版社，2024.4(2025.4 重印)

ISBN 978-7-308-24772-6

Ⅰ. ①奋… Ⅱ. ①丁… ②祝… Ⅲ. ①职业教育－成果－汇编－浙江－2022 Ⅳ. ①G719.2

中国国家版本馆 CIP 数据核字(2024)第 065809 号

奋力在"两个先行"中奉献职教力量
——浙江省 2022 年职业教育国家级教学成果汇编

主　编　丁金昌　祝鸿平

副主编　程江平　丁明军

策划编辑	黄娟琴　李　晨
责任编辑	高士吟
责任校对	郑成业
封面设计	春天书装
出版发行	浙江大学出版社
	(杭州市天目山路 148 号　邮政编码 310007)
	(网址：http://www.zjupress.com)
排　　版	杭州晨特广告有限公司
印　　刷	杭州宏雅印刷有限公司
开　　本	787mm×1092mm　1/16
印　　张	22.5
字　　数	516 千
版印次	2024 年 4 月第 1 版　2025 年 4 月第 3 次印刷
书　　号	ISBN 978-7-308-24772-6
定　　价	72.00 元

编委会

前　言

　　国家级教学成果奖评选工作,是国家教育领域的重大制度安排。奖励表彰在各级各类教育教学中取得优秀成果的集体和个人,对于鼓励教育工作者投身教育教学研究实践,提高教学水平和教育质量具有重要意义。职业教育是重要的教育类型,与高等教育和基础教育同步开展国家级教学成果奖遴选,对于增强职业教育工作者从事职业教育的荣誉感和责任感,激发人才培养的积极性和创造性,推动职业教育教学和研究的系统深入开展,提升职业教育对经济社会发展的支撑力和贡献度具有积极作用。

　　国家级教学成果奖评选四年一次,机会宝贵,含金量高。在2022年职业教育国家级教学成果推荐遴选中,浙江职业教育系统共向教育部推荐申报了74项优秀成果(包括通过全国职业教育行业指导机构等推荐申报的成果),通过评审共获得奖项47项(本书共收录了46项),获奖率达63.5%,其中一等奖11项、二等奖36项,获奖总数仅次于职业教育大省江苏、山东,位居全国第三,其中一等奖数量位居全国第一。这是浙江职业教育战线坚决贯彻落实中央决策部署,紧密结合浙江实际,持续深化产教融合、校企合作,积极主动服务国家重大战略,切实加强专业和课程建设改革,深入推进教学管理和人才培养模式创新的结果,彰显了浙江职业教育的教学水平和办学实力。

　　获奖成果有力体现了浙江职业教育落实立德树人根本任务,全面增强技术技能人才供给的努力和成效。近几年来,浙江健全完善职业教育"立德树人、德技并修"的育人体系,全面推进职业院校校风学风建设,大力提升学校管理和服务水平;扎实推进高职院校课程思政,努力将思想政治教育全方位融入专业教学和人才培养全过程;立项建设省级课程思政示范课程315门、课程思政教学研究项目209项、课程思政示范基层教学组织51个、课程思政示范校6所,课程思政示范中心6个;入选全国高校第一批课程思政示范课程27门,居全国第一;扎实推进职业院校"三全育人",在教育部"中职学校管理育人实践案例"、"技能成才 强国有我"优秀视频征集活动、职业院校"三全育人"典型学校案例评选中取得佳绩,得到《中国教育报》、中国教育新闻网等教育主流媒体的宣传推广,中职学校代表在全国中职学校校风学风建设推进会上做典型交流;立项实施省级教学改革项目1000余项,引导广大教师积极在教育教学和人才培养改革中落实立德树人根本任务,全面提高技术技能人才供给能力。浙江这次获奖的成果有效体现了全省职业教育以立德树人为根本,坚定为党育人、为国育才的教育教学方向。例如杭州职业技术学院联合浙江金融职业学院入选的《高职思政课"三化驱动、四育融通"育人模式创新与实践》、浙江工贸职业技术学院联合安徽新闻出版职业技术学院入选的《深度融合地方特色资源的设计类专业课程思政探索与实践》等成果,深入探索实践了思想政治教育新路径,有效推进了职业院校"三全育人",帮助职业院校学生树立正确的世界观、人生观和价值观。

获奖成果有力体现了浙江职业教育深化产教融合、校企合作,全面提高人才培养适应力的进展和效果。近几年来,浙江积极推进产教融合、校企合作激励政策落地落实,省发展改革委、省教育厅等8部门协同推进产教融合"五个一批"工程,共认定省级产教融合企业159家,组建产教融合联盟29个、产教融合基地22个,实施产教融合工程项目160项、产教融合协同育人项目452个;强化行政部门和行业指导,成立由省级行业行政部门牵头的职业教育行业指导委员会13个,汇聚政行校企资源,指导行业企业深度参与职业教育;拓展校企合作渠道,推进复合型技术技能人才培养和评价模式改革,持续推进学历教育与职业培训相结合,动员组织数十万在校生参加"1+X"证书培训考核;推进职业教育集团化办学,支持组建省级示范性职教集团20个,培育全国示范性职业教育集团11个,支持组建校企合作共同体114个,同9600余家企业结成紧密合作关系;深化现代学徒制改革,24个教育部级试点单位和168个省级试点单位持续推进人才培养试点。这次获奖成果有效体现了浙江职业教育深化产教融合、校企合作,全面提高技术技能人才培养适应力的进展和效果。例如金华职业技术学院联合浙江京飞航空制造有限公司等单位入选的《实体化运行、一体化提升:产教融合培养智能制造工匠人才的探索实践》、杭州市富阳区职业高级中学联合浙江金火科技实业有限公司入选的《基于"企业学区"的中职高素质技能型人才培养模式探索与实践》等成果,积极探索实践了企业、学校协作育人新路径,有效推进了高素质技能型人才培养。

获奖成果有力体现了浙江职业教育主动服务国家重大战略,全面提高人才培养多样化的路径和成色。近年来,浙江职业教育积极落实育训并举的法定职责,着眼提升社会各群体学历层次和受教育水平,实施社会人员学历提升行动,强化低收入群体的"造血"功能,有效提升中低收入人群再就业、创业能力;强化乡村职业教育建设,深化国家东西部合作和省域"山海协作",持续巩固拓展职业教育脱贫攻坚成果;积极推进职业教育国际化办学,举办非独立法人中外合作办学机构7个、中外合作办学项目

64个;深入推进"引进德国企业和院校在华举办职业教育"改革试点,4个"鲁班工坊"入选国家首批鲁班工坊运营项目;积极服务"一带一路",全省16所高职院校在21个国家建立了22所丝路学院,积极在"一带一路"国家开展职业培训。这次获奖成果有效体现了浙江职业教育主动服务国家重大战略,全面提高人才培养多样化的路径和成色。例如温州科技职业学院联合温州乡村振兴学院等单位入选的《"技能创富"到"技能带富":涉农高职院校培育智慧新农匠的创新与实践》、浙江金融职业学院联合浙江华立海外实业发展有限公司等单位入选的《研育训并举 专业＋语言＋国别:高职商贸类国际化人才培养模式改革与实践》等成果,探索实践了涉农基层人才和国际化人才培养,有效服务于乡村振兴战略和"一带一路"倡议等。

2022年的获奖成果,是对过去几年浙江职业教育教学改革探索的充分肯定。凡是过去,皆为序章;凡是未来,皆有可期。从今算起,不出三年,新一轮成果遴选奖励又将隆重开启。浙江职业教育要牢牢把握时代提出的新期待,紧紧围绕教学和人才培养的关键内核,把握好教育教学改革方向,大胆实践、锐意创新,继续多出成果、出好成果。

注重在现代职业教育体系建设中推进改革,凝练成果。当前及今后一个时期,浙江职业教育将坚决贯彻落实中共中央办公厅、国务院办公厅印发的《关于深化现代职业教育体系建设改革的意见》,积极促进职业教育纵向贯通,巩固中职教育的基础地位,强化高职教育的主体地位,稳步推进职业本科教育发展;提升县域职业学校办学效能,增强中职教育核心基础能力,加强专门化建设,推进中高职贯通培养,加快本土技术技能人才的高规格培养和高质量就业;对接县域经济特点,推动高水平高职在县域举办校区或特色学院;接续推进国家级和省级重大项目建设,实施全省高水平高职建设行动,重点支持若干所具备条件的高职院校强化与产业互促发展,扩大高技能人才培养,建好海外"丝路学院",深化与国际高水平院校开展多形式的合作交流,打造领先世界水平的高职院校集群;推动职业教育类型教育格局,积极向本科层次延展,并作为关键环节予以突破;服务高端产业和产业高端,深化并扩大本科职业教育试点,支持符合条件的高职院校试办职业教育本科专业或升格为本科层次职业学校。

注重在打造互融互通的技术技能人才成长通道中推进改革,凝练成果。当前及今后一个时期,浙江职业教育将持续推进职业教育和普通教育横向融通;完善普通高中和中职学校合作机制,推动中职学校专业课教师在普通高中开设职业教育课程;推进普通高校与职业院校之间教师互聘、课程互选,实现职业教育与普通教育学分互认、融通发展;全面深化长学制人才培养改革,适应浙江产业发展趋势,按照一体设计、学段衔接、技能递进的人才培养路径,中高职和普通高校联动,推进长学制人才培养;组织研究制定职业教育长学制人才培养标准,探索形成科学的人才培养模式,实现技术技能人才培养规格的整体跃升;扩大"中本一体化"人才培养规模,积极开展"中高本一体化"人才培养试点,研究完善"专升本"专业人才培养的适切性和衔接度。

注重在产教紧密融合新型平台建设中推进改革,凝练成果。当前及今后一个时期,浙江职业教育将支持建好一批与省域支柱产业相适应的行业产教融合共同体,以共同体为平台汇聚行业产业和教育资源,研究制定教学评价标准,实行校企联合招生,开展委托培养、订单培养和学徒制培养,面向行业企业员工开展岗前培训、岗位培训,为行业提供技术技能人才支撑;支持构建一批与区域优势产业相适应的市域产教联合体,由行业主管部门和园区管委会牵头,以人才培养为纽带,组织行业头部企业、区域相关院校主体,建设技术技能人才供需平台,开展技术技能人才培养培训,培育和推广科技应用成果,推进校企师资互聘互用;支持建设一批与县级块状特色经济相适应的县域产业学院,服务县域优势产业集群发展所需的高端复合人才,以中高职联动发展方式,探索开展紧缺人才本土化培养。

凡事预则立、不预则废,机会都是留给有充分准备的人的。成果无一不是通过有组织的教学改革而来的,无一不是通过系统的探索实践和总结凝练而来的。职业教育战线尤其是一线工作者既要"抬头看天",更要"脚踏实地",将工作重心落在教育教学上、落在人才培养上,致力于职教内涵发展,深化专业、课程建设和师资队伍建设,运用数字化赋能教学和管理,协同企业行业推进教学标准、资源和装备建设,在提升职业教育办学和服务水平的过程中出成效、创成绩、凝成果,为推进省域现代化和共同富裕示范"两个先行"积极贡献职教力量!

及时当勉励,岁月不待人。我在高教职教岗位工作已逾二十载,具体操持的成果已过四届。特别是2022年的国家级教学成果奖申报推荐,我同大家一道,亲力亲为、共同努力,看到这些优秀成果最终在全国脱颖而出,在为获奖者高兴的同时,心中也甚是欣慰。按照教育部职成司关于优秀成果的总结宣传工作部署,浙江省高职教学工作分会积极发挥牵头作用,组织浙江职业教育2022年国家级教学成果奖结集出版工作,并得到浙江大学出版社的大力支持,在此一并致以诚挚的谢意!

浙江省教育厅

祝鸿平

目录

浙江省2022年职业教育国家级教学成果奖·一等奖

浙江省2022年职业教育国家级教学成果奖·二等奖

浙江省 2022 年职业教育
国家级教学成果奖

一等奖

一体两院 共同生长：
电梯类技术技能人才培养生态构建与实践

成果完成单位：杭州职业技术学院、浙江省特种设备科学研究院、杭州西奥电梯有限公司

成果完成人：楼晓春、徐时清、潘建峰、郑永进、郭伟刚、金新锋、虞雪芬、王正伟、刘富海、崔富义、潘国庆、孙红艳、程君青、何兴国、傅军平、傅美芬、牟彦春

执笔人：楼晓春

本成果作为学校国家级教育综合改革的重大项目，从 2014 年开始研究，并在 8 所不同类型的高职院校完成试点，于 2018 年 7 月正式开始在同类院校实施，2018 年作为申报中国特色高水平高职学校和专业重要成果之一，顺利进入中国特色高水平高职学校的建设单位（B 档），电梯工程技术专业入选国家高水平专业群。经过 4 年多的探索和实践，在职业教育理论、机制上有重要创新，在电梯类专业人才培养改革实践中取得重要突破，在服务区域产业发展方面有突出贡献，在电梯行业形成了"技能标准出杭职、人才培养看杭职"的共识。

一、电梯类技术技能人才培养生态形成背景与过程

（一）形成背景

1. 电梯行业涉及民生与公共安全

电梯是现代多层及高层建筑中不可或缺的运输设备。我国电梯产量和保有量全球第一，每天约有 25 亿人次乘梯，上班族平均每天乘梯 6 次左右，电梯安全关系你我；"出门第一步，回家最后一程"，电梯保障关系老百姓的幸福生活。囿于电梯属于特种设备行业，其从业人员的培养和上岗要严格执行《特种设备安全法》，这就为职业教育大规模培养电梯类专业高素质技术技能人才提出了挑战。特别是在 2018 年，国务院办公厅出台的《关于加强电梯质量安全工作的意见》明确指出："强化维保人员职业教育，推进电梯企业开展维保人员培训考核，提高维保人员专业素质和技术能力。"随着

科技的迅猛发展,"绝对安全"的电梯正朝着智能制造和绿色制造的方向不断演进,这对电梯从业人员提出了更高要求。

2.特种行业人才培养面临着一系列问题亟待解决

电梯类专业面向特种设备行业,有法律强制持证上岗的限制,电梯企业之间技术排他性强。高职电梯类专业育人主要面临三大痛点。其一,行业、企业参与办学不充分,学校实战教学资源缺乏,培养主体单一。电梯类专业教学硬件设备投资量大,单靠学校一方无力承载,需要行业企业投入大量的设备、资金和培训资源。传统的校企合作难以保障企业收益从而降低了企业投入动力,使得人才培养基础条件得不到保障。校企合作尚未构建起长效的产教融合运行机制与多方协同育人机制,在管理运行上常有不畅,人才培养多以试点、项目形式开展,难以长期化、规模化、深入地共育电梯类技术技能人才。校企合作亟须打破壁垒,完善机制,在高职电梯类技术技能人才培养中有效引入行业资质与资源,搭建多元主体、协同创新的育人生态。其二,电梯行业从业人员素养要求高,课程内容与职业标准对接不紧密,毕业生岗位适应性弱,终身职业能力成长支持不足。一方面具有强制性的行业从业标准与从业资质等资源未融入学校的人才培养,使得教育课程更新滞后、标准制定与学校教学计划不同步。由于实践教学不足,学生无法达到强制性资质所要求的技能水平,进入实际工作场所受到限制,无法胜任特定工作,出现上手慢、入行难等现象。另一方面,校企双元合作育人虽然在一定程度上能够为学校的专业培养注入企业资源,提升培养质量,但企业培养的主要目标是解决自身的用工所需,且不同企业间存在一定业务与技术壁垒,难以覆盖电梯行业包括安装、维保、维修、改造、加装等产业链上的各个细分工种,教学内容往往实用功利性较强,不利于学生的职业生涯发展,亟待整合职业院校的育人资源与电梯企业、培训机构的培训资源,构建书证融通、育训合一的人才培养体系。其三,高端技术技能人才培养平台缺乏,科技引领不足,高端技术技能人才培养不足。我国要从产销大国成为电梯制造服务强国,需要在产品、技术、服务等各个层面不断创新,这就需要大批既掌握电梯安装、维保等专业技术技能,又掌握物联网技术、人工智能技术和大数据分析等能力的复合型、创新型高端电梯类技术技能人才。然而传统的教学平台与资源等主要用于支持学生对电梯专业技能的掌握,教学中缺乏产业前沿先进产品、技术、科研项目的融入,发展型、创新型的电梯行业高端技术技能人才培育不足,亟须搭建支撑服务电梯产业创新升级的高端技术技能创新型人才的高价值创新科研平台。现有研究多侧重于从校企合作、"三教"改革等方面探讨技术技能人才培养问题,而人才培养生态系统的相关研究和实践还较为缺乏。

(二)形成过程

1.发端期:整合资源,创办载体

基于教育生态理论,针对大规模培养电梯类人才中存在的主要问题,学校开始了"一体两院、同生共长"的电梯人才培养生态探索实践。2014年,学校为满足电梯行业对高素质技术技能人才的迫切需求,开设电梯专业(方向)。2015年浙江省特种设备科学研究院、学校和电梯头部企业共建产业学院,打造三链对接、育训合一的育人生态体系,着力破解需要大规模培养高素质技术技能人才的问题。2015年,学校首创的"校企精准扶贫班"得到省委领导批示、国务院扶贫办肯定,被教育部纳入"十二五"高校扶贫典型案例。

2. 发展期:争创试点,协同育人

学校紧跟职业教育发展态势,整合多方资源,共建集技术研发、社会服务、人才培养功能于一体的产业研究院,强化科研引领、技术赋能,着力破解电梯行业高端人才培养问题。2017年,学校入选国家现代学徒制试点专业、首批浙江省电梯评估与改造应用技术协同创新中心、浙江省"十三五"示范性电梯实训基地、浙江省"十三五"特色专业、浙江省高等学校省级产教融合示范基地。

3. 深化期:理实创新,示范辐射

学校构建了融人、技术和自然为一体的人才培养新生态,有效解决了大规模培养电梯类高素质技术技能人才的问题。2018年,学校牵头研制电梯安装维修工(GZB 6-29-03-03)国家职业技能标准,打造了电梯类专业教育教学研究和标准制订示范标杆;2019年,"电梯工程技术专业群"入选中国特色高水平专业群建设计划,打造了电梯设备类专业技术技能人才育训先行高地;2020年,建成国家级生产性实训基地,打造了电梯类专业产教深度融合样板窗口;2021年,作为组长单位起草全国高职专科、本科层次电梯工程技术专业教学标准,引领全国专业改革;2022年,入选首批国家级职业教育"双师型"教师培训基地,助力新时代职业教育教师队伍建设。在此期间,浙江省委书记来校视察,并给予高度评价;时任浙江省人民政府省长、副省长两次批示肯定;中央电视台、《中国教育报》《光明日报》等20余家主流媒体进行了深度报道。

二、电梯类技术技能人才培养生态构建策略

教育生态学是教育的边缘学科,通过研究教育和影响教育相关机构的相互关系,发现教育规律、提高教育效率。劳伦斯·A.克雷明(Lawrence A. Cremin)指出,教育生态学即把各种教育机构与结构置于彼此联系中,从与维持它们并受它们影响的更广泛的社会之间的联系中来加以审视。把教育看作一个完整的生态系统,教育内部各要素主体组成内部生态系统,包括教师、学生、行政工勤人员等,与教育相关的环境属于外部生态系统,包括政府、企业、学生家长、社区人员,以及其他利益主体等。

教育生态系统的运行涉及多个因素和相互关系,有一些基本原理可以帮助我们理解和分析这个系统的运行方式。学者吴鼎福等人的研究将这些基本原理分为内外两个部分。其中,内部基本原理包括教育生态位原理、限制因子规律、教育节律、教育生态链法则、教育生态的边缘效应等;教育与外部生态环境之间的关系原理则包括教育生态的平衡与失调、竞争机制与协同进化、教育生态的良性循环等。教育生态是靠

教育主体之间相互作用形成的共生链。在教育这个生态链中,有由学生、教师、家长组成的以人为主的小生态链;更有以学校、家庭、社会和国家组成的教育生态链。根据教育生态链法则,生态链中的各个主体既要站好自己的定位,更要做好相互之间的配合。生态链中任何一个主体的缺失、功能失调都会造成整个教育生态的失衡或者退化。

职业教育作为一种教育类型,其生态链的本质是教育,核心是职业。《国务院办公厅关于深化产教融合的若干意见》《国家职业教育改革实施方案》等系列文件均强调职业教育的发展和建设以产教融合和校企合作为导向,通过政策指导来推动职业教育生态链的优化,促进教育链、人才链与产业链、创新链有机衔接。优化职业教育产教融合、合作育人,需要搭建更清晰的合作平台,在明确各方权责利的条件下,将各方的合作与共享落实在内涵建设的更深层次上,如人才培养目标的确定、人才培养过程以及产业技术发展革新等方面。通过构建教育链和产业链的关键环节有机衔接和深度嵌入机制,促进优势资源互补与共享利用,实现技术发明、产业发展和创新人才培养的协同发展,形成行业企业积极参与人才培养、学校主动承担区域创新引擎责任的良性互动格局。

针对大规模培养电梯类人才中存在的主要问题,本成果基于教育生态理论,形成了"一体两院、同生共长"的电梯人才培养生态的有效解决方案,如图1所示。"一体",即行校企协同育人共同体。基于浙江省特种设备科学研究院的行业引领作用,联合六大电梯头部企业,缔结协议,构建行校企协同育人共同体,实施课程共改、教学共管、基地共建、师资共培、人才共育、成果共享的六共机制,实践"成本折股、市场共拓、收益反哺"的可持续发展路径,共同打造协同育人生态格局。"两院",即产业学院和产业研究院。瞄准电梯重点领域的人才需求,学校与浙江省特种设备科学研究院,联合民族品牌西奥等共建产业学院,优化设置专业(方向),打造以电梯专业为龙头的国家"双高"专业群;培养掌握电梯维保、制造、检测、大数据和智慧监管等技术的技能人才,推进专业链、人才链与产业链高度匹配。聚焦新技术,聚合省电梯应用技术协同创新中心、省电梯创新设计公共平台与电梯行业大数据中心,共建集技术研发、社会服务、人才培养功能于一体的产业研究院,打造与电梯行业高端人才需求相适应的协同育人和技术服务平台。

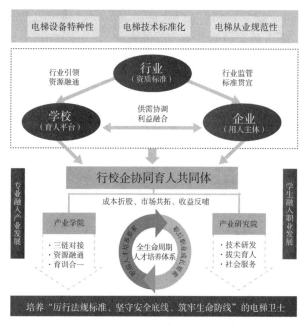

图1 "一体两院"电梯人才培养生态

(一)深耕校企共同体,聚合区域内主流企业资源

学校秉持"融善"核心理念和"校企合作双赢,以企业赢为先"原则,深刻把握高职教育办学规律,在全国首创性地提出和实践校企共同体的办学模式,构建完善了管理共同体领导机制、师资共同体互补机制、专业共同体建设机制、产学研共同体融合机制、资源共同体互助机制、文化共同体交融机制等"六共"机制。围绕产业链、创新链、人才链、教育链的融合,学校建成多个与杭州主导产业主流企业深度合作的特色产业学院,探索构建校企共同体的多元发展模式。例如特种设备学院就是由杭州职业技术学院、浙江省特种设备科学研究院和企业按照"行校企资产混合""产学研协同发展"和"投资方共同治理"的原则,三方共同出资组建具备"混合所有制"特征的产业学院。学校实行理事会领导下的院长负责制,培养电梯产业高素质技术技能人才,保障了城市公共安全,形成了"共构愿景、共构组织、共同建设、共同管理、共享成果、共担风险"的行校合作新模式,也形成了多方主体人才培养资源的倍增效应,在一定程度上解决了法律强制持证上岗、企业排他性强,导致电梯类技术技能人才培养资源难以融通,人才培养主体单一的问题,为电梯类技术技能人才培养生态体系构建奠定了组织基础。

(二)对接产业发展需求,重构教学内容体系

职业教育具有跨界属性,不能只遵从教育规律和认知规律,还要遵循职业发展规律和职业成长规律,以"产教深度融合,校企协同育人"为抓手,进一步深化专业设置与行业需求对接、课程体系与岗位技能对接、教学过程与生产实践对接、科研培训与企业一线对接,推进专业链、人才链与产业链高度匹配。将浙江省特种设备科学研究院(行业)的《中华人民共和国特种设备法》贯宣能力、奥的斯机电电梯有限公司和浙江容安机械有限公司等企业的实操能力和学校的课程编制、教学组织能力有序结合,行业、企业的技术人员进驻学校,形成业内颇具特色的"三师共育"的人才培养局面。学校构建产业链、创新链、人才链、教育链的关键环节有机衔接机制,促进管理、技术、人才、设备、资本等优势资源互补与共享利用,实现人才培养、技术创新和产业协同发展。

(三)重塑教学实施路径,推动育训合一培养模式改革

学校依托产业学院各方主体优势,融通各企业之间的资源,实现共享专业实训室、基地建设和课程建设同频联动。学校采用模型教学法、井道可视教学法、VR(virtual reality,虚拟现实)教学法等,电梯专业实现"井道就是教室、教室就是井道"的课堂变革,围绕电梯产业链,打造两大实训平台(专业群共享型实训平台和产教融合型实训平台),构建两大机制(基于育训结合的实践教学模块构建机制和基于"供需协调、共建共享"的资源融通机制),提升学生的岗位胜任力,实现人才培养模式的多样化。

(四)聚焦科教融会贯通,打造高水平协同创新载体

行校企共建集技术研发、社会服务与人才培养功能于一体的产业研究院,打造高水平人才培养平台。学校聚焦电梯评估改造、电梯大数据与智慧电梯技术,聚合省电梯应用技术协同创新中心、省电梯创新设计公共平台与电梯行业大数据中心,行校企共建集技术研发、社会服务、人才培养功能于一体的"多维一体、科技引领"共享平台,以及"市场化特征、设备实时更新"的产教融合型实训基地,解决高水平人才培养平台缺乏的问题。行校企共建教学科研创新团队,联合开展技术攻关与服务,举办科技成果拍卖会促进科技成果转化,促进产业、教育、科技深度融合;构建项目研发合作组,行企技术人员和师生无缝对接,共同参加企业生产实践,联合开展技术攻关、技术服务、科技成果转化,为行业发展提供有力支撑。

(五)创新组织形式,优化拔尖创新人才培养实施路径

学校遵循职业教育办学规律和技术技能人才成长规律,打造"工匠摇篮",将工匠培养与思政教育、专业教育、社会实践、劳动教育相互交融;以创新能力递进培养为轴线,以学生创新中心为载体,创新机电工程实践创新班、金蓝领班等"卓越班"组织形式,采用导师制,实施拔尖人才个性化培养;建立学生自评、教师评价和市场认可度(成果转化)相结合的多元评价体系,量化评价拔尖学生的实践创新能力。

三、电梯类技术技能人才培养生态价值贡献

电梯类技术技能人才培养生态为电梯行业提供了高技能人才支持,促进了教育

与产业的紧密结合,在电梯行业及相关领域产生了积极的价值贡献,实现了电梯类高素质技术技能人才培养理念、机制、实践三大创新。

(一)理念创新:创设了特种设备类专业高素质技术技能人才培养新生态

在新技术的推动下,人与自然将走向更高水平的综合和融合。本成果借鉴教育生态理论,以"行业(上岗资质)＋学校(育人平台)"聚合头部企业,以协同育人为前提,以资源共享为基础,将行业、学校和企业优质资源有序整合,构建了"一体两院 同生共长"电梯类高素质技术技能人才培养新生态,融人、技术和自然为一体,行校企三方相互促进、同生共长,实现多方主体的耦合效应。

(二)机制创新:构建了特种设备类专业高素质技术技能人才培养的行校企协同育人新机制

鉴于特种设备类专业高素质技术技能人才培养的特殊性,亟待解决的问题有二：其一,行业的引领作用如何撬动？ 其二,优质头部企业的资源如何调动？ 本成果探索形成了"成本折股、市场共拓、收益反哺"的激励机制,行校企资源估价入股,共建市场拓展部,年培训服务收入的 20% 反哺人才培养,构建具有混合所有制特征的产业学院;行校企三方共建"市场化特征、设备实时更新"的产教融合型实训基地;打造与电梯行业高端人才的协同育人平台和技术服务平台;形成"行业引领""资源融通""供需协调""利益融合"的产教深度融合多元主体协同育人机制。

(三)实践创新:形成了电梯类高素质技术技能人才培养新路径

本成果提出了"实践人"的培养理论,即高素质技术技能人才培养需要由学校单一培养的"学校人"转化为多主体在实践情境下共同培养的"实践人";探索实践了三阶段培养、三导师授课、三维度考核、三证书就业的学徒制人才培养模式改革,"岗课赛证"融通,确保毕业生零距离上岗;重构了"底层通用、中层共享、高阶分立、模块互选"的递进式课程体系,实现不同电梯企业之间的标准和技术融通;形成了"安全责任内化于心、规范操作外化于行"的课程思政育人体系,将行业发展趋势、工匠精神、课程思政等内容融入课程中,"电梯检测技术"立项国家课程思政示范课程;建成了跨企业培训中心,开发"1+X"课程模块,实行育训合一,构建服务终身职业技术技能成长的培训体系,实现职前培养与职后发展相融合,形成全生命周期的培养体系,支撑毕业生终身职业能力发展;构建了"3134"学生能力评价体系,学生职业能力行校企三方评价,安全素养缺失一票否决,学校学历证书、行业上岗证书、企业能力证书三证融合,实施电梯企业"红绿蓝黑带位"的薪酬层级相匹配的四级能力评价,实现了毕业生高质量就业。

四、电梯类技术技能人才培养生态反思与展望

成果实践检验从 2014 年开始,伴随职业教育政策变化和学校办学实践迭代升级,

在人才培养与社会服务、资源积聚和平台建设、培养模式和理论研究等方面示范推广效应显著。成果辐射百余所同类院校,吸引900多所学校考察学习。

同类院校和研究者借鉴应用本成果时应注意以下三个问题:一是产业特点的适应。借鉴时,需要围绕所在专业,深入了解产业技术特点、发展趋势和人才培养需求,合作模式和机制应当根据不同产业的独特性进行灵活调整,以确保技术技能人才培养的有效性。二是合作对象的选择。合作伙伴应具备教育情怀,其发展理念和价值观应与职业教育相适应,以确保培养出综合素质和道德品质兼优的人才。此外,合作对象应具备开展职业教育的基础条件和相关资质,双方围绕共同利益点开展合作,以确保其可以持续投入。三是相关风险的应对。行校企合作涉及多主体,可能发生国有资产流失和保值增值等风险,也有可能因企业的发展问题使项目受到损失;要提前研究相关政策,建立完善的风险管理体系;要明晰各方的权责,注意规避风险。同时,多方共同构建具备丰富经验和专业知识的团队,以便在风险出现时提供更多的解决方案。

随着职业教育快速发展和《关于深化现代职业教育体系建设改革的意见》等职教政策落地实施,后续可从以下三个方面继续努力:一是混合所有制实践路径。围绕市域产教联合体建设,探索与产业园区合作举办混合所有制分校,深化行校企多元协同育人生态,加速推进"教育链、人才链、产业链、创新链"四链深度融合的有效路径。二是跨专业教学组织运行策略。围绕现代化产业体系建设需要,依托建设逻辑组建跨专业教学组织,打造职业教育一流核心课程、优质教材校企合作典型生产实践项目。三是产教融合国际化探索。围绕"教随产出、产教同行",探索职业教育服务国际产能合作的模式和路径,开展具有国际影响的职业教育标准、资源和装备建设,打造中国特色、具有较高国际化水平的职业学校。

"技能创富"到"技能带富":
涉农高职院校培育智慧新农匠的创新与实践

成果完成单位:温州科技职业学院(温州市农业科学研究院)、温州乡村振兴学院、台州科技职业学院、温州农民学院、浙农集团股份有限公司、四维生态科技(杭州)有限公司

成果完成人:赵隆英、邹良影、李红、李上献、高春娟、黄武刚、李炎炎、徐森富、陈晓莉、应巨林、邵阳、刘素贞、钟尧君

在以生物技术和信息技术为特征的新一轮农业科技革命背景下,数字技术释放的普惠效应在"三农"工作中日益凸显,促使数字经济与农业产业融合发展,数字化向农业全产业链延伸。智能化、数字化要求涉农高职院校加快涉农专业数字化改造、转向与提升,优化人才培养模式,精准定位人才培养目标,为全面推进乡村振兴提供高层次、高水平人力资源保障。

温州科技职业学院依托全国唯一一所在保留农科院建制基础上创建的高职院校优势,赓续70多年特色办学经验和科研服务基因,从农校中职办学阶段培养服务农业生产一线的"实用型技能人才",助力技能脱贫,到高职办学阶段培养爱农业、懂技术、会经营、善管理的"现代农业创业型人才",助力技能创富,形成了适应农业现代化发展的人才培养定位与路径。2014年袁隆平院士为学校凝练了"农科教一体,产学研结合"的办学特色。在此基础上,学院迭代升级人才培养目标,在全国率先提出"爱农业、懂技术、知数字、善管理、会创业、能带富"的智慧新农匠培育理念与目标,经过8年多的实践探索,深度诠释了智慧新农匠的时代内涵,构建了以"校院共治"为体制、"专所共融"为机制、"产学研创推"为路径的智慧新农匠培育模式(见图1),助力技能带富。

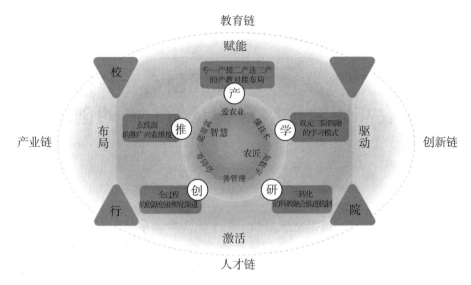

图1　智慧新农匠培育模式

一、增强适配性:涉农高职院校人才培养惯性破题

调研发现,当前存在涉农专业大学生就业困难与农业农村现代化急需涉农人才的矛盾,涉农高职院校所培养涉农人才质量与农业农村现代化所需人才素质要求间的矛盾,具体表现在以下三方面。

第一,人才培养定位不够精准,与农业产业现代化发展定位的匹配度不够高。面对农业整体产业结构变革,需要培养具备较高数字素养、掌握数字化农业技术的乡村数字化复合应用型和实用技能型的涉农高素质技术技能人才。当前涉农高职院校人才培养普遍缺乏数字化技术与应用基础,涉农专业数字化改造导向不明,劳动者技能提升速度慢于产业技术提升速度,涉农高职人才培养定位转向不够及时。

第二,人才培养路径不够明晰,与农业产业现代化发展走向的适应性不够强。涉农高职院校应着力培养能将农业潜在技术转化为现实生产力的创新创业型技术技能人才。但是当前涉农高职院校人才培养中仍存在关注单一化、机械性的操作技能培养现象,尚未完全形成智慧农业、数字农业需求导向下建设新专业、融入新知识、习得新技术的教育教学体系,还未完全形成能够广泛激发农业农村内生发展动力的人才培养路径。

第三,人才培养机制不够创新,与农业产业现代化实施主体的结合力不够紧。从区域农业产业技术提供主体看,地方农科院所、涉农高职院校、涉农企业是农业技术创新的主要力量,但是当前涉农高职院校整合教育教学资源、科研资源的能力比较弱,与地方农科院、涉农企业在教学、科研、社会服务等方面对接不够紧密,没有形成良好的融合互联机制。

二、体现融合度:禀赋赓续中智慧新农匠的生成路径

聚焦破解涉农高职院校在涉农专业人才培养的目标定位、路径选择、机制创新等方面的困境,温州科技职业学院进行了探索实践。

(一)理念先行:精准制定智慧新农匠培育目标,回应人才培养定位与农业现代化发展匹配诉求

理念是行动的先导,新理念引领新发展。学校准确把握智慧农业、数字农业发展趋势与产业提升要求,针对数字技能与人才培养体系融合需求,结合学生成长成才需要,在现代农业创业型人才培养实践成果的基础上,迭代升级人才培养目标,率先提出涉农高职院校应培养"爱农业、懂技术、知数字、善管理、会创业、能带富"的"智慧新农匠"。为界定其核心内涵,通过邀请专家学者、行业企业代表、师生代表开展专家论证,赴浙江温州、台州和省内外各地现场调研,组织农业主管部门、村级组织和省级农业农村主管部门、涉农高职院校等相关人员开展座谈,向上市农业企业或龙头企业开展咨询,并采用扎根理论法、调查研究法等科学方法、手段,结合多年实践探索,确立"智慧新农匠"培养目标的内涵。具体而言,在情感维度上,有扎根"三农"的情怀;在知识维度上,有农业、数字、管理等知识;在能力维度上,有过硬的农业专业技术、通达的数字素养、较强的管理能力,会干事创业,能带动农民致富。智慧新农匠是以数字化技术和应用技能为基底,具有农匠精神、数字化素养、先进性技术、智慧型技能,能带动农村科技创业共富的复合型高素质技术技能人才。智慧新农匠的核心内涵及实践探索被《中国教育报》、光明网等国家级媒体专题刊发。农业农村部科技教育司专报向全国推广"智慧新农匠"理念及培养模式。学校围绕智慧新农匠形成了诸多省级教科研课题、高水平论文,对我国新时代"三农"领域复合型高素质技术技能人才的准确定位、丰富乡村振兴人才培育理论具有重要实践指导意义。

(二)路径创新:构建"产学研创推"培育路径,实现人才培养路径与农业现代化发展同向同行

路径是实现理念和方案的必然途径。学校全面对接农业产业链融合发展方向,形成了从产业到教学、科研、创业、推广再到助推产业升级的从产始到产止的全链条式智慧新农匠培养路径,着力培养学生带富能力。具体而言,以"产"为引领,产业链布局教育链,引领专业(群)建设;以"学"为核心,以"研"为基础,教育链激活创新链,创新链驱动人才链,教学与科研双线耦合,将农业难题作为研究课题,将科研过程转化为育人过程;以"创"为驱动,以"推"为拓展,人才链赋能产业链,通过创业孵化和推广服务,促进产业升级,逐步形成以产引教、产教融合、以才促产的良性循环。

1.打造"专一产接二产连三产"专业集群

学校以"智慧农业"为核心,对接绿色农产品产业链,以"从田间到餐桌"的绿色化食品、智能化生产和安全化控制为主线,形成绿色食品生产技术专业群;对接生态养

殖和动物疫病安全防控产业链,形成畜牧兽医专业群;对接现代园艺产业链,形成园艺技术专业群;对接第三产业的服务与数字产业链,形成商贸、人工智能、数字农业等专业群。学校全面实现现代农业全产业链与专业群对接,促进高水平教学资源引领与共享,牵头成立长三角现代种业技术创新产教联盟、中国宠物产业职教集团、浙江省现代园艺康养产教联盟,牵头负责浙江省农林牧渔类职业教育行业指导委员会建设;2个农类专业群入选省高水平专业群;智能+现代农业项目入选省级产教融合工程项目。

2. 构建"双元三阶四融"教学模式

学校与校办实体公司、合作企业联合开展"双元"育人,实施"大一平台教学、大二专业分流、大三岗位选择"的三阶递进式培养,进行"教学与产、研、创、推"四融合。学校聚焦智慧新农匠核心素养,重构"智慧+"课程体系,即以"爱农业、知数字"为重点的通识课程模块、以"懂技术、善管理"为重点的专业基础课程模块与专业核心课程模块、以"会创业、能带富"为重点的岗位拓展课程模块,开设涵盖农技农识、数字技术、现代机械等课程,如"大国农匠""大数据技术""人工智能概论""农业机械化"等。其成果包括:获首批全国党建工作样板支部;入选职业教育国家规划教材17部,国家级、省级精品在线课程25门;建成教育部生产性实训基地、省级数字农业产教融合示范基地等9个国家级、省级实训实践平台。

3. 形成"三转化"科教融合推进机制

学校将国家级农业科技园区、浙南作物育种省级重点实验室、教育部协同创新中心等科研平台转化为"训研创"一体的实践实训平台,实施田间情景式、项目孵化工作坊式等教法改革;将新品种、机械生产、疫病控防等科研成果转化为教学内容,玉米品种金玉甜1号等新成果融入活页式、工作手册式、电子导览式等新形态教材;将品种繁育、机械种植等服务推广示范项目转化为学生的实践实训项目,如番茄品种选育项目转化为番茄新品新栽培技术实训。学生获全国职业技能大赛一等奖、中国国际"互联网+"创新创业大赛金奖等。农业创新能力逐步提升,建成国家级、省级以上科技研发平台12个,选育玉米、番茄、花椰菜等新品种33个。

4. 畅通"全过程"创新创业孵化渠道

学校建立在导师指导下,以项目为载体、学生团队为主体的"导师+项目+团队"实践教学路径;搭建"萌芽期创业工作室(如家庭菜园工作室)—苗圃期专业众创空间(如宠牧众创园)—成长期科创园(如浙南农业科创园)"三级孵化平台;开展"在校生—农业创业者—农业企业家"三阶段递进式培养与帮扶。近5年,学院涉农专业毕业生创业率从5.7%提升至9.9%,涌现了年产值超亿元的小样园艺集团法人钟政鑫等一批创业典型。学校建成科技部星创天地、智农谷省级双创示范基地、起点省级众创空间等国家级、省级创业孵化平台。

5. 创设"点线面"农业推广服务维度

学校与温州下属 6 个县(市、区)人民政府联合建成了 6 个独立法人建制的集"教科研服"于一体的农业产业研究院;依托农业产业研究院等平台,聚焦学生个体"点",实施"一次三农调研、一个经营主体、一个种养基地、一次科技下乡、一项农业技术、一项政策法规、一份服务报告"等"七个一"活动;紧扣教学育人"线",依托农业流动医院、科技特派员制度,实施"百名教师带领千名学生助力万计农户"的"百千万"工程,形成农业教育"师徒制";拓宽服务增效"面",依托温州乡村振兴学院、温州农民学院、温州智慧农业研究院,服务 100 多个乡村振兴示范基地,实施"新品种、新技术、新模式"的"三新"推广计划,全域推广引领产业发展。学校在推进服务农业产业发展的过程中激发扎根农村、深耕产业、带富农民的"匠心、匠技、匠艺"情怀和"助农、兴农、富农"能力。近 5 年,学校共培训涉农人才 10 万余人次,累计推广番茄、蓝莓等新品种、新技术、新模式面积达 1400 万亩(1 亩约等于 0.067 公顷)以上,产值超 33 亿元,获首批全国新型职业农民培育示范基地,多次入选全国高职院校服务贡献 50 强、浙江省科技特派员工作先进集体。

通过"产学研创推"培育路径创新与实践,学校近 5 年共培养智慧新农匠超万人。浙江省教育考试院人才培养质量跟踪调查数据统计显示,近 5 年学校涉农专业毕业生质量逐年提升,专业相关度从 53 提升至 81,薪资从 3794 元增至 7176 元。该路径模式被浙江省农业农村厅作为"浙江方案"向全国推介;也被同类单位、兄弟院校广为借鉴应用;袁隆平院士曾给予"产学研创推,温科新腾飞"的高度评价。

(三)机制创新:系统形成"校院共治、专所共融"体制机制,实现人才培养主体间资源共享转化渠道互联互通

体制机制是保障培育路径实现的关键。学校构建了多元办学主体共存并行体制机制,实现"校院共治,专所共融"协同运行。

1. 学校与农科院共治

学校在温州市农业科学研究院的基础上建高职院校,保留温州市农业科学研究院建制,形成一套人马、两块牌子,一个机构、两类建制(高校和科研院所),一个隶属、两个归口(教育口和农口),一块资金、两条渠道(教育和农业)的体制,从体制上保证涉农高职院校和农科院两套机构建制并存、并行、共治,真正实现教育教学与科技创新深度融合、相辅相成。学校入选全国乡村振兴人才培养优质学校、国家自然科学基金申报依托单位。

2. 专业与研究所共融

学校在研究所上办专业,如作物研究所创办种子生产与经营专业、设施农业与装备研究所创办设施农业与装备专业、园艺研究所创办园艺技术专业、宠物研究所创办动物医学专业、动物研究所创办畜牧兽医专业等。所长担任专业主任,科研骨干成为专业教师,形成科研课题组与教研课题组一体化运行,科研与教研互通。在机制上,实现专业与研究所一体化运行,互融共促。学校建成教育部骨干、省优势特色专业11个,2个农类专业排名全国第一;承担国家自然科学基金项目5项,省部级及以上课题研究项目40余项,其中在一级核心期刊上发表论文40余篇,出版专著10部;现代农业创业型人才培养获浙江省科技进步奖二等奖等。

3.学创与校院企共赢

在现有体制机制基础上,实行"学校(农科院)办实体总公司(温州科苑资产管理有限公司),二级学院办实体子公司,专业(所)对接主营业务"的"校院企"一体化的产教直接融合新模式。例如农业与生物技术学院创办浙江科诚种业有限公司,其下属蔬菜科学研究所与绿色食品生产技术专业一体对接种子种苗生产、农产品种植业务,设施农业与装备研究所与设施农业与装备专业一体对接集约化育苗与生产业务;动物科学学院创办浙江科苑农牧有限公司,其下属动物科学研究所与畜牧兽医专业一体对接牧场运营、畜禽养殖业务,宠物科学研究所与动物医学专业一体对接动物医院运营、动物诊疗业务;园林与水利工程学院创办浙江科苑瓯园有限公司,其下属园艺研究所与园艺技术专业一体对接园艺产品研发业务,园林设计研究所与园林技术专业一体对接农业及园林规划设计业务,碳汇研究院和森林生态旅游与康养一体对接生态旅游规划和服务业务。专业的教育教学与子公司的运营相结合,研究所的科学研究、成果转化与子公司的科技创新、产业开发相结合,实现产教深度融合。产教融合型农业科创园项目、动物医院项目均入选教育部产教融合典型案例。

"校院共治、专所共融"体制机制创新为全国涉农高职院校突破办学资源限制,激活"智慧+农业"乡村振兴技术技能人才培养新动能,深化与现代农业产业精准对接,提供了"浙江样板"。

三、放大引领力:一体化推进打造持续迭代新空间

党的二十大提出"要加快建设农业强国,扎实推动乡村产业、人才、文化、生态、组织振兴"[①]"中国式现代化是全体人民共同富裕的现代化"[②]等重要指示。面对乡村振兴战略、农业强国建设、实现共同富裕等国家总体部署,紧扣数字赋能农业产业发展新方向和农业农村现代化新需求,涉农高职院校迭代升级培养目标,就"技能带富"到"技能共富"新面向深入探索,培养一批具有时代新内涵的智慧新农匠。具体可以从以下几方面探索。

一是优化迭代人才培养目标。随着数字化、智能化不断赋能经济社会发展,推动农业产业转型和技术变革,涉农职业教育人才培养目标必将不断迭代更新,因此要不

---

① 习近平.高举中国特色社会主义伟大旗帜 为全面建设社会主义现代化国家而团结奋斗——在中国共产党第二十次全国代表大会上的报告[M].北京:人民出版社,2022:31.

② 同①:22.

断丰富智慧新农匠的内涵、拓展外延，融入新技术、新要求，从向农价值、为农知识、兴农能力等维度进行拓展。面向共建"一带一路"国家农业人才需求和农业产业发展趋势，依托丝路学院等平台，学校建设开放性教学资源库，建立具有技术普及、品种推广、人才培养功能的实体性"神农工坊"，传播"智慧新农匠"培养理念，探索具有国际视阈的培养路径，在更广的范围内实现"技能共富"培养目标。

二是融贯延长人才培养链条。当前已打破传统农业生产中心局面，形成一、二、三产融合发展的新格局。随着农业产业链延长，相应人才培养链条持续拉长。同时，职业教育作为类型教育，理应横向融通，纵向贯通。因此，当前专科层次的农业职业教育亟须探索延长涉农职业教育人才培养链条，纵向贯通至本科层次、研究生层次的涉农职业教育，可在涉农高职院校独立创办涉农职业本科专业，或通过职普融通，与涉农普通本科高校联合开展涉农专业的本科层次和研究生层次的高素质技术技能人才培养，实现"农业现场工程师""农业卓越拔尖技能型人才"长学制培养。

三是持续放大人才培养优势。教育、科技、人才统筹发展，推进涉农职业教育与农业科研融合，要深入探索融合的方向、机制、路径、内容。学校要深化专业与研究机构融合机制研究，放大科研实施主体优势，探索有组织的科研行动向跨界性教学活动的转化机制。学校开展"乡村技能形成科教帮扶行动"，以涉农高职院校与农业龙头企业共建产教融合共同体，与农业园区共建联合体为载体，集聚公共实验室、博士创新站、共享性实训中心、校企创业孵化器等平台，探索领域交叉、专业融合、资源互通的兴技共富型人才培养路径。

"双循环治理"赋能高职院校人才培养的创新与实践

成果完成单位：温州职业技术学院

成果完成人：王靖高、王志梅、童卫军、黄云碧、潘玲珍、何海怀、刘海明

一、培育背景与形成过程

高职院校治理体系和治理能力现代化建设是国家治理体系和治理能力现代化的重要组成部分，也是高素质技术技能人才培养的关键所在。我校于 2015 年成立高职院校治理研究中心，启动校本课题研究，先后承担院校治理、质量发展、人才培养主题的国家及省部级课题 53 项。学校坚持质量治理理念，以制度为先导，以机制为动力，以效能为核心，持续推进人才培养的"双循环治理"体系建设。2017 年学校完成 500余个规范性文件废、改、立工作，构建制度体系的"四梁八柱"，以"温职之制"开辟"温职之治"，赋能高素质技术技能人才培养，取得了可喜的成绩。2019 年学校入选中国特色高水平高职学校建设单位；2020 年成为全国高职院校党委书记论坛副主任单位，牵头组建新时代职业院校治理研究中心；2021 年入选国家示范性职业教育集团（联盟）建设单位；毕业生就业质量连续 5 年名列全省前列。

二、针对的主要教学问题与解决方案

（一）针对的主要教学问题

在国家治理体系和治理能力现代化及职业教育高质量发展的背景下，融合"法治、自治、共治、智治"的质量治理理念应运而生。以整体治理为核心的高职院校治理体系建设着重解决高职院校人才培养中的以下问题（见图1）：

一是高职院校人才培养制度效能低下，内部循环治理不完善，培养质量难保障；

二是多元主体参与人才培养利益保障机制缺乏，外部循环治理欠成熟，行业、企业投入不积极；

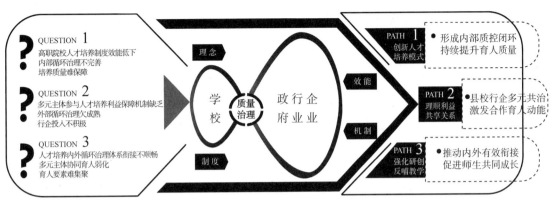

图1 "双循环治理"赋能高职院校人才培养

三是人才培养内外循环治理体系衔接不顺畅,多元主体协同育人弱化,育人要素难集聚。

因此,通过理论探索和实践创新,坚持质量治理理念,突出制度建设的关键作用,推进高职院校治理体系和治理能力现代化,破解高职院校人才培养存在的问题,具有十分重要的意义,并将对全国高职教育的发展产生积极的示范作用。

(二)问题解决方案

探索高职院校整体性治理的实践路径,着力破解人才培养由学校单一主体管理的困境。第一,以学校为主体,以制度建设为核心,完善内部循环治理。废、改、立500余个规范性文件,创新形成"学训研创用"人才培养体系,持续提升人才培养质量。第二,以政校行企为主体,以利益共享为纽带,推进外部循环治理。构建新型校地关系,组建国家示范性职教联盟,探索混合所有制产业学院,有效激发民营企业参与动能。第三,促进内外循环治理有效衔接。依托企业综合服务平台,融通校企两端,强化研创反哺教学,促进师生共同成长。

1. 创新人才培养模式,形成内部质控闭环,持续提升育人质量

(1)创新"学训研创用"人才培养模式。一是紧跟技术创新趋势,调整41个专业人才培养方案。学校对"学、训、研、创、用"5个环节进行一体化系统设计,重构课程体系、重组课程内容、重建课程载体,持续完善校企双元育人机制(见图2);优化"岗课赛证"综合育人机制,把职业技能等级证书所体现的先进标准融入人才培养方案。二是注重训研创结合,数智化升级30个教学工厂。单项技能实训、仿真模拟实训实现"学中做,做中学";来自企业真实项目的综合实训、新技术应用项目的毕业综合实践实现"做中学,做中研";研发项目、创新项目实现"研中探,探中创"。学校充分利用数字孪生技术提供虚实结合的真实实践环境,构建以实带虚、以虚助实、虚实结合的实践岗位,让职业教育实训"看得见""摸得着"。三是强化学用一致,将企业真实需求引入教学过程。学校紧密对接产业升级和技术变革趋势,将新技术、新工艺、新规范、典型生产案例及时纳入教学内容。专业课程辅以1~2周基于真实项目的综合实践教学环节,开展留校毕业综合实践,将学生"做毕业设计"与"成果展示""企业评分""就业招聘"相结合,有效提升人才培养适应性。

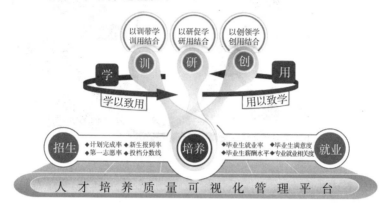

图2 推进管理创新,持续提升人才培养质量

(2)深化人才培养质量闭环管理。一是搭建了高职院校制度体系的"四梁八柱"。学校以"体系—制度—机制—能力—价值文化—标准—善治"为治理逻辑,通过构建纵向的顶层、中层、基层治理框架,横向的"理念—运行—评价—激励—约束—保障"的"六位一体"治理机制,将整体治理作为推动学校高质量发展和人才培养的理念;废、改、立规范性文件500多个,切实将制度优势转化为治理效能,以"温职之制"开辟"温职之治",提高人才培养效能。二是实施招生—培养—就业联动考核机制。学校制订以生源质量、过程质量和毕业生发展质量为主要内容的专业建设工作业绩考核指标体系,与专业动态调整相结合,建立专业与区域社会发展互动调整机制;重点建设2个国家高水平专业群,新增智能控制技术等专业16个,停招、撤并专业9个,专业建设质量水平稳步上升。三是自主研发实时可视化质控平台。学校推进建立教学工作诊断与改进制度,建成技术领先、运行稳定的大数据分析与服务平台,依照"标准研制—质量生成—质量监控与评价—诊断与改进"的运行机制,形成学院、专业、课程、教师、学生5个层面的内部质控闭环,建立常态化的自主保障人才培养质量机制,实现人才培养质量共创、共治、智治。

2.理顺利益共享关系,县校行企多元共治,激发合作育人动能

(1)构建新型校地关系。一是主动下沉县域办学。学校紧扣温州块状经济特征,主动服务区域产业转型升级,依托学校"东西南北中"校区布局,深度嵌入温州大都市区和产业集聚区建设,进一步深化学城联动,学校办学空间成倍拓展,改革期间新增了2个"温职院"。二是理顺县校利益关系。学校扎根县域经济发展,增设县域产业相关特色专业,以招收50%当地生源、50%留在当地就业为主要指标,激发县域支持职业教育人才培养的动能,吸引县级政府投入职业教育,为牵头省部共建活力温台职教高地建设奠定基础。三是精准服务县域发展。瑞安市政府投入7亿元联办瑞安学院,毕业生留瑞率保持在65%左右;瓯海区政府投入8亿元联办温州设计学院,把职业教育办在省级特色小镇里,以设计创新引领带动鞋服等时尚产业发展;永嘉县政府投入11亿元联办永嘉学院,改造升级永嘉泵阀、文旅等传统产业,探索中高职同校区办学,助力山区26县跨越式高质量发展。

(2)激发企业参与动能。一是深度融合民营经济发展。学校充分发挥职教集团(联盟)在产教融合、校企合作中的纽带作用,完善利益分享机制、运行机制,夯实资源保障机制,实体化运作浙南职教集团、长三角应用技术服务联盟、全国高职院校技术应用服务联盟,推动形成以高参与度为特征的集团运行新态势,形成规模多样、层级递进的多元合作新局面,吸引行业、企业等资金投入3亿多元。二是积极探索混合所有制。学校以"有利于人才培养、有利于学校发展、有利于企业增效"为导向,积极探索混合所有制办学。成立中国联通5G+等混合所有制产业学院9家,形成涵盖混合所有制校区、混合所有制产业学院、混合所有制职教集团、混合所有制训研创基地等并存的产教融合新生态。三是打造校企命运共同体。学校积极引入行业企业要素资源,推动校企专业共建、课程共融、教材共编、基地共享、师资共聘等具体工作,打造校企命运共同体。校企共建省级以上产教融合实训基地19家、省级企业研究院18家,助力创建省级产教融合型企业8家,实现校企战略互动、服务互应、人才互育。

3. 强化研创反哺教学,推动内外有效衔接,促进师生共同成长

(1)研发优势向育人资源转化。一是建设56个一体化创新平台。学校沿着区域"四新经济"发展需要的指引,坚持"科技研发—创新创业—成果转化"的"立地式"科技创新发展为主的理念,凝练科技研发与服务方向,升级科研平台能级。"以亩产论英雄"考核平台绩效,每个平台每年指导10个以上学生毕业设计,每年开发科研反哺教学项目10项,近五年企业技术服务经费超1.1亿元。二是健全企业综合服务平台运营机制。学校通过产教数据互动互通、共建共享,系统打造温台产教综合数据平台,汇聚温台两地政府部门、职业教育机构、行业企业,形成政校行企四方联动格局。平台入驻企业超过10万家,为职教产教融合提供专业建设、课程设置、教育培训、就业智能撮合、科技成果应用等要素支撑。三是实践"企业出题、学校接题、教师析题、学生答题"的教学过程。学校以现有研发平台为依托,发挥教师团队强大的科研优势,每年开展研发反哺教学专项研究,鼓励教师将承接的科研项目融入毕业设计、实验实训、技能竞赛、教学案例、课程教材、教学标准,转化为课程实践、综合实践与毕业实践的训练内容,融解决企业问题于具体教学中。

(2)"项目孵化"全面内蕴双创教育。学校坚持将"双创"教育融入思想教育、专业教育、课堂教学、科研和竞赛中,教育引导学生树立科学精神、培养创新思维、激发创新潜能、提升创新能力,努力构建科学完善的创新创业教育体系。一是实施"三师三生"项目。"师研生随",即以教师的科研项目带动学生参与研发;"师导生创",即教师给予学生创业团队技术指导,并采用技术中介方式帮助生创企业承接业务并给予技术指导;"师生共创",即学生出资当法人,教师出力当技术总监,培育师生创新创业项目年均超 100 项。二是深化双创提质工程。学校以众创空间、大学城科技园等为依托,创建国家、省、市三级技能大师工作室,建成技术创新、同业交流、带徒传技等高技能人才研修平台,结合学生兴趣与特长进行创新创业能力的培育。三是改善基础保障条件。学校国家级"众创空间"和各级研发平台面向学生开放,为学生创新创业创造提供基础条件,每年拨款 500 余万元用于创新创业创造人才的培养,并支持教师以对外转让、合作转化、作价入股、自主创业等形式将创新创业成果产业化。

三、创新与特点

(一)聚焦治理效能提升,构建高职院校"双循环治理"体系

学校以整体性治理作为推动学校高质量发展和人才培养的指导理念,完善内部循环治理,以学校为主体,形成人才培养质控闭环;推进外部循环治理,以政校行企为主体,理顺利益共享关系;强化科技研发和创新创业反哺教学,有效集聚内外部育人要素,促进内外循环治理有效衔接;构建内部逻辑与外部策略互为联动的高职院校整体"双循环治理"体系,全面赋能高素质技术技能人才培养。学校从治理变革到治理创新,从注重目标转向治理效能,探索出一条适合我国高职院校发展的内外部治理关系结构调整的新路径。

(二)探索新型校地关系,形成"县校行企"合作育人良性循环机制

学校主动下沉县域产业集聚区办学,增设县域产业特色专业,建设"研创转"一体化技术技能服务平台支撑县域企业发展,以面向当地招生和当地就业学生占比为主要指标,充分协调校地之间关键利益,毕业生留在县域就业比率超过 65%,有效激发县级政府和行业企业支持高素质技术技能人才培养的动能。优质高职教育资源与县域经济社会、行业企业发展良性互动,形成了新型校地关系。县级政府每年奖补学校超千万元,生动实践了"扎根区域办大学"的高职办学理念。

(三)依托企业服务平台,创新"学训研创用"一体化人才培养模式

学校依托全国首家由高职院校运营的企业综合服务平台,构建以实训为基础、以新技术应用为核心、以研发为动力、以创新创业为导向、以应用为目标的"学训研创用"一体化的育人体系。单项技能实训、仿真模拟实训实现"学中做,做中学";来自企业真实项目的综合实训、新技术应用项目的毕业综合实践实现"做中学,做中研";研发项目、创新项目实现"研中探,探中创";技术研发和创业教育完全联通社会需求,实现学以致用。

四、应用推广效果

改革实施以来,直接受益师生人数达到 3 万多人,学校凸显制度创新和治理能力现代化建设在培养高素质技术技能人才中的关键作用,实践经验被同类高职院校借

鉴和效仿,间接受益人数进一步扩大。

（一）人才培养适应性显著增强

学校建设有国家高水平专业群2个,国家级高水平专业10个;近5年毕业生就业率超98％,毕业生留温率稳居温州高校第一,人才培养质量位居全省高职学校前列。

近五年学校荣获全国"挑战杯"、"互联网＋"创业大赛金银奖、国家级技能大赛奖项101项,国际大奖26项,学生社团连续3年获"全国高校创业社团百强"称号。

学校入选国家"双高"院校、国家优质校、省重点校,2018年荣获全国高职院校服务贡献、育人成效、教学资源3个"50强",2021年获高职院校教师发展指数、学生发展指数100所优秀院校,服务贡献典型学校、高职院校资源建设优势学校。

（二）人才培养要素有效聚集

学校拥有国家级黄大年式教师团队1支,国家级职业教育教师教学创新团队2支,教育部课程思政团队1支,获得教师教学技能大赛全国一等奖,国家高层次人才特殊支持计划领军人才3人,国家教学名师等省市人才超170人次。

学校获批国家协同创新中心1家,省级研发平台4家,服务企业10万余家,每年为企业解决难题580余项,吸引政府、企业等资金投入30多亿元。

学校近5年科技服务经费超1.1亿元,科技成果转化数量超350项,发明专利数连续五年位居全国高职院校第一。

（三）推广应用与国内外影响

论文《高职院校治理现代化的核心要义、改革路向与实践探索》《发展混合所有制职业院校的问题对策与实现形式》《产教深度融合:高职院校推进区域产业转型升级的战略选择》等在《中国高教研究》《高等工程教育研究》等权威期刊公开发表后,被数十所兄弟院校引用、转载和宣传。出版的专著《走向现代化:高等职业院校内部治理研究与实践》被教育部职业教育与成人教育司推荐为高职院校校长培训班教材。

近年来,学校办学成果受到省市领导多次肯定性批示。学校深入区域产业聚集区"东西南北中"产教融合多校区办学模式,已经成为高职院校主动下沉县域办学的典范。全国首个由高职院校运营的企业综合服务平台被职教专家誉为职业教育产教融合的一大创举。

教学成果多次被国家、省、市媒体报道,备受各界关注。2022年7月,《中国教育报》刊发《高职高质量发展的五个支点》一文,专题报道学校教学成果经验,学校多校区办学、应用创新人才培养、深化产教融合等举措被《人民日报》《光明日报》《浙江日报》等省级及以上媒体报道150多次。2017—2021年,学校共接待近400多批次、350多个单位、3000余人次来访考察学习。

教学成果"有效衔接内外循环治理,激发民营企业主动参与技术技能人才培养"的经验做法,被《教育部 浙江省人民政府关于推进职业教育与民营经济融合发展助力

"活力温台"建设的意见》采纳。

本成果第一完成人2019年11月在教育部高职教育专项工作会议上做典型发言，向教育部相关领导和全国"双高"院校校长推介治理创新赋能人才培养的"温职经验"。

2016—2022年，浙江省委、教育部领导多次到学校指导调研，对学校改革成果给予充分肯定。教育部领导在学校实地调研和考察后表示，学校基于整体性治理的人才培养模式创新与实践，取得了累累硕果，充分发挥了高职院校"排头兵"的作用。

五、建设体会与感悟

学校教学成果实践主要有三条经验：一是把牢职教方向，谋划教学改革。学校紧跟国家职教改革的步伐，精准把握上级职教政策的变化，锚定方向，遵循规律，审时度势，超前谋划，及时将国家法律政策红利转化为学校高素质技术技能人才培养能力。二是聚焦人才培养，整合资源要素。人才培养是高职院校的核心任务，能否培养出创新性、高质量、社会需求的人才，是衡量高职院校办学水平、未来发展进程的重要标志，双循环治理聚焦就是内外部育人要素的有效汇聚，要紧紧抓住人才培养这个"牛鼻子"。三是坚持改革创新，挖掘增长动力。学校持续探索多元化、多样化的办学模式，因地制宜，大胆创新，主动争取各方资源有力地保障了教学改革的实施。近年来，温州各级政府为共同体的建设发展提供了大量的人力、物力，学校吸纳政府总投资近30亿元，学生生均拨款从1.5万元提升到了2.5万元。

乔匠模式：个性化培养服装技术技能人才的十年探索与实践

成果完成单位：杭州市乔司职业高级中学

成果完成人：凌静、却旦、叶飞飞、闻建明、黄耀明、郑美玲、张春鸳、王晓泽

执笔人：凌静

中国是世界服装生产第一大国，杭州是中国时尚女装之都，其服装行业已经从生产加工规模速度型成长为设计、制作、营销完整产业链的质量特色型。细分化岗位分工需要适应相关工作岗位的个性化服装人才。技能人才培养不能如楠木、松木统统压缩成三合板似的，需要构建多元化转型的个性化人才培养模式。然而校企合作长效机制缺失导致企业资源难以持续参与，个性化育人资源短缺，人才数量难以满足服装技术技能人才培养的需要。为解决以上问题，杭州市乔司职业高级中学针对服装产业发展、人才需求的变化，不断调整专业目标和人才培养定位，开展产教融合育人实践，创新校企合作共同体新机制，创建"一专多向、一生一表"个性化人才培育做法，形成乔匠模式系统化育人解决方案。

一、成果背景与简介

杭州市乔司职业高级中学是浙江省第一批创建服装专业的学校，服装专业为浙江省"十二五"品牌专业、"十三五"特色专业、"十四五"高水平专业。学校于2012年启动育人模式改革；2014年立足杭派女装基地，"政、行、校、企"协同构建"产、教、研、培"四功能于一站的服装全产业链微缩版的育人平台——乔匠学院，为服装高技能人才培养提供了保障和支撑；2016年承担浙江省重点教学成果培育课题和省规划课题，开展一站式三坊个性化育人实践，建成省特色专业；2018年实践检验形成服装技术技能人才的乔匠模式；提出双向"私人定制"育人理念，建设一站式乔匠学院，制订个性化育人体系，创建多样化定制资源，为服装专业个性化培养服装技术技能人才提供了系统的教学改革方案（见图1）。

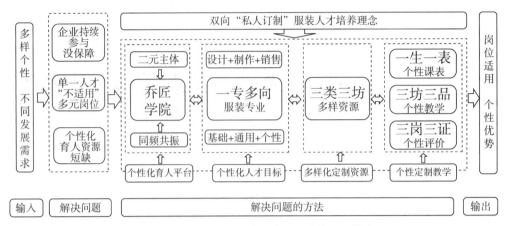

图1　个性化培养服装技术技能人才的乔匠模式

该成果针对企业资源难持续参与、个性化育人资源短缺、服装专业单一制作技术工人培养与多元化岗位需求不适用3个问题,提出并践行一种双向"私人定制"的育人思路,以校企政行联动,产教研培四能一站的方式,发挥二元主体和同频共振机制,建设个性化育人平台——乔匠学院;界定服装技术技能人才3个核心素养(基础技能过硬、通用技术扎实、个性技能凸显),构建为学生定制"一生一表",实施"三坊三品"教学和"三岗三证"评价的整体育人体系。基于服装链上典型岗位开发了服装设计、制作、营销三类方向课程,每个方向上再构建"学、工、艺"三坊晋级式课程,形成"三类三坊"多样化服装定制课程资源,在服装技术技能人才培养中有重大推广运用价值。

经过十年探索实践,构建融合128家企业资源、18个大师的一站式乔匠学院,近五年为社会输送和培训人才124000人次;接待外省考察百余次;输出人才覆盖服装产业链12个岗位,在旗袍、刺绣、成衣定制岗位的个性化人才尤为突出,原创服装145套参加国际时装周展示,近五年67人次在国家级比赛中获奖,3人获评国际超模。学校培养省级以上名师名匠14位,开发教材10本,研发资源12000多个;其做法在全国进行130场次推广,其典型做法被13个省份的43个专业纳入人才培养方案,惠及学生10万余人。成功经验得到《中国教育报》、《光明日报》、浙江电视台等媒体广泛宣传,在全国产生较大影响和辐射效应。

二、主要解决的问题

(一)校企合作缺少长效机制导致企业资源难持续参与

以往校企合作过程中,企业为学生提供的实习岗位与学生需求不太一致,企业提供的岗位多是劳动性岗位,而很少提供技术性岗位,甚至提供的有些岗位与学生的专业不符,这就导致了实习实训过程中学生的专业技能很难得到提升。究其原因,校企、行院之间的合作依然存在动力不足、管理机制和平台不健全等问题,导致沟通渠道不畅通,尤其存在校企合作缺乏活力、层次比较浅、机制不够完善等问题。

(二)批量生产到新定制时代,个性化的课程资源缺乏

服装产业从大批量生产,进入小批量、个性化定制时代,服装款式更新快,个性需求多元。学校原有的课程体系侧重大而全的基础知识和常规服装产品的生产技术,而融入民族特色的旗袍、刺绣、扎染等元素、个性化创意的服装定制课程较为缺乏。原有单一的资源和一刀切的教学方法具有局限性,因此学生的学习兴趣不高。

(三)人才趋向单一人才培养,与多元岗位需求不适用

针对区域服装企业用人需求,服装产业上游的面料研发、款式研发人才需求占比26%,中游的服装制版、服装制作、服装设计占比42%,服装下游的陈列、跟单、电商占比32%。然而对连续10年往届服装专业毕业生跟踪调查发现,就业制版、制作、设计等服装产业中游岗位人才输出占比95%,上游和下游总占比只有5%。原有服装专业人才培养目标过于狭窄,学生就业竞争力不强,可持续发展能力弱。2012年的往届毕业生就业调查报告显示,有34%的应届生毕业后选择"慢就业",有56%的毕业生签约的就业岗位与专业不对口,这折射出专业内培养方向、课程设置与单位的实际需求存在结构性矛盾。

三、主要做法和经验

(一)共建一站式乔匠学院,建立校企合作长效机制

1.以教育生态理论为指导,组建专业建设指导委员会

学校建立以政府牵头,学校搭建为核心,杭州艺尚中心龙头服装企业为重点,意法服饰城及旗下千余家服装企业为补充的校企合作共同体。校企政行四方联动构建融合"一站式"育人平台——乔匠学院。一站式的特色是"生产、教学、研发、培训"4个功能于一站,也融合服装产业链上游、中游、下游典型岗位"面料研发、服装设计、生产制作、销售陈列"于一站。

2.执行"二元主体"管理机制

学校应理清培养什么样的人、用什么资源培养人、怎样培养人这3个问题,成立政校企行参与的乔匠学院理事会,理事会领导下执行院长负责制,推行院长与企业法人、专业部长与厂长、专业组长与车间主任、教师与大师对接的联系制度。五方联动共建(实训场地、工作室、线上平台等)、共育(共同执行教育教学全过程)、共研(服装产品研发、工艺改进、技术推广、成果转化、教学方法等)、共享(人力资源、教学资源、技术资源,以及三方人才培养绩效)。让校企共同治理项目和绩效,以"价值共识"与"发展共赢"作为产教融合平台构建的切入点,引入服装产业链上众多零散的、典型性服装企业资源,汇聚资源,实现市场、车间、岗位、技术共享。这既符合企业运营规律和增收提效的核心需求,又满足学校个性化育人条件的需要,实现发展共赢。

3. 建立"同频共振"动态治理机制

学校践行"职业领域变化—岗位结构变化—学生发展方向调整—服务企业调整"的做法,实现供需侧同频共振,让乔匠学院的企业资源持续不断;"专兼互聘"机制打造结构化双师团队,为个性化人才精准培育提供源源不断的师资保障。乔匠学院"同频共振"动态治理机制实施打破"校企、时间、空间、人员"4个壁垒,形成了"产业链、岗位链、人才链、服务链"四链螺旋共生的产教融合平台建设新理念,调动行业、企业协同育人的主体责任。学院与国家深化产业融合"以校企共同体建设为抓手"高度契合,与国家推行"与企业联盟、与行业联合、同园区联结"的产教协同育人改革方向高度契合。

(二)创设"学·工·艺"三坊,创建多样化定制教育资源

"学·工·艺"三坊是乔匠学院的构建格局与指挥大脑。根据服装技能人才成长规律,构建"学·工·艺"三坊,学坊中掌握单一基础技能,工坊中夯实组合通用技能,艺坊中提升综合个性技能(见图2)。根据服装产业链产品生产规律,对接企业产业链三类岗位,构建设计研发、制版制作、陈列营销三类课程。上游研发区为:面料设计、款式设计;中游制作区为:部件制作、服装制版;下游营销区为:服装陈列、服装营销。

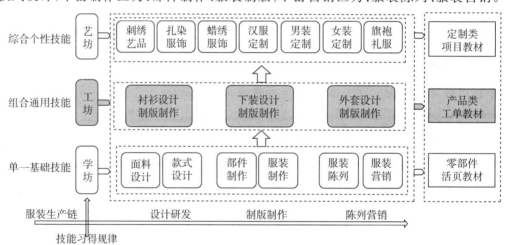

图2 "学·工·艺"三坊教育资源

学坊:按照产业链建设服装设计基础、服装制版基础、服装零部件制作、服装立裁、服装陈列、服装营销六类理实一体学坊,校本考核校本学岗证。

工坊:按照服装生产需要建衬衫类设计制版制作、下装设计制版制作、外套设计制版制作三类企业工坊,校企共同考核企业跟岗证。

艺坊:按照创新创业研发需要建大师带徒的高级成衣艺坊、旗袍礼服艺坊、服装表演艺坊、服装形象设计艺坊、扎染蜡染艺坊、刺绣艺坊等各类12个时尚个性定制艺坊,行业参与考核行业技能证。

熟练工人、企业专家、行业大师分别进入三坊,依次定制三级课程(单一基础技能

为必选、组合通用技能为限选、综合个性技能为自选),对接新时尚、新工艺开发课标。学校和企业双主编原创定制课程,包括:领、袋、袖等部件的单一技能活页教材,裙、裤、衬衫、外套等成衣工单式教材,汉服、旗袍、礼服等时尚成衣定制项目教材;校企研发微课、量体裁衣系统、智能定制系统等数字化资源。校企互聘师资、三级衣坊、三坊课程、教材为个性化服装人才教学提供充分的教育资源,实现校企之间文化交融、互利互惠,一体发展。

(三)建设"一专多向"服装专业,提供一链多岗适用人才

1. 梳理"一链多岗"人才需求

根据人才链对接产业链职业岗位需求的规律,对服装企业岗位调研得知需要的岗位领域有三类:车间领域、设计领域和销售领域。车间领域的岗位核心能力包括关键零部件制作、服装结构制版、整件流水制作、生产后道包装整理、流水设计安排和车间管理等。设计领域人才的岗位核心能力包括服装面料设计、图案设计、零部件设计、款式设计和成衣设计与创新。销售领域人才的岗位核心能力包括店面陈列、店铺上货与销售、业务管理、服装电商等。

2. 定位"一专多向"人培方向

以服装生产链三类岗位对接服装专业3个培养方向,启动"一专多向"的人才培养改革,形成与服装产业链上不同岗位技术发展同步的分段多元人才培养模式,以及与之对应的课程体系,分为服装设计、生产制作、销售陈列3个方向,主要集中在服装设计、制版、缝纫、整理、销售、陈列等岗位。确定"懂制作、精工艺的女装车间人才,能设计、会创新的女装设计人才,懂销售、会陈列的女装销售人才"是服装人才3个类别的个性化培育目标,为服装专业学生提供一链多岗适用方向。

(四)重构"三晋三模"课程,提供书证融通结构化课程

学校确立双链对接(专业链对接产业链)、双标对接(技能标准对接岗位标准)、双核并举(核心素养+核心能力)、双证融通(毕业证+职业资格证书)的四双人才培养理念,厘定服装三类人才培养方向,服装专业以"工作导向、任务引领、项目驱动"为原则,岗证课赛四维融合,将教学体系框架分为3个层次(单一、组合、综合)、3个模块(研发设计类、制作生产类、销售陈列类)(见表1)。针对3个层次,设立专业单一基础技能项目、组合通用技能项目、综合时尚定制项目,让课程具有分层次、递进式和可选择的特点。学校规范了服装类课程开发的内容、方式和方法,突破了服装课程结构各自为政、目标设置不够明确和体系不完善的问题,弥补了单一实训在服装人才培养方面的弱势和不足,改善了过去课程零碎化、随意化的状况。

表 1　中职服装"三晋三模"课程体系

综合	1.面料图案的原创能力 2.面料再造的能力 3.服装系列设计的能力	1.对服装独立制作的能力 2.服装款式变化与工艺创新制作的能力	1.服装店面陈列的综合创新实施能力 2.服装动态展示的综合能力
组合	1.服饰面料分析、选用与图案设计的能力 2.服装造型、色彩、材料综合设计的能力	1.服装设计款式转化为结构纸样的能力 2.服装设计款式转化为工艺制作的能力	1.服装陈列、营销的核心能力 2.服装展示与表演的能力
单一	1.面料图案认知、鉴别与初步设计的能力 2.基础造型、分析、审美的能力	1.服装零部件工艺认知与制作的能力 2.服装零部件工艺单认知与基本设计的能力	1.服装市场营销的基本知识 2.服装陈列与电商销售的基本能力
	通识:服装基础认知、技能、素养		
三模块	研发设计类模块	制作生产类模块	销售陈列类模块
人才链	设计人才	车间人才	营销人才

（五）开展"一生一表"选课，提供人才个性化定制教学

1.开展"一生一表"选课

学校遵循核心素养个性化养成规律，以学分制选择性课改为抓手，建设"超市产品"型课程体系（必选学坊课程、限选工坊课程和自选艺坊课程）。学生三次自主选课（进校选专业、高二选方向、高三选特长）形成"必选＋限选＋自选"（部件单一技能＋成衣组合技能＋综合时尚定制技能）结合的个性化"一生一表"，进行走班学习，保障培养目标的能力结构既复合又凸显个性优势（见图3）。

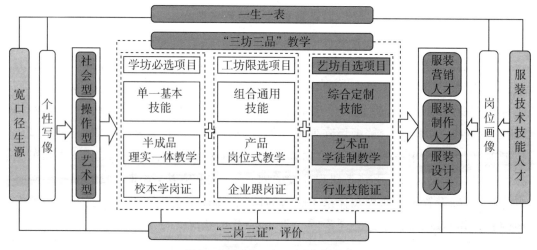

图 3　个性化"一生一表"定制教学

校企双向订制，师生双向选择，充分尊重学生的自主选择，让每个学生都有最适合的个性化课表；整合岗位、考证、大赛标准重构课程内容，针对学生的岗位技能、艺术创新、品质品德三维分岗分级评价，开展"1（毕业证）＋X（服装制作工证＋服装设计师证＋服装陈列室证）"考证，使学生毕业后成为服装企业即招即用的岗位职业人才。

学校创造性构建了"个性定制"系列课程，突破了原有职业教育服装类人才培养课程单一笼统的问题，形成了便捷灵活的课程供给与实施方式，实现了自主选课的可操作性，让学生享受丰富优质的课程资源。

2.开展"三坊三品"式教学

多导师协同开展"三坊三品"式教学（学坊内以半成品为导向的理实一体教学、工坊内以产品为导向的岗位式实训、艺坊内以艺术品为导向的学徒制教学）。课证融通开展"三岗三证"考核评价（学坊校本学岗证、工坊企业跟岗证、艺坊行业技能证），激活学生原动力和个性优势，让学生在知行合一中习得真功夫，在乔匠学院所学知识、所练技能和所培素养与企业岗位需求无缝对接。

学坊理实一体教学：学坊中，围绕服装部件开展教学，以半成品为主题，按照主题导入、主题探究、主题实施、主题反馈、主题拓展5个环节开展教学，做到对接比赛、手脑并用。

工坊岗位式教学：对接服装产业链上不同岗位的核心能力与素养，按照岗位具体产品编制工单式活页手册，以产品为导向，按照款式研发岗、设计助理岗、技术科服装制板岗、服装缝纫岗、服装生产后道岗、服装营销岗等，开展"识岗、试岗、实岗、竞岗、评岗"五步教学，做到对接岗位、知行合一。

艺坊学徒制教学：在艺坊开展具体跟岗，双师共导，按照服装艺术品的开发工作流程构建定、制、裁、缝、优、秀6个任务，开展学徒制六阶任务教学，在每个任务中，按照预样、定样、拓样3个阶段进行，在传承技艺、创新服装艺术品中实现学生愿学、能学、会学、乐学的目标，做到对接市场，工学结合。

四、成果创新与特点

（一）首创了因岗定标、因人设课的双向"私人定制"服装人才培育新思路

服装技能人才培育提出并贯彻了双向"私人定制"的思路：一方面因岗定标，人才出口按照服装产业链岗位需要确定多元化人才标准；另一方面因人设课，生源进口为学生定制发展路径、课程、方案，如同为学生量体裁衣，实现因材施教。贯彻双向定制，入学新生写像，按照社会型、操作型、艺术型等个性发展优势，对照岗位标准，设计学生最佳发展路径，定制"一生一表"课表，按照个性化生涯发展方案，为岗位定制人才。首创的因人设课、因岗定标的"私人定制"服装技术技能人才新思路，渗透到专业三教改革，解决了目前人才培养统一规划的问题，助力学生"天生我材必有用"，实现人人出彩，推动职业学校课堂革命，具有明显的创新和运用价值。

（二）系统创建了"一专多向、一生一表"的个性化育人乔匠模式

学校打造服装全产业链微缩版的育人平台——乔匠学院，基于平台开设"一专多

向"服装专业,首次制订了在一个服装专业开展设计、制作和销售3个特色方向的人才培养方案,为中职宽口径不同层次的学生提供了一个专业多个发展方向的机会;通过初选基础技能、再选通用技能自选方向特色技能课程获得"一生一表",学生依次在"学·工·艺"三坊间学岗、跟岗和上岗,建立个性化人才档案,接受突出适岗能力的"三岗三证"评价,实现课岗融合、教学与师傅结合、学生与员工结合、作业与产品结合的精准共育样式。学校创新凝练了"一专多向、一生一表"服装人才个性化培养的乔匠模式,出版了以服装专业教学为典型案例的《职业教育2W2H教学设计》,为全国中职服装专业提高教学质量,实现培育目标提供了个性化教学范式。

(三)原创了"三坊定制"课程资源,助力学生立足服装产业最前沿

学校依托一站式乔匠学院,原创了融服装链岗位场景、大师团队、定制教材、数字化系统于一体的"三坊定制"课程资源。学校有由服装设计师、制版大师、名模,以及旗袍、红帮传人、手推绣、缠花等非物质文化传承人与学校名师组建的各服装大师团队;汇集高级成衣、礼服、旗袍、中山装、汉服、刺绣饰品、蜡染服饰定制等构建的服装链典型定制场景与岗位;研发了单一技能活页教材,成衣工单式教材和高级服装成衣定制项目式教材与信息化资源。"三坊定制"课程资源是服装人才培育的关键,为学生毕业零距离上岗提供了保障,开发的服装典型部件制作、旗袍定制、礼服定制等资源被中国职教微课网、中国研修网、浙江省微课网采纳,在全国服装专业中推广,填补了服装新定制时代定制课程资源的空白。

五、推广应用效果

(一)培育了一批服务时尚之都的个性化服装技术技能人才

近五年,学校为服装产业链年均输送650人以上,覆盖研发、制版、制作、高定服务、直播、陈列、表演等12个服装产业链上的岗位。企业对学生岗位适用和个性能力满意度达到98.7%,近五年企业满意度增量达21%,为同类院校最高水平。近三年实现了学生高薪就业,67人开设服装定制工作室,56人成为刺绣、扎染或蜡染传承人。近五年67人次国家级比赛获奖,3人获得学院派国际超模,原创蜡染、刺绣作品获得全国金奖,原创服装145套参加国际时装周展示,人才质量显著提升。

(二)成果育人理念、资源和模式在全国范围推广应用广泛

乔匠学院建设6类理实一体学坊、3类服装企业"工坊"、12个大师"艺坊",成为全国超模基地、省校企合作共同体示范基地、省服装专业示范基地,接待外省考察100余次,为企业员工线上线下技术培训年均达23600人天,年均对口支援西部教育达267人天,助力共同富裕。本成果的运用案例在2021年全国职业院校教学能力大赛中获得全国一等奖,并在全国推广。人才培养模式辐射至汽修、建筑、形象设计等专业,受益学生达3600多人;成果理念和做法在浙江大学、同济大学、华东师范大学等5个全国师资培训基地进行 130 多场次推广与讲座,其成功经验推广至 13 个省份,涉及 220 多所学校;其中四川、贵州、湖南等 28 所职业院校采纳了成果典型做法,运用案例在省级以上获奖十多次,示范作用明显。

(三)涌现出一批全国有影响力的中职服装领域名师名匠

乔匠学院现拥有国家名师 2 位、全国工匠 1 位、省级名师及省技术能手 12 位、全国十佳制版师 3 位、工作室领衔人 15 位。教学团队各类比赛获国家级奖项 17 次、省级 18 次,出版专著 3 本、教材 10 本,在线课程 6 门,新型实用技术及外观专利 125 项,研发资源 12000 多个。专业负责人主持名师工作室带徒弟 2076 位。涌现的名师名匠为行业的发展和专业化人才的培养提供了有力支持,成为全国同行最具实力和影响力的服装团队。

本成果在全国教学能力大赛、省品牌专业建设、省资源库等项目验收中获专家高度评价。《中国教育报》、《光明日报》、浙江电视台、学习强国等 20 多家媒体先后对成果创新实践所取得的成绩进行了 50 余次报道。本成果获得省部级领导、中外专家学者和行业用人单位高度认可,成功经验在全国产生较大影响和辐射效应,实践成果成为专业内涵建设的典范和育人模式的样板。

基于"企业学区"的中职高素质技能型人才培养模式探索与实践

成果完成单位:杭州市富阳区职业高级中学、浙江金火科技实业有限公司

成果完成人:赵玉星、李舟军、杨楠红、沈铭铭、蒋学勇、毛志勇、韩瑞祥

执笔人:赵玉星

一、成果背景

国务院办公厅《关于深化产教融合的若干意见》指出:"深化职业教育、高等教育等改革,发挥企业重要主体作用,促进人才培养供给侧和产业需求侧结构要素全方位融合,培养大批高素质创新人才和技术技能人才。"

职业教育是跨界教育,没有社会各方的共同参与就办不好职业教育,尤其是不能缺失企业的主体育人作用。但是,当前中职学校人才培养过程中企业的育人功能得不到充分发挥,企业在育人过程中存在实习环境缺乏教学性、岗位课程缺乏系统性、教育策略缺乏协同性、岗位评价缺乏多样性等人才培养问题,这严重影响了中职学校人才培养的质量和效率,制约了产教融合、校企合作的深度开展,因此人才培养模式改革势在必行。

本成果依托浙江省教育科研规划课题的研究平台和国家中等职业教育改革发展示范校、浙江省中职名校立项建设单位等项目的创建平台,通过深化产教融合、校企合作,开辟企业学区,充分发挥企业育人的主体作用,提升技术技能人才培养质量,从而构建具有中国特色的中职企业学区人才培养模式。

二、成果的形成过程

基于上述背景,自 2008 年起,学校先后在汽修、机电等主干专业开展"企业学区"建设的实践探索,经过探索与研究、成熟与提炼、应用与推广 3 个阶段,解决了学生在

哪里学、学什么、怎么学和学得怎样等人才培养的核心问题。

(一)探索与研究阶段(2008—2012年)

2008年3月,杭州小拇指汽车科技服务股份有限公司随着事业的快速发展,急需大量高素质技能型汽修人才,以满足公司品牌扩张的需要,但是遇到招生难的问题。公司领导与学校签订人才培养的战略合作协议,在汽修专业中探索校企合作订单式人才培养模式。双方经过友好协商,建构了"企业学区"的雏形,通过企业驻校,企业投资在校建设迷你型生产车间,学校提供项目化教学场景与设备,招收在校高二年级学生作为学员,开展专门班级进行培养,开启了校企合作"企业学区"培养创业型技能人才之路。

2009年课题组成员以此项目为研究对象,申报立项了浙江省教育科学规划课题,开展了"创业视角下的中职校企合作模式及运行机制的研究"(编号:2009SC64)课题研究,课题成果在《江苏教育》发表。2011年该教学成果获评杭州市教学成果二等奖。

2010年1月,浙江金火科技实业有限公司随着事业的发展,需要大量的数控维修人才,但是遇到技能型人才难培养的问题,公司有意与我校开展订单式人才培养。经双方协商,学校机电专业与金火科技合作,在高二年级第一学期结束后,招收相关专业学生组成订单班:学中订单,共选适合性创业学徒;企业驻校,共建生产型创业基地;岗位轮训,共育技能型创业人才;顶岗实习,共管创业型人才培养。2012年论文《"学中订单""四共"校企合作培养技能型创业人才模式的实践》在《浙江省职业技术教育通讯》上发表,校企合作经验获评浙江省职业教育改革发展典型案例,其做法成为企业学区的校内范式,为后来企业学区模式整体建构提供了前期准备。

(二)成熟与提炼阶段(2012—2016年)

2012年9月,学校与康桥新概念4S店合作,首次提出企业学区概念,共建校外实训基地,开展工学交替与项目教学,成为企业学区校外模式的雏形。

2013年5月,学校与事业快速发展的浙江金火科技实业有限公司和金锋汽修(后来的蓝盾汽修)等企业合作,经双方协商制订人才培养方案,并由企业提供典型性生产车间与寄宿制学生宿舍,学校提供项目化教学方案与设备,校企共建"工作、学习、生活"于一体的校外企业学区范式。2014年5月,《浙江教育报》以《企业学区,让校企合作真正落地——富阳职高打造校企合作新范式》为题进行专题报道,标志着我校企业学区模式日趋成熟。

2016年,课题组成员申报的教学成果《开辟企业学区,培养现代学徒》获杭州市职业教育教学成果二等奖。

(三)应用与推广阶段(2016年至今)

自2016年起,"企业学区"人才培养模式进入应用与推广阶段。2016年10月,杭州市教育局领导评价企业学区的做法是"本市第一,浙江首创"。2016年12月、2018

年10月《浙江职业技术教育通讯》分别以《企业学区——跨入校企合作的2.0时代》《推进企业学区建设,打造校企发展共同体》为题,对我校企业学区建设做重点报道与推介。2018年起,杭州市中职教育质量提升工程中,推出以我校企业学区为蓝本的示范性教学实训车间项目50个。

2017年,课题组成员申报立项了浙江省规划课题,开展了"基于行业标准的现代学徒制建设研究"(编号:2017SB010)的深化研究。2019年申报的该教学成果《四共·四岗·多证:中职"企业学区"建设的十年探索》获第六届杭州市优秀职业教育教学成果一等奖,其做法获评浙江省职业教育改革发展典型案例。课题成果在2020年1月的《职业教育》上发表。其间,课题组成员以专题讲座、对口帮扶和教师支教等形式,将企业学区的做法和经验向全国推广。2019年10月,教育部办公厅等十四部门印发《职业院校全面开展职业培训 促进就业创业行动计划》的通知:鼓励职业院校通过"企业学区""移动教室""大篷车""小马扎"等方式,把培训送到车间和群众家门口。2021年12月,申报的该教学成果《中职学校"企业学区"人才培养模式探索与实践》荣获浙江省职业教育教学成果奖特等奖。2022年3月,《中国教育报》以《建"企业学区" 培养高素质创新型技能型人才》为题,对我校企业学区人才培养模式做报道与推介。

三、主要解决的问题

校企合作人才培养过程中,存在企业育人功能没有真正发挥的问题,具体表现在以下4个方面。

(一)原有的企业环境缺乏教学性

在人才培养过程中,企业直接把未经过改造的生产车间当作实训基地,没有建立起典型的、适合的教学场所、教学资源和教学项目,未能实现生产功能与教学功能相统一。

(二)原有的岗位课程缺乏系统性

在人才培养内容上,企业实践知识碎片化,岗位技能训练不成系统,把重复劳动当成教学实习,没有建立起符合岗位能力成长和认知规律的课程体系。

(三)原有的教学策略缺乏协同性

在人才培养方式上,企业技师按照工作任务指导学生进行生产实践,专业教师按照学科体系组织学生开展学习活动,专业教师和企业技师协作不紧密,未形成团队合力,出现学生岗位实习效率低下的问题。

(四)原有的岗位评价缺乏多样性

在人才培养评价体系中,企业存在对学生的评价主体单一、评价标准模糊、评价过程随意、评价结果低效等问题。

四、主要做法与经验

(一)成果的内涵

"企业学区"是指中职学校与产教融合标杆企业合作建立集工作、学习、生活于一体的育人场所,通过环境改变、课程改革、策略改良和评价改善的育人机制,轮岗晋岗培养创新型技能人才的一种新模式。

成果精准聚焦真正发挥企业育人功能,校企共建"企业学区",凸显企业主体育人功能,通过企业环境改变催生岗位课程改革、岗位课程改革促使教育策略改良、教育策略改良推动岗位评价改善、岗位评价改善进而带动企业学区新变革,形成"一聚四改"的人才培养新模式(见图1)。

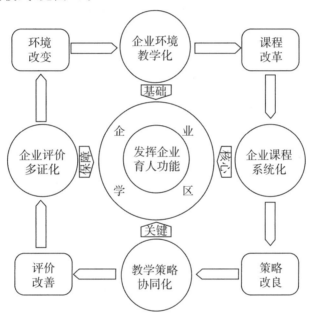

图1 中职"企业学区"人才培养新模式

改变环境,校企合作通过打造"三位一体"的企业学区,实现企业实践环境教学化,是充分发挥企业育人功能的前提和基础;构建"轮岗晋岗"的课程体系,实现岗位课程系统化,是充分发挥企业育人功能的核心;实施"岗位共导"的教育策略,实现教育策略协同化,是充分发挥企业育人功能的关键;建立"一岗多证"的评价机制,实现岗位评价多证化,是充分发挥企业育人功能的保障。企业学区充分发挥企业环境育人、岗位课程育人、双师协同育人、企业评价育人的优势,形成了中职学校"企业学区"的人才培养新模式,有效地提升了企业的育人主体地位,解决了学生在哪里学(企业学区)、学什么(课程体系)、怎么学(教学策略)和学得怎样(人才评价)的人才培养核心问题。

(二)解决问题的主要做法与经验

1.打造"三位一体"企业学区,实现企业环境教学化

基于环境,校企共建两种典型的"企业学区",是充分发挥企业育人功能的基础。

(1)企业驻校,快速扩张型企业主动进驻学校,将自己的产品、技术、设备供给学校,学校提供项目化教学场景与设备,新建教学型生产实习基地——企业学区。企业安排高素质技师到学校全程进行教学培训、生产管理与学生考核。

(2)引校入企,在行业标杆企业设立专门的教学性实践空间,建立企业学区,将一个或几个专业的教学活动转移到企业中进行。企业选择适合的生产车间,通过改造,引入教学元素和教学资源,建成教学型生产基地。同时,企业提供寄宿制学生宿舍,校企共建集"工作、学习、生活"于一体的校外企业学区。

通过场地改造、流程再造、设备智造、氛围营造等办法创设工学融合实训岗位,按照技术岗、服务岗和管理岗遴选适合学徒实训的典型性岗位,并设置轮训岗位和晋升岗位,实现企业环境教学化。

2.构建"轮岗晋岗"课程体系,实现岗位课程系统化

基于岗位,构建"轮岗晋岗"课程体系,是充分发挥企业育人功能的核心。

(1)建构企业学区课程框架。校企联合开发,形成了符合行业标准的"轮岗晋岗"企业学区能力课程体系(见图2),将课程分为横向轮岗和纵向晋岗两个维度,规定轮岗课程为必修课程,晋岗课程为选修课程,两大类别四个模块组成轮岗晋岗矩阵式课程体系,实现岗位课程矩阵化。

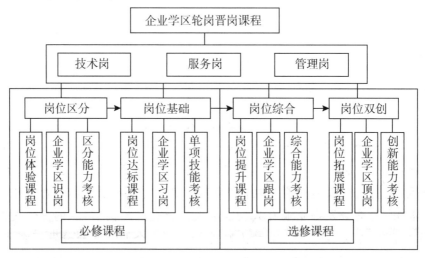

图2 企业学区"轮岗晋岗"课程体系

(2)精选企业学区课程内容。企业学区按照岗位区分、岗位基础、岗位综合和岗位双创四大课程模块重新选择课程内容,以岗位综合职业能力为培养目标,以岗位工作任务为逻辑编写课程。每一项岗位工作任务包含知识点、技能点、能力点和素养点,将创新创业教育贯穿教学全过程。

(3)重排企业学区课程序列。按照轮岗和晋岗两个维度,即学区内部不同岗位按照技术岗、服务岗、管理岗建立横向轮岗课程序列;同一岗位按照岗位区分、岗位基础、岗位综合和岗位双创建立纵向晋岗课程序列。模块内部按照"学—训—考"的逻辑组成序列,突出岗位实践能力和创新能力。新课程纵横交错、环环相扣、层层递进、重点突出,实现了岗位课程矩阵化和系统化。

3. 实施"多师共导"教育策略,实现岗位育人协同化

学校基于协同,实施"多师共导"企业学区教学策略,组建行业大师、企业技师和专业教师的多师协作教学团队,是充分发挥企业育人功能的关键。

(1)岗位轮训,多师共导教学策略。按照所有学生"轮岗必修"原则,企业学区设计了岗位体验课程和岗位单项技能达标课程,按照先体验式轮岗再达标式轮岗的教学安排,组成不同教学团队开展实践教学活动,形成了企业学区"轮岗共导""引导—指导—辅导—督导"多师协同教学策略。

①体验式轮岗见习,多师协同共教。体验式轮岗见习是指以参观考察为主要途径、以直接感知为主要形式、以获得岗位直接体验为主要目的,在校企合作多师协同下组织学生进企业学区实施轮岗见习的教育实践活动。企业领导、岗位师傅、专业教师和带队教师组成岗位体验课程教学团队,开展多师协同共教,实施体验式轮岗见习。

②达标式轮岗实习,多师协同共训。达标式轮岗实习,以企业学区轮训岗位工作实习为主要途径,以单项技能和专项技能训练为主要实践内容,以达到企业员工平均操作水平为考核标准,在校企合作多师协同下组织学生进企业学区实施轮岗实习的教育实践活动。企业技师、岗位师傅、专业教师和带班教师组成岗位达标课程教学团队,开展多师协同共训,实施达标式轮岗实习。

(2)岗位晋级,多师共导教学策略。按照"晋岗选修"的原则,选课学生在企业学区开展岗位提升课程和岗位拓展课程的晋岗实训,按照岗位提升和拓展两个晋岗维度,组成不同的教学团队开展实践教学活动,形成"晋岗共导""出单—研单—做单—评单"多师协同的教学策略。

①定制式岗位晋级,多师协同共研。定制式岗位晋级,是指相同专业学生在岗位达标的基础上,根据学生在轮岗过程中某一岗位的出色表现,为其量身定制,再安排其进行该岗位的专业能力的提升训练。行业专家、企业技师、专业教师和教学名师组成岗位提升课程教学团队,开展多师协同共研,帮助学生完成岗位晋级。

②组团式大赛晋级,多师协同共襄。组团式大赛晋级,是指不同专业学生通过参加各级各类大赛,在多师协同下逐级提升,不断增强自身的职业综合实践能力,实现能力提升岗位晋级的目标。创业导师、企业家、行业专家和专业教师组成岗位拓展课程教学团队,开展多师协同共襄,帮助学生完成大赛晋级。

4. 建立"一岗多证"评价体系,实现岗位评价多样化

学校基于评价,建立"一岗多证、合格＋专长"企业学区的评价体系,实现岗位评价多样化,是充分发挥企业育人功能的保障。

(1)推行评价主体多元化。企业学区评价主体主要有以下三类:政府和教育行政部门,这是职业教育评价的行政参与主体;教师、学生和学校职能部门,这是职业教育评价的内部参与主体;行业、企业、第三方机构、家长等,这是职业教育评价的社会参与主体。评价主体多元化体现在建立政府行政评价、学校自我评价和外部社会评价的"三位一体"评价体系上。

(2)实施评价标准多维化。评价标准多维化主要体现在企业学区岗位评价的整体设计上。实施横向评价项目上分类:实现评价内容对接岗位职业要求(职业资格证书)、评价方法对接员工绩效评价(岗位工作证书)、评价过程对接岗位真实的工作过程;实施纵向评价项目上分级:设置岗位合格标准和专长标准体系。岗位合格标准包括岗位合格标准、职业资格标准和学分考核标准。岗位专长标准分为初级、中级和高级 3 个等级。学校形成合格＋专长的评价系统,实现评价标准多维化。

"一岗多证、合格＋专长"评价体系是多证考核体系的准绳(见图 3)。

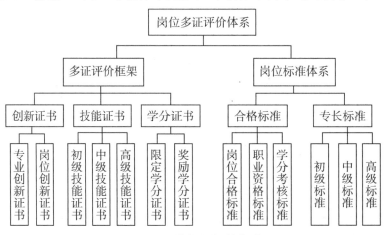

图 3 "一岗多证"评价体系

(3)实现评价过程多阶化。企业学区岗位评价过程多阶化是指根据岗位区分能力—基础能力—综合能力—双创能力 4 个层级,采用达标式评价和分级式评价。轮岗阶段的岗位区分能力和岗位基础能力评价采用过关式和达标式合格标准评价,将学生的岗位工作能力与企业一般员工的平均工作能力水平的程度做比对,评价结果只有两种:合格和不合格。晋岗阶段的岗位综合能力和双创能力评价采用分级式和专长式标准评价。学生进行社会化等级鉴定,通过者获得相应专长初级、中级乃至高级的等级证书,实现能力提升岗位晋级的目标。

(4)形成评价结果多证化。岗位评价结果多证化主要体现在学生在企业学区轮岗晋岗考核之后,可以获取多种证书,主要有学分证书、技能证书和创新证书。其中技能证书设置初级、中级和高级 3 个级别。创新证书包括专业创新证书和岗位创新证书。专业创新证书是指学生参加各类发明获得的证书,包括专利、实用新型和外观设计。岗位创新证书是指学徒晋岗结束后,由校企组织岗位能力胜任考核,超越员工平均工作业绩的优秀者颁发岗位创新证。一岗多证确保了晋岗效果,实现了岗位评价多证化,解决了岗位评价证书单一的问题。同时,企业人事部门根据学生的证书情况,匹配相应的工作岗位,实现人力资源的最优化。

五、成果的创新与特色

(一)理念创新:提出"企业学区"新概念和育人新理念,开拓了职业学校学习空间的理论边界

企业学区作为校企共建的一个有效学习空间,大大拓展了传统教学的物理空间、社交空间和信息空间,兼顾了正式学习和非正式学习,打破了传统意义上学校学习的局限,构建了以真实工作为背景的学习环境,实现了教学功能与生产功能相统一,体现了工学融合人才培养的新方案、新理念,显著提升了学生的创新实践能力和职业素养。企业学区拓展了职业教育领域有关学习环境的研究,丰富了校企合作学习空间的理论。

(二)路径创新:建构企业学区"矩阵化"课程体系,开辟了课程改革新路径

企业学区课程体系遵循工学融合的原则,建构了"纵向贯通、横向融通、岗位项目可选"的"矩阵化"课程体系;纵向贯通晋岗课程,课程贯穿人才培养晋级过程,结合生产制造环节和服务流程,开发了按照岗位区分、岗位基础、岗位综合、岗位双创能力层级递进的课程,学习的过程就是工作晋级的过程;横向融通轮岗课程,课程将知识传授、技能训练、能力培养、素养提升和创新创业教育融入人才培养轮岗过程,学习的过程就是工作适配的过程。课程兼顾企业需求和学生个性化发展及职业成长的需要,实现岗位项目课程学生可以自由选择。该课程以岗位能力培养为目标,促进教育链、专业链、人才链与产业链、创新链、需求链的有机衔接,使企业学区培养的人才具有契合性和可持续的核心竞争力。

(三)策略创新:实施"岗位共导"教育策略,开创了协同育人新局面

学校以岗位为载体,实施行业大师、企业技师和专业教师多师协同育人的教学新策略。教学流程再造,创设"企业出单—多师研单—学生做单—学区评单"的轮岗晋岗教学新过程,多师能力互补,实现了岗位协作育人。教学活动革新,对岗位实训学生进行"思想认识引导、职业规划指导、工学难题辅导、素养问题督导",多师方法互助,实现了岗位协同育人。岗位共导育人强化了学生的岗位技能,提升了学生的职业素养,开创了校企协同育人的新局面,切实提升了技能人才培养的质量。

(四)方法创新:建立"一岗多证"评价体系,开发了人才评价新规范

学校将人才培养质量标准主动对接企业用人要求和职业资格,建立了"一岗多证"评价标准体系。教师评价、第三方评价与技师评价相结合,实现评价主体对接用人单位;学分证与职业资格证、"1+X"职业技能等级证、职业核心素养证、创新证相结合,实现评价内容对接职业资格和岗位要求;轮岗评价与晋岗评价相结合,实现评价过程对接真实工作过程;岗位技能达标、岗位能力胜任与岗位专业创新相结合,实现评价结果对接企业用人要求。学校切实提升中职学生的技能水平与就业创新能力,大大提高了评价标准的效力,满足学生多样化成才的需要。

六、成果的推广应用效果

(一)企业学区校内各专业全面应用,不断迭代升级,成绩斐然

校内专业全面覆盖。2008年从汽修、机电专业入手建企业学区,不断迭代升级,覆盖所有专业。学校新增国家级重点支持建设专业4个,省级专业6个,省级实训基地5个,省中职创新创业教育实验室1个,建成国家级、省级技能大师工作室、名师工作室3个。

人才培养成效显著。2008年以来,创新创业大赛获全国特等奖1项、金奖4项。技能大赛获全国金奖7项,2021年全国技能大赛金牌数居全国第4。师生获国际专利1项,国家发明专利11项,实用新型专利109项。6人获国家奖学金。本科上线1009人,排名省前三,省专业第一名15人,留学14人。

(二)作为市内质量提升工程品牌全域推广,省内全域示范引领

在市中职教育质量提升工程中,推出以我校企业学区为蓝本的示范性教学实训车间项目50个,覆盖全市职业学校,成效显著,市教育局领导评价企业学区是"浙江首创"。2012年起,连续六届承办全省中职技能大赛,企业学区接待全省各地职校前来交流学习,与25所学校建立合作关系。在全省做主题发言、特邀报告、专题介绍18次,受众学校132所,直接辐射75所,成效明显。

(三)省外兄弟单位全方位学习,辐射国内影响重大

上海、江苏、山东、福建、广东等10多个省(市)外教育团体和单位实地考察并高度评价。我校面向中西部地区,通过教师支教、对口交流、结对帮扶、联合培养学生等方式在贵州、新疆、四川、云南、湖北、重庆等地职校推介企业学区的做法和经验,产生积极的示范作用。通过承办大赛,我校接待12个省(市)45支中高职院校代表队参加行业赛事。在国际产教融合论坛、西湖论坛上,我校面向全国做专题发言,进一步扩大了国内影响力。

(四)成为共建"一带一路"国家参观学习打卡地,在境外产生良好影响

水电设备企业学区累计接待巴拿马、尼日利亚、斯里兰卡、阿富汗、朝鲜等12批次32个共建"一带一路"国家200余名政府官员、企业高管和专家学者参观学习,为亚洲国家小水电及农村电气化研修班等开展技术培训。金火企业学区,为地区高校留学

生开展技能培训,得到广泛赞誉。

(五)央媒多次关注报道,学术影响广泛,社会美誉度高

我校出色的办学成绩引起了广泛的社会赞誉。中央电视台、《中国教育报》、《光明日报》、新华网等做专版、专题报道12次。企业学区的做法也产生了广泛的学术影响。学校先后立项省级课题16项,发表论文12篇,出版教材21本,企业学区相关成果被下载690余次。4个案例获评浙江省职业教育改革发展典型案例。

基于课程综合化的学前教育专业教学改革与实践

成果完成单位：金华职业技术学院、湖州师范学院、金华职业技术学院附属幼儿园

成果完成人：樊丰富、余俊帅、张淑琼、吴海珍、曲晓苑、岳慧兰、陈庭来、章磊、宋晟、陆丽华、成军、王理凡、索奕双

一、问题的提出

让亿万儿童都能接受学前教育不仅是教育问题，也是重大的民生问题。2010年国家提出了实施学前教育三年行动计划，学前教育事业得到了迅猛发展。随着以儿童为本的教育理念的普及，保教行为从"小学化"逐步转向以游戏为基本活动，幼儿园课程综合性不断加强，对幼儿园教师综合能力的要求越来越高。面向幼儿园的工作岗位，在专业人才培养过程中，面临以下3个教学问题。

第一，课程学科化，难以适应幼儿园教师岗位能力综合化需求。学科化体系的专业课程导致了学生所学的知识和能力相对独立，在实践过程中，难以将各科的知识和能力融会贯通，在一定程度上不能满足幼儿园教师岗位所需的综合能力。第二，教师能力不足，难以胜任真实情境的课程教学。高职院校教师和基层教研组织按照学科的组织方式，导致教师组内同质、组间异质，教师能力的学科性和单一性不能适应真实情境教学需要。第三，园校融合深度不够，难以支撑基于实践场的人才培养。园校在课程研究、真实场景提供等方面的不足，导致实践场情景化的培养难以落地。为了培养适应幼儿园岗位任务需求的高素质幼儿园教师，金华职业技术学院围绕课程综合化进行了专业教学改革探索和实践，大致经历了3个阶段。

二、改革历程

近十几年，专业不断深化内涵建设，2010年学前教育专业立项为省特色建设专业，2012年立项为省级优势建设专业，2016年立项为"十三五"省级优势建设专业，

2019 年确定为国家级高水平专业群核心专业。

第一阶段(2012—2014 年)基于省特色专业建设的课程改革期。2012 年以承担研制全国高职院校学前教育专业教学标准为契机,学校开始课程综合化改革。2013 年重构了"音乐+钢琴"的幼儿园教师音乐技能,对幼儿园教育活动设计与实施等课程也进行了重构。为了适应课程改革,同年,学校牵头成立了由教育行政部门、高校、幼儿园等组成的金华职业技术学院学教研共同体,组建由幼儿园教师和专业教师共同组成的专兼结构化团队;探索并构建了由第二学期为期两周的见习、第三、第四学期的课程实训、第五学期的跟班实习和第六学期的毕业实习组成的"走园"实践教学体系;探索了课程实训与综合实训并存的综合实践课程。为了更好地适应信息化教学发展,学校主持了教育部职业教育学前教育专业教学资源库的建设,在边建边用资源的情况下,构建了"学训管评"的资源运用模式。

第二阶段(2015—2017 年)基于省优势专业建设的课程与教学的场景化改革期。为了夯实育人平台建设,2015 年学校成立了金华职业技术学院附属幼儿园,之后陆续建立了家长学院和儿童发展研究院,至此初步构建了儿童教育综合体。2015 年,学校开始围绕专业人才培养和教学改革,注重双师型队伍建设和推行线上线下一体化的教学模式改革,以优异成绩完成了资源库的建设和验收工作,并于 2016 年成功立项资源库转型升级项目。同时,学校主持研制全国职业园校学前教育专业技能大赛方案,并于 2017 年成功举办了第一届全国大赛,我校学生获得了一等奖。至此,学校从课程、师资、教学、平台等 4 个方面形成了改革方案。

第三阶段(2018—2022 年)基于国家高水平专业群建设的"三教"改革推广与应用期。在国家高水平专业群建设时期,在"双高"院校建设中,本成果得到充分的验证。2018—2022 年,学生在全国专业技能竞赛中获得 4 个一等奖和 1 个二等奖,全国教师竞赛 3 个一等奖。学校立项建设首批国家教学创新团队。本成果通过各大平台进行推广,得到了广泛认可。

三、成果简介

针对专业人才培养过程中的 3 个教学问题,2012 年以来,金华职业技术学院依托主持研制学前教育专业国家教学标准和"对接 Ks 的学前教育专业课程综合化改革研究"等 17 项省级教改项目,提出"实践取向的场景化培养"理念,以综合化课程改革为突破口,以结构化教学团队建设为关键,以多元化教学创新为路径,以一体化育人平台打造为支撑,到 2017 年形成了面向新时代学前教育专业高质量人才培养的整体方案(见图 1)。本成果历经 5 年验证及推广,形成理论和实践创新,培养了 7985 名师德高尚、擅长保教、才艺兼备的新时代幼儿教师,为"幼有所育"的社会保障体系建设做出重大贡献,在全国产生重大影响,示范引领作用突出。

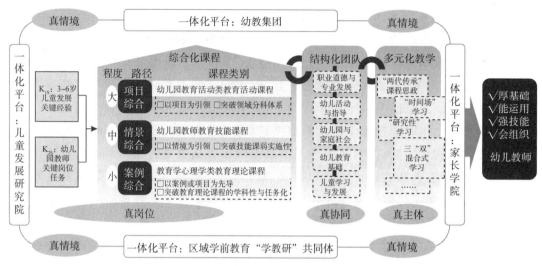

图1 基于课程综合化的学前教育专业教学改革方案

本成果形成了对接幼儿园教师工作岗位的综合化课程体系,以"案例、情境和项目"为岗课融通载体,对接职业标准与岗位任务,开发了三大类型的综合课程,引领课程改革;打造了园校紧密协同的高水平结构化教学团队,高校教师、行业专家和幼儿园教师三方合力开展课程建设,优化形成课程组内分工、组间协作、专兼协同的基层教学组织,开展模块化教学,解决结构化团队建设难点;创新了面向综合职业能力提升的多元化教学方式,探索思政融入渗透学、线上线下混合学、课程"走园"做中学等探究体验式的学习方式,支撑高质量人才培养;搭建了资源高度集成共享的专业人才培养协作平台,幼教集团、区域"学教研"共同体、家长学院和儿童发展研究院组成儿童教育综合体,形成了从"合作共赢"到"一体发展"的园校育人新生态。

通过改革实践,成果有效融合了职业教育和教师教育先进理念,形成了新时代专业教学改革的有效路径,有力促进了人才培养质量的提升。学前教育专业建设成果显著:国家"双高"A档建设学校高水平专业群核心专业、首批国家级职业教育教学创新团队、国家职业教育学前教育专业教学标准研制(五年制专科、三年制专科、本科)、国家专业教学资源库、全国教材建设奖一等奖、国家精品在线开放课程、国家课程思政示范课、学生技能竞赛国赛一等奖5次(全国第一)、教师教学能力国赛一等奖3次(全国第一)等,成为全国学前教育专业的"标杆"、区域高素质幼儿教师培养的"摇篮"。

四、主要解决方案

在教学改革中,专业立足实践取向的场景化培养理念,整体设计课程、师资、教学、平台等"四位一体"的解决方案。

(一)岗课一体,开发以岗位任务为载体的综合课程

对接幼儿园教师岗位任务,根据理论课程、技能课程和活动设计类三类课程的不

同特点,构建三大类综合课程。

案例综合课程:针对教育理论课过于学科化,在遵循课程基本学科体系的前提下,以案例先导、知识运用为主线,化抽象为具象,对儿童发展心理学等教育理论课程进行课程内"小综合"。

情境综合课程:针对单项技能缺乏岗位针对性,以情境引领、技能运用为主线,由单项到复合,适应岗位需求,对幼儿教师音乐技能等教育技能课程进行课程间"中综合"。

项目综合课程:针对幼儿园教育活动类课程与岗位任务综合化脱节,以项目主导、岗位应用为主线,从分科到融合,对幼儿园五大领域的活动设计课程进行了综合化改革,编写幼儿园主题活动设计与实施等教育活动课程,进行跨领域"大综合"。

(二)园校一体,建设高水平、结构化的专业教学团队

为了适应课程综合化改革的需要,专业打破园校壁垒,整合校内外资源,跨界组建 5 个基于课程群的教师团队(见图 2),形成组间组内有效的内部协作,多途径夯实专兼协同;实施"新教师'驻园'跟岗—骨干教师'攀峰'培养—专家型教师'尖峰'引领"进阶式教师成长计划。

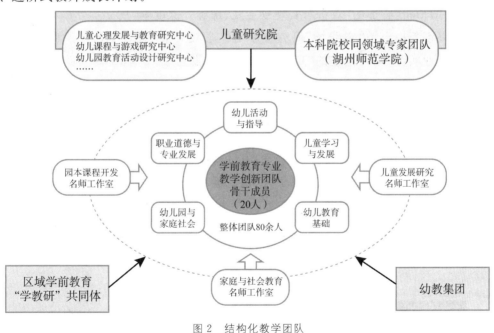

图 2　结构化教学团队

(三)理实一体,创新基于"活教育"的多元教学模式

本成果借鉴陈鹤琴"活教育"的思想,创新"思政引领、学做结合"的课程教学方式(见图 3)。

本成果传承了陈鹤琴先生的"做人,做中国人,做现代中国人"活教育目的论,专业创新提出了"两代传承"的课程思政引领。专业践行立德树人的根本任务,以"师德育师心、师心润童心"为主线,实施从教师到学生再到儿童的"两代传承"课程思政,实现思政引领。

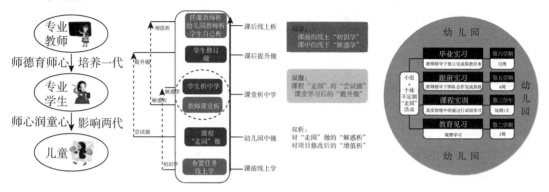

"两代传承"课程思政　　双学双做双析"混合式"学习　　"实践场"研究性学习

图3　多元化教学模式

本成果借鉴了陈鹤琴先生提出的"做中学,做中教,做中求进步"方法论,专业提出了"双学、双做、双析"混合式学习。学校开展课前线上"初识学"与课中线下"解惑学"互补的"双学",走园"尝试做"与课后"提升做"结合的"双做",尝试做后"解惑析"与提升做后"增值析"叠加的"双析",实现双主线、螺旋式深度学习。

本成果创新提出了"实践场"研究性学习。学校开展"教育见习—课程实训—跟班实习—毕业实习"螺旋递进的"走园"实践教学,贯通校内"学"和实训场"训",实现场景化培养。

(四)虚实一体,打造"121"架构的人才培养实施平台

学校运营1个"实体"——幼教集团,包括学校附属幼儿园、托管的2所幼儿园,运作2个"虚体"——区域学前教育"学教研"共同体和家长学院,组建1个智库——儿童发展研究院(见图4),创设园校资源整合、师资融合、课程耦合的真情境,架构虚实一体化发展的"儿童教育综合体"。

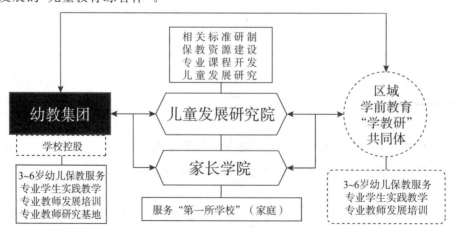

图4　"121"虚实一体的儿童教育综合体建设

五、成果创新点

(一)创新探索"场景化"培养方式,实现"学科取向"到"实践取向"根本转变

长期以来,高职院校举办学前教育专业沿袭了传统教师教育类专业学科取向的人才培养模式,对幼儿园教师职业存在一定的认识偏差。根据教师教育类专业面向职业岗位"对象活、场景活、方法活"的特点,确立了实践取向的人才培养理念。成果基于课程综合化推进学前教育专业人才场景化培养,通过教育理论课的案例场景化、教育技能课的情境场景化、教育活动课的项目场景化,打破了原有学科取向的培养理念和模式,在实践场中实现教师教育观念与实践行动的融合、理论应用与教学实践的融合,进而实现学生从理论走向实践、从单一能力向综合能力发展。成果是实践取向教师教育理念重建与实践行动的具体表现,有力促成了学科取向教育向实践取向教育的教师教育理念转变。

(二)率先建构"综合化"课程体系,实现"教学过程"与"工作过程"深度融合

对接幼儿园课程改革,课程综合化打破了原有教师教育课程的学科体系,依据幼儿园一日活动组织实施等系列岗位任务重构课程内容框架,形成教育理论、教育技能、教育活动三类典型综合化课程,探索出了高职教育类专业以岗位工作为逻辑起点、以工作任务为线索的课程改革路径,探索形成了以学生为主体、以工作场景为情境的学生探究式多元学习方法,推动了课程改革与教学创新同向同行,为同类专业提供了理论方法和实践样本,解答了新时期高职院校在教育类专业内涵建设中存在的群体困惑。

(三)系统打造"一体化"育人平台,实现"学校培养"向"职业成长"跨越提升

"院园协作"已成为高职学前教育专业人才培养的共识性选择,但传统园校合作形式和内容都比较单一,偏向于传统的实习实训,不能满足基于实践场的人才培养模式的改革需求。成果提出了"自主办园与辐射引领相统一、学校培养与职业成长相统一、专业内涵建设和学前事业发展相统一"的解决思路,系统打造了"虚实"结合的"121"一体化儿童教育综合体,为学前教育人才培养提供了实践场。依托一体化平台,学校实施人才培养的"走园"实践教学模式,发挥育人平台教学和实践的双重功能,在教学中实现了有实践支撑的理论学习,在实训中开展了有理论涵养的专业实践,从课堂到幼儿园实现了"师德育师心、师心润童心"的两代师德传承。一体化平台保障了课程建设有载体、学生成长有平台、社会服务有依托,专业人才培养与职业成长实现了无缝对接。

六、推广应用效果

(一)倾力高素质幼儿园教师培养,成效卓著

十多年来,作为幼儿园教师培养量最大的省内高校,坚持质量为先,为补齐区域学前师资短板做出巨大贡献。学生教师资格证通过率从五年前的90%提升到当前的95%以上,远高于浙江省平均42%的通过率。近三届毕业生平均就业率98%以上,就业质量核心指标均位于同类院校专业的前列。专业人才培养得到了社会广泛认可,录取分数高于浙江省本科线40多分。近三年,在全省和长三角本专科同台的师范生技能大赛中表现优异,获奖数同类院校第一;2017—2022年全国职业技能竞赛中获5个一等奖(全国唯一),成为高素质幼儿园教师培养的对标高地。

(二)主持多项国家级项目建设,效应凸显

近年来,专业承担了多项国家级项目。学校主持研制3项国家教学标准,为规范全国学前教育专业办学做出了贡献;主持研制了专科和本科的《高职院校学前教育专业教学标准》(2012年、2021年)、《中高职衔接学前教育专业教学标准》(2017年)、《浙江省中高职一体化学前教育专业教学标准》(2020年),规范和引领了全国的学前教育专业建设;主持建设并升级国家级资源库,注册应用人数达47.8万余人,覆盖1000余家职业院校;立项国家精品在线开放课程1门、国家精品资源共享课程2门、教育部思政课程示范课程1门,出版教材10本,全国教材建设奖一等奖1项,"十三五""十四五"职业教育国家规划教材4本;成为全国学前教育专业教学资源共享中心。

(三)引领国家级职教团队建设,成果丰硕

专业内涵不断深化,领衔入围"双高"院校高水平专业群建设。团队立项为国家级职业教育教师教学创新团队,为本领域国家级职教团队协作共同体牵头单位,并主持团队建设配套的重点课题研究。学校主持国家社科基金等省部级及以上项目15项;在《教育研究》等核心期刊发表论文38篇,15篇论文被人大复印资料等转载;获国家教学成果奖2项,省教学成果最高奖3项;3个教学团队在全国职业院校技能大赛教学能力比赛中荣获一等奖,成为专业教师成长的示范基地。

(四)服务区域和中西部学前教育事业,贡献卓越

教学改革以来,全国技能大赛同期论坛等平台专题报告117次,102所院校的635名教师来校取经,其中29所院校先后安排70位教师来校进行中长期学习。近三年吸引全国183所院校3228名教师和全省12994名幼儿园教师参与培训,培训量达49144人次。学校连续12年派出教师对口帮扶新疆阿克苏地区,2018年被教育部指定帮扶西昌民族幼儿高等专科学校,为5所教育部指定高校中唯一的高职院校,成为社会服务引领的示范标兵。《中国教育报》等国家级媒体先后16次报道相关成果,"高职学前看金华"已成为业内共识。

基于综合化的学前教育专业教学改革与实践,极大地促进了学前教育专业的发展,内涵得到了极大的丰富。专业教学改革和实践不断适应并引领幼儿园的改革发展。

小工坊大秀场:服装设计与工艺专业群个性化人才培养模式改革与创新

成果完成单位:杭州职业技术学院、温州职业技术学院、中国纺织服装教育学会、达利(中国)有限公司

成果完成人:章瓯雁、龙艳、徐高峰、郑小飞、王慧、刘柽楠、倪阳生、许普乐、陶祝婉、郑路、王培松

执笔人:龙艳

一、培育背景

(一)中国服装企业正迈向价值链高端的进程

我国是世界上最大的纺织服装生产国、消费国和出口国。服装行业不仅作为我国民生产业和优势产业,在国民经济中处于重要地位,还在满足人民美好生活需要、引领消费升级、促进区域经济发展等方面发挥着重要作用。当前,服装行业已从先前的制造加工 OEM(原厂委托制造)阶段、ODM(原厂委托设计)阶段迈向品牌经营阶段,基于数字经济与实体经济的融合创新背景下,服装行业深度践行文化自信与绿色发展,聚合新技术、新模式、新业态的发展势能,驱动行业加速向智能化、高端化、绿色化跃迁,推动中国服装行业迈向全球产业链、价值链新高度。在中国服装企业迈向价值链高端的进程中,实施人才战略是关键。个性化复合型人才是支撑服装产业转型升级、集群化发展的重要引擎,围绕服装产业发展趋势,构建产学研创融合型生态育人体系是提高服装类人才培养质量的重要突破口。

(二)服装行业人才培养面临一系列亟待解决的问题

目前,人才培养过程中的"匹配度、适应度、支撑度"等问题较为突出,主要面临三大痛点:一是学生的文化底蕴难以匹配服装企业创造性转化、创新性发展高附加值目标的要求。当前,服装行业已树立起文化引领时尚产业的崭新形象,迎来了将文化自信转变为品牌自信、产品自信的时代机遇,坚持创造性转化、创新性发展是关键。立

德树人、文化育人是高校人才培养的根本,文化育人需要润物无声地贯穿人才培养全过程,各地服装院校背靠的地域服饰文化均有着与众不同的地域特质与个性,并且是中国服装文化的重要组成部分。而传统的人才培养体系只是单一针对产业链、岗位链与人才链构建课程体系,暂未深度挖掘地域服饰文化内涵、瞄准地域服装产业特色进行人才培养,因而亟须加强顶层设计,完善改革机制,在高职服装个性化复合型人才培养中重塑专业文化育人体系、构建课程思政文化育人载体、营造文化育人氛围。

二是学生技能专长难以适应服装企业对"立地式"研发人才的需求。一方面,当前服装企业转型升级正驱动生产方式、商业模式和企业组织方式发生深刻变革,项目小组制作为当下服装品牌企业的主要生产模式,而传统的服装人才培养模式以课程为载体培养学生某一服装技术技能,与企业项目小组制岗位需求不匹配。另一方面,服装企业急需能解决企业实际项目开发需求的"立地式"研发人才,传统的人才培养课程体系、教学模式、课堂组织形式均达不到企业生产实践的要求。学校亟待针对学生个性化学习规律、个性化培养规律、个性化发展规律等重组课程资源、教学组织形式与评价模式,实现从传统课堂教学向工作室教学、工坊式教学的迭代升级。

三是学生研发创新能力难以支撑服装企业技术快速迭代的趋势。杭州作为"数字经济第一城",服装企业在迈向数字化转型的进程中缺乏大量精服装全产业链、懂服装工艺、会管理善协作的研发创新人才、创意设计人才和品牌营销人才,原有的人才培养体系无法支撑当下企业所需的高端复合型人才,亟须产学研贯通,行企校共搭成果转换秀场,共建规模性、示范性生产实训基地、研发中心、研究院等,打通学习—生产、作品—商品,在研发、探究中激发学生的创新潜能。

二、形成过程

(一)孵化期:资源整合,首创共同体

项目组准确把握服装产业集群发展趋势,围绕产业链布局特点,聚焦产业链、人才链与教育链的有机衔接,2009年1月成立达利女装学院,学院提出"打造世界一流女装学院"的战略目标,组建"服装设计与工艺"专业群,开启服装设计与工艺专业群个性化人才培养模式的探索和实践。

(二)成长期:精准对接,以链建群

2016年11月,团队以《高职教育工作室制教学模式研究》等2项省级教改项目研究和实践为基础申报"个性化人才培养模式"相关成果,获中国纺织工业联合会教学成果一等奖2项,相关成果后续又获中国纺织工业联合会教学成果一等奖4项。2019年,对应杭州女装产业链前端面料设计、中端产品研发与生产,以及后端产品营销等典型岗位群,团队立足大企业,服务中小微,以链建群,组建以服装设计与工艺专业为龙头,以艺术设计(纺织装饰)、针织技术与针织服装、时装零售与管理3个专业为骨干

的服装设计与工艺专业群。团队以女装这一典型服装产品为载体,重构专业之间的逻辑关系和专业群课程体系,培养服务女装产业链"懂设计、精制版、能制作、会营销"的复合型高技能人才,实现专业群人才培养供给侧和女装产业需求侧的动态匹配。

(三)成熟期:迭代升级,示范引领

经过近12年的不断探索和实践,专业群从传统的"工作室制"1.0人才培养模式逐步迭代升级到"小工坊大秀场"2.0个性化人才培养模式,有效破解专业群核心文化缺失、课程体系专业互融不明显、教学实施忽视多元个性、学生个性化技能展示平台不足等问题,构建了"个性图谱—内容适配—能力迁移"个性化成长路径,实施了"文化贯通、四线三阶、学创一体"培养过程,推动学生从"小工坊"到"大秀场"的蝶变转型,凸显了培养目标的标签性、培养过程的差异性、培养结果的显著性。相关研究立项省级课题9项,出版专著5本,并获2022年浙江省教学成果特等奖。其间,成果曾受教育部、浙江省和杭州市主要领导的高度肯定,被《光明日报》《中国教育报》等主流媒体报道100余次。

三、成果针对的教学问题

服装设计与工艺专业群个体化人才培养模式改革与创新主要解决以下3个问题:服装设计与工艺专业群学生文化底蕴培养不足的问题;服装设计与工艺专业群学生技能专长培养不强的问题;服装设计与工艺专业群学生创新潜能激发不够的问题。

四、探索形成的模式方法

本成果按照"人人皆可成才、人人尽展其才"的育人理念,以文化为引领,以个性化培养为逻辑起点,以现代学徒制为主要培养机制,以产教融合平台为育人载体,依托"服装设计与工艺"国家级"双高"院校专业群,构建了具有明显专业群标签的"小工坊大秀场"个性化人才培养模式。

"小工坊"泛指专业群学徒制个性化能力培养体系,将学生文化素养、技术专长、创新思维的培养融为一体,突出因人施策、因材施教;"大秀场"指政行企校四方共建的产教融合协同育人平台,围绕"秀"文化开设各类"秀场",激发学生立地研发、成果转化、创新创业的潜能。学校实施"文化贯通、四线三阶、学创一体"的培养过程,推动学生从"小工坊"到"大秀场"的蝶变转型,凸显了培养目标的标签性、培养过程的差异性、培养结果的显著性(见图1)。

(一)文化贯通,重塑专业群文化育人体系

1. 厘清专业群"个性特质"

目标构建以丝绸文化为"基",以杭州非遗服饰(手工艺)文化为"根"、以创新文化为"魂"、以工匠文化为"魄"的专业群文化体系,制定"设计呈文化底蕴、研发敢突破创新、制作显技艺精湛"的专业群"个性特质"目标。

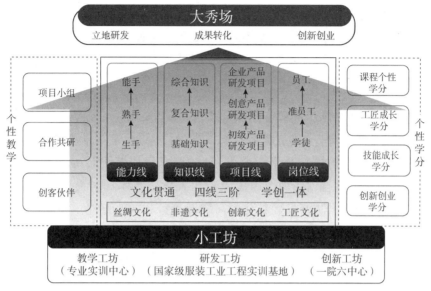

图1 "小工坊大秀场"个性化人才培养模式

2. 构建课程思政文化育人载体

团队将"坚定文化自信、铸就时代精神、厚植家国情怀"作为专业群课程思政总体建设目标，系统构建了"三层面、三维度、六要素、六评价"的专业群课程思政教学实施方案（见图2），将显性教育和隐性教育相统一，文化融入设计、融入作品，引导学生树立正确的艺术观和创作观。"服装立体裁剪"立项为国家课程思政示范课程。

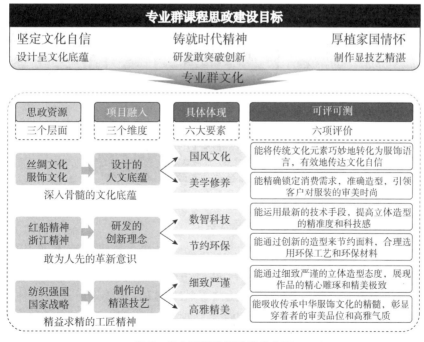

图2 专业群课程思政建设方案

3.营造文化育人氛围

团队与杭州西泠印社共建"传统手工艺传承创新基地",创设"匠心素养＋技艺传习＋技艺创新"三合一非遗文化育人体系,依托6个非遗大师工作室,开设"中式旗袍""杭州刺绣工艺""萧山花边艺术"等多个非遗"大师班",传承非遗服饰文化、匠人文化。

(二)四线三阶,构建"小工坊"能力培养体系

1.以个性化学习规律开发立体课程资源

团队建成"四库二中心"专业群学习资源平台(见图3)。团队围绕专业知识图谱开发"可移植、可拓展"的颗粒化学习资源,依托国家级服装设计专业教学、传统手工业(非遗)技艺传习传承与创新两个国家级专业教学资源库和时尚资讯、3D数字面料服装两个校企资源库,团队开发颗粒化学习资源总量超2.5万件。专业群与浙江凌迪数字科技有限公司共建"时尚女装产业大数据研究中心"和"学生作品数字展销中心"交互式学习和实践平台,有效激发了学生在工坊实践中主动探索、自主学习、独立思考的内生动力。

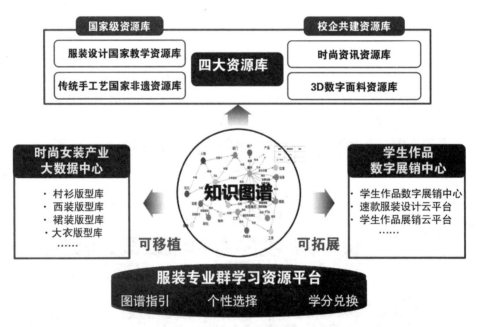

图3 服装专业群学习资源平台

2.以个性化培养规律重构教学组织体系

团队以个性定位、职业方向、工坊任务、作品成果4个维度建立关联关系,规划学生成长图谱,实施"四线三阶、岗位递进"能力培养。学生以创客＋学徒角色进入工坊,通过开展创意互撞、设计互评、实施互助等教学活动,完成进阶式项目任务。在工坊内,知识线、项目线、能力线、岗位线"四线"同步推进。能力三阶段递进培养:初阶以"教学工坊"为主,完成初级产品研发项目,突出学训一体;中阶以"研发工坊"为主,

完成创意产品研发项目，突出研训一体；高阶以"研创工坊"为主，完成企业产品研发项目，突出研创一体。

团队因人施策，构建"个性组队、柔性安排、六步实施"的"小工坊"教学组织形式。学生通过职业能力倾向测试和企业考核进行个性化双向选择，可跨专业、跨年级，自主选择导师、自主选择项目、柔性安排教学。在工坊内按照企业项目开发流程"承接任务—市场调研—制订企划—设计评审—制作实施—验收审核"六步骤开展项目实战。

3.以个性化发展规律构建多维评价体系

团队构建"三元评价、五维主体、个性学分"的工作坊评价体系，突出成果、强调过程、体现增值。"三元评价"包括线上学习评价、工作坊项目过程评价和成果评价，主要参照员工考核标准、企业产品过程管理标准和产品验收标准建立指标体系；以"自评、互评、教师评、企业评、客户评"五维评价为主体，通过项目化课程的多元评价系统生成每位学生的个性成长画像；学生可利用获奖证书、专利、企业采用证明、销售额等成果兑换"个性学分"。

(三)学创一体，构筑"秀场式"协同育人平台

1.学习即生产，秀构思、秀作品

依托校国家级服装工业工程生产性实训基地，以产品研发成果换取企业资源支持，企业带项目、带资金、带团队、带设备、带材料进驻工坊，带领学生开展生产性学习。行企校共搭作品展示秀场，如文化长廊秀构思、技能大赛秀技艺、国内外T台秀作品，激发学生创新思维，树立学习自信。

2.成果可转化，秀设计、秀产品

依托与达利(中国)有限公司合作成立的浙江省高品质丝绸研究院等"一院六中心"，团队与行业、企业共建的时尚女装产业联盟，与地方政府共建的混合所有制许村龙渡湖时尚产业学院等平台，以成果转化换取企业新技术支持，企业带难题、带合同、带骨干、带技术、带资源进驻工坊，聚焦产业高端发展的技术难题，校企协同开展技术攻关。行企校共搭成果转换秀场，师生团队合作完成项目研发。科技成果转化能力大幅提升，近三年，师生完成技术研发任务2275项，在研发、探究中，激发学生创新潜能，树立专业自信。

3.创新能孵化，秀策划、秀商品

依托杭州高职科技创业园，校企共建学生创新创业孵化中心，打造双创成果"转化地"和双创文化"引领地"。学校设立100万元"护犊资金"，设立创业学分，制定学生创新创业项目培育办法，对学生创业项目给予0.5万～10万元的立项支持，激发学生"作品—产品—商品"的靶向转化。政企校共搭创新创业秀场和学生作品数字展销平台，近三年年孵化学生创业项目30个左右，展示学生文创作品每年达1000余件。团队通过提高转化效率、缩短孵化时间激发学生的创业潜能，树立职业自信。

五、成果的创新点

（一）理念创新：创新服装类专业群个性化教学特征明显的"小工坊大秀场"培养模式

基于产业发展新趋势、新变化，项目团队重新定义了服装类专业人才培养典型模式，即由传统的"工作室"1.0模式升级为"小工坊大秀场"2.0模式。团队设计"文化塑能、技术赋能、创新聚能"的个性化能力培养主线，文化贯通，以文塑人，突出培养目标的标签性；实施"四线三阶、岗位递进"能力培养，以"个性组队、柔性安排、六步实施"组织教学，因人施策，因材施教，突出培养过程的差异性；搭建"敢创新、能攻关、易转化"的"秀场式"协同育人平台，突出培养结果的显著性。成果从理论与实证两个层面展开，拓展了高职人才培养模式研究视域，推进了高职院校个性化人才培养理论创新，相关研究立项省级课题9项，出版专著5本。

（二）路径创新：构建"个性图谱—内容适配—能力迁移"个性化成长路径

团队遵循个性特长发展规律，提升学生跨学科解决问题的能力和"立地式"研发创新的能力。以个性定位、职业方向、工坊任务、作品成果4个维度建立框架，规划学生成长图谱，可视化设计成长路径；对标"岗课赛证"融通要求，对表谱系图开发专业群教学资源平台，设计递进式"工作坊"项目教学任务，个性组队，柔性安排教学，以目标为导向催生学生内生学习动力，学习难度可调可控；设计"教学工坊—研发工坊—创新工坊"三阶段递进式实训教学路径，通过开展创意互撞、设计互评、实施互助等教学活动，实现"学徒—准员工—员工"精准培养，学生多角色锻炼完成能力迁移；学习成果可呈现，通过"三元评价、五维主体、个性学分"生成个性成长画像。

（三）机制创新：迭代升级产教融合"大秀场"协同育人新机制

在专业群与达利（中国）有限公司共建校企共同体的基础上迭代升级，政行企校四方共建协同育人平台，建立校企互惠共赢长效合作机制，以研发成果换取企业资源支持，以成果转化换取企业技术支持。团队与龙头企业共建达利高品质丝绸研究院，将产业上游做"尖"；与地方政府共建混合所有制许村龙渡湖时尚产业学院，将服装产业下游做"实"；与行业、企业共建时尚女装产业联盟，将服装产学研做"深"。政行企校共建"大秀场"协同育人平台，通过文化长廊秀构思、国内外T台秀作品、孵化中心秀成果等一系列"秀"文化品牌活动，激发师生创新潜能，提升职业认同感。团队建立转化和激励机制，配套学分兑换、成果奖励、创业孵化等精准激励政策，实现"学习即生产""成果可转化""创新能孵化"校企协同育人新局面。

六、推广应用效果

(一)学生成长个性出彩,"登顶"国家级比赛

1. 学生成果全国领先

2人入选世界技能大赛国家队,学校获全国职业院校技能大赛高职组服装设计与工艺赛项一等奖13项,5人获全国技能标兵,获省级和行业各类比赛奖项300余项。学生与艺术大师陈家泠合作的系列作品被国家博物馆永久收藏,与非遗大师韩吾民制作了"世界之最大旗袍"。学生每年参加杭州国际时尚周、中国国际针织、中国布艺等时尚博览会,近五年587件学生作品被合作企业采纳,师生承担G20志愿者120套服装的设计,为APEC(亚太经济合作组织)会议领导人设计服装及丝巾。

2. 就业创业成绩斐然

录取分数线常年位列全省高职同类专业第一,就业率持续保持98%以上,企业对毕业生满意度达98%以上,毕业一年后自主创业率为10.41%(全省为4.49%),毕业三年后自主创业率为20.48%(全省为7.44%),毕业生成为服装企业招聘首选。

(二)推动专业群内涵发展,获34项国家级成果

1. 夯实专业群建设高地

学校入选"国家高水平建设专业群"等国家级专业建设项目3项,主持国家级专业教学资源库1个、国家教学标准1项,建成国家级实训基地2个、国家级"双师型"教师培养培训基地1个,获国家课程思政示范课等国家级教学项目和奖项7项,被评为全国教育系统先进集体、全国党建工作样板支部、全国纺织服装教育先进单位,获全国纺织行业技能人才培育突出贡献奖。团队与意大利佛罗伦萨自由美术学院合作开展国际化服装人才培养,与达利(中国)有限公司共建"丝路学院",入选《国家高等职业教育服务产业发展成果案例汇编》,获评"杭州十大美丽现象"。

2. 激活团队发展引擎

团队教师入选全国优秀教师、全国技术能手等各项国家级荣誉和人才项目16项,入选全国课程思政教学团队、浙江省首批职业教育教师教学创新团队。

3. 助力产业转型升级

师生依托技术创新服务平台,校企共建时尚资讯资源库和3D数字面料服装资源库,校企合作开发版型和纹样等技术数据6800条;完成横向课题452万元,助力150余家中小微企业解决技术难题,多项技术改进项目助推企业增加产值近1.7亿元;开展技术培训与技能鉴定85307人次。

(三)促成重大社会影响,形成典型培养范本

1. 同行广泛借鉴

成果完成人50多次在全国纺织大会等全国性会议中推广专业群个性化人才培养

模式改革,接待600余所高职院校前来考察。经验做法被苏州经贸职业技术学院等30多所职业院校的服装专业推广应用,对口帮扶新疆、黔东南15所院校落地实施,带动阿克苏地区的自治区优质校项目建设。

2.社会高度认可

本成果的做法与成效获教育部、浙江省和杭州市主要领导高度肯定,获浙江省教学成果特等奖,相关成果8次获纺织工业联合会教学成果一等奖;被《光明日报》《中国教育报》等主流媒体报道100余次。

七、体会感悟

成果伴随着职业教育政策变化和专业办学实践进行迭代升级,在"工作坊式"个性化人才培养改革与实践、政行企校多方融合的"秀场式"协同育人平台建设、个性化人才培养保障性文件的配套制定、个性化人才培养理论研究等方面示范推广效应显著,产生重大社会影响,形成典型个性化人才培养范本。

同类院校和研究者借鉴应用本成果应注意以下两个问题:一是服装产业地域特色的挖掘和人才培养的适应性。借鉴时,需要围绕所在省(区、市)服装产业细分市场特色和地域服饰文化特色,深入了解产业技术特点、发展趋势和人才培养需求,文化育人体系构建,应当根据地域服饰文化的独特性进行灵活调整,以确保服装技术技能人才培养的有效性。二是产学研合作对象的选择。合作对象应选择服装细分领域地域特色中的龙头企业或代表性企业,双方围绕共同利益点开展合作,以确保其可以持续投入,能实现学校办学与企业发展互利共赢的局面。

八、工作建议

对照职业教育各类新政策的落地和实施,本成果后续可从以下3个方面继续努力:一是"小工坊大秀场"培养模式的进一步迭代升级;二是产教融合"大秀场"协同育人新机制的进一步配套完善;三是高职个性化人才培养模式理论层面的进一步深入研究。

标准研制　行动教学　持续改进：
高职成果导向课程建设的创新与实践

成果完成单位：台州职业技术学院、台州科技职业学院、浙江华海药业股份有限公司、bbw Bildungszentrum Ostbrandenburg GmbH（德国 bbw 教育集团柏林与勃兰登堡培训中心有限公司）

成果完成人：陈丽婷、章伟、罗丽、石雷、许瑞、林君焕、张肖如、许益成、徐峰、吴欣阳、金斯科、李从撑

一、成果背景、问题和形成脉络

（一）成果背景和问题

2014 年，学校进入"后示范"建设期，为持续提高办学质量，适应新一轮科技革命和产业变革对技术技能人才培养提出的更高要求，增强职业教育课程的适切性，提出了"内涵发展、特色发展、高质量发展"的办学思路。该成果结合学校实际，从课程开发、教学和评估 3 个关键环节入手，剖析高职院校人才培养过程中长期存在的课程建设痛点、难点问题，包括：培养目标适应产业升级的更新不及时、学生培养标准滞后、课程体系支撑职业能力的培养不充分、课程价值赋能不足；课堂教学学生中心理念实施不深入，学生学习效果不佳；课程质量监测评估体系的设计不系统，持续改进机制不畅等。

（二）成果形成的脉络

为解决上述问题，项目组在深入研究成果导向（outcome based education，OBE）教育理论的基础上，探索出了"学生培养标准（即学习成果）＋教学目标赋值法"课程开发技术、"行动导向教学＋五度有效课堂"课程教学实施办法、"三级循环＋四度评估"课程质量改进模型。

成果历经八年探索实践，主要经历以下 4 个阶段。

第一阶段：方案研制。2014—2015 年，项目组依托浙江省科技厅软科学课题"浙

江加快创新型省份建设中创新型高技能人才培养的对策研究",引入 OBE 教育理论,开展基于岗位职业能力培养的项目教学、小班化教学等,出台了《课堂教学创新行动计划(2015—2016 年)》。2016 年底,在上述研究基础上,出台了《成果导向课程教学改革实施方案》。

第二阶段:试点改革。2017 年,率先在 3 个浙江省优势专业(药品生产技术、数控技术、动漫制作技术)中试行 OBE 课改方案,创新了"学生培养标准(即学习成果)＋教学目标赋值法"课程开发技术。2018 年,联合第三方机构,开发了"三级循环＋四度评估"课程评估模型,监测课程教学目标、专业培养规格、学校人才培养目标的达成度,形成年度质量报告。

第三阶段:深化推广。2019 年,在全校 33 个专业推广学生培养标准研制和教学目标赋值法课程开发技术,全面修订以职业能力达成为学习成果的专业人才培养方案。2020 年,推出《互联网＋教学实施方案(2019—2020 年)》,设立 186 项教学改革、课程改革项目,92％的专业教师参与其中;为支撑 OBE 课程实施,学校和企业共建学习型工厂,夯实行动导向教学。

第四阶段:提炼总结。2021 年初,按照"岗课赛证"要求,推出《四类优质新技术课程群建设实施方案(2021—2023 年)》,设立 133 项课程改革项目。2021 年 6 月,项目组提炼成果内容,形成总结报告,获评浙江省教学成果奖特等奖。

二、成果的主要做法

项目组组建由教务处牵头的课程建设专班,投入经费 3000 余万元,涉及专家 2600 多人次(行业和企业专家占 26％),推门听课 2016 节,访谈师生 536 人,问卷调查 10821 份,编写研究、咨询报告 29 份。成果按照反向设计、正向实施的路径(见图1),聚焦职业能力培养,以重构课程体系为核心,运用培养标准建立课程开发对学生培养标准的形成支撑;以夯实行动导向教学为载体,建立课程教学对学生培养标准的实现支撑;以持续改进机制为保证,建立课程质量对学生培养标准达成的证明支撑。

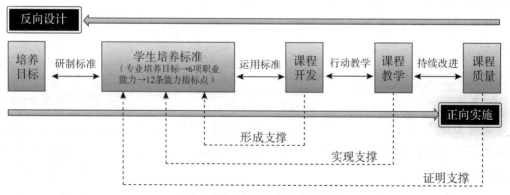

图 1 成果实践检验的路径逻辑

(一)绘制岗位群职业能力图谱,研制"612"学生培养标准

1.修订专业人才培养目标

参照国家职业教育教学标准体系,遵循"二四六"编写逻辑(见图2),校企行共同制订专业人才培养目标。

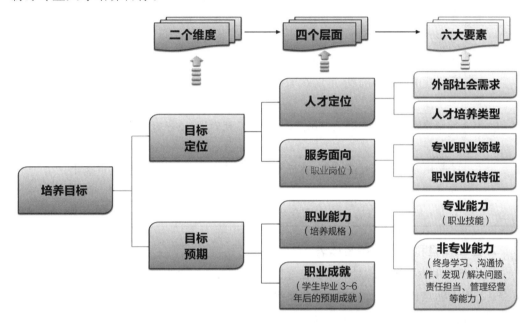

图2　专业人才培养目标遵循的"二四六"编写逻辑

2.确定岗位职业能力

项目组运用PGSD能力分析模型,绘制岗位群职业能力图谱,确定6大职业核心能力:专业能力和终身学习能力、沟通协作能力、解决问题能力、责任担当能力、管理经营能力等非专业能力,并进行权重赋值。

3.拆解职业能力指标点

参照布鲁姆教育目标分类动词表,量化拆解6大职业能力为12条能力指标点,项目组形成由"专业培养目标—→6项职业能力—→12条能力指标点"构成的可量化学生培养标准,形成专业学生培养标准33个,累计拆解能力指标点396个。

(二)创新"教学目标赋值法"课程开发技术,重构课程体系

1.制订并量化课程教学目标

项目组通过说课、集体研议等方式厘定课程教学目标,通常设定在6~12条。每门课程的每条教学目标只能支撑一条职业能力指标点,但专业内不同课程的目标可以支撑同一条职业能力指标点;根据每条教学目标所占课程总学时的比例或经过教师集体研议,逐条赋值课程教学目标权重(见表1)。

表1 课程教学目标制订与赋值权重 ——以微电影创作课程为例

序号	课程教学目标	权重
1	能够正确说出微电影概念及相关知识、绘制电影制作流程图	0.10
2	运用视听语言、影像美学与影片分割分析方法,撰写不少于1000字的影评	0.25
3	在影片前期制作阶段,会创作电影故事大纲、撰写剧本及拍摄脚本、制作分镜表	0.15
4	在影片中期制作阶段,可以熟练运用电影的九大镜头语言,拍摄分场镜头	0.20
5	在影片后期制作阶段,会使用AE、PR等后期软件,进行影片剪辑、配音等制作	0.15
6	会运用影片分析验证方法,进行专业的影视鉴赏,具有专业影视审美素养	0.15
	权重合计	1.00

2.建立课程和能力支撑矩阵表

研发教学目标赋值法,计算"课程价值(课程对职业能力指标点的支撑权重)",并按照12条指标点代码进行排序,建立课程和能力支撑矩阵表。

教学目标赋值法:$\sigma = T \times C \times S$

其中,σ为课程对职业能力指标点支撑标准值;T为课程教学目标权重;C为学分,S为修读学生比例。

以动漫制作技术专业为例,假设该专业有三门课程,分别是微电影创作、后期影视特效和镜头语言,经说课研讨,对教学目标赋值权重(可以根据课时占比进行计算),计算出每门课程对能力指标点支撑标准值σ。

根据表2中的数据,计算每项职业能力指标点权重。计算方法:教学目标对某项能力指标点的支撑权重=某项能力指标点支撑标准值σ之和/所有能力指标点支撑标准值σ之和。例如,A1专业能力指标点的支撑权重$[(0.06+0.12)/6.6] \times 100\% = 2.73\%$。

表 2　利用教学目标赋值法计算课程对职业能力指标点支撑标准值的举例

教学目标赋值法计算公式:$\sigma = T \times C \times S$($\sigma$ 为专业课程对能力指标点支撑标准值)

课程名称	C 学分	学时	S 修读学生比例	课程教学目标	T 教学目标占课程比重	支撑的能力指标点	σ 能力指标点支撑标准值
微电影创作	2	36	30%	了解微电影特征和制作流程	0.1	A1	0.06
微电影创作	2	36	30%	善用影像语言、影像美学和影片风格	0.2	A1	0.12
后期影视特效	3	56	100%	掌握视频制作基本理论知识,善用 AE 工具完成典型的主题动画特效及广告类影视作品制作	0.35	A2	1.05
镜头语言	3	56	100%	掌握镜头语言的运用方法,并运用到影片摄制全流程	0.4	A2	1.2
微电影创作	2	36	30%	掌握故事创作、剧本撰写和分镜表制作的技能	0.2	A2	0.12
微电影创作	2	36	30%	掌握摄影机的操作与画面拍摄技巧	0.2	A2	0.12
后期影视特效	3	56	100%	掌握视频剪辑知识,善用 PR 对设定的主题进行快速的视频素材剪辑	0.3	B1	0.9
微电影创作	2	36	30%	掌握剪辑、配音及上字幕等影视后期编辑技术	0.2	B1	0.12
后期影视特效	3	56	100%	能使用 C4D 工具制作简单的模型及动态图形,匹配 AE 完成初级影视频道、栏目包装制作	0.15	C1	0.45
镜头语言	3	56	100%	了解镜头语言的基本元素	0.3	C1	0.9
微电影创作	2	36	30%	具备良好的产品沟通和团队合作意识	0.1	C1	0.06
后期影视特效	3	56	100%	经典影视特效欣赏、实践影视特效制作资源信息收集	0.1	C2	0.3
后期影视特效	3	56	100%	在掌握影视广告制作流程、影视频道包装策划的基础上,进行策划方案设计评价及修订	0.1	D1	0.3
镜头语言	3	56	100%	根据工作任务中镜头画面的设计需求,分析并提出合理化的设计方案	0.3	D2	0.9
总计					3		6.6

3.分析课程和能力支撑情况

对比计算后的课程目标支撑权重(以下用"X"替代)与学生培养标准中预设的职业能力权重(以下用"Y"替代),分 3 种情况进行课程调整,见表3。

表3 课程支撑调整的三种典型情况

学生培养标准及职业能力预设权重（Y）			利用教学目标赋值法计算后的支撑权重（X）			表中，用三种底色代表三种课程调整典型情况
职业能力及权重占比		能力指标点权重占比	σ 能力指标点支撑标准值	σ 能力指标点支撑百分比	职业能力支撑百分比	
A	岗位专业能力 40%	A1 15%	0.18	2.72%	40.45%	白色：X>Y 表示"可能支撑过度"，酌情考虑减弱，可以降低部分相对应课程的教学目标"权重"或删减课程
		A2 25%	2.49	37.73%		
B	终身学习能力 20%	B1 10%	1.02	15.45%	15.45%	
		B2 10%		0.00%		
C	沟通协作能力 10%	C1 5%	1.41	21.36%	25.91%	浅灰色：X<Y 表示"可能支撑偏弱"，酌情考虑加强，是否偏弱，建议由专业的任课教师集体研议决定
		C3 5%	0.3	4.55%		
D	发现/解决问题能力15%	D1 6%	0.3	4.55%	18.19%	
		D2 9%	0.9	13.64%		
E	责任担当能力 10%	E1 4%	0	0.00%	0.00%	深灰色：X=0 表示支撑为"0"，这部分核心能力或能力指标点尚没有课程支撑，需增加相应的课程
		E2 6%	0	0.00%		
F	管理经营能力 5%	F1 2%	0	0.00%	0.00%	
		F2 3%	0	0.00%		
合计		100%	6.6	100%	100%	

4. 重构课程体系

项目组将"岗赛证创"等标准载体融入专业课程体系，将师生科创项目等内容载体纳入课程教学内容，丰富课程功能，构建"横向岗位融通、纵向能力贯通、功能模块可组"的课程体系，见图3。

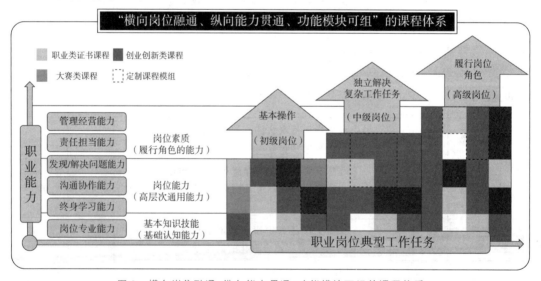

图3 横向岗位融通、纵向能力贯通、功能模块可组的课程体系

（三）打造"五度有效课堂"，重塑师生共长行动教学场域

项目组通过"一师一课一教案，一课一书一空间"等教学建设举措，提升课程教学成效。一是校企合作有深度：引入德国 IHK 标准，与企业合作共建校内学习型工厂，长期聘任 3 名德国籍企业培训师，按照德国专业教学标准授课，校企协作开发新形态

教材 165 本、实施教学项目 109 个，参与企业导师 1791 人次；二是课程思政有亮度：建设以台州"大陈岛垦荒精神"为亮点的专业群课程思政案例库 9 个，将课程思政育人目标、融入元素的载体、方式和评价内容等纳入教案，精进案例教学法，课程思政贯穿始终；三是教学内容有新度：学校按照"以岗定课、以赛导课、以证验课、以创优课、以课育人"的课程建设逻辑，对接产业数字化转型升级，推出了"新技术课程群建设实施方案"，建成赛教融合课 50 门、优质顶点课 19 门、课证融通课 34 门、VR 实训课 30 门；四是师生互动有温度：夯实 SPOC 行动导向教学，教师深入学情分析，根据既定教学目标，科学设定课堂教学重难点、问题导向，有的放矢开展教学设计，教学过程以学生为中心，把指导方案、答疑解惑、洞察学生等作为课堂主要活动；学生通过方案设计、头脑风暴、答辩展示等提升学习能力；五是学习成果有效度：校企双标考核，开发针对职业能力增值的学生画像评价系统，课前通过诊断性评价分析学情，课中通过单元测试、学习表现、作业完成情况等过程性评价持续改进教学策略，课后通过作品答辩或笔试等终结性评价考查学生学习效果，评测教学目标的达成度。最后，每位学生自动生成一页纸课程学习报告，便于教师开展差异化教学，提升学习效果。

（四）构建"三级循环＋四度评估"体系，健全持续改进机制

项目组借鉴 PDCA 循环原理，构建以课程教学目标、专业培养规格、学校培养目标达成的三级循环改进机制。从培养方案、学生、课程、师资、支持条件等 7 个领域确定了 97 个质控点。以一学年为单位的课程层级，通过课程教学目标达成评估和单元教学反思等，优化课程教学的有效度；以三年为单位的专业层级，通过专业课程教学目标对职业能力达成度的评估，优化专业课程体系的匹配度；以学生毕业后 3～6 年为单位的学校层级，评估用人单位等外部需求与学校人才培养结果的吻合度，优化学校人才培养目标的合理性。联合第三方机构，定期评估培养过程中外部需求和培养目标的契合度、培养目标和教学过程的适配度、教学过程和培养结果的达成度、培养结果和外部需求的吻合度。

三、主要经验成果

（一）教学实施方案

（1）成果实践的主方案为《关于开展成果导向（OBE）课程教学改革的实施方案》。

（2）实践过程中形成的课程教学改革方案有《关于启动 2016—2018 学年教学建设与研究项目暨课堂教学创新相关项目的通知》《关于推进"互联网＋教学"的实施方案（2019—2021 年）》《台州职业技术学院课程思政建设实施方案》《台州职业技术学院"四类优质"新技术课程群推进实施方案（2021—2023 年）》。

（二）理论研究成果

项目组形成《学生培养标准合理性评价数据报告》《学生成长评价报告》《高职课

堂教学质量研究报告》等 29 篇研究报告;在《职业技术教育》杂志上发表了《高职教学目标赋值法课程开发技术的研究与实践——以台州职业技术学院为例》等教育类核心期刊学术论文 16 篇。

(三)实践检验成果

成果参与企业共计 76 家、促成 136 个现代学徒制班和企业订单班,修订 OBE 人培方案 111 个,研制专业学生培养标准 33 个,新开发 OBE 课标 533 个;88%的课程实施 SPOC 行动导向教学;形成课程建设相关文件 40 份。2021 届学生课堂教学效果满意度为 94%,较 2016 届提升 17%。

(四)成果取得的国家级项目

国家级师生技能大赛获奖 21 项、国家现代学徒制试点单位通过教育部验收、最先试点的 3 个专业建设成为国家骨干专业、成果共同完成企业单位获批国家产教融合型企业,学校牵头组建国家级台州湾职教集团,在孟加拉国、越南等国建立课程培训中心,培训外籍车间骨干,助力台州企业走出去,服务"一带一路"建设。

四、成果的经验亮点

本成果在校内外推广应用,广受社会认可。成果在形成的过程中,以问题为导向开展研究实践,从学生培养目标、课程体系、课堂教学、课程质量监测评估等 4 个方面存在的不足入手,顶层设计课程建设全流程,逐步针对各项不足提出解决方案和创新方法,最终积累了以下经验亮点。

(一)理念创新:提出了彰显"三性"的成果导向课程建设新理念

成果彰显了课程开发的适切性:契合岗位职业能力,研制专业学生培养标准,量化赋能课程价值,建立课程和能力支撑矩阵,融入"岗赛证创"等载体,构建了"能力契合岗位,功能模块可组"的课程体系;彰显课程教学的实效性:聚焦学生培养标准达成,促进师生共长,重塑"五度课堂"教学场域,依托网络教学平台夯实 SPOC 行动导向六步教学法,编制教案指南,落实课程思政,开发学生画像评价系统,重视学情分析,实施差异化教学;彰显质量建设的系统性:围绕课程、专业、学校 3 个层级的目标达成度评价,建立系统化监测体系,通过评估培养过程的"4 个度",持续改进学生培养标准。

该理念促使学生中心、成果导向意识成为课程建设的全变量,有效解决了培养目标不能与产业发展同频共振的时滞问题,促进了校企互惠共生、师生协同共长、深受师生欢迎。

(二)技术创新:研发了呈现课程价值可量化的教学目标赋值法课程开发新技术

教学目标赋值法课程开发技术是本成果的重大创新,与传统学科推进式正向思维不同,它是一种基于成果产出的拉动式逆向思维。通过"反向设计、正向实施"的路径,教学目标赋值法研制学生培养标准、赋值课程教学目标权重,并计算它与课程学分、修读学生比例的乘积,得出课程对职业能力指标点支撑的标准值,精准量化"课程价值",建立课程对职业能力的支撑矩阵表,实现专业课程对学生培养标准达成供给的可量化适配性分析,为重构成果导向专业课程体系提出了一种全新的数理逻辑。

该技术促使标准引领、目标达成意识成为课程建设的快变量,因其有效解决了课程体系对职业能力培养支撑不充分、课程价值赋能不足、教学内容脱离生产实际等问题,且实现路径清晰、操作性强,深受同行认可。

(三)机制创新:构建了体现课程质量螺旋上升的"三级循环四度评估"持续改进新机制

从时间、空间、外部需求三维度出发,本成果构建了"管理流程三级循环、培养过程四度评估"课程质量持续改进机制;定量评价课程、专业、学校 3 个层级预设目标的达成情况,定性评估人才培养过程中外部需求、培养目标、教学过程、培养结果 4 个要素之间的契合度、适配度、达成度和吻合度,促进学生培养标准的持续改进。

该机制促使质量建设、持续改进意识成为课程建设的强变量,解决了课程质量监测评估体系设计不系统的问题,由于目标可测、流程可控、过程可溯,增强了课程建设过程中教师的质量意识,促进了学校的质量文化建设。

五、成果的应用推广效果

(一)本校推广应用

1.学生培养质量稳步提高

成果实践期间,累计受益学生 4 万余名,学校人才培养质量从 2018 年全省第 38 位跃升至 2022 年第 8 位。近 5 年,学生获得世界级、国家级技能大赛奖项 20 项,省级 364 项;连续三年,毕业生留台州本地就业率超 50%、上市公司就业率近两成、用人单位满意度超 92%,较 2016 年提高了 5%;职业技能证书获取率高达 97%,2020 届毕业生一年后月均收入 6149 元,高出全省同类院校均值 13%。

2.内涵建设取得重大成效

该成果支撑了国家现代学徒制试点单位、国家级骨干专业、浙江省"双高"院校等 26 项省级以上质量工程建设,孵化 21 项省教改课题;发表教育类核心期刊论文 15 篇,研究报告 29 篇;建成在线课程 923 门,近九成专业实践教学占比超 63% 以上;教师教学能力大赛获国家级二等奖 1 项,省特等奖 2 项、一等奖 3 项;2021 届学生课堂教学效果满意度为 94%,较 2016 届提升了 3.17%。

3.学校综合实力逐年提升

近三年学校稳居中国高校专利转让排行榜,全国高职院校前三名;2019 年学校被评为浙江省课堂教学创新校;教学工作业绩考核从 2016 年全省第 41 位跃居到 2022 年第 9 位,近三年考核均为 A,综合办学质量稳居浙江省高职院校第一方阵。

（二）校外推广应用

1.面向国内院校

依托该成果建成教育部 IHK"双师型"培训基地；通过国家职业教育东西协作行动计划、校际项目委托、教师培训等形式已在湖南、云南、贵州、四川、新疆等地区的20余所学校推广应用，宁波职业技术学院、广州铁路职业技术学院等国家"双高"院校来校学习交流50余次。

2.面向行业企业

成果已在台州市11家大中型企业推广，培训员工8000余人次；成果参与企业共计76家，促成136个现代学徒制班和企业订单班，为企业定制培养学生3000余人。成果完成单位——浙江华海药业股份有限公司获批国家产教融合型企业。学校牵头组建国家级台州湾职教集团，在孟加拉国、越南等国建立课程培训中心，培训外籍车间骨干66人，助力台州企业走出去，服务"一带一路"建设。

（三）广受社会认可

成果负责人在全国性学术会议和成都、武汉等地的国培基地，讲授OBE高质量课程建设50余次，培训教师3200多人次；2019年受教育部职业技术教育中心研究所邀请，在全国职业院校专业人才培养方案培训会做成果实践主题报告（全国仅5所院校发言）；该成果支撑了多项"活力温台"国家职教创新高地的标志性成果取得，受到浙江省领导的肯定性批示；在《中国教育报》、新华网、光明网等媒体报道186次，引起社会广泛关注和赞誉。

六、下一步探索

本成果在成果导向课程建设上完成了近十年的研究和实践，取得了一系列重点经验和示范推广成效。在新时代职业教育快速发展阶段，我们将继续以习近平新时代中国特色社会主义思想为指导，深入贯彻党的二十大精神，坚持以人为本、能力为重、质量为要、守正创新，以提升学校关键能力为基础，以深化产教融合为重点，以科教融汇为新方向，以专业、课程、师资建设为抓手，在提高职业教育的质量、适应性和吸引力等方面持续发力。

（一）探索专业建设中课程依托模式下教学标准体系化建设

在本成果的基础上，继续深化成果导向教育理念，精进 OBE 课程建设和范式推广。一是强化专业教学标准体系的建设，联合政府、企业、科研机构共同开展针对人才培养过程中的目标体系、课程体系、支撑体系和质保体系的建设，进一步增强专业课程对学生培养标准达成的支撑。二是推广新课程开发技术的应用，向更多兄弟院校推广、辐射教学目标赋值法课程开发技术，推广基于"课程价值"计算的课程开发数理逻辑，实现专业课程对学生培养标准达成供给的可量化适配性分析，让专业课程体系从定性的有效支撑到定量的精准支撑，形成更为科学的课程开发技术。

(二)探索课堂教学中数字赋能模式下教学实施项目化创新

在本成果的基础上，继续彰显课程教学的实效性，深耕"五度课堂"教学场域的营造与实践。一是深化基于项目开发与实施的实践教学，基于"岗课赛证"逻辑，遵循"学科跨界、任务引领"的教学项目开发原则，校企联合开发对接企业真实生产的教学项目，让学生在做中学、做中悟，在不断的实践学习中，实现技术技能的积累。二是深化基于SPOC的行动导向教学法应用，依托国家职业教育智慧教育平台的优质教学资源，广泛开展线上、线下混合式教学，构建常态化的SPOC学习环境，探索师生在数字化情景下，实施行动导向六步教学的方法路径，形成更为有效的数字化赋能的项目化教学创新。

(三)探索教师发展中团队依托模式下师生相长协同化发展

在本成果的基础上，继续强化组织学习理论的实证研究，开展以课程团队建设为载体的组织学习与个人学习、组织适应性、学习型组织、教学创新等的师生学习共同体建设。一是深入思考数字化、绿色化教育发展背景下，高职院校教师个人发展与团队建设的耦合关系，从分析层次(个人、团队和组织)和学习类型(单回路学习、双回路学习和再学习)两个角度构建多维度教学创新团队建设的组织学习模型。二是从师生共生、共长的视角出发，探索如何构建基于多主体参与的学习共同体，让师生在项目研发与实践中，成为学习伙伴，强化学生中心、科教融汇、师生共长。

实体化运行、一体化提升:产教融合培养智能制造工匠人才的探索实践

成果完成单位:金华职业技术学院、浙江京飞航空制造有限公司、金职液压动力(金华)有限公司、浙江星河金职航空科技有限公司

成果完成人:王志明、戴欣平、戴素江、章跃洪、黄鹏程、胡新华、傅云锋、娄珺、唐卫宁、葛捷、朱日明、贾建忠

实现人才培养与产业需求"同频共振",是党和国家赋予职业教育的时代命题。智能制造是我国制造强国战略的主攻方向,金华职业技术学院装备制造专业群依托国家首批产教融合发展工程规划项目,引入社会资本 1 亿元,总投资 2.4 亿余元建成占地 61 亩的智能化精密制造产教园,围绕产教融合协同育人主线,形成"产教综合体实体化运行、产学研训创一体化提升"的智能制造工匠人才培养"金华方案",在高水平产教融合推动高质量人才培养方面,取得了系列理论和实践成果。

一、成果培育背景及形成过程

(一)制造业转型升级对工匠人才培养提出新要求

智能制造是中国制造 2025 战略的重要切入点和突破口。浙江省是制造大省,高端装备制造业是浙江省八大万亿产业,先进装备制造业作为金华市工业经济的核心产业,是金华市着力培育的五大千亿产业之一。新经济背景下,产业转型、技术升级、产品迭代明显加速,对智能制造工匠人才培养提出了新要求。职业教育装备制造类专业人才培养普遍存在人才培养滞后于产业升级与新技术变革的现实问题,智能制造工匠人才"供给"无法满足产业发展"需求"。作为区域人才赋能的重要主体,培养支撑产业转型的智能制造工匠人才,是时代赋予地方高职院校的一道必答题。

(二)校企多元主体亟须产教融合体制新突破

产教融合是我国"人口红利"转向"人才红利"的新经济发展模式下,应对新一轮

科技革命和产业变革的重要举措，更是激发职业教育办学活力、提升人才培养质量的着力点和关键点。《国务院 办公厅关于深化产教融合的若干意见》明确指出："鼓励区域、行业骨干企业联合职业学校、高等学校共同组建产教融合集团（联盟），带动中小企业参与，推进实体化运作。"实践中，因多元主体的价值诉求存在差异，校企之间时常出现"合而不深""独角戏"的问题。如何通过机制创新，增强企业参与动力，疏通校企资源整合的"堵点"，实现产教融合"自我造血"，是实现产教真"融"的关键；如何统一多方利益主体行动，实现生产、教学、研发、培训、创新创业各要素一体化，通过建构产教深度融合、校企深度合作的常态化机制，实现不同主体的利益双赢，是产教能否真"合"的关键。

（三）学校产教融合步步升华过程中的关键突破

2010年，学校装备制造专业群在国家示范校建设期间提出的"校内基地生产化、校外基地教学化"基础上，经过教育思想大讨论，凝聚形成"跨界整合、双元育人"的理念共识，采用专业与企业一对一、一对多、多对多等方式，与区域行业龙头企业合作，共建众泰学院、皇冠学院等"校企利益共同体"，使之成为专业对接产业的纽带、校企资源融合的平台。2016年，为提高师资、课程、设备等教育资源要素配置效率，实现生产、教学、研发、培训、创新等一体化融合提升，装备制造专业群依托国家首批"十三五"产教融合发展工程规划项目，引入社会资本和合作企业，合资共建"生产型、研发型、培训性"3类股份制实体公司，形成"3+3园区模式"的产教综合体，由"虚拟共同体"向"产教综合体"突破，打通产教融合的"最后一公里"，形成"产教综合体实体化运行、产学研训创一体化提升"培养智能制造工匠人才的金华方案。

二、成果针对的教学问题及解决方案

本成果针对产业资源融入人才培养机制不活、深度不够，课程教学与企业生产脱节，学生面向智能制造的新技术应用和工程创新能力不足等问题，通过实体化破题，构建"产教综合体"平台运行机制，疏通校企资源整合"堵点"，实现产教融合"自我造血"，为构建良性互动产教关系提供了新样板；通过模块化开发，重构产教对接的系列"园区课程"，重塑"即产即学、即研即教"教学形态，实现产教融合在课程教学层面的落地，为制造类专业课程开发提供了新范式；通过一体化提升，形成"产学研训创"人才培养路径，聚合产业链与技术链，延展课程链和能力链，形成产教协同人才培养体系，向社会输送了一批具有"爱国情怀、科学精神、工程思维、创新意识"的智能制造工匠人才，人才培养质量和社会声誉显著提升（见图1）。

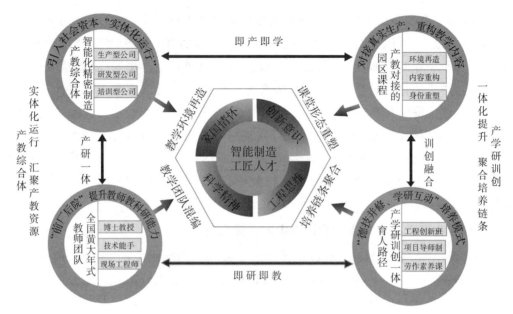

图1 产教融合培养智能制造工匠人才教学改革

本成果围绕产业转型、技术升级对智造工匠人才培养提出的新要求,以产教融合体制机制为突破口,以课程改革为着力点,以提升学生职业适应性为核心,推进智能制造工匠人才培养改革,主要做法与经验成果包括以下几个方面。

(一)搭建股份制"双元育人"平台,构建实体化运行保障机制

1. 搭建"3+3园区模式"产教综合体

以学校资产经营公司为桥梁,学校设备入股,与骨干企业合资成立生产型公司,共管精密制造实训中心,形成精密零部件规模化生产,建设教学车间,实现全流程项目实习;学校技术入股,引入风投基金成立研发型公司,联合省重点实验室等研发中心,组建"混编"研发团队,开展技术创新和成果转化,实现科研反哺教学;学校品牌入股,引入产业基金成立培训型公司,共建航空维修培训中心,与专业融通师资和设备,实现培养培训一体化,形成"3+3园区模式"产教综合体,明晰人才培养功能定位。

2. 健全"三融三通"管理运行机制

学校成立产教融合理事会及公司董事会,出台《产教综合体人事薪酬管理实施意见》《专业对接产教园企业融合运行实施方案》等19项管理制度和运行方案,选派董事参与公司重大决策,选派骨干教师脱产担任公司副总参与公司运营,专业与企业一体统筹安排教学与生产,明确实体公司的教学责任清单,建立校企人员双向流动、相互兼职和定期会商机制,形成"生产、教学、服务"三融合和"政策、身份、分配"三打通,实现校企利益融合、运行融合、人员融合(见图2)。

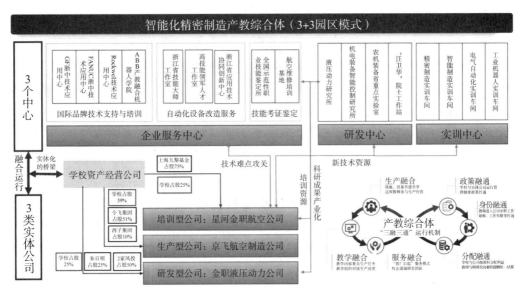

图 2　产教综合体平台构架与运行机制

(二)对接生产开发"园区课程"，重塑"即产即学"教学形态

1.构建产教对接的课程体系

学校对接国家专业教学标准，紧扣行业和企业的生产标准，融合国家职业岗位技能标准，基于园区企业生产任务和技术服务项目，按"5个阶段、5项任务"规范，进行教学化项目改造128项；融合企业技术、设备、人员、管理等生产要素，以"模块化、项目化"的思路，设计产教对接的教学内容和环节，开发20门生产性教学的"园区课程"；重构形成"生产性课程项目＋研习式学期项目"串接的课程体系。

2.构筑虚实结合的教学平台

学校借助数字孪生技术，建设多轴数控加工、工业机器人应用、智能生产线设计与装调等8个虚拟车间，建成具备自主知识产权的"虚拟工厂"，营造"理论教室＋实训车间＋虚拟工厂＋生产车间"多元教学场景，学校教师和企业工程师混编组成结构化教学团队，以"师带徒"的方式开展教学，通过产教园内教学车间、仿真车间和生产车间的按需转换，实施任务驱动的"成果生成式"教学策略，通过虚实衔接、训产结合，破解智能技术门槛高、教学与生产时空跨度大的难题。

(三)"产学研训创"一体化提升，强化工程应用创新能力培养

1.推动"前厂后院"的技术服务反哺教学

学校依托产教综合体实体公司生产能力和省重点实验室等科研服务平台，面向电动工具、农机装备等特色产业和中小微企业，开展"前厂后院、揭榜挂帅"企业技术服务，推动教师融入产业掌握行业新技术，形成"平台＋项目＋团队"工作机制，将技术研发项目改造为综合性实训项目、创新创业实践项目，以项目跨界转化和进阶迭代，实现以产助学、以研促产、学训结合、训创融合。

2. 实施"德技并修、学研互动"人才培养

从2013年开始,学校选拔学生组建工程创新班、赛教融合班,单独设立人才培养方案,推行项目导师制、现代学徒制,对学生工程创新能力培养实行"量化积分"考核,分层分类实施"多维度多形式"项目教学,提升学生工程能力;借鉴企业"精益管理"标准,编制工匠精神培育图谱,开发贯穿6个学期的"劳作素养"课程,编写《工匠精神培育操作手册》,在"课程、活动、管理、文化"4个方面全程融入工匠素养养成(见图3)。

三、成果创新点

(一)开创性探索"产教综合体"实体化运行机制,实现了产教深度融合的关键突破

校企成立股份制公司、推行实体化运行是深化产教融合的有效途径,本成果从3个方面有效解决如何建、如何管的难题。一是以资产经营公司为桥梁开展股份制合作,打通政策瓶颈。在地方政府的支持下,学校以设备、场地、品牌等入股,企业以资本、技术和订单入股,优化决策执行,保证政校企各方的平等话语权。二是股权结构组成多样化,降低国有资产流失风险。针对不同类型的合资公司,学校采用轻资产和重资产两种股权类型,通过明晰股权架构、设置股权下限和一票否决权等措施,平衡各方利益。三是建立系列管理运行制度,形成运行保障机制。学校建立政校企融合的管理机构,制定融合运行制度和方案,推动校企利益、制度、资源、文化、技术和人员的全面融合,为构建良性互动产教关系提供了新样板。

(二)创新性构建产教对接的"园区课程"模式,提供了制造类专业课程开发新范式

课程是产教融合落地的关键一步,本成果从特征定义、开发规范和实施流程3个维度构建产教融合新格局下的"园区课程"模式。一是提出"园区课程"特征概念:将行业和企业的生产性资源要素融入课程,将知识学习过程与生产工作过程有机融合,学习成果与企业产品相统一。二是形成"5个阶段、5项任务"生产任务教学改造规范:由校企联合团队在"选取载体、分解项目、细化任务、文本编制、评估验收"5个阶段,分别完成"教学目标制订、教学内容重构、教学任务序化、课标教案编写、考核方案制订"5项任务。三是确定"虚实衔接、训产结合"教学流程:教学场所在"教学车间、仿真车间、生产车间"之间按需轮换,教学过程任务驱动、成果导向,推动"封闭课堂"走向"职场化、生产性"教学,重塑"即产即学、即研即教"教学形态,缩短了学生"专业技能"与产业"岗位技术"的距离。

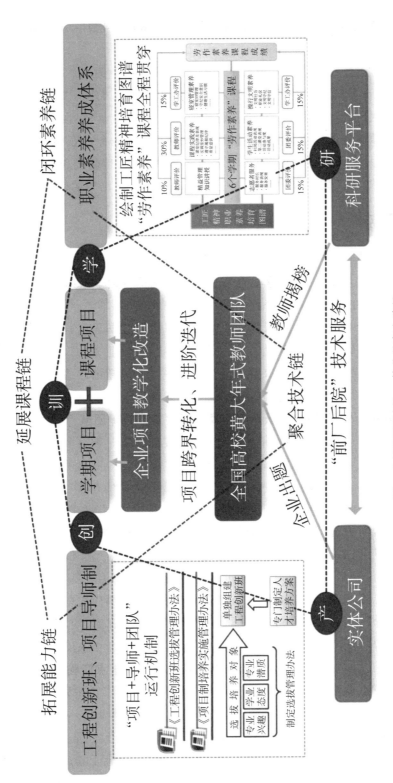

图3 "产学研训创"一体化的育人路径

（三）系统性实施一体化的"产学研训创"育人路径，形成了产教协同人才培养体系

本成果以"产"拓维度，确保了人才培养"供给"和产业发展"需求"有效对接；以"学"把宽度，提升了教学内容的鲜活性和教学组织实施的柔性；以"研"掘深度，推动了专业发展从跟跑产业到并跑、再到领跑产业的转变；以"训"促强度，促进了课堂教学模式创新和教学资源转化；以"创"提高度，增强了教师服务产业能力和学生工程创新实践能力。通过"产学研训创"的一体化提升，学校聚合产业链和技术链，延展课程链和能力链，打通了产教融合的"最后一公里"，提升了人才培养的针对性和有效性。

四、应用推广效果

（一）应用成效

1. 人才培养质量明显提升，学生竞赛获奖和专利授权数全国领先

近五年，学生在全国职业院校技能大赛等国赛获奖44项（一等奖13项），学生第一发明人获授权专利373件，全国领先；省教育评估院数据显示，毕业生初次就业率超98%，毕业生用人单位满意度达100%，学生就业率、创业率、月均收入等指标全省领先；各专业招生录取分数线稳步提高至全省第一，100%超浙江省一段线；毕业生获全国技术能手、省青年工匠等荣誉20余人。

2. 教师团队水平享誉业内，获评全国高校黄大年式教师团队

教师团队先后获评全国黄大年式教师团队、省首批职业教育教学创新团队，机械党支部入选全国党建工作样板支部；教师个人获评全国五一劳动奖章、全国技术能手等4人，获省教学名师、省教书育人楷模、省杰出工匠等省级人才项目等66人次。教师团队主持开展教学改革项目50余项，获省教学成果奖、行指委教学成果奖等12项。

3. 专业综合实力显著增强，入选国家"双高计划"A档院校高水平专业群

学校先后获评国家"双高计划"A档院校高水平专业群、全国职业院校装备制造类示范专业点、国家示范性虚拟仿真实训基地、省产教融合示范基地、省优势专业、省四年制高职试点专业等，主编出版教材42本，获批国家级课程5门、职业教育国家规划教材16本、全国优秀教材一等奖1项，主持国家教学资源库1项，参与国家专业教学标准制订11项，国家级课程和规划教材数量全国同类专业领先。

4. 服务产业发展贡献突出，建成省内高职院校唯一省重点实验室

学校建成省重点实验室等科研服务平台10个，主持国家自然科学基金项目7项、省部级项目26项，授权发明专利120件，获省科技进步奖等9项，参与国家和行业团体标准37项。年培训超2万人次，获评全国示范职业技能鉴定所；年均企业服务到款持续增长超1000万元，实体公司年产值超6000万元；在五金工具产品研发、智能农机装备研发、自动化专机研发等领域确立了技术服务品牌，被地方政府誉为"产业发展的助推器"。

(二)推广成效

1. 建设模式创新共享,运行机制示范推广

本成果在产教融合实体化运行机制、课程开发模式、人才培养体系等方面,具有示范性和引领性,入选教育部产教融合校企合作典型案例、全国机械行业职业教育产教融合校企合作十佳案例,近300家院校来校考察交流,在高职高专校长联席会年会、教育部职教国培班等平台讲座报告60余场,相关成果已在九江职业技术学院、宝鸡职业技术学院、宁波职业技术学院等40余所院校推广应用。

2. 主流媒体高度关注,社会影响显著提升

在《高等工程教育研究》等发表理论文章20余篇,《光明日报》《中国教育报》、学习强国等主流媒体专题报道60余次,《产教综合体:探索实体化、一体化的产教融合发展新路》等报道形成了广泛影响力。教育部职成司、浙江省委办公厅等来校专题调研,认为"通过体制机制创新,破解产教融合之困,推动了校企实质性资源协同与整合,走出了一条产教融合实体化运行的新路径"。

五、体会与建议

本成果形成的理论成果、合作机制、制度规范、教学资源、实践成效为全国职业院校智能制造工匠人才培养发挥了示范和引领作用。下一步,学校将进一步以目标为指引建立产教融合长效机制,以协同创新为基础构建产教融合生态系统,以多元多维为导向建立产教融合评价体系,持续推动产教融合改革走深走实。

(一)进一步健全产教融合长效机制

合作的广度和深度是产教融合可持续发展的重要因素,产教融合深入推进的前提是校企双方都能获利。双方只有互惠互利、共建共享,才能确保长期合作、深度融合。为落实中共中央办公厅、国务院办公厅印发的《关于深化现代职业教育体系建设改革的意见》,教育部办公厅印发《关于加快推进现代职业教育体系建设改革重点任务的通知》,其中市域产教联合体、行业产教融合共同体、开放型区域产教融合实践中心、校企合作典型生产实践项目等项目的推进,将有效促进产教融合的合作类型多元化,需要在合作广度和深度方面进一步拓展,并形成制度化管理的长效机制,健全完善需求导向的人才培养模式。

政府应以人才培养供给侧和产业需求侧匹配为目标,加强顶层设计,落实激励政策,推动各方主体自觉参与产教融合,保障各方权益,对提升技术技能人才培养质量、促进就业中发挥重要主体作用的企业,按照规定给予奖励;对符合条件认定为产教融合型企业的,按照规定给予金融、财政、土地等支持。行业、企业应以增强产业核心竞争力为目标,强化重要主体作用,以多种方式参与学校专业规划、教材开发、课程设置、实习实训,促进企业需求融入人才培养环节。职业院校应紧密围绕产业需求,开展多样化人才培养,重点强调培养学生的实践创新能力,解决学校教育与行业、企业需求脱节的问题。

(二)进一步构建产教融合生态系统

产教融合生态系统,是在一定区域和产业范围内,学校和企业通过资源共建共享、转化应用而形成相互影响的有机整体。产教融合不能停留在学校和企业"点对点"式合作,应由点到面、由面到体,逐层升级,形成"面对面"结合、"体对体"融合。将区域、行业、产业集群、专业集群等汇聚的各类相关要素置于区域经济社会发展的系统环境之中,获取系统资源支持并汲取营养,进而促进产业链、教育链、人才链和创新链上各要素之间的对接、互补和集成,使产教融合的受益范围更大,合作范围更广。

我国大力推动产教融合,最终要实现两大目标:一是培养大批高素质创新人才和技术技能人才,解决人才培养供给侧和产业需求侧的结构性矛盾;二是多主体围绕产业关键技术、核心工艺和共性问题开展协同创新,加快科技创新成果转化,全面提升我国自主创新能力。下一步,应在"产科教融汇"方面,将人才培养与科技创新作为双重目标,校企开展协同创新,共同解决产业难题,共同推动科技成果转化为生产力。

(三)进一步建立产教融合评价体系

要确保产教融合项目的成效,必须有切实可行的质量监控与评价机制。否则,校企双方在合作过程中很可能"跟着感觉走",难以达到最佳效果。产教融合的质量监控与评价,涉及多元主体和多维标准。评价主体主要包括政府职能部门、行业、企业、学校,以及第三方组织等。评价方式不仅要注重校企双方的内部评价,还要注重政府或第三方的外部评价;评价标准不仅要关注人才培养质量,还要关注科研成果的转化率,更要关注人才培养与产业需求的供需匹配度,以及产教融合的广度和深度。

学校要把校企协同育人成效作为首要标准,重点评估需求导向的人才培养模式是否建立健全,校企共同开展专业和课程体系建设是否紧密对接产业链、服务创新链,共建实习实训基地和创新创业基地是否适应岗位职业要求,双师型师资队伍的教师个体的双师素质与教师队伍的双师结构是否满足行业和企业的发展需求等,最后要落脚到对学生实践创新能力、解决问题能力、探究能力等是否得到有效提升等方面的评价。学校要把科研成果的应用效果作为重要标准,把供需匹配服务区域经济社会发展作为根本标准,看行业、企业参与产教融合的积极性和主动性是否充分调动,看产教融合是否对服务区域经济发展做出真正贡献。

标准引领、课程重构、真岗实战：
依托头部企业培养新零售人才的创新实践

成果完成单位：浙江纺织服装职业技术学院、雅戈尔集团股份有限公司、宁波太平鸟电子商务有限公司

成果完成人：张芝萍、仲瑜、郑琼华、黄海婷、魏明、唐峥、裘晓雯、胡纲高、应利萍

一、成果培育背景、形成过程

互联网、大数据等新技术的发展倒逼实体零售不断转型升级,以消费体验为中心,融合线上服务、线下体验和现代物流的新零售业态成为零售业变革的主方向。2016年,《国务院办公厅关于推动实体零售创新转型的意见》提出,新零售是释放发展活力、增强发展动力的重要举措。服装业作为零售业的支柱产业之一,在新零售变革中处于最前列,服装新零售的迅猛发展对相关人才的需求剧增,同时也对从业人员的知识、能力和素质结构提出了更高的要求。但反观新零售人才培养现状,存在培养标准缺失、课程体系零散、实战机会缺乏、评价机制僵化等问题。

作为全省唯一一所时尚纺织服装类特色院校,学校主动回应零售业变革新需求,利用地处服装产业大市优势,依托全国服装业百强雅戈尔、太平鸟两家头部企业,聚焦培养既会线上线下全渠道营销,又能紧跟新技术新模式发展的新零售复合型人才。2012年,学校与雅戈尔合作共建雅戈尔商学院,开始探索新零售人才培养改革;2013年,与太平鸟合作建立校内电商运营中心,并围绕服装零售人才需求变化,对专业及方向进行动态调整;于2016年底组建新零售专业群开展新零售人才培养,经过6年的实践检验,取得显著成效(见图1)。

一是对接产业发展需求,建立了"懂市场＋善电商＋通物流＋会管理"、德技并修的新零售人才培养标准,并在国家公开平台发布,在新零售领域起到引领作用,实现了新零售人才培养质量的"有章可循"。

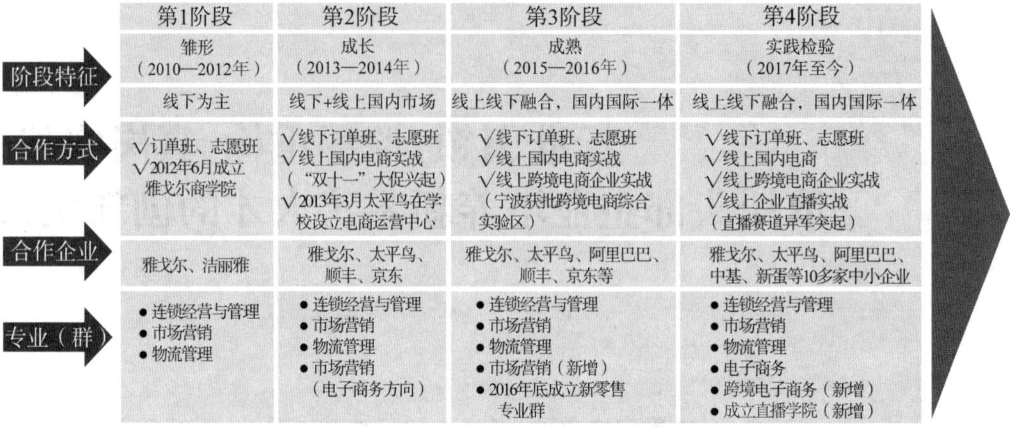

	第1阶段	第2阶段	第3阶段	第4阶段
阶段特征	雏形 （2010—2012年）	成长 （2013—2014年）	成熟 （2015—2016年）	实践检验 （2017年至今）
	线下为主	线下+线上国内市场	线上线下融合，国内国际一体	线上线下融合，国内国际一体
合作方式	√订单班、志愿班 √2012年6月成立雅戈尔商学院	√线下订单班、志愿班 √线上国内电商实战（"双十一"大促兴起） √2013年3月太平鸟在学校设立电商运营中心	√线下订单班、志愿班 √线上国内电商实战 √线上跨境电商企业实战（宁波获批跨境电商综合实验区）	√线下订单班、志愿班 √线上国内电商 √线上跨境电商企业实战 √线上企业直播实战（直播赛道异军突起）
合作企业	雅戈尔、洁丽雅	雅戈尔、太平鸟、顺丰、京东	雅戈尔、太平鸟、阿里巴巴、顺丰、京东等	雅戈尔、太平鸟、阿里巴巴、中基、新蛋等10多家中小企业
专业（群）	●连锁经营与管理 ●市场营销 ●物流管理	●连锁经营与管理 ●市场营销 ●物流管理 ●市场营销（电子商务方向）	●连锁经营与管理 ●市场营销 ●物流管理 ●市场营销（新增） ●2016年底成立新零售专业群	●连锁经营与管理 ●市场营销 ●物流管理 ●电子商务 ●跨境电子商务（新增） ●成立直播学院（新增）

图 1　新零售专业群动态发展

二是匹配新零售岗位职业能力，重构了"平台共享＋模块共融＋拓展自选"三层递进式课程体系，推动了课程结构重组和内容动态更新，实现了教学内容与新零售知识能力要求的紧密对接。

三是搭建新零售实战平台，创建了"基地实操＋公司实战＋园区顶岗"真岗实战的多场域培养路径，改变了学生学习方式，实现了技能学习与新零售岗位工作的有效匹配。

四是基于实战业绩和职业素养，形成了"多元主体＋多维内容＋多样方式"的全学程评价激励机制，激发了学生内生学习动力，实现了专业技能和职业道德的双重提升。

经过 10 年研究与实践，成果在全国纺织服装类及相关 50 余所中高职院校、境外 8 所院校得到有效推广，中央电视台、《人民日报》、《中国教育报》等 20 多家媒体进行报道，反响强烈。同时，成果有力地促进了学院发展，获批全国新零售"双师型"培养培训基地、全国跨境电商人才培养示范校，成为中国—中东欧国家职业院校产教联盟秘书处单位，搭建中国与中东欧国家院校、企业间交流合作平台，服务"一带一路"建设。学生获国家级奖项 40 余项，获第十届全国"创新、创意、创业"特等奖（省内唯一高校）。学生参与头部企业大型活动，为企业实现网络成交额逾 60 亿元。毕业生通过创业带动当地农民增收致富，赋能乡村振兴。成果遵循职业技能成长逻辑，打通了产教壁垒，增强了人才培养与区域特色产业需求的匹配度，提升了职业教育服务区域经济的适应性。

二、成果针对的教学问题

学校依托头部企业培养新零售人才的创新实践，着力解决以下几个问题：培养标准缺失、专业缺乏整合，难以满足新零售行业人才需求；课程体系零散、教学内容滞后，难以匹配新零售岗位职业能力；教学情境失真、场景简单固化，难以触及新零售真岗实战项目；评价机制僵化、激励方式单一，难以激发学生的内生学习动力。

三、探索形成的模式方法

（一）对接产业发展需求，建立"懂市场＋善电商＋通物流＋会管理"德技并修的新零售人才培养标准

学校发挥雅戈尔、太平鸟等企业在新零售领域的引领作用，根据企业的新零售人才需求和岗位分析，打破专业界限，动态组建由市场营销、电子商务、连锁经营与管理、跨境电子商务和现代物流管理 5 个专业构成的新零售专业群，实现专业间资源共享、优势互补。由企业专家和专业主任共同组成专业群指导委员会，确定培养方向和定位。根据新媒体营销、电商（跨境）运营、智慧门店、智慧物流等工作领域，校企联合开展典型工作任务分析，明确岗位职业能力；融入雅戈尔、太平鸟"诚实守信、勤奋敬业、合作共赢"核心价值观和先进管理理念，确立"懂市场、善电商、通物流、会管理"德技并修的新零售人才培养标准。

（二）匹配新零售岗位职业能力，构建"平台共享＋模块共融＋拓展自选"三层递进式课程体系

根据新零售岗位职业能力要求，推动课程结构重组和内容动态更新，把课程思政融入人才培养全过程；构建平台共享、模块共融、拓展自选的三层递进式新零售课程体系，培养专业通用能力、专业核心能力和专业拓展能力（见图 2）。电商数据分析基础、消费者心理与行为等平台共享类课程实现群内全覆盖，重在培养学生专业通用能力；新媒体运营、商品品类分析等模块共融类课程对接职业标准，重在培养专业核心能力；主播沟通技巧、走进中东欧等专业拓展类课程遵循学生个性化选择，重在培养专业拓展能力，按照 3∶5∶2 的学时比例设置上述三类课程，并强化新零售实战技能培养，实践教学课占总学时比例为 58％。

图 2　三层递进式新零售课程体系

(三)搭建新零售实战平台,实施"基地实操＋公司实战＋园区顶岗"的多场域培养路径

学校与雅戈尔、太平鸟、顺丰、方太、中基、京东、亮剑互娱等企业合作,在校内建立了7个新零售实训基地,并把企业真实项目引入基地供学生实战。在校内基地,企业派一线骨干驻校指导,学生以学徒身份参与企业在 wish、抖音、天猫、京东等平台的体验式活动,实现基础技能的操作与运用;在"双11"和年终大促等大型活动期间,企业对学生开展长达一个多月的提前培训,学生到雅戈尔、太平鸟、顺丰、京东等公司现场,以准员工身份参与大型活动的单项式实战,实现核心技能的操作与运用;学生到大三顶岗实习阶段,学校对接5个服装产业园区,由园区派导师指导,学生以员工身份开展全渠道营销、供应链管理等综合式实战,拓展核心技能的操作与应用。学校通过举办校内基地、公司现场、产业园区等多场域的真岗实战,不断磨炼学生的实操技能。

(四)基于实战业绩和职业素养,形成"多元主体＋多维内容＋多样方式"的全学程德技并重评价激励机制

雅戈尔投入1500万元、太平鸟每年投入300万元作为经费保障,校企共同成立理事会,建立重大事项由理事会决定的机制。理事长由企业董事长和学校校长共同担任,企业专门委派高管担任副院长,负责协调校企合作相关事宜。为激发学生内生学习动力,校企双方建立健全评价激励机制,学校课堂以教师、同伴为主对学生专业知识掌握度和实际应用能力等进行评价,给予学分认可、评奖评优等激励;校内基地以教师、同伴和企业师傅为主对学生基本操作技能和工作态度、行为规范等进行评价,给予评奖评优、学分替换和企业奖学金等激励;企业现场和产业园区,以企业师傅和真实客户为主,对学生核心技能和诚实守信、敬业精神、团队合作等职业素养开展多维度评价,给予绩效奖励、优先录用等激励,形成主体多元、内容多维、方式多样的德技并重评价激励机制。

四、成果的创新点

(一)培养标准创新:率先与头部企业合作开发新零售人才培养标准,增强人才培养与产业需求的匹配度

学校与雅戈尔、太平鸟等头部企业紧密合作,面向其新零售核心岗位,基于产业动态需求和人才培养逻辑,精准把握新零售岗位现实需求和未来发展趋势,打通产教壁垒、打破专业界限,组建新零售专业群,融入头部企业优秀文化和先进管理理念,确立新零售人才培养标准,为全国职业院校开展新零售人才培养提供了可参考的范本,起到示范引领作用。同时,成果紧跟区域产业新零售岗位变化,对专业方向、培养标准和课程设置进行动态调整,提供了可复制、可推广的"以岗定标"新零售人才培养范式,增强了人才培养与区域特色产业需求的匹配度,提升了职业教育服务区域经济的适应性。

(二)培养模式创新：强化了基于真岗实战的新零售人才培养路径，实现了学生学习方式的变革

遵循学生"职业技能成长"逻辑，利用头部企业"多岗位、全过程、全接纳"优势，为学生新零售技能学习提供真岗实战历练机会。在校内基地开展真实项目训练，形成校内小循环培养模式；通过在公司现场和产业园区开展"单项式"和"综合式"实战，打破了封闭的学校物理空间和固定的学习时间限制，形成了校内外大循环培养模式，实现了教学过程中各要素的有效聚合。通过校内小循环和校内外大循环培养，学生经历了从浅层学习到深度学习的内化和迁移过程，实现了学习方式变革，也为企业创造了非常可观的经济效益，实现校企共赢。此外，学生通过从学徒到准员工再到员工的身份转换，实现了技能学习与岗位工作的紧密对接，增强了人岗匹配度。

(三)评价机制创新：创新了基于实战业绩和职业素养的新零售人才培养评价激励机制，激发了学生内生学习动力

校企双方签订协议，就经费投入、合作方式、实训管理等做出具体规定，为改革评价激励方式提供了制度保障。学校将企业优秀文化、职业道德、工匠精神等贯穿评价全过程，改变了"一张成绩单、一个技能点、一份实习报告"的终结性评价方式，打通学校、企业、产业在人才培养中的"信息孤岛"，对接头部企业新零售岗位要求，从学生基础技能、核心技能和职业素养等维度开展评价，实现了"学校与企业协同、定性与定量结合、过程与结果并重、技能与素养融通"的发展性教学评价，有效监测了学生学习全过程。同时，根据不同学习阶段的特征，坚持"德技并修"，由学校和企业从精神和物质层面制定多种激励措施，有效激发了学生的学习兴趣和动力，实现以评促学，以激励促发展。

五、推广应用效果

(一)学生综合实力得以显著提高，成为新零售核心岗位"生力军"

学校近 10 年累计输送新零售人才 6000 多人，在头部企业工作累计 800 多人，两年内晋升业务骨干占比 50%，如毕业生陈斌丁已成为雅戈尔集团中层干部、童洪杰已成为太平鸟新零售业务负责人。学生省级以上学科竞赛获奖 300 余项，其中国家级奖项 40 余项，获第十届全国"创新、创意、创业"特等奖(省内唯一高校)。毕业生陈柳、许立利用所学新零售知识和技能回乡创业，并将所学知识和技能传授给当地农民，带动乡村共同致富，被中央电视台科教频道专题报道长达半个小时。

(二)专业建设水平得以显著提升，成为新零售专业建设"领头雁"

学校牵头开发新零售人才培养标准，并在公开平台上发布；获批全国新零售"双师型"培养培训基地、全国跨境电商人才培养示范校、中东欧商品直播电商基地等，助力学校由中国(浙江)跨境电商产教联盟理事长单位升格为中国—中东欧国家职业院校产教联盟秘书处单位;获评"中国纺织服装产业校企合作优秀案例""中国纺织服装产业研究优秀成果";主持省级以上新零售相关课题27项、荣誉32项;出版新零售相关教材19本,开发课程26门,其中1门课程被列为国家在线开放课程。

(三)团队服务能力得以显著增强,成为推进区域服装产业发展"智囊团"

团队以新零售为产业发展抓手开展相关研究,获省委省政府和市领导批示5项;团队负责的"宁波时尚经济研究所"和"宁波纺织服装产业集群支撑机构"成为市政府产业发展研究智库,连续6年发布"中国城市时尚指数"(和国务院发展研究中心"中国文化指数"同台发布);承接政府部门和企业委托的新零售相关项目和技术咨询服务累计金额达800余万元,面向企业开展新零售领域技能培训人数达万人。

(四)辐射效应得以持续释放,成为新零售人才培养改革"模范生"

成果被学校其他专业(群)借鉴,带动10余家头部企业、20多家"专精特新"企业与学校合作成立博洋学院等产教融合平台,企业投入资金5000万元,受益学生达万人。全国纺织服装类及相关50余所中高职院校前来学习交流,扶持新疆、青海等多所职业院校开设新零售相关专业(群)。境外院校100多人到校跟岗学习,成果辐射到罗马尼亚等5个中东欧国家,并合作共建"丝路工匠学院"。中央电视台、《人民日报》、《中国教育报》等20多家媒体对成果报道百余次,受到社会广泛好评。

六、对相应领域教学工作的体会感悟

(一)新零售人才培养要立足区域经济和产业发展

一是对接产业发展和岗位需求。产业转型升级加快,新模式新业态快速发展,一系列新岗位不断出现,对专业人才能力和素养提出新的需求。高职商科教育要紧跟趋势变化,紧跟产业发展需求和职业岗位要求变化,深入分析人才需求情况,动态调整专业结构和内涵,形成与需求相适应的人才培养模式,不断促进商科学生职业素养的全面养成和核心竞争力的提升。二是立足区域产业和特色优势。纺织服装产业是浙江省、宁波市传统优势产业和支柱产业,学校应以服务区域经济发展和产业转型升级为目标,紧跟纺织服装产业发展趋势,瞄准产业发展的重要环节,深入分析纺织服装产业零售岗位新要求,重构新零售人才培养体系,推动传统商科专业升级改革。三是优化专业群和师资结构。学校应紧密对接新零售岗位群,把新岗位需求融入专业建设中,优化专业结构和师资结构,打破专业界限,组建新零售专业群,在新零售专业群中培养新零售人才,实现从宽口径职业领域到新零售专业化的复合人才培养,从而提升新零售人才培养质量。

(二)新零售人才培养要做实做深产教融合

一是产教融合要建立健全校企合作机制。产教融合要做实做深必须建立健全校企合作机制,强化头部企业参与人才培养的主体作用。校企双方组建理事会,由企业高层领导和高职院校校长共同担任理事长，重大事务由理事会讨论决定。企业派高级技术管理人员驻校任副院长，负责校企双方合作事宜。明确校企双方职责，制定经费使用、实训管理、师资建设等制度。校企共建学院的学生毕业时可获得双毕业证，即学校的毕业证和校企共建学院的毕业证。二是人才培养要企业全程参与。强化校企合作育人，加大企业参与深度，实现校企双方共同招生招工、共同制定培养方案、共同开发课程与教材、共同组织教育教学、共同建设师资队伍、共同管理与考核评价，企业全过程参与育人、优先选择毕业生。由行业、政府主管部门、头部企业、同类院校专家组成"动态管理小组"，定期反馈培养进度，定期指导培养内容，定期提升师资和管理水平，定期测试学生职业能力，定期纠正培养偏差。三是校企合作要实现双方互惠共赢。校企合作要同时兼顾学校和企业的需求。学校通过与头部企业的合作，搭建新零售实战平台，为学生提供了更多真岗实战的机会，实现技能学习与新零售岗位工作的有效匹配，提升学生的就业竞争力。企业通过让学生参与实战，解决了人才短缺问题，节约了企业成本，同时可以为企业创造可观的经济效益，从而实现校企双方互惠共赢。

（三）新零售人才培养要重视与头部企业的合作

一是有利于发挥头部企业的引领作用。学校依托雅戈尔、太平鸟两家纺织服装头部企业优势，及时解析新零售岗位的职业要求，主动回应新零售业变革新需求。头部企业是行业发展中的风向标、晴雨表，对行业发展、新业态新模式的变化等方面有先发优势。与头部企业合作有利于高职院校办学紧跟行业发展趋势，可以根据头部企业的人才需求和典型工作任务分析，明确岗位职业能力，制定课程标准和评价体系，在人才培养上能及时做出调整，并进行一定的拓展。二是有利于获得更多的实战机会和就业资源。头部企业在产业中的优势地位，使其具备"多岗位、全过程、全接纳"的特点，能够为学生实践技能的培养提供足够多的各类别岗位，并且有专业的企业老师全程指导，专业群内学生有更多机会参加头部企业真实岗位操作。毕业时学生可以优先到头部企业就业，即使到其他企业就业也更具优势和竞争力。三是有利于加强校园文化与企业文化的融合。与头部企业的合作，可以充分发挥大企业先进的企业文化魅力和管理能力，将职业道德和职业精神的培养贯穿在日常教学中，让学生更加深刻认知企业文化，切身感受企业文化，并亲身体验企业文化，使优秀企业文化更好融入校园文化建设中，从而影响学生的思想行为方式，有效提升学生毕业后的职业发展能力和持续发展水平，更好解决高职学生普遍存在的从学生到员工角色转换难的问题。

（四）新零售人才培养要注重德技并修

一是要注重职业道德和职业素养培养。新零售人才的培养不能一味追求知识技能的提高，而是要德技并修，将职业道德和职业素养教育纳入新零售专业群人才培养方案。从新生进校开始,就应将诚实守信、爱岗敬业、创新创业等精神培养贯穿在日常教学和真岗实战中,坚持知识学习、技能培养与品德修养相统一。二是要注重工匠精神培养。新零售的很多岗位如客服、美工、运营等都需要从业者沉得下心来,精益求精,不断创新,为客户提供细心周到的服务。因此,在人才培养过程中,学校要致力于培养学生具有耐心细致、吃苦耐劳、专心专注、勇于创新的工匠精神,使学生毕业后能更好适应这些新零售岗位,并拥有更好的可持续发展空间。三是注重团队合作。新零售岗位链中的各岗位在工作中需要相互配合,同一个岗位也需要分工合作,靠一己之力很难完成,导致效率低下。因此,团队成员之间需要互相配合、互相帮助,形成合力,提升工作效率,以期取得更好的经济效果。据此,学校在教学和实践过程中要多设计团队合作项目让学生训练,在训练过程中让学生进行不同角色的扮演,体会团队合作的重要性,培养学生的团队合作精神。

七、深入推进的工作建议

(一)新零售人才培养需融入数字化发展需求

在数字经济飞速发展、商业模式不断改变的背景下,高职商科教育亟须融入数字化思维,让人才培养充分接轨数字化发展需求。一方面,把数字化融入人才培养方案。学校应构建有地方产业特色的数字化商科课程体系,不断创新完善数字化教学手段和评价方式,实现数字化与知识结构、教学模式、实践应用等多维融合,提升学生数字化综合能力,培养复合型的数字化新零售人才。另一方面,把数字化融入课堂教学和实践。学校应与处在数字化转型前沿的"小巨人""专精特新"企业,以及新业态商业平台企业等展开多方面交流合作,共同搭建数字化应用场景和实训平台,紧跟数字化应用和商业模式发展动态,在课堂教学和实践中重视数字化应用能力培养,让学生紧跟数字化时代发展的步伐。

(二)新零售人才培养需进一步强化师资队伍建设

教师是教育的核心要素,不断升级的高素质技术技能型人才需求倒逼高职商科教育必须重视加强师资队伍建设,强化师资队伍综合实力才能确保人才培养质量。一方面,应加强"双师双能"师资队伍的建设。很多高职商科教师从学校到学校,缺乏企业工作经验和实践锻炼,对行业发展趋势和企业的最新做法了解不够,难以胜任高素质技术技能型人才培养的工作。因此,高职院校需要制定相应政策和制度促进教师下企业锻炼,提高自身业务水平和实践能力,强化"双师双能"师资队伍的建设。另一方面,应发挥行业专家和高水平师资的引领作用。学校特聘在产业发展或商业行业中有一定影响力和知名度的高级管理者、高技术技能大师,对教师定期开展行业指导培训;鼓励有能力的教授、博士积极对接市场化商业运作项目,发挥好高水平师资的示范引领作用;推动校企互兼互聘,促进教师更主动更深入了解外部行业环境,完善双向流动、两栖发展机制。

（三）新零售专业群建设需紧跟新业态新模式发展

专业群建设是高职院校高质量发展的关键，"四新经济"发展日新月异，新零售专业群建设必须紧跟新业态、新模式发展，才能在人才培养中发挥重要作用。一方面，专业群内的专业设置需实行动态调整。把专业群建在产业链上、需求链上，专业群的发展方向和专业设置需根据社会需求变化实行动态调整，突破各专业、各学院边界和资源局限，进一步明确专业群定位，做好顶层设计，体现专业群的集群效应和价值。另一方面，专业群课程体系需及时跟进新业态、新模式的变化。专业群的课程体系应与时俱进，根据新业态、新模式的变化，对专业群的平台课、模块课、拓展课等课程结构及时进行优化，同时对不同课程结构中的相关课程名称、课程内容、课程评价等也要及时做出调整，使学生的学习内容和将来的就业岗位实现零距离对接。

浙江省 2022 年职业教育
国家级教学成果奖

二等奖

内地新疆中职班"融情·融文·融技·融扶"育人模式的构建与实施

成果完成单位：杭州市旅游职业学校，浙江旅游职业学院，杭州跨湖楼酒店集团，杭州民建会员企业家联谊会

成果完成人：杨琼飞、夏嘉平、许静、陈威民、张拥军、娄静娟、杜兰晓、屠伟伟、阿衣木尼沙·扎克、周建文、于力鹏、王方、赵建龙、张毓、金春球、孙文欢、严小萍、夏海良、何奇

执笔人：夏嘉平

上有天堂，下有苏杭。杭州作为世界历史文化名城，是中国七大古都之一，拥有西湖文化景观、中国大运河（杭州段）和良渚古城遗址三大世界文化遗产。杭州市旅游职业学校是首批国家级重点职业学校、首批浙江省中职名校、首批浙江省高水平中职学校建设校，其开设的旅游服务与管理专业，是浙江省旅游职业教育标准的研发地、国内中职旅游教育的高地。成果团队拥有雄厚的师资力量，拥有一支科研能力出色的研究团队，为浙江省教育科研先进集体，多次获得浙江省人民政府教学成果特等奖等奖项，其中，2018年《建农地·引农时·仿农事》获国家教学成果二等奖。本成果负责人获黄炎培职业教育全国杰出校长奖，团队拥有2名省级领军人才、3名省教坛新秀、1名市心理教育名师，有效地保证了成果设计、研究与实践的高质量完成。

教育援疆是党中央、国务院推进"社会稳定、民族繁荣"的一项重要举措，学校在2009年高质量完成四川汶川地震青川班异地办学的基础上，勇于担当，贯彻党和国家的方针，自2011年起成为首批内地新疆中职办班学校。

一、成果主要解决的教学问题

一是群体入乡入情不易。大部分内地新疆中职班学生来自新疆农村地区，再加上受当地经济发展水平与文化差异等特点的影响，学生普遍存在文化基础薄弱的问题，尤其是来自南疆地区的民族学生，如维吾尔族、哈萨克族、柯尔克孜族等学生在国家通用语言的掌握上，几乎停留在基础水平，存在阅读障碍，更难以用普通话来开展

学习与交流。此外,内地新疆中职班学生由于生活方式、学习方法与心理感知等方面也存在较大差异,导致在异地学习与生活适应方面存在困难,尤其是难以全面入乡入情。

二是主体文化认同不深。受地广人稀等地理条件的束缚,内地新疆中职班学生缺乏与其他民族交流交融,导致对党和国家的整体认知不深,对民族政策了解少,对中华民族共同体意识与中华优秀文化的整体认同不深;亟待铸牢中华民族共同体意识,将文化认同与技能教学融入人才培养的全过程,提升中华文化的价值体认,铸牢"爱国爱疆"情愫。

三是个体职业技能不强。单一偏重学生管理的人才培养模式,缺少校企协同共育,导致学生的核心职业能力偏弱,难以在全域旅游背景下胜任新的产业发展与迭代。

四是整体发展通道不畅。回疆后学生缺乏长周期培养,导致学生难以在职业发展上有较大成就。如何让学生能就业、就好业,怎样推进学生能创业、敢创业,凸显职业教育的价值获得与类型特色,让学生通过到内地进行职业教育,"学习一人,脱贫一家,带富一户,引领一村",成为办学突破的关键。

二、"融情·融文·融技·融扶"育人模式的构建

成果聚焦我校自2011年承担内地新疆中职班办学工作中如何让学生快速入乡入情、增强文化认同、提升职业技能、畅通发展渠道等问题,紧扣"爱国爱疆"核心使命,以2012年省示范校建设为起点,融合2015年金牌导游与内地新疆中职班管理两个市级教学成果,构建"融情·融文·融技·融扶"的内地新疆中职班育人模式,长周期推进情感融入、文化融合、技能融通、扶孵融贯。

在十年的实践与研究中,学校构建以情感融入为基,构筑"石榴籽家园";以文化融合为本,打造"新六艺"文化驿站;以技能融通为径,深耕"职业赋能学园";以扶孵融贯为翼,长周期推进职后加油,着力培养国家统一、民族团结的坚定拥护者与社会经济发展的建设者。

三、成果解决问题的方案

学校遵循文化认同与技能成才规律,构建"以情感融入为基,以文化融合为本,以技能融入为径,以扶孵融贯为翼"的融模式解决方案。

(一)构筑"石榴籽家园",破解"群体入乡入情不易"

学校筑牢亲情纽带,带入家庭成员角色,打造类亲子关系,全方位掌握学生思想与情感,破解异地思乡之情;夯实友情基础,两地学生通过结对互助帮学以加深友谊、活动互联参与以加强认识、食宿互嵌编排以拉近距离;以共情为目标,金牌导游带队嘉兴红船等28个主题研学,开展"讲红色故事""唱支赞歌"等主题活动,引发价值共鸣;物化"石榴籽家园",将民族团结场景融入校园角落,增进家国认同,实现"他乡亦

故乡"(见图1)。

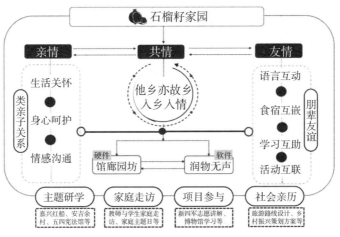

图1 石榴籽家园的构筑

(二)开发"新六艺"文化驿站,破解"整体文化认同不深"

学校以共享共有的中华文化为基准,引入西湖龙井、南宋官窑等6项在杭非遗技艺,整合新疆维吾尔族药茶、土陶等,组建非遗学院,做到实景化呈现;聘引樊生华等非遗大师,开发与研制茶艺、陶艺、绣艺等"新六艺"课程包,推进项目化开发;按照节气与节假日编排,推进课程教学与社团体验,传习制茶等非遗技艺,两地学生开展"谷雨·当龙井茶遇见维吾尔族药茶"等活动,知茶事、品茶香与行茶礼,创新研发"茶研工坊"系列文创产品,实现动态化生成,推进药茶与绿茶的深度交融,实现价值体认(见图2)。

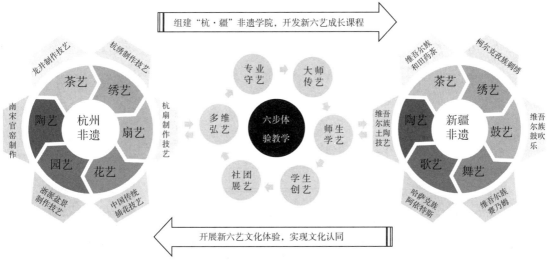

图2 新六艺课程的开发与实施

(三)深耕"职业赋能学园",破解"个体职业技能不强"

学校遵循技能习得规律,契合新疆文旅产业特征,联合中青旅等头部企业,协同打造"职业赋能学园";创建"基础—专项—综合"三阶课程体系,配套《研学旅游》等7本融新疆元素的活页教材;创设能力进阶学园,校内创建金牌导游实训坊等实境化场所,企业开辟"中青旅"等教学车间;创构96个主题助学包,推进"金牌导游修炼"主题学习;创立涵盖"校本职业护照、校企'1＋X'证书与国家导游证"递进式课证融通体系,推进能力认证;创新整合跨专业教学资源,推进营销、直播等复合能力培养。

案例1:"小红枣 大创业"直播诞生

　　新疆班的学子从家乡新疆来到美丽的天堂杭州,他们还带来了美味可口的新疆特产——红枣。新疆班的同学由此萌生了直播创业的想法,既解决了家中农产品因为交通不便等原因引起的销售困难问题,又进行了创业实践,可谓一举两得。

(四)构建长周期扶孵机制,破解"整体发展通道不畅"

　　学校搭建集政行企校于一体的"杭疆联盟",以终身发展为目的,推进职后加油补给,为学生在杭与返疆的就业创业提供帮扶与孵化;固化"一生一地一档一案",针对南北疆产业差异,探索云端指导、线上帮扶、万里走访、长期跟踪等,打通就业帮扶"最后一公里";联合民建企业家联谊会与高校,建设创业基地,长周期推进"激创—孵创—赛创—真创"四段孵化,培育非遗文创、特产创业等,将"灰枣直销"等项目进行教学转化(见图3)。

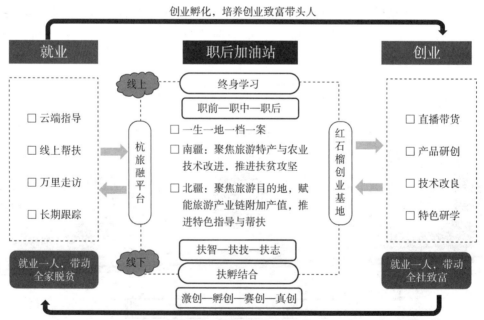

图3　创新构建"职后加油站"

案例2:"丝路空中医院"的创新实践

新疆班的同学在校创业后,怎样回馈家乡建设呢?致力于回到新疆建设自己家园的米拉同学,因家里有400亩果园常年受到病虫害侵染,思考如何进行植物的病虫养护。通过和园林专业同学的交流,米拉在庞老师的指导下,创新运用无人机勘查、植保无人机治疗、航拍无人机巡视等多维度诊断与治疗果园的虫害问题,解决了果园病虫害问题,保障了自家果园的产量。

四、成果探索与实践过程

2011—2012年,为成果调研与设计阶段。学校进行新疆中职班学生管理与培养的调研,并整体推进构架设计,以国家通用语言为纽带,深化推广普通话工作,创新学生的管理机制与文化认同的机制研究。同时,学校通过边研究边实践的模式,全方位与新疆维吾尔自治区教育厅内学办等部门进行深入沟通,实地调研内地新疆中职班办学与管理,与省内同行学校以联盟式推进管理协同,探索新疆中职生的培养。

2012—2016年,为成果系统化建设阶段。学校依托省改革发展示范校、职业梦工厂等项目来推进成果的系统建设,推进优秀传统文化的嵌入式教育,并在此基础上,逐步构建起茶艺、花艺、农艺等地域优秀非遗文化,打造文化认同驿站;组建杭疆校企联盟,推进学生双地区双场域培养,夯实职业能力,推进学生宣建家乡,服务新疆旅游产业的转型升级。

2016年至今,为成果的检验与推广阶段。学校以铸牢中华民族共同体意识为目标,紧扣"爱国爱疆"核心使命,创新新疆职业教育人才的培养;依托省首批中职名校、省双高学校等建设项目,以东西协作、支教帮扶、跟岗挂职等多种形式,推广与应用"融情·融文·融技·融扶"育人模式,全方位推进成果的应用,以"标准走出去"等形式,全面帮扶台江职校等学校;同时,承接全国各地来校参观与学习,实现成果的经验固化与应用推广。

五、成果创新点

(一)创新提出"双螺旋培养"教育理念,丰富了民族人才培养理论

将文化认同与技能成才双链耦合,学校首创"以情为基,以文为本,以技为径,以扶为翼"的育人模式,构建"融情·融文·融技·融扶"螺旋式逻辑进路。融情为基,筑实师生亲情与朋辈友情,大手拉小手,一起手拉手,增强归属感;融文为本,依托杭疆非遗学院,构建"新六艺"课程,形成"你中有我,我中有你"的中华文化认同感;融技为径,引入金牌导游模式,德技并修,讲好团结故事,实现职业获得感;融扶为翼,扶孵结合,给予学生终身学习加油卡,将职后帮扶与创业孵化贯穿全过程,生成持续发展的幸福感。

(二)创新搭建"新六艺"文化驿站,研制了文化融合的职教方案

学校遵循文化认同规律,挖掘中华文化共性,整合杭州与新疆两地非遗文化,以"做中学,学中悟"推进民汉文化深度交融:引入在杭茶艺、陶艺、绣艺、花艺、扇艺与园艺6个非遗项目,对接新疆和田药茶、土陶、刺绣等6个非遗项目,组建杭疆非遗学院;聘请西湖龙井樊生华等非遗大师,研制"新六艺"课程,将文化融合进课堂、进社团、进活动;学生开展"大师传艺、师生学艺、学生习艺、多维创艺、社团展艺与专业守艺"六环非遗实践教学,并将民族团结的"新六艺"融入职业体验等,每年服务近万人次。学校创新融合九曲红梅、库车大馕、畲族香包、金石篆刻4项非遗技艺,共铸"茶馕香印",为"文化润疆"提供了示范性举措。

(三)创新构建"职后终身加油"机制,推进了长周期扶志树人

学校依托"杭疆联盟",整合多元利益主体,构建起职前教育与职后帮扶于一体的"终身加油站",含杭旅融平台(扶智)、红石榴雪莲花基金(扶资)和杭旅石榴红创业基地(扶志),推进生涯规划、实地指导与线上帮扶。校企协同推进"职前技能训练与能力培养—职中金牌导游教学与校企轮训—职后就业帮扶与创业指导"的育训模式,提升综合职业能力,确保"就业一人,脱贫全家"。学校推进创业过程孵化,实施校内创业教育、职后创业指导、企业过程助力等举措,成功孵化"特产创业"等典型,实现"创业一人,致富全家,带动全村"。学校以融平台推进终身学习,输血扶智;以红石榴基金驱动创业孵化,活血扶资;以红石榴创业基地实现创业实战,造血扶志,孵育的"旅邦科技"等,成为"富民兴疆"的生动实践。

六、成果的推广应用效果

(一)育出爱国的种子,提升了中华文化认同

新疆班的学生中有21%加入共青团,26%为业余党校毕业,7%发展为党员,无一例违法犯罪;导游证通过率高达75%,远超全国平均率41%;逾92%升入浙江高校;66%的学习回疆宣建家乡,34%的学生在内地就业创业,平均月薪达5976元,成为文旅业金牌导游、酒店经理、人民教师、妇联干部等,深受用人单位好评,成为民族团结的中坚力量;毕业生反哺教育,构筑"大美新疆我代言"等品牌,宣讲团结故事,铸牢中华民族共同体意识。

> **案例3:人生梦想 终生奋斗**
>
> 我们国家正在积极推进共建"一带一路",西部大开发战略也在深入实施,我的家乡喀什是丝绸之路上的一颗明珠,不到喀什就不知道新疆之大,不到喀什就不知道新一轮援疆工作的力度之大。爱祖国爱家乡,是一种情怀,更是一份责任、一种行动。我是新疆人,更是中国人,在此我许下誓言:我将终生奋斗,为实现中华民族伟大复兴做出贡献。

(二)栽出苗壮的苗子,成就了职教出彩人生

开维赛尔获第十三届全国中等职业学校"文明风采"竞赛活动征文类比赛一等奖,古再丽阿依等成为国旅"新丝路"跨境导游,服务"一带一路"倡议;"青之旅"以薰衣草特色创业,获中国旅游创客大赛金牌;毕业生自主创业率高达27.6%,涌现和田谢华侨"若羌灰枣"等27个创业典型,年盈利50万元;喀什"儿子娃娃"周新渝仁等在杭创立科技型企业"旅邦科技",其旅游路线数字化设计项目获中国"互联网+"国赛铜奖,反哺新疆旅游发展。

> **案例4:"拾贰香留住时间的味道"创业实践**
>
> 阿孜古丽来到杭州求学之后,看到了各种薰衣草衍生品,她突然间萌发了香草的创新制作。但如何突破?如何转化为有价值的产品?又有同学萌生新的想法,把家乡的植物做成香薰,既可以解决新疆班同学的睡眠问题,又可以美化寝室、教室的环境。在教师与企业老师的帮助下,阿孜古丽开始相关的实践与探索,破解香薰制作的技巧。在不断的实践与探索中,阿孜古丽逐步将香草通过蒸馏、萃取等步骤,将其做成香草精油与香薰片。这一方面解决了香草的保留与保存问题,另一方面也开启了阿孜古丽创业的实践之路。

(三)开出绚烂的花朵,铸就了民族团结品牌

凭融模式育人,我校获中华职教社温暖工程奖、非遗创新组织奖、省首批名校考核优秀、G20优秀单位,创建省"双高"院校、省民族团结示范重点培育单位,参选2022全国民族团结进步示范单位。

成果负责人获黄炎培职业教育奖全国杰出校长奖;成员获教学能力国赛3金4银,涌现全国万名英才4人,省劳动模范、教坛新秀等17人次,夯实育人质量。

(四)结出成熟的果子,实现了宣传推广应用

中央电视台、中国教育电视台等36家省级以上媒体进行成果报道133次。2018—2021年连续4年在教育部对口支援大会等做成果推广,辐射600余所学校;四川旅游学院等全国127所学校来校学习融模式,涌现台江县中等职业学校等19个应用典型,创建援藏"职教天路"、援黔"响鼓人"等联盟,涵盖苗、侗、藏、佤、畲、拉祜等17个民族,惠及2万人。

成果在桐庐莪山畲族乡等社会基层应用,助推梅龙茶文化创建全国民族团结进步重点扶持项目。

(五)建成示范的园子,产生了重大社会影响

教育部、中央统战部、国家民委、公安部等17次来校专题调研,推介融模式,现场召开全国学生资助会议。

2019 年 10 月 26 日,中央政治局常委、全国政协主席汪洋来校调研,高度肯定融模式,提出:"我们国家要培养的不仅仅是旅游方面的人才,还更应该是各个民族交往交流交融的种子,用你们的理解,去促进新疆各少数民族和汉族之间的交往交流交融,希望你们能开花结果。"

基于类型教育的"三位一体"高职课程迭代改革研究与实践[①]

成果完成单位：金华职业技术学院、浙江省现代职业教育研究中心、浙江省现代农业职业教育集团、吉利汽车集团有限公司

成果完成人：成军、张雁平、赵敏笑、陆靓霞、邵建东、刘鲁平、杨剑静、李远远、张猛、徐婧、王亚南、朱友银、戴欣平、吴春瑛、龚小涛、王仲森、赵德刚

一、成果背景与问题

职业教育是与普通教育具有同等重要地位的教育类型，承载着培养多样化人才、传承技术技能、促进就业创业的重要使命。2006年以来，党和国家持续强化职业教育的类型定位，推动职业教育高质量发展。如何立足类型特征，抓住课程这一职业教育高质量发展的核心与关键，成为职业院校面临的重大课题。

（一）高职教育高质量发展需要高质量的课程

课程是实现教育目的和培养目标的重要载体，是教育改革的核心和突破口，教育功能的发挥在很大程度上也依赖于课程质量及其应变能力。我国高职教育的课程建设处于适应需求、探索模式、形成特色的关键阶段，需要通过院校系统推进，积极探索课程改革的模式与机制，构建适应产业升级与技术变革、契合高素质技术技能人才培养定位的高职教育课程，为高职教育高质量发展提供坚实的基础。

（二）高职教育课程改革面临诸多问题与挑战

随着我国高职教育的发展，学校引入了能力本位的课程开发理念，学习借鉴了国外的一些经验，取得了一些成绩，但在适应国家要求、技术变革、产业转型和生源变化

[①] 此文发表于《中国职业技术教育》2023年第26期。

等方面还存在突出问题,主要体现在:课程内容滞后于技术发展,难以适应高职人才培养要求;课程实施脱离工作过程,学生学习有效性不足;教师技术应用能力弱,难以适应课改要求;课程开发、课堂创新、教师发展缺乏学校整体协同推进的内生机制。

针对以上背景与问题,金华职业技术学院依托9项全国教育科学规划课题和68项省级教改项目,提出适应产业技术变革和人人成才的"课程适应性"理念,形成共识,整体推进,从国家示范院校、国家优质校到国家"双高"建设计划A档建设学校,立足技术迭代推进课程开发,立足教法迭代实施课堂革命,立足制度迭代推动教师发展,全方位、全要素、系统性地实施"课程·课堂·教师三位一体"的课程迭代改革。历经15年迭代跃迁,学校打造了"最适合的职教课程、最优质的高职教育",培养了大批高素质技术技能人才,形成理论和实践创新,在全国产生重大影响,示范引领作用突出。

二、成果形成与发展历程

成果经历了课程迭代改革的3个主要阶段(见图1):前期发轫于2007—2010年国家示范校建设阶段,中期夯实于2011—2016年"后示范"建设和浙江省重点校、国家优质校建设初期,后期验证于2017—2022年国家"双高"院校建设期间成果推广应用及"五个一批"新技术课程群开发计划的实践应用。

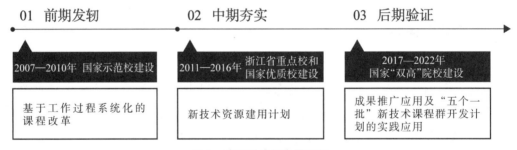

图 1 成果形成与发展历程

(一)发轫期(2007—2010年):国家示范校建设时期基于工作过程系统化的课程改革

针对如何适应产业及技术发展对高技能人才培养的需求,学校实施职业导向、基于工作过程系统化的课程开发与建设,启动精品课程建设计划,探索建立课程开发路径,并同步建立"示范专业引领、重点苗子培育、课程资源成库、课堂运行验证、教师发展跟进"的课程建设工作机制,形成了课程、课堂、教师发展"三位一体"立体推进的课程迭代改革方案,并以立项15门国家精品课程为标志,引领课程全面改革。

(二)夯实期(2011—2016年):"后示范"建设和省重点校、国家优质校建设期间新技术资源建用计划

针对如何进一步适应产业技术的迭代发展和"互联网+"教学的时代变革,在前期课程改革基础上,学校对接新技术开发专业教学资源,实现专业核心课程数字化资源全覆盖,制定并实施了《课堂教学创新实施计划》,分阶段、分层次、分系列创设"示范课堂""六个一批""五个一百"等推进载体,成立了教师发展中心,从标准、方法、平台、制度、机制等多个层面深化课程迭代改革。立项了国家精品资源共享课 17 门。

(三)验证期(2017—2022 年):国家"双高"院校建设期间成果推广应用及"五个一批"新技术课程群开发计划的实践应用

在国家"双高"院校建设的"追求卓越,打造技术技能人才培养高地""集群发展,打造高水平专业群"等改革发展任务中,本成果得到充分的验证,尤其在"五个一批"新技术课程群建设中产生了一批新的课程改革实践成果,立项国家精品在线开放课程 3 门、省级课程 23 门。本阶段,成果通过系列专题培训和院校来访、研习等方式得到广泛推广与应用。

历经 15 年探索,"课程适应性"理念落地生根、结出硕果,涌现了一批高质量的理论与实践成果,出版了理论专著,学生竞赛(5 年全国第一)、教学能力比赛一等奖数量全国第一、教学资源库建设数量全国第一、课程思政示范课数量全国第一、精品资源共享课全国第二、精品课程数量全国第三、规划教材数量全国第三,高考录取分数线 100％超过浙江一段线,浙江省高职院校教学工作业绩考核连续 5 年排名第一,形成了立德树人、追求卓越的育人文化,被全国同行誉为"三线城市创建一流高职教育"的"金华现象"。

三、主要做法与经验

立足类型教育的跨界、整合、重构特征,强化"课程适应性"理念,抓牢课程建设"主渠道",打赢课程教学"主战场",锻造课程改革"主力军",整体设计并实施课程开发、课堂改革、教师发展,以及支持保障的校本课程迭代改革方案(见图 2)。

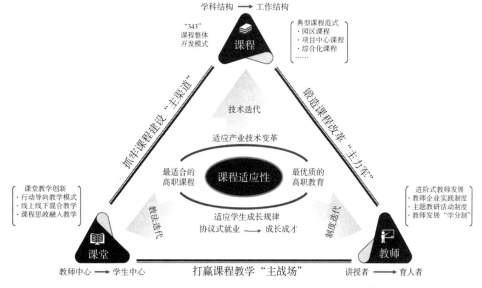

图 2 "课程·课堂·教师三位一体"课程迭代改革框架

(一)实施技术迭代、载体推动的新技术课程开发

学校服务国家战略,紧跟产业技术变化,更新、重构课程内容,建立技术实践、工作过程、任务驱动3大课程设计理念,模块、项目、任务、案例4维课程结构,企业项目、服务项目、竞赛项目3类课程资源的"343"课程整体开发模式。学校创设课改载体,实施标杆课程培育计划,2007年启动两批"精品课程"建设,后续先后开展优质平台课等"六个一批"、百门精品在线课等"五个一百"课程资源建设,以及虚拟仿真、赛教融合等"五个一批"新技术课程群建设;打造"园区课程"(见图3)"项目中心课程"(见图4)"课程综合化"等典型课程改革范式,推动全校系统化课程改革。

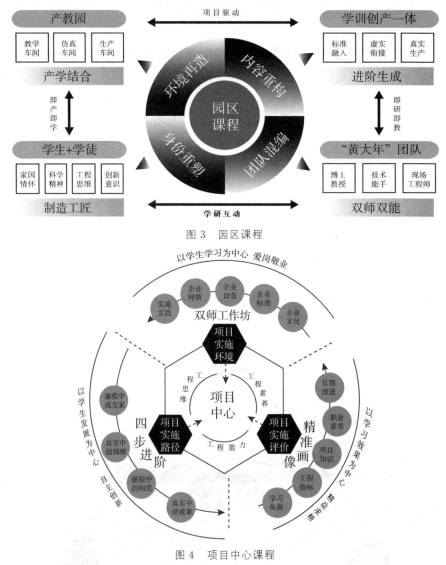

图3　园区课程

图4　项目中心课程

(二)开展教法迭代、多元创新的课堂教学改革行动

2012年以来,学校先后启动"示范课堂"建设,以及新理念、新载体、新方法、新形态"四新课堂"建设(见图5)。学校从单一的技能训练到综合的技术实践,探索基于真实环境和真实任务的行动导向教学;从静态资源呈现到平台互动,探索基于信息技术综合运用的线上线下混合教学;从专业能力到专业情怀,探索专业教育与思政教育相融合的课程思政教学,打造"车间课堂""走园课堂""田园课堂""云端课堂"等课堂形态。

五个一批 2019年至今	● 专业群平台课程群 ● 创新项目化课程群 ● 虚拟仿真实训课程群	● 1+X配套课程群 ● 赛教融合课程群
五个一百 2016—2018年	● 百门精品在线课 ● 百堂示范课堂 ● 百部新形态教材	● 百个教学改革案例 ● 百个虚拟仿真项目
六个一批 2014—2016年	● 优质平台课 ● 示范微课 ● 创新课堂	● 优质实训课程 ● 精品资源共享课 ● 课堂教改项目
示范课堂 2012—2013年	● 校级示范课堂100门 ● 院级示范课堂300门 ● 专业示范课堂500门	
精品课程 2006—2011年	● 国家级精品课程15门 ● 省级精品课程30门 ● 校级精品课程200门	

图 5　学校推进课程开发与课堂改革的主要载体

(三)建立制度迭代、全员参与的教师教学发展机制

学校迭代建设教师发展中心和"双师型"教师培养培训基地,迭代推出说专业、说课程、说课堂、说项目的"四说",以及"四重""四接""四促"等"四个四"主题教研活动(见图6),滚动实施"百博入企业""科技特派员"等教师社会实践,分类实施"每年24分"的教师发展"学分制",通过"滴灌式""孵化式""套餐式"等方式,采取"双师＋双证"上讲台、教学业绩考核等措施,以评价改革牵引教师教学发展。

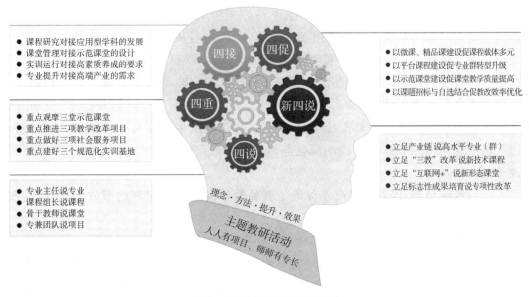

图 6　"四个四"主题教研活动

(四)完善多元合作、资源综合配置的课改支持体系

学校将课改计划纳入目标责任制考核,在二级学院设立专业群、专业、课程组层级的基层教学组织,激发基层创新;与头部企业共建实体化运作、产学研训创一体化的"产教利益共同体",健全课程教材校企合作开发与评价机制;近5年教改经费、智慧教学投入年增长均超10%。

四、成果创新与特点

(一)理念创新:提出了职业教育"课程适应性"理念,以课程迭代改革推动职业教育发展蝶变、强化类型特征

学校紧扣职业教育与产业发展互动、职业教育课程和产业技术发展联动的趋势与规律,揭示职业教育课程特色与现代职业教育类型特征的内在关联,率先开展"课程·课堂·教师三位一体"课程迭代改革,将具有类型教育重要特征和类型教育重要依托的产教融合"主线",聚力于、落脚在课程改革与实施的"主阵地",全面提升了职业教育课程的适应性,推动了标准、技术和创新引领的技术技能人才培养改革,打造了"学校+企业、车间+教室、教师+师傅、学生+技术员"的人才培养新生态,形成了"技术发展—产教融合—课程改革—人才培养"的职业教育高质量发展新局面。

(二)路径创新:建立了产业技术"实然之新"与高职教育课程"应然之变"间有效联动的课程迭代改革模式

学校强化产业新技术和企业新岗位对高职教育课程的充分融入,强化新技术应用场景在职业教育教学生态中的全面呈现,强化行业、企业在高职院校课程开发中的重要主体作用,推动课改理念从普教化、学科导向向职教化、工作导向,课程结构从静态的仓储式结构向动态的技术应用场景结构,课程内容从知识载体到任务载体,课程教学从课堂情境下单向灌输向职业情境下双向建构,课程评价从成绩评定向能力评价的全面转变,为技术交叉融合背景下的高职教育课程改革探索了新的方向和路径。成果基于高职教育类型特征,系统性地构建了从工作过程"对接"到新技术"引领"的高职教育课程迭代改革新模式,推动了高职教育课程从生产过程的碎片化、融入工作过程的系统化再到新技术实践的深化与跃迁,实现了产业技术变革与高职教育课程改革的有效联动。

(三)机制创新:课程迭代改革促进了教师教学发展长效机制的形成,为全国高职院校教学改革提供治理经验

学校落实"课程适应性"改革理念,实施周期性的学校、学院、专业三级课程改革计划,课程迭代改革形成"全员参与"的学校机制。学校践行教师发展理论,建立并持续完善"滚动式"下企业的教师社会实践机制、"人人有项目"的渐进式主题教研活动机制、"学分制"引领式的教师发展评价机制,新进教师阶段着重培养教学设计、技术实践的教学能力,成熟教师阶段培养课程建设、教学创新的研究能力,骨干教师阶段培养引领教改、带领团队的课程领导能力,形成了分层分类、迭代提升的教师教学发展体系与长效机制,强化教学基础地位,塑造了技术技能、科研教研并重的教学文化。

五、成果借鉴中要注意的问题

(一)把握改革项目的系统性

教学成果借鉴中要把握教育教学改革的系统性。教育教学改革是一项涉及多部门、多方面、多环节的系统工程,学校要深刻把握职业教育的内涵与规律,做好顶层设计和整体谋划。一方面,要把人才培养质量提升作为教育教学改革的根本出发点和落脚点,充分应用系统思维,深入研究改革内容的关联性和改革举措的耦合性,系统性地设计改革项目,使各项改革在实施过程中相互促进、在实际成效上相得益彰。另一方面,课程质量是人才培养质量的根本保障,教育教学改革要紧紧抓住课程这一核心要素,同时注重课程改革的系统性。一是立足专业(群)构建课程体系、研制课程标准和课程实施方案、建设课程实施平台;二是针对每一门课程,对内容重构、教学组织、教学评价等在内的课程开发和课程实施进行系统性、一体化的设计。通过教育教学实践力求形成不同专业类别的课程改革理念与方法体系,形成具有专业个性化的课程改革范式,通过课程层面的关键突破,提升专业人才培养质量。

比如,在本成果培育与实践过程中,基于课程开发、课堂改革、教师发展,以及支持保障等,整体化设计高职课程"三位一体"迭代改革方案,分阶段、分层次、分系列创设相应改革载体和项目,系统化推动课程改革与实施。本成果构建了"343"课程整体开发模式,探索形成的"园区课程""项目中心课程""运教融通"等课程范式,得益于专业层面的课程系统性改革,体现了职业教育课程改革普适性规律基础上的不同专业针对性实践,丰富了职业教育课改理论与方法体系,彰显了成果奖的实践创新。

(二)把握改革要素的关联性

教育教学改革是一个组成要素众多、相互联结耦合的体系,涉及办学体制、管理机制、人才培养模式、教学内容和方法的改革等方方面面,并且相互之间具有关联性,比如教师结构的调整会影响人才培养质量与社会服务水平、办学体制机制的调整会影响教育教学效果等。因此,在教学改革与实践过程中,学校要围绕改革主题,统筹兼顾改革涉及的各个领域、各个环节、各个要素,深入分析其内在联系构建有机整体,推动各项改革相互促进、良性互动、协同配合。同时,对于教学改革的成果总结提炼要有清晰的逻辑主线,从要解决的教学问题、为什么要解决这一教学问题、解决问题的方法手段到成果的应用推广效果等,环环相扣、前后关联。

比如,产教融合是高职教育改革发展的主线,本成果主题虽然定位在课程改革上,但是依然十分注重产教融合对于深化课程改革的重要推动与支撑作用,将产教融合发展所带动的产业要素与教学要素整合、融合聚焦在课程上,建立起了课程迭代改革的要素关联及其体系构建,凸显了作为教学成果的整体性及其内在的科学逻辑体系。

(三)把握改革支持的有效性

教育教学改革越往深处推进,面临的困难和挑战就越大,要确保各项改革行稳致远,必须要有完善的管理体制、运行机制支持与保障。明确改革要破解的主要教学问题及破解的方法和路径,形成整体解决的改革方案,能否针对改革方案实施所需的支撑提供有效的支持体系,直接关系到改革的成效,要有与时俱进的理念,在发展的问题情境中不断完善改革方案并提供相应的支持体系,通过改革实践形成具有有效实施、有效支持功能的模式或体系。本成果针对原有课程在适应国家要求、技术变革、产业转型和生源变化等方面存在的突出问题,有效推动课程、课堂、教师3个关键因素的建设,同步跟进支持体系建设,如建立教师教学发展机制、多部门协同机制和优化资源配置机制,提档建设智慧化教学环境和创设职场环境等,有效提升教师教学能力,有力保障行动导向教学的实施。

六、成果深化的思考

(一)基于类型定位不断优化提高课程适应性

学校充分认识到高职课程改革是一项长期性工程,站在高职教育宏观角度审视课程改革的微观实践,从中国式现代化对技术技能人才提出的新要求,从类型教育的本质特征与要求出发,应对外部环境需求和产业技术变化,融入新方法、新技术、新工艺、新标准,更新、重构课程教学内容,推动课程迭代升级,持续提升课程适应性。基于"岗课赛证"综合育人改革要求,进一步完善"343"课程整体开发模式,立足专业群现有基础和特色,凝练形成具有专业特色的典型课程改革范式,深入推进课堂革命。

(二)基于科教融汇赋能增值彰显课程高阶性

科教融汇是职业教育面临的全新命题和挑战,将科技力量、科技元素融入技能成才育人全过程,推动专业设置、教学内容、实训教学、学生成长、教师发展等方面的系统革新,是高职教育高质量发展,以及高职课程改革深化的新方向。在课程开发过程中,要深入推进教师科研项目、技术服务项目、创新创业项目的教学化改造,将产业、行业、企业最前沿的科技知识和真实案例转化为学习资源,打造具有高阶性、创新性、挑战度的职业教育金课。同时,在教学实施过程中,注重将科学精神、创新思维培养融入课堂教学,潜移默化提升学生科研思维和科学素养,提高学生动手能力、创新能力、独立解决技术难题的能力。

(三)基于产教融合双元育人凸显课程前瞻性

课程迭代改革依赖于产教融合校企合作的步步深化,只有在不断紧密的产教互动与融合中,让课程不仅能跟上产业技术的变化,而且能够具有一定的前瞻性,通过人才培养的先导性,实现高职教育从并跑产业到领跑产业。本成果未来的持续深化,将重点通过市域产教联合体、行业产教融合共同体、开放型区域产教融合实践中心三种形态建设,整体提升现有平台的能级,进一步夯实课程有效实施的平台基础。学校瞄准产业新业态、战略性新兴产业等发展趋势,及时调整专业人才培养定位,通过进一步汇聚产教资源,系统性运用企业新项目资源和新技术应用载体,持续开发产教深度融合、生产与教学紧密对接的课程教学新资源,打造一批与产业技术发展高度契合并具有前瞻性的高质量课程,通过高质量课程建设推动职业教育高质量发展。

研育训并举　专业＋语言＋国别：高职商贸类国际化人才培养模式改革与实践

成果完成单位：浙江金融职业学院、浙江华立海外实业发展有限公司、欧洲华捷发展有限公司

成果完成人：郑亚莉、张海燕、刘仿强、李佐、洪伟、朱慧芬、凌来芳、魏吉、秦诗雨、吴唯

一、成果培育背景

2013 年，习近平主席首提共建"一带一路"倡议。十年来，共建"一带一路"成为深受欢迎的国际公共产品和国际合作平台，推动我国形成了更大范围、更宽领域、更深层次的对外开放格局。伴随"一带一路"建设的推进，越来越多的企业"走出去"，它们迫切需要大量能够参与"一带一路"建设的优秀人才，这也对高职的国际化人才培养提出了更高要求。然而，相比装备制造类、交通运输类等专业，高职商贸类专业更迫切需要应对共建"一带一路"国家的文化鸿沟、语言阻碍与商务实践差异对国际化人才培养提出的挑战。

二、形成过程

本成果针对高职商贸类国际化人才培养中现存的培养目标缺乏区域国别指向、培养机制不能有效导入政行企资源、传统培养路径成效不佳等问题，2014 年 9 月立项"'一带一路'背景下商贸类人才培养模式改革"研究课题，探索商贸类国际化人才培养的体系框架、运行机制与实施路径，2017 年 7 月结题，将研究成果转入实践探索，依托全国唯一高职主办的教育部国别和区域研究高水平建设单位、跨境电商国家级教师教学团队和国家级协同创新中心、国际贸易中国特色高水平建设专业等，构建了"专业＋语言＋国别"高职商贸类国际化人才培养模式，提高了"一带一路"商贸人才培养的精准性，实现了高职商贸类国际化人才培养质量与师资队伍国际化服务能力的双提升，成为职业教育服务"一带一路"建设国际商贸人才培养的典型案例，产生了

广泛的社会影响。

三、成果针对的教学问题

(一)主要解决的教学问题

一是培养目标缺少具体国别指向,导致人才培养不精准(见图1)。

典型问题	解决路径	机制保障	改革成效
培养目标缺少国别指向,人才培养不精准	服务地方,确定重点国别,增加人才培养的国别指向	建好国别研究中心	高职服务"一带一路",国际化品牌效应显现
人才培养机制僵化,政行企资源难融入	提升咨政咨企能力,导入政行企育人资源	共建数字贸易学院,共建"丝路学院"	师资队伍国际化,服务能力明显提升
人才培养路径固化,多主体协同培养框架鲜见	123课堂贯通,构建国际化综合学习体系	完善国际化素养评价体系	商贸类国际化人才培养成效显著

图1　主要解决的教学问题及解决方法

截至2022年4月,与我国签署共建"一带一路"协议的国家共有149个,各国文化、语言和商务实践差异之大不容忽视。缺乏具体国别或区域指向的国际化人才培养将无法应对上述差异带来的挑战。

二是人才培养机制僵化,导致政行企资源难以有效融入。

高职商贸类国际化人才培养目前存在明显的资源匮乏、机制不畅的问题,政府国际交流活动中形成的国际化育人资源无从导入,"走出去"企业则更青睐高学历人才,对高职商贸人才培养"不了解、信不过、参与少",导致校政行企不能形成育人合力和资源循环的闭环。

三是人才培养路径固化,导致多主体协同培养框架鲜见。

目前高职国际化人才过多倚重第一课堂教学,第二课堂国际化实训项目不足,又以传统境内外长短期交流项目为主;国际化实践实战项目更是明显匮乏,海外研修基地远远不足;国际化素养评价体系缺失,系统化、国际化人才培养体系有待完善。

(二)针对性解决方案

1. 以"精专业、强外语、融文化"人才培养理念为指引,增加商贸类国际化人才培养的国别指向

(1)明确重点国别:基于浙江省打造"一带一路"枢纽建设需要,发挥合作企业优势,围绕捷克、乌兹别克斯坦、墨西哥和泰国4个重点国别推进商贸类国际化人才培养。

（2）培养过程融入国别要素：围绕重点国别搭建3类育人平台、打造4支优秀专兼职师资团队，丰富课程载体、创新实训实践项目、完善评价体系，多主体、多环节、多形式强化人才培养的国别指向。

2. 以深化国别研究为突破口，依托国别研究中心、数字贸易学院和"丝路学院"构建"研育训并举"的国际化人才培养机制

（1）以研咨政咨企：建好国别研究中心，围绕重点国别形成《"一带一路"框架下浙江与捷克经贸合作发展报告》《墨西哥投资白皮书》《泰国投资白皮书》等研究成果，服务政府决策与企业发展，突破人才培养中学校单轮驱动的阻点，激发政行企的参与意愿。

（2）以育为企输才：共建数字贸易学院，选择阿里巴巴、森马等企业共建产业二级学院，企业深度参与人才培养，校企共同制定人才培养方案、共同授课、共同评价、共同指导学生实践实训。

（3）以训整合资源：创建"丝路学院"，与华立海外、欧洲华捷共建4个"丝路学院"，导入教育智库资源和高校智力资源，培训当地员工，实现标准"走出去"，拓展学生海外研修基地。

3. 以建设"123课堂贯通"国际化综合学习体系为重点，创新系统化高职商贸类国际化人才培养框架

（1）第一课堂增设国际化模块课程：丰富第一课堂模块课程，建设专业类8门、语言文化类24门、素质类80门的国际化模块课程，建设国别贸易等数字化教学资源26407个。

（2）第二课堂开发国际化培优项目：组建国际化培优班、SMILE培优营、学生大使团等国际化项目，举办"大使课堂"、国际文化节等活动，受益学生10877人。

（3）第三课堂拓展国际服务实训实践：运营金苑翻译社，翻译"浙江名片"等外宣材料；拓展海外文化交流、境外带薪实习；为商务部援外项目、发改委"一带一路"会议等提供涉外志愿者服务，受益学生842人。

四、探索形成的模式方法

（一）"精专业、强外语、融文化"商贸类国际化人才培养理念

本成果通过聚焦浙江省"一带一路"建设的4个重点国别（泰国、乌兹别克斯坦、捷克、墨西哥），为高职商贸类国际化人才培养增加了国别指向，进而围绕专业、语言、文化3个维度强化人才培养要素建设，提高了国际化人才培养的精准性，并在国内首次提出了"精专业、强外语、融文化"的高职商贸类国际化人才培养理念，累计发表相关研究论文71篇。

（二）"研育训并举"商贸类国际化人才培养机制

本成果联合政行企力量，共建国际化育人平台。学校围绕4个重点国别建设4支

国别研究队伍以研咨政咨企;成立 2 个数字贸易学院(阿里巴巴、森马数字贸易学院)以育为企输才;打造 4 个"丝路学院"以训整合资源,逐步形成了校政行企资源聚合、主体协同共赢的良性发展格局。其中,建设的捷克研究中心已成为高校国别和区域研究高水平建设单位,浙金院·华立丝路学院入选浙江省首批"一带一路'丝路学院'"。

(三)依托教育智库实现研究优势转化为育人优势的人才培养创新路径

本成果突破高职院校难以导入政行企国际化育人资源的堵点,通过聚焦重点国别打造优秀国别研究团队,提供优质国别研究成果咨政咨企,激发政行企多主体共同参与高职商贸类国际化人才培养,导入政行企国际化育人资源,形成育人合力和资源循环闭环。

(四)"123 课堂贯通"商贸类国际化人才综合学习体系

本成果重构商贸类国际化人才培养项目载体,通过建设第一课堂国际化模块课程、第二课堂国际化人才培优项目、第三课堂国际服务实训实践项目等,共建设国际化育人资源 2.6 万项,修订国际化素养学分并将其纳入人才培养方案,强化国际化人才培养的过程管理与科学评价。

5 年来,本成果累计受益学生 2.3 万人,惠及"走出去"企业 500 余家;开发双语课程标准 38 项,面向 28 个国家和地区培训 2257 人;建设国际科研合作平台 1 个,开展国际科研合作 8 项,出版学术专著 10 本,中外联合出版外文专著 8 本;被《光明日报》《中国教育报》等报道 111 次,被多位捷克前政要盛赞,外交部霍玉珍大使称之为国际化人才培养的"浙金院模式",为"走出去"企业输送优质商贸人才,为"一带一路"建设培育"文化使者",是职业教育高质量服务国家战略的改革创新,具有重大示范作用。

五、成果的创新点

(一)理论创新:首次提出"专业＋语言＋国别"高职商贸类国际化人才培养模式

该模式正视高职商贸类专业与装备制造、交通运输等专业国际化人才培养目标的不同,直面共建"一带一路"国家间文化、语言、商务差异的客观现实,明确"精专业、强外语、融文化"的人才培养理念,围绕重点国别,校政行企共建国别研究中心、产业二级学院和"丝路学院"等国际化育人平台,整合教育智库和高校资源、政府资源、行业和企业等社会资源,创新"研育训并举"国际化人才培养机制,校政行企开展合作研究、合作育人、合作培训,形成人才供需匹配、育人资源聚合、主体协同共赢的良性发展格局(见图 2)。成果对该模式的体系框架、运行机制与实施路径进行了研究设计,发表了《"一带一路"倡议与高职国际化应用人才培养模式创新——以"专业＋语言＋国别"模式为例》等研究论文 71 篇。

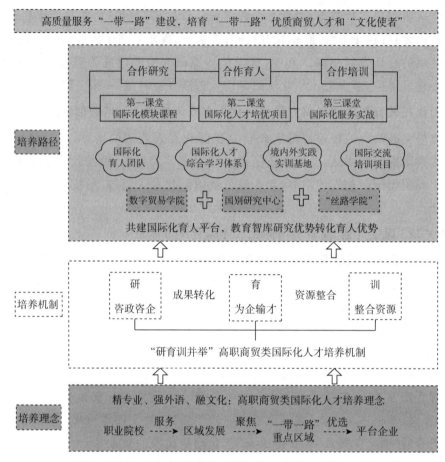

图2 "专业+语言+国别"高职商贸类国际化人才培养模式

(二)机制突破:首创构建"研育训并举"高职商贸类国际化人才培养机制

该机制通过做好国别研究,实现以"研"滋"育"养"训"。学校组建团队聚焦重点国别研究,输出优质研究成果,撬动政府、行业、企业资源导入国际化人才培养,实现5个转化:一是研究成果转化为育人资源与培训素材;二是教育智库专家转化为企业海外培训师;三是行企专家转化为国际化人才培养行业导师;四是政府国际交流活动转化为国际化人才培养载体;五是企业海外项目转化为国际化人才培养实训项目与海外研修基地。该机制推动了校政行企资源汇聚、多维互动、协作共赢,有效提升了学校国际化人才培养质量与师资团队国际化服务能力。

(三)路径创新:依托高水平国别研究实现研究优势转化为育人优势的国际化人才培养创新路径

该路径以建设国别研究中心为起点,以实现研究优势转化为育人优势为目标,关键节点包括:出台《浙江金融职业学院柔性引进人才管理方法》《浙江金融职业学院高水平国际化领航人才培优计划实施办法》等实现国际化师资队伍"旋转门"效应,对外聘请捷克前总理伊日·帕鲁贝克等为特聘专家,对内选派优秀教师赴商务、外事等主管部门挂职锻炼，师资队伍实力明显提升。基于此，学校成功发布系列品牌研究成果；主办"中国（浙江）—捷克智库论坛"等；开设"捷克与欧洲：历史、文化与现实"等课程，举办"大使讲堂"等、开展墨西哥财税专题培训、中泰文化交流等活动。浙金院·华立丝路学院入选浙江省首批"一带一路'丝路学院'"，捷克研究中心成为高校国别和区域研究高水平建设单位，发挥了引领示范作用。

六、推广应用效果

本成果经过 5 年实践，学校高质量服务"一带一路"建设能力明显提升，国际化师资团队实力日益增强，全体学生广泛受益。成果不断向境内外同类院校辐射，日益形成职业教育国际化特色品牌。

（一）商贸类国际化人才培养成效显著

1. 学生国际化服务能力大幅提升

205 名学生为商务部援外培训等提供志愿服务超过 18500 人次；210 名学生参与金苑翻译社、国际化培优班等实战项目 53 项；189 名学生参与国际化调研项目 78 项，407 学生赴境外带薪实习、研修等。

2. 学生专业及语言能力显著增强

46 名学生赴境外参加国际会议或技能竞赛，学生获得省级及以上技能竞赛奖项 1082 人次；208 人次获各级英语竞赛奖项。1000 余人选修二外，英语四级通过率超过 60%。

3. 国际化素养资源建设形成规模

学校丰富国际化人才培养数字教学资源建设，共建设国际化模块课程 112 门，数字国际化素养素材 2.64 万个，通过国际贸易资源库覆盖全国学员 21.4 万人。

（二）师资队伍国际化服务能力明显提升

1. 职教标准成功"走出去"

学校与阿里巴巴等合作开发跨境电商 B2B（企业对企业电子商务）、B2C（企业对顾客电子商务）运营职业技能等级标准，制订双语专业教学标准 21 项、课程标准 38 项，开发双语课程 74 门，全英语课程 46 门，成功向泰国、柬埔寨、哈萨克斯坦等国输出外贸单证操作、跨境电商实务等课程标准。

2. 咨政服务能力深受肯定

学校提供捷克、墨西哥、泰国等国别研究、产业分析、风险评估报告 64 份，被政府部门采纳 58 篇，获领导批示 29 份，发布《捷克教情报告》《泰国投资白皮书》《墨西哥投资白皮书》等报告 8 份，成为政府的"智囊团"。

3. 行企培训成效广受好评

学校面向泰国、墨西哥等 28 个国家开展境外培训 2257 人，与行业协会合作开展

"一带一路"国际产能合作、国际货运代理企业高研班等培训,惠及企业500余家。

(三)高职服务"一带一路"国际化品牌效应显现

1.国别研究品牌效应突显

捷克研究中心成为高校国别和区域研究高水平建设单位和浙江省重点培育智库,学校已成为浙捷合作的民间"窗口",先后接待捷克前政要4位,捷克政商学界代表百余人,捷克参议员向学校赠送捷克百年货币,捷克前总理受聘成为学校特聘教授。

2.国际传播能力大幅跃升

学校建设国际科研合作平台1个,开展国际科研合作8项,合作出版外文专著8本,与国内外智库及相关政府部门共同举办中国—中东欧国家地方合作论坛、中国—捷克智库论坛等活动,先后在北马其顿、斯洛文尼亚等中国—中东欧国家合作高级别智库论坛做主题发言。

3.辐射示范效应明显增强

"专业+语言+国别"高职商贸类国际化人才培养模式获浙江省教学成果特等奖,先后在浙江省推进"一带一路"建设大会、中国(宁波)—中东欧国家教育合作交流会、浙江—捷克教育合作交流会上分享经验。成果辐射全国财经商贸类专业群,累计400余家兄弟院校到校学习交流,《光明日报》《中国教育报》等重要媒体111次对成果予以报道,发挥了引领示范作用。

七、改革体会与推进建议

(一)改革体会

职业教育国际化是新时代职业教育的重要发展命题,高职商贸类专业更好服务行业企业人才需求,服务"走出去"企业需求,服务国家高水平对外开放需要,需要以新文科思维破解"一带一路"背景下,"走出去"企业的真问题、财经商贸类人才培养的真痛点。本成果构建"专业+语言+国别"高职商贸类人才培养模式,关注高职财经商贸类人才培养中的专业、外语、文化三大维度,用多学科交叉与深度融合的新文科思维,引领师生面向世界复杂问题解决的、打破学科界限的新型研究和教育理念。与此同时,本成果构建的研育训并举的育人生态,为教师长足发展、学生全面成长提供了优质条件,充分体现了以人为本的理念。围绕"专业+语言+国别",高职商贸类教师以研咨政咨企,以研促教促训,打通了研培训的通道,有利于教师长足发展;商贸类专业学生通过第一、二、三课堂学习,实现学做练螺旋式、提升式学习,有利于增强学生的获得感。因此,"专业+语言+国别"高职商贸类国际化人才培养以多学科融合理念,探索了研育训多维支撑的师生成长路径,为高职国际化人才培养提供了可借鉴的经验。

(二)推进建议

学校深入学习教育部关于加快推进现代职业教育体系建设改革重点任务文件精

神，立足区域产业特色，以职业教育产教融合为主线，紧紧围绕浙江省打造"一带一路"枢纽建设的重点国别，抓住杭州市作为"电商之城""数字经济第一城"的城市特色，利用学校所处区的特色产业平台如钱塘区杭州综合保税区等，打造产教研联合体，继续整合教育智库和高校资源、行业和企业等社会资源，以研咨政咨企、以育为企输才、以训整合资源，从主体、产业、机制上加强深入融合路径探索，深入推进研育训三线并进。

双模引导，三载推进，三环联动：
高职适应性人才培养的教学改革与实践

成果完成单位：浙江机电职业技术学院、浙江科技学院、万向一二三股份公司

成果完成人：丁明军、姜洋、易烨、陈宇、熊文波、方晓红、凌旭峰、董宁然、叶洲、路胜利、陈军

一、成果的培育背景、形成过程

习近平同志在浙江任职调研我校时，提出"要紧紧围绕地方经济建设中心任务，为建设先进制造业基地输送更多的优秀人才"的殷切希望。但当时高职院校培养的人才难以完全适应区域经济发展和产业转型升级的需要，普遍存在专业与产业"不匹配"、产教协同"缺载体"、教学管理"效能低"等问题。为此，学校自 2007 年起，依托国家示范校和省重点校建设等重大项目，进行适应区域经济发展、产业转型升级、职业岗位变迁等"三适应"人才培养改革，重点开展了"高职院校适应社会需求能力研究""高职院校高水平专业群建构路径的研究与实践"等 15 项省部级教学研究与改革项目，在《中国教育报》等媒体发表《紧跟经济发展调专业 对接产业链育人才——职教提档升级助力"浙江智造"》《上接天线把方向，下接地气重实操——浙江机电职业技术学院产教融合育"匠心"人才》等文章 8 篇、在《高等工程教育》等权威核心期刊发表《适应浙江制造业的人才培养模式探索》《浙江省高职院校专业设置现状与发展对策研究》等核心及以上论文 21 篇，形成了系列理论成果。经过 8 年的探索和 7 年的实践，学校逐步形成了"双模引导，三载推进，三环联动"的高职适应性人才培养范式（见图 1）。主要包括以下 3 个方面的内容。

（一）创立"四位一体"专业动态调整和"三阶递进"课程体系重构两模型

学校主动适应科技发展和产业变革，以产业发展需求和专业评价结果为双重导向，构建专业调整模型，保障专业设置与产业转型升级相适应；以"产业链—岗位群—能力矩阵"为开发逻辑，构建能力递进课程体系模型，开发对接岗位的课程，促进人才

培养规格与岗位需求对接，引导高职适应性人才培养。

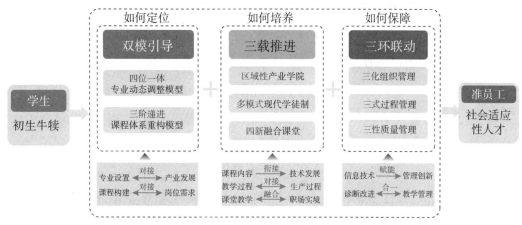

图1 高职适应性人才培养教学改革示意图

(二)创构"区域性产业学院—多模式现代学徒制—四新融合课堂"三载体

学校坚定走与当地产业需求对接的路子，搭建"海宁智造产业学院"等区域性产业学院，与产业集群联动培养区域产业所需的多样化适应性人才；实施混合所有制学院等模式的现代学徒制，以中国特色现代学徒制赋能"浙江制造"；打造新环境、新资源等四新融合课堂，创新性开展校企双元培养，实现产教融合全落地，推进高职适应性人才培养。

(三)创新"以生为本、诊管合一"教学管理三环节

学校以学生为中心，以数据为驱动，实施动态化、生本化、多样化"三化"组织管理，全域式、标准式、协同式"三式"过程管理，系统性、数据性、闭环性"三性"质量管理，实现教学组织、教学过程、教学质量"管理3个环节同向同行，提升教学管理效能，保障高职适应性人才培养。

本成果成效显著：获世界职教院校联盟"高等技术技能"人才培养金奖；入选教育部全国职业院校教学管理50强、实习管理50强；2018年、2021年用人单位满意度均位列全省高职院校第1名；学生竞赛获国家级奖55项。成果助力学校获得中国特色高水平高职学校建设单位(前十)、国家"十三五"产教融合发展工程规划项目等国家级、省级项目274项。教育部多位领导在多个场合对学校人才培养质量给予了高度肯定。陕西工业职业技术学院等420余所院校来学习交流，成果被29所院校借鉴和采用，先后对口帮扶青海柴达木职业技术学院、新疆阿克苏职业技术学院等28所院校。2021年4月18日，中央电视台《新闻联播》以"新征程开局'十四五'职业教育提质增效，加快培养大国工匠"为题，报道了我校适应性人才培养成效，引起了职业教育界的广泛关注，产生了重大的引领和示范作用。

二、成果针对的教学问题

高职适应性人才培养主要解决以下问题：专业设置与产业发展、课程设置与岗位需求"不匹配"；产教协同育人"缺载体"，产教融合深度不够；理念相对落后，导致教学管理"效能低"。

三、探索形成的模式方法

（一）创立"四位一体"专业动态调整和"三阶递进"课程体系重构两模型，引导适应性人才培养

学校主动适应科技发展和产业变革，以产业发展需求和专业评价结果为双重导向，依据产业转型升级支撑度、专业定位准确性、社会服务成效性和用人单位满意度，构建"四位一体"专业动态调整模型，动态调整优化专业，保障专业设置与产业转型升级相适应。近五年，学校淘汰 11 个专业，新增契合产业发展的智能制造装备技术、大数据技术等 9 个新专业，与浙江科技学院合作开设自动化、材料成型及控制工程等 4 个本科专业，构建匹配产业的智能控制技术、智能制造等 7 个专业群。借鉴海康威视、万向集团等企业标准，学校按照"产业链—岗位群—能力矩阵"课程体系开发逻辑，构建"专业基础能力、专业核心能力、职业岗位能力"的"三阶递进"课程体系重构模型，开发对接岗位的课程，实现人才培养与产业发展同频共振。学校开发数字孪生技术等专业核心课程，获评"十三五"职业教育国家规划教材 11 本、工信部"十四五"规划教材 5 本、全国教材建设奖一等奖、二等奖各 1 项。学校通过上述路径解决了专业与产业、课程与岗位不匹配的问题。

（二）创构"区域性产业学院—多模式现代学徒制—四新融合课堂"三载体，推进适应性人才培养

学校以区域产业发展急需为牵引，构建滨江数字产业学院、海宁智造产业学院、富阳装备产业学院、台州模具产业学院、滨江轨道交通产业学院等 6 个"区域性"产业学院，与产业集群联动培养区域产业所需的多样化适应性人才。学校与省铸造协会、杭氧集团等大型组织和用人单位开展"校行企联培"等多模式的现代学徒制，以中国特色现代学徒制赋能"浙江制造"，为企业量身定制、精准培养人才。学校已与浙江大华、西奥电梯、长川科技、海康威视、上海大众等企业开展了共计 60 余期的现代学徒制班，培养现代学徒 2000 余人。学校创新性开展校企双元培养，激发校企育人合力，建设 186 间"车间＋教室"的智慧教学新环境、"任务工单＋典型案例"的数字新资源、32 个"师傅＋教师"的教学新团队、"思政＋技能"的教学新模式等四新融合课堂，打造校企全方位深度合作新生态，促进产业链、人才链与创新链深度融合。通过上述举措解决了产教融合深度不够的问题。

(三)创新"以生为本、诊管合一"的三环联动管理模式，保障适应性人才培养

学校动态优化专业设置，提供学生个性化的专业方向二次选择和岗位课程模块自选通道，按多样化技术技能人才培养，实现动态化、生本化、多样化"三化"组织管理；通过线上线下、课内课外全域管理，决策、执行、检查、评价等环节的标准管理，处室、分院协同共管，实现全域式、标准式、协同式"三式"过程管理；构建教学目标、指挥、运行、评估、反馈等五大质控系统，对82个质量指标、490个质控点进行数据实时采集、分析、诊断、改进，实现系统性、数据性、闭环性"三性"质量管理，从而在"教学组织、教学过程、教学质量"管理三环节，实现诊改与管理深度融合，解决管理效能低的问题。

四、成果的创新点

(一)理念创新：率先提出了"三适应"高职适应性人才培养新理念

学校依托《高职院校适应社会需求能力研究》等15项省部级教学研究与改革项目，在《高等工程教育》等期刊发表《适应浙江制造业的人才培养模式探索》《浙江省高职院校专业设置现状与发展对策研究》等21篇核心及以上论文，论述了适应浙江制造业的人才培养模式，以满足多元化的产业人才需求和学生可持续发展需求为导向，率先提出了"适应区域经济发展、适应产业转型升级、适应职业岗位变迁"的高职适应性人才培养理念，面向高端产业和产业高端，培养"知识融通、技术精良、德技兼备"的高素质复合型技术技能人才，为建设技能社会和浙江打造"重要窗口"提供有力人才和技能支撑，丰富了高职适应性人才培养理论。

(二)路径创新：创造性开辟了"双模引导，三载推进，三环联动"的适应性人才培养教学改革新路径

学校通过建立对接产业的专业动态调整模型和匹配岗位的课程体系重构模型，实现专业设置与产业发展、课程开发与岗位需求"双对接"，保证适应性人才培养的定位精准性；以区域性产业学院为平台、多模式现代学徒制为抓手、四新融合课堂为落脚点，校企、行校、行企形成育人合力，促进课程内容与新技术发展衔接、教学过程与生产过程对接、课堂教学与职场实境融合，实现人才培养与产业需求融合；以学生为中心，以数据为支撑，建立"全程、全域、全要素"的管理机制，坚持过程与结果结合、内部与外部评价结合、诊断与改进结合，实施"三化"组织管理，"三式"过程管理、"三性"质量管理，激发质量保障内在动力，提升教学管理效能。学校创造性开辟了"双模引导，三载推进，三环联动"的适应性人才培养教学改革新路径，支撑了全国数十家同类院校人才培养教学改革。

(三)管理创新：创新性践行了"多元组织""数智诊管"的管理新实践

学校围绕"三适应"高职适应性人才培养新理念，探索教学管理新实践。创新现代学徒制多元教学组织与管理模式,与浙江省能源集团等开展招生即招工的混合所有制学院模式,与上海大众等开展先招生后招工的企业大学合作模式,与大和热磁等企业开展先招工后招生的双元制培养模式,与浙江省铸造行业协会联合企业的校行企联培模式,构建校企共同规划人才培养方案、共同搭建混合所有制实践基地、共同组织实施"多模式"现代学徒制、共同指导学徒制学生企业课题、共同制定"多阶段"评价考核方式等"双元五共"现代学徒协同育人新模式,实现人才培养与企业需求"无缝对接"。

学校创新数智化教学管理模式,践行"教学诊断与管理合一"的理念,建立"教学诊断与改进教学管理系统",围绕教学管理全过程,梳理教学指挥、运行、评估等方面的需求,归并分析并推动教学实施、检查、反馈等流程再造,教务、督导、分院等多部门构建管理、诊断、改进的多跨协同场景,以"数智诊管"提高治理水平,提升人才培养管理效能。

五、推广应用效果

(一)适应性人才培养成效显著,助力区域经济发展

近五年,学校培养毕业生1.8万余人,本地就业人数占86%以上,500强企业就业人数由5.9%增至20%。2021年浙江省教育考试院等调查显示,用人单位对我校毕业生满意度均为全省高职院校第一。浙江省教育考试院调查数据显示,2020届毕业生一年后薪酬平均为6415元/月,省内名列前茅。学生在省级以上竞赛中获奖471项,其中一等奖116项。学校涌现了全国劳动模范、全国五一劳动奖章等一批杰出青年校友。学生荣获世界职教院校联盟(WFCP)"高等技术技能"人才培养金奖(见图2)。教育部多位领导在多种场合对学校人才培养质量给予了高度肯定。

图2 学生获世界职教院校联盟(WFCP)"高等技术技能"人才培养金奖等荣誉

(二)产教深度融合,为人才培养赋能

近五年,建成国家"十三五"产教融合发展工程规划项目1个、国家级高技能人才培训基地1个、国家级职业教育示范性虚拟仿真基地1个、教育部高职创新发展行动

计划生产型实训基地 3 个、协同创新中心 1 个、省级产教融合示范基地 4 个、省级职业教育示范性虚拟仿真实训基地 1 个、省级工程研究中心 1 个、省产教融合协同育人项目 15 个，是教育部首批现代学徒制试点院校，入选浙江省现代学徒制典型案例 6 个。

(三)改革成果丰硕，受到社会广泛认可

我校是中国职业技术教育学会高职分会会长单位、浙江省数字化智能制造产教融合联盟发起单位、浙江省"1＋X"试点推进办公室单位；获评浙江省课堂教学创新校、省级高校教师教学发展示范中心、省级课程思政教学研究示范中心、省级教材建设研究基地等多项荣誉；获评教育部高职创新行动计划示范专业 7 个、国家级专业教学资源库 1 个、国家级课程 10 门、省级在线课程 9 门；培育出国家级教师教学创新团队 2 支、黄大年式教师团队 1 支、全国技术能手 1 人等。

(四)成为育人典范，得到众多院校借鉴

近五年，学校入选教育部全国职业院校教学管理 50 强、实习管理 50 强，助力学校入选为中国特色高水平高职学校建设单位（A 档前十）。2012—2019 年浙江省教学工作业绩考核全 A。2020 和 2021 年获省高职院校教学工作业绩考核和督导评估全省第一。陕西工业职业技术学院等 420 余所院校来学习交流，成果被 29 所院校借鉴和采用，先后对口帮扶青海柴达木职业技术学院、新疆阿克苏职业技术学院等 28 所院校，成员在全国高职论坛上做适应性人才培养主题报告 20 余次（见图 3）。

图 3 成果负责人在各类大会上做成果经验介绍和推广

(五)培养特色鲜明，赢得高度赞誉

本成果被教育部网站、《光明日报》、《中国教育报》、中国教育电视台、学习强国、新华网、《浙江日报》、浙江卫视等各类媒体报道 180 余次。2021 年 4 月 18 日，中央电视台《新闻联播》以"新征程开局'十四五'职业教育提质增效，加快培养大国工匠"为题，报道了我校适应性人才培养成效。2021 年 12 月 23 日，中央电视台新闻频道《朝闻天下》《共同关注》再次专题报道学校产教融合和人才培养工作（见图 4）。

图 4　成果被教育部网站、CCTV 等媒体专题报道

六、体会感悟

高职院校必须坚持党的全面领导,践行为党育人、为国育才的初心使命,落实立德树人、德技并修的培养要求,努力为经济社会现代化高质量发展培养更多、更优的适应性人才。

高职院校必须发挥产教融合、校企合作的天然优势,按照立足地方、面向地方、融入地方、服务地方的办学思路,加快推动产、教、科、城的深度融合,着力提升学校在区域经济社会发展中的参与度和贡献力。

高职院校必须紧紧围绕区域产业发展对技术技能人才的现实需求,深入推进人才培养模式创新,高质量建设区域内技术技能人才的"蓄水池""加油站",为区域产业集聚发展、升级发展提供有力支持。

承古出新、匠师协同、学创一体
——路桥类专业特色文化育人的实践与创新

成果完成单位：浙江交通职业技术学院、北京茅以升科技教育基金会、浙江省交通运输科学研究院

成果完成人：陈凯、茅玉麟、陈小鹏、徐方圆、吴颖峰、赵建峰、严洪广、杨仲元、张征文、戎成、王晓漪、杭振园、刘玉

一、成果背景

当前我国教育存在"重知识技能培养，轻文化情怀培育"的问题，亟待寻求职业发展与人文素养的最佳结合点。怎样推动中华优秀传统文化在校园生根发芽、在学生心中拔节开花，涵养文化自信、厚植人文情怀；如何挖掘中华优秀传统文化的时代价值，推动中华优秀传统文化创造性转化、创新性发展，践行社会主义核心价值观念，培养德智体美劳全面发展的建设者和接班人，是时代赋予高等教育的历史使命。

目前职业教育路桥类专业核心课程知识抽象、学习枯燥，学生的学习热情难以调动，存在学生综合素质培育、创新意识培养缺乏与专业联动的有效载体等问题。随着全国交通工程建设由高速增长转向高品质发展，对于行业一线技术技能型人才的综合素质的培养提出了新的更高的要求。如何将工匠精神、劳模精神、创新精神等素质培养融入人才培养全过程也成为路桥工程建设类专业面临的新课题。

在匠心琢玉中华五千年文明的良渚之滨，在著名桥梁专家茅以升先生主持设计的中国第一座现代化大型桥梁的钱江之畔，浙江交通职业技术学院道路与桥梁工程技术专业以桥文化传承与创新为主线，以育人理念、师资体系、育人载体为抓手，创新提出"承古出新、匠师协同、学创一体"专业特色文化育人模式，高度契合立足文化传承、弘扬工匠精神、培养大国工匠的时代使命，让传统文化在新时期焕发生机，走出一条"传承＋创新"的专业文化育人新路子，为坚定文化自信做出最生动的注解（见图1）。

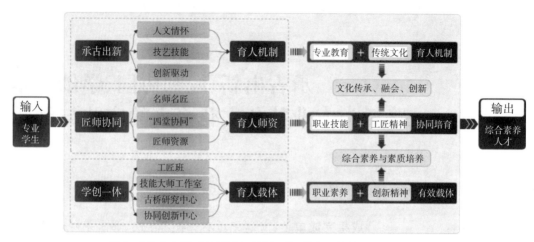

图1 "承古出新、匠师协同、学创一体"的专业特色文化育人模式

二、成果形成过程

本成果的形成和培育历经十余年,通过创设文化环境、开发品牌活动,从专业课堂、桥梁实践到研究创新循序渐进,积极推进以文化人、以文育人的专业特色文化育人建设,取得显著成效。

(一)"承古出新",夯实了文化传承与创新发展之基

2009—2011年整体规划了桥文化宣传氛围,设置公选课并相继开展教改项目。学校组织学生团队开展"三千行动"活动,奔赴浙江各地感受古桥的历史底蕴、建造智慧;成立模型文化工作室,举办桥梁模型制作比赛,促进学生学习古桥技艺的匠心情怀;实施基于桥模制作的路桥类课程教学改革,开发古桥营造技艺系列课程及配套资源,"承古出新"推动非遗传承创新发展,极大激发了学生对技艺传承与传统文化的热情。

(二)"匠师协同",铺就了品德培育与技艺提升之路

2012—2014年加入北京茅以升科技教育基金会,成立技能大师工作室,成建制开设"工匠班",依托基金会强大的行业影响力,引进吴复勇等首批国家级非遗传承人、技能大师与行业专家18人,开展以搭建拱架应用技术等为代表的古桥营造技艺的保护与传承,正式确立"匠师协同"定制培养模式,以大师的言传身教培养学生的职业技能和工匠精神,桥文化在育人中的作用迈上了新的台阶。

(三)"学创一体",锻铸了创新精神与实践能力之魄

2014—2017年由北京茅以升科技教育基金会授牌成立了全国高职院校首个古桥研究中心,在木拱梁桥、混凝土桥梁、钢结构桥梁设计等方面实施人才培养计划;开展古廊桥三维数字化扫描建模,为古桥研究、修复等提供原始档案。学校联合浙江省交通运输科学研究院成立长大桥梁安全运营应用技术协同创新中心,"在役预应力混凝土梁式桥安全运营检测技术"等师生共研项目获中国公路学会科技奖等。2017年,

"十年寻访路,悠悠古桥情——浙江交通职业技术学院古桥寻访、传承与保护之路"获第九届全国高校校园文化建设优秀奖,这也标志着本成果的形成。

(四)"厚植文化",将立德树人贯穿专业教育全过程

学校在以文化人、以文育人的道路上,建成古桥技艺国家级技能大师工作室、现代桥梁国家级应用技术协同创新中心等一批国家级高水平育人平台,有力促进了中华传统文化继承发展与专业教育的深度融合,落实了立德树人根本任务,取得了一系列丰硕成果。路桥专业作为核心专业入选中国特色高水平高职专业群建设,开发了课程包、技能包、模型制作匠士培养方案和新形态教材等一批教学资源,获评首届全国优秀教材一等奖,培养了以全国优秀共青团员盛泽韬、国际"互联网+"大学生创新创业大赛金奖获得者吴正举为代表的一大批"德技并修"的高素质创新型专业人才,为浙江打造全国现代交通示范区提供了有力的人才支撑。

学校在非洲、东南亚等地建立"海外鲁班学校",将"中国方案""中国故事"推向世界,中柬路桥类专业人才联合培养项目入选教育部中国—东盟高职院校特色项目。该成果为职教立德树人实践与专业文化育人提供改革方向和示范样本,《中国教育报》以《以文化之力锻造人才之质》整版报道我校育人成果,中央电视台、《光明日报》等上百家权威媒体先后进行了广泛的报道。2018年被评为全国交通运输职业教育教学成果一等奖,2021年被评为浙江省教学成果奖一等奖,2022年被评为国家级教学成果奖二等奖。

三、成果针对的教学问题及解决方案

(一)解决的教学问题

(1)本成果解决了中华传统文化传承与专业教育融合不足的问题;

(2)本成果解决了职业技能、工匠精神培育缺乏有效协同的问题;

(3)本成果解决了职业素养、创新精神培养缺乏有效载体的问题。

(二)本成果解决方案

1. 通过人文情怀、技艺技能、创新驱动逐层融合构建专业文化育人机制

学校系统规划建设浙江古桥馆,打造古桥数字博物馆,创设桥文化环境氛围;组建百支团队寻访万座古桥,潜移默化中将人文情怀培育融入社团活动;持续开展桥梁模型制作比赛,纳入"工匠班"培养方案和第二课堂成绩单,将技艺技能传承融入专业教学;建立古桥营造技艺与文化传承基地、大学生创新实践基地,培育38项学生非遗创新项目,数字化保护覆盖浙江省121座古桥,将文化遗产保护融入专业创新教育。这些做法有效弥补了中华传统文化传承与专业教育融合不足的问题。

2. 引育非遗传人、劳模工匠、双创导师等系统重铸专业文化育人体系

学校引育非遗传人、劳模工匠、专家大师等72名,共同研制模型制作匠士培养方案,开发课程资源包、技能培训包16项;开发特色教材与配套资源,合作编写地域特色古桥文化读本19本,联合出版《石桥营造技艺》等古桥类专著6本、新形态专业教材21本,配备三维虚拟仿真等数字资源5T以上;开展"四课堂"育人,"专业课堂"夯实专业知识基础,"名匠课堂"引进吴复勇、曾家快等非遗大师开设非遗文化与技能讲授,聘请全国劳动模范徐小军等劳模工匠举办工匠精神培育讲座;引进黄衍等国家级创新创业导师,结合典型案例,系统化构建"双创课堂";联合行业龙头企业浙江交工集团股份有限公司依托杭州湾跨海大桥等工程共建27个"工地学校"。实施专堂讲授、专题讲座、专项指导等教学活动112次,有效促进了职业技能、工匠精神的协同培育。

3.联合打造工作室、研究中心、技术中心等平台构建专业文化育人载体

学校开设"工匠班",实施匠士定制培养,将创新精神培育融入培养方案,开展基于桥模制作的路桥类课程教学改革,累计开设29期,2115人获得"匠士"证书;建立技能大师工作室,指导学生深入研究以搭建拱架为核心的编梁木拱桥、石桥营造技艺及其应用推广;成立古桥研究中心,积累完善古桥修建技术、文化、档案,开展古桥数字化保护创新实践;设立应用技术协同创新中心,协同合作单位营造浓厚科研氛围,联合行业专家创新桥梁建造技术。学校累计拓展创新实践基地11个,培育学生科研项目400多个,孵化科技创新项目138项,有效解决了职业素养、创新精神培养缺乏载体的问题。

四、成果创新点

(一)创新提出"四阶递进"的文化育人路径

该成果将桥文化传承发展贯穿育人全过程,精心打造实体与数字古桥博物馆等创设文化环境,持续开展"桥模制作比赛""三千行动"与"茅以升班夏令营"等3个文化品牌活动。系统重铸以"专业课堂""名匠课堂""双创课堂""工地课堂"为核心的育人体系,四课堂的改革实践延伸拓展了"工匠班""大师工作室""古桥研究中心""应用技术协同创新中心"等新平台。通过多年的实践,形成了"育人环境浸润——→品牌活动发起——→立体课堂培育——→拓展平台提升"逐层递进的文化育人新路径,该路径符合学生认知规律,实现了文专相融、传创并进、德技双修,有效提升了新时代路桥工程建设德才兼备的技能型人才培养质量,育人路径创新为专业文化精准赋能职业教育人才培养提供了范本。

(二)创新打造"匠师协同"的育人团队结构

该成果推进过程中以4个课堂建设为依托,重构专业育人团队师资来源、职责与育人方式,全面落实课程思政育人模式,团队成员共同开展职业教育教学模式和育人改革实践研究。非遗传人主要参与工匠班的教学活动,开展技艺传授,组织策划非遗技能创新大赛;劳模工匠主要结合自身经历与发展开展工匠精神培育与技术应用推广等方面的专题讲座;行业专家与技能大师促进学校课堂与企业现场教学有机结合;创新创业导师从交通工程建设新技术、新工艺、新理念出发引导培育相关科技类项目(见图2)。团队成员从个体发展向结构化、团队化分工协作转型,凸显团队育人价值,打造有时代价值、职教特色的匠师协同育人团队结构,育人团队结构创新引领职教教学团队建设深度探索。

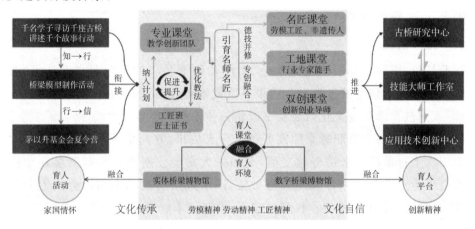

图2 "四阶递进"文化育人新路径

(三)创新建立"匠士制度"的育人评价标准

学校建立"匠士制度"育人评价标准,立体化开展综合素质评价。根据制定的第二课堂学分认证标准,学生按照"工匠班"培养计划完成理论学时和模型制作进阶任务,获得相应学分匹配生成第二课堂成绩单。行业大师、企业专家、专业教师组成的评定小组,从设计新颖性、技术创新性、制作精确度、外形美观度等方面评价学生提交的桥梁模型原创作品并给定成绩。学生经考核通过后获得"模型制作匠士证"与"第二课堂成绩单"双认证,目前该证书已经被百家学校合作企业认同,成为学生实现高质量就业的"金名片",典型案例被全国高校共青团微信号转载报道。"匠士制度"对知识技能培养与工匠精神养成融合度的标准进行了有益尝试,育人标准创新了专业文化育人评价举措。

五、推广应用效果

(一)应用效果

人才质量显著提升:每年有近50名学生系统参与并受益,"工匠班"500余人技能技艺得以提升,全校上万人参与社会实践并受益。近五年获地市级以上先进个人与技术能手37人,学生主持路桥类国家专利31项,获国家、省级、行业权威技能竞赛特等奖、一等奖28项,自主研发"柔芯"产品有效破解桥梁施工抗裂行业难题,获中国国际"互联网+"大学生创新创业大赛金奖。团队育人成效获得浙江省政府领导"擅创新,成效好"的批示。

团队实力明显增强:获浙江省课程思政示范基层组织、首批浙江省高校黄大年式教学团队等3个省级团队称号,8名教师相继获全国教材建设先进个人、全国交通运输青年科技英才等省部级以上荣誉;出版职业教育国家规划教材与专著13本,发表教科研高水平论文14篇,承担省级重点教改课题12项,编制行业标准9部,近三年完成科技服务总额超1100万元,创建国家级技能大师工作室和应用技术协同创新中心等育人平台6个,获省部级教科研成果奖5项。

(二)推广情况

行业认可:成果获得中国公路学会、浙江公路学会和相关企业高度认可,获批交通运输部交通强国建设试点项目。成果显著成效得到行业顶级专家郑皆连院士等高度评价,入选教育部工业文化研究及工匠精神传承典型案例。

国内示范:中国交通职教集团高度评价育人成果,并向集团成员与全国同类院校推广应用。上百家院校来访专题交流,全国人大常委会副委员长郝明金在全国非遗成果展会上肯定专业文化育人理念与做法,团队成员受邀在全国性会议上介绍经验做法30余次,50多所专科与本科院校应用、借鉴了本成果。

国际影响:在非洲、东南亚等地建立"海外鲁班学校"与"丝路交通学院",获批省级一带一路"丝路学院",中柬路桥类专业人才联合培养项目入选教育部中国—东盟高职院校特色合作项目。师生团队分11批次赴海外传播与推广中国古桥非遗传统技艺与文化,赢得了海外高度评价。

(三)社会影响与媒体报道

辐射范围广:承办茅以升班夏令营活动,吸引了来自全国19所一流本科院校和全省21家职业院校1000多人参与古桥寻访与保护实践,获得全国交通素质教育精品项目一等奖。师生共建极具特色的浙江古桥馆,吸引了近万名中小学生亲手实践,师生设计的赵州桥古桥馆,年均接待国内外游客两万余人次。

媒体关注度高:《光明日报》以《文化传承铸品牌 以质图强育工匠》为题报道学校专业文化育人经验与成效。中央电视台、人民网、《中国教育报》等上百家权威媒体,先后对本成果进行广泛报道。

六、成果启示

在本成果的培育形成过程中,专业教学团队结合中国高等教育的历史使命与职业教育路桥类专业人才培养的实际,立足培养新时代高素质路桥工程建设人才,在文化继承发展与专业教育融合方面进行了持续深入的探索与实践,凸显文化育人特色,服务立德树人根本,在教育教学实践中感悟专业文化育人的独特魅力与深沉力量,走出了一条"传承+创新"的专业文化育人新路子,从专业文化育人的角度为高职院校立德树人实践与文化育人创新提供了样本与示范。

学园城融合 研训创融通：
高职创新创业人才培养探索与实践

成果完成单位：浙江工贸职业技术学院、浙江创意园文化传播有限公司

成果完成人：余闯、贺星岳、林海春、邱旭光、杨哲旗、成荣芬、吴同喜、石娜、王坤、余威明、余好、申珊珊

执笔人：余闯、林海春、邱旭光

本成果立足学校创业型高校办学传统，秉承温州创新创业基因，紧扣"创新驱动发展，创业促进就业"的时代脉动，面向全体学生，培养创新创业高素质技术技能人才。学校系国家"双高"建设单位，于2000年开始推行创新创业教育，2009年与温州日报报业集团共建浙江创意园（2014年入选国家级产业园），为双创教育提供产业实践平台；2010年成立创业学院，依托园区分层分类推进双创人才培养。2013年于《光明日报》撰文，提出"学园城融合"架构，整合城市资源，探索"学园城一体化"创新创业实践教学；在此基础上学校不断深化认知，以创新创业教育机制改革为突破口，开展系统性理论创新，立项浙江省软科学、省哲学社会科学规划课题等各级课题，在《中国高教研究》《光明日报》等国家级权威学术期刊和媒体发表理论创新成果。2014年开始全面实施"学园城融合"创新创业实践平台建设，全力打造"研训创融通"高职创新创业教学模式。

一、成果针对的教学问题

一是创新创业实践平台与教学融合度不深，平台运行与服务双创教学机制不健全，学生双创实践能力不足。

二是教学模式不能切合双创教学实践属性，现行教学缺乏真实情境和双创实践课程资源，未能突出双创教育"创中学、创中悟"的要求。

三是创新创业教育教学评价方式单一，现行评价侧重于校内教学，多方参与不足，评价量化标准不科学。

二、探索形成的模式方法

(一)确立双重保障机制,建立双创平台与教学一体化的"学园城"融合体

一是平台与机制的建构。基于"四共"理念,立足浙江创意园,学校牵头,政校行企共建"一核多点"的"学园城"创新创业教育综合实践支撑和服务融合体,政府相关部门每年投入专项经费。平台采取"产权+市场契约"的方式建立双重保障机制:融合体运行机制和融合体入驻实体服务双创教学绩效考核机制,确保融合体资源有效服务创新创业教学。

二是平台教学功能的开发。平台充分利用"学园城""一核多点"教学实践平台,提升双创教学质量。一核:以园区为核心,引入56家企业,年容纳企业实践教师200多位;创办国家级众创空间,形成"体验+实训+孵化"的平台与教学一体化创新创业实践环境和文化氛围。多点:建立温州电子信息研究院等20个研究院所、温州文化创意学院等6个行业产业学院、永嘉创业分院等6个地方创业学院,形成"专业+产业+创业"市场化双创教育环境。平台建设为双创教育"创中学、创中悟"打造真实教学情境。

三是平台资源有效转化为课程资源。平台整合"学园城"资源,联合33所高校、25家企业、280位教师和企业专家,主持建设国家级职业教育创新创业教育教学资源库。资源库建设涵盖了通识普及教育、专创融合教育、实践教育等结构化课程37门,打造了双创文化、双创资讯、双创导师、双创案例、竞赛子库、众创空间、项目推介、融资平台、创新集萃等9大特色子库。

(二)营造真实双创场景,打造"研训创融通"教学新模式

平台依托"学园城"融合体,承接行业、企业项目,师生共同开展项目研究、专利研发、产品开发,培养学生创客思维和研发能力;利用园区入驻企业、产业学院、地方创业学院,为学生提供双创实习实训,培养学生专创融合的创新精神和创业潜能;通过众筹实体店、创客空间、创业孵化园等,师生开展真实创业活动,培养学生创业实务和实战能力。学校大规模组织学生参加"互联网+""挑战杯"等双创大赛,举办中美青年创客大赛、两岸青年创客工作坊,检验学生双创综合能力;打造"真实项目·研、真实操作·训、真实平台·创、真实环境·融"四真的创新创业实践教学,形成"研训创融通"创新创业教学新模式(见图1),实现了行业、企业创新链和高职双创人才培养链深度融合,促进了人才培养与行业、企业同步发展。

(三)突出绩效导引,形成三维立体的创新创业教育评价新体系

按照"平台有业绩、教学有保障、培养有成效"的原则,学校建立"学园城"融合体服务双创教学绩效考核制度、双创教学评价制度、学生双创素质评价制度,形成"平台建设、教学过程、培养目标"三维立体、校内校外联动的创新创业教育评价体系。平台

建设维度：以学校为主导，政校行企共同制订校企合作育人绩效考核目标；教学过程维度：研制课程建设、师资培养、教育教学等评价指标；培养目标维度：创建高职学生创新创业素养评价模型。

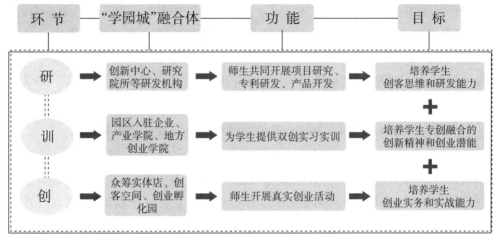

图1 "研训创融通"创新创业教学新模式

三、成果的创新点

（一）创立了基于市场化运行机制的"四共"双创育人新理念

一是理念构建：以学校为主体联合地方政府、行业企业组建"学园城"融合体，以"资源共享、平台共建、成果共用、人才共育"四共为准则，协调各主体间利益关系；以"产权＋市场契约"方式建立"学校—园区—城市"三者之间的协同运行机制，有效协同教育规律与市场规律，形成创新创业教学与市场环境之间的有机融合，从而系统构建基于市场化运行机制的"四共"双创育人理念。二是载体功能开发："学园城"融合体面向全体师生提供自主创业企业入驻、实体孵化、校企项目合作、教师下企业锻炼、双创实训与体验、风险投资、知识产权、创业指导、人才等全要素服务和师生实践体验。三是资源转化：依托"学园城"融合体实现了社会资源向教学资源精准有效转化，即师生的专业创意转化为产品，生产和服务性平台转化为教学实践平台，研创成果和实践案例转化为课程，共研共训共创体悟转化为教师教学能力。平台打通"学校围墙"，实现产学对接，形成产业、专业、创业一体化创新创业实践教学生态圈。

（二）构建了"四真"引领的"研训创融通"创新创业教学新模式

学校采用政校行企共建共用、市场化运作方式，建立了"学园城""一核多点"创新创业实践教学平台，为师生对接实际项目提供了支撑实体、职场氛围和企业文化，有效解决了创新创业教育环境与实践平台有机融合的问题，形成"真实项目、真实操作、真实平台、真实环境"的"四真"实践教学。通过师生和合作单位在真实场景中的共研共训共创，学校实现了"创中学、创中悟"，形成了"研训创融通"教学新模式。该模式以研促创、以训促创、以创业实践锤炼师生创新创业实战能力,深化了教学改革,提升了学生创新创业能力。学校按照"面向全体、个性孵化"的原则,设计"分层分类"创新创业专创融合教学体系。"分层"包括:创新创业通识教育、"2+1"试点班、双创实践教育、孵化帮扶4个层次。"分类"包括:通识教育阶段按专业类别开展专创融合教育;"2+1"阶段按学生兴趣倾向开设专业班;孵化项目按所属产业开展分类指导。学校引入企业家、技术专家、能工巧匠等优质资源,建立了"专业教师+企业导师+培训讲师"的互聘互兼师资队伍;主持建成国家级创新创业教育教学资源库,形成了"双创通识课程、专创融合课程、实操课程、创客课程"四层级双创教育课程体系。

(三)创建了以"双创指数"为核心的创新创业教育综合评价新标准

学校立足学生双创素质和双创带动效应,设置创新创业人才培养目标、课程教学、实训实习、师资队伍、校园文化与政策环境、行业企业贡献、人才培养效果等7个一级指标(包含24个二级指标),创建高职学生创新创业素养评价模型,得出并公开发布大学生双创指数。通过建构"学园城"融合体运行、双创教学、学生双创素质三维立体的双创教育评价体系,学校实行过程性考核与结果性考核有机结合的全方位双创教育考评制度,促进评价标准的科学量化。

四、推广应用效果

(一)学生创新创业能力明显提升,自主创业率高

据浙江省教育评估院毕业生调查数据,学校近三届毕业生创新能力平均值为96.94(全省平均91.03);毕业生平均自主创业率为13.09%(全省平均为3.68%),连续三年位列全省高校第一;学生创新创业教育及指导平均满意度为95.61%(全省平均为82.75%)。

年均3000多名学生进入"学园城"融合体接受双创指导和实践,4000多学生参加各类双创竞赛,获得"挑战杯—彩虹人生"全国职业学校创新创效创业大赛特等奖、中国"互联网+"大学生创新创业大赛铜奖等国家级奖项144项。立项学生创新项目229项,学生授权专利174件。学校连续多年举办中美青年创客大赛、两岸青年创客工作坊等,共有300多个项目获奖并成功转化,其中双创学子杨忠敏获"浙江省文化新浙商新锐人物"称号,郑万里获"中国钢铁电商杰出人物"称号。

(二)双创教学资源建设成效突出,应用覆盖面广

截至2022年10月,学校主持建设的国家级创新创业教育教学资源库注册人数超49万,总访问量超2亿次,覆盖2246所院校;建成了大学生创业基础等3门国家级精品在线开放课程,15门省级在线开放课程;入选浙江省创新创业教育教材研究基地。近年来立项教师双创教育研究课题116项,在《中国高教研究》等杂志发表创新创业教育方面论文106篇。2019年、2020年度学校发明专利授权数分别列全国高职院校第

二、三名。

(三)成果特色鲜明,影响广泛

1.学校创新创业教育模式形成示范

2016 年,学校获全国首批创新创业典型经验高校 50 强、国家级众创空间,2017 年获全国深化创新创业教育改革示范高校,2018 年获批国家高技能人才培训基地。2016 年承办浙江省高职高专院校创业学院建设工作现场推进会。2020 年学校园区化人才培养模式在全省高校人才工作推进会上做书面交流。2021 年,学校入选全国普通高校毕业生就业创业工作 100 个典型案例;2022 年获批国家级创新创业教育实践基地;学校连续两届当选教育部高等学校创新创业教育指导委员会副主任委员单位(高职唯一)。《光明日报》《中国教育报》*China Daily* 等报道 100 多次。2014 年 9 月 British Council(英国文化教育协会)发布《中英圆桌会议:创新与创业报告》,指出我校将园区作为真实的工作环境,有助于培养学生创新创业能力。全国本科和高职院校先后来校考察交流 130 余次,并借鉴学校创新创业教育模式。

2.双创人才培养得到各级部门、领导和专家肯定

教育部、国家知识产权局、中国工程院、省市领导多次来校考察指导,高度评价学校双创教育。2016 年 2 月,时任浙江省省长李强调研学校,对园区各创业企业的运营模式给予肯定,对学校孵化与投资相结合的创新创业实践成效表示赞赏。2016 年 3 月,时任教育部副部长郝平调研学校时指出:"创新创业教育在工贸学院发生了质的飞跃。"2019 年 3 月,教育部高校创新创业教指委主任、中国工程院副院长钟志华院士调研时赞誉:"浙工贸在创新创业教育改革方面走在全国前列,有很多自己的特色经验与做法。"多位双创教育研究专家在《高等工程教育研究》《教育发展研究》等核心期刊发表的学术论文中,对学校创新创业教育给予了肯定性评价。

五、体会感悟

我国高职双创教育从 20 世纪 90 年代末期的许可大学生创业到创业教育的提出,直至现在双创教育取得重大成就,走过了一个从片面发展到全要素多样化发展的历程。双创教育与普通教育的区别,关键在于创新创业教育的"习得性"问题,即创新创业教育在教育方式、培养模式、教育成效的评价等方面都有别于普通教育,它依赖于实践并在实践中经验、学习、成长;但是,这种创业的过程未必就是创业教育的过程,不能用创业的结果来替代创业教育的成果。这种双重矛盾和认知模糊,制约着双创教育的健康发展。因此,探索高职双创教育融合发展的历程及其形态,针对双创教育内在矛盾,借助共享发展理念,从系统性融合的角度设计技术路线,有助于矛盾的解决。

本成果聚焦创新创业实践平台与教学融合度不深、教学模式不能切合双创教学实践属性、教育评价体系不健全等核心问题,以高质量培养双创素质人才为目标,建构了"学园城融合"平台＋"研训创融通"教学模式;创立以"资源共享、平台共建、成果共用、人才共育"四共为准则的协同创新创业育人理念,学校牵头,政校行企共建"学校＋园区＋城市"的"学园城"融合体,形成"一核多点"的创新创业实践教学平台;采取"产权＋市场契约"的方式,构建融合体运行机制和融合体入驻实体企业服务双创教学绩效考核机制。本成果营造产学一体真实性双创实践教学生态圈,开展共研共训共创,从而打造了以研促创、以训促创、以创业实践锤炼师生创新创业实战能力的"研训创融通"教学模式,形成了分层分类的专创融合教学新体系。学校通过"企业出题、园区破题、学校接题、师生解题、城市验题"的良性互动,融合校内外资源,建立"融合体服务教学绩效考核、双创教学评价、学生双创素质评价"三维立体评价体系,发布"双创指数"。学校将"学园城"共创成果转化为创新创业课程资源,构建高度共享的创新创业课程体系,打通行业、企业创新链与高职双创人才培养链,面向全体学生培养具有"创新精神、创客思维、创业实务、创业潜能"的创新创业高素质技术技能人才。

技能迭代、跨界融通:复合型导游人才培养模式创新与实践

成果完成单位:浙江旅游职业学院、阿里巴巴(中国)教育科技有限公司

成果完成人:周国忠、韦小良、范平、邓德智、陈萍萍、詹兆宗、芦爱英、孙旭、汪永旗、邹辉

一、成果的培育背景

旅游业是我国国民经济战略性支柱产业和人民群众更加满意的现代服务业,是共同富裕道路上具有鲜明时代特征的幸福产业。导游队伍是旅游业的重要组成部分,导游是旅游服务提供者、形象展示者和文化传播者。在当今的科技革命时代,新技术促进跨界融合持续深化,大数据、云计算、移动互联网、人工智能等新一代信息技术向旅游产业迅速渗透,旅游和文化、旅游和互联网等多个行业的跨界融合催生新业态,推动旅游消费和旅游产业的转型升级。旅游者对研学指导、旅游顾问、旅行定制、旅行管家、智慧导游等"全链式"高质量导游服务的诉求越发强烈,由此对导游人才培养提出了由传统导游接待服务技能向"跨界复合技能+智慧技术应用"迭代升级的新命题:如何突破传统职业教育思维,培养适应技术发展新要求、产业转型新需求、职业岗位新变化的高质量导游人才。

二、成果的形成过程

本成果在国家示范(骨干)校重点专业、全国职业院校旅游类示范专业和国家优质校特色专业等重大建设项目支持下,以开放式校企联盟为载体,于2010—2013年在5个班级中推行"课证融合、赛教一体""虚拟沉浸、任务驱动"教学改革;2013—2016年,将开放式校企联盟逐步升级为校政行企共建的全国导游专业群开放式职教联盟,在10个订单班中开展"产教融合、双元育人""虚实结合、多岗递进"的人才培养改革。基于多元融合理念,本成果探索了导游专业融通电子商务、智慧景区开发与管理、研

学旅行管理与服务等专业形成专业群平台,旨在培养适应旅游业跨界融合、转型升级需要的复合型导游人才。经过多年探索与实践,学校于2016年形成了"技能迭代、跨界融通:复合型导游人才培养模式"(见图1)。

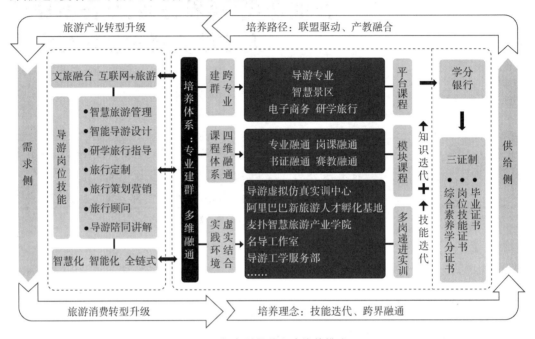

图1 复合型导游人才培养模式

经过6年实践检验,在导游人才跨专业、跨产业的融合培养中,学校创建了多元协同培养机制,为培养高质量职业人才提供了新理念;导游专业全国职教联盟的创建,形成了人才培养共同体,为培养高质量职业人才提供了新路径;人才培养课程体系的跨界重构、"文化素质+职业技能"融合培养,实现了专业交叉、知识融合、技能迭代,为培养复合型导游人才提供了新模式。成果获2021年浙江省教学成果奖一等奖。

三、成果主要针对的教学问题

现代职业教育要求人才培养应充分对接科技发展趋势和市场需求。虽然国内旅游类高职院校已在导游人才培养方面进行了有益探索,但总体而言,在教学方面仍存在3个"不高"的突出问题:一是人才培养机制与跨界复合型导游人才培养目标的融合度不高;二是专业课程体系与跨界复合型导游人才培养规格的融通度不高;三是实践教学环境和实训模式与导游专业技能迭代培养的融合度不高。

本成果探索并实践了技能迭代、跨界融通:复合型导游人才培养模式,从理论和实践上解决了上述教学难题,契合国家职业教育改革和职业教育高质量发展的新要求。

四、成果的主要做法与培养模式

(一)深化跨专业、跨产业的产教多元融合机制

1.建立跨专业的融通培养机制

学校对接产业链,打破专业壁垒,以导游专业为龙头,融通电子商务、智慧景区开发与管理、研学旅行管理与服务等专业建立导游专业群,搭建了培养复合型导游人才的专业互融互通平台,进行跨专业培养。培养的学生不仅具备传统的讲解服务技能,还具备运用互联网手段开展旅行策划与服务、研学旅行定制和新媒体运营服务等技能,深受行业、企业欢迎,毕业生供需比在 1:9 以上,就业率连年保持在 98% 以上。

2.建立跨产业的产教融合机制

学校与企业开展多元合作,合作企业由传统单一旅行服务企业逐步向研学旅行、定制旅行、互联网旅游服务等新兴企业拓展。

借互联网旅游蓬勃发展的契机,学校与阿里巴巴集团签订了校企联合培养新旅游人才的战略合作协议。以阿里巴巴飞猪旅行平台为依托,共建校内生产性实训基地;以导游、电子商务专业为主体组建学徒制创新班;引入阿里巴巴青橙学院课程,开展专业岗位认证,共建"双师"队伍;将学生毕业证、阿里巴巴认证和行业"X"证书相融合,形成"通识课+专业群平台课+专业核心课+青橙学院通识模块课+阿里巴巴新旅游定制课"课程体系和"工学交替、技能递进"式的教学组织形式。同时,学校联合阿里巴巴生态圈企业,开展学徒制创新班学生后段实习并促进就业,从而有效打通新旅游人才培养的各个环节,充分发挥了阿里巴巴集团在互联网行业中的引领优势,以及阿里巴巴生态圈企业在人才就业方面的需求优势,完成了学校、阿里巴巴和阿里生态圈企业三方协同育人机制的构建。

专业还联合国内从事智慧导览系统开发的龙头企业杭州麦扑文化创意有限公司建设智慧旅游产业学院,实现课程开发、课件设计、教材编写、全国智慧景区手绘地图、导游导览讲解数据,以及相关学习资料和学习平台等的共建共享,依托真实的生产性实训项目充分发挥工学结合的实效。

"智慧+旅游"跨界融合的生产性实践平台和虚拟仿真实训基地为实现导游人才的跨产业交叉培养提供了很大助力。2021 年,现代旅游虚拟仿真实训基地被列入国家职业教育示范性虚拟仿真实训基地建设项目。

(二)构建"四维融通"即"专业融通、岗课融通、课证融通、赛教融通"课程体系

1.专业融通

学校按"通识课程+平台课程+模块课程+拓展课程"的框架构建专业群课程体系,实行跨专业融通培养,使跨界融合的导游人才培养适应性不断增强,毕业生岗位迁移适应度达 92% 以上(见图 2)。

图 2 "四维融通"课程体系

2. 岗课融通

学校按高职阶段培养导游陪同讲解、旅行顾问、营销策划、定制旅行、研学指导、智慧导游等岗位技能要求设计课程,以岗设课,并做到课程之间有效交叉,课程教学内容与专业技能深度融合。学生通用能力达成度为94%,用人单位满意度近100%。

3. 课证融通

学校将导游、研学旅行、旅行策划等职业证书及阿里巴巴技能认证系列等行业、企业证书引入教学内容,建设"1+X"证书模块课程群,成立校企师资共同体,共同完成教学任务,并将课程评价与考证水平相结合。学生双证率达100%。

4. 赛教融通

课程与赛项相融合,赛项与岗位职业技能相呼应。学校设定每年4～6月份为学生技能节,十年如一日坚持以10项赛事对接核心课程教学,形成赛教融合课程群,通过名导进课堂和师徒结对,形成"育哺合一"的双循环培育机制;同时完成"无忧导游"产教融合智慧平台PC端、移动端的同步开发,平台包含名师讲堂、实战训练、技能大赛等十余个模块,赋能创新创业型导游人才培养。截至2022年,学校共培养杭州市金牌导游67人,学生获省级以上专业技能大赛奖298项。

（三）创设"虚实结合"的教学工场和"多岗递进"的实践教学模式

1. 虚实结合

政校企共同投资 1900 余万元建成国家级"现代旅游虚拟仿真实训基地"，将不可移动的旅游载体、难观摩难再现的旅游活动或事件、难触及的旅游企业核心业务流程通过虚拟仿真技术有效应用于校内实训，形成一套育训并举、校企融通、跨校共享的导游专业虚拟仿真实训项目体系。此外，学校共投入 3000 多万元建成国家 4A 级校园智慧景区、"阿里巴巴新旅游人才孵化基地"等生产性实训基地，极大提升了实训环境与技能迭代训练的匹配度（见图 3）。

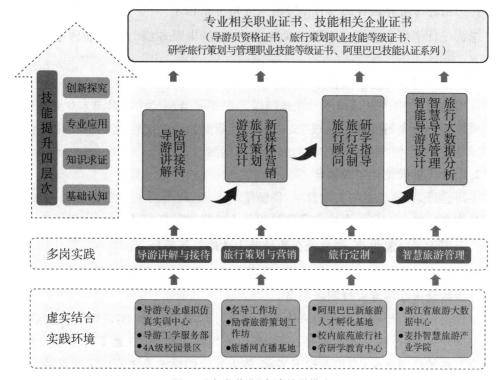

图 3 "多岗递进"实践教学模式

2. 多岗递进

学校以创新型项目派遣和生产性实训为载体，建设虚拟仿真实训课程群，实行校企"双导师制"，专业教师与常驻校内工场的企业导师共同完成多岗递进的实践教学任务，使劳动教育与专业实践贯通，并通过设立"劳动素养学分制"和"劳动标兵"奖项，促进学生真正做到知行合一、职业素养与专业技能同升级。

五、成果的创新点

（一）提出了导游人才跨界融通培养的新理念

学校通过跨专业培养适应产业链延伸和岗位拓展，以课程变革重塑响应导游职业内涵新变化和新技术应用要求。

1.培养体系跨专业融合贯通

学校以人文素养培养为核心、以创新能力培育为重点,跨专业建设专业群平台,实现了知识体系、课程体系、实践教学体系融合贯通,知识、技能由单一向多元复合的转变。

2.专业技能跨产业融合迭代

学校与文化、互联网等产业跨界合作,开展深度产教融合,实现导游技能向数字化、智能化技术应用的迭代升级。

(二)创建了跨界融合的复合型导游人才培养新体系

学校设计了从传统知识进阶型向数字化、智能化服务能力提升型转变的人才培养体系。

1.以专业群思维重塑课程结构

课程结构由"公共基础课＋专业基础课＋专业课"转变为"通识课＋专业平台课＋专业模块课＋专业拓展课",通过"文化素质＋职业技能"培养,实现了文化理论知识和实践技能融合,使学生的知识结构和专业技能融合、升级。

2.以迭代思维设计实践教学

多岗递进、赛教融通的实践教学,创新了跨专业、跨场所的教学组织形式,强化了导游技能多元融合、提升,为培养高质量职业人才提供了新范式。

(三)探索了联盟驱动、产教融合的导游人才培养新路径

学校从人才培养共同体建设着手,实现了联盟驱动、多元融合、共建共培。

1.创建全国导游专业群职教联盟

学校通过建立校政行企联盟来构建导游人才培养共同体,实现联盟驱动双主体、多元协同育人;通过建立专业跨界融通、产业跨界融合机制,打通了跨界复合型人才培养中存在的机制壁垒,为培养知识多元、能力复合的导游人才开辟了新路径。

2.校企合作创建多元融合的实践教学新模式

校企共建共享"新旅游人才孵化基地"、虚拟仿真实训基地,开展沉浸式教学活动,实现了学习过程、工作过程和技术过程一体化,仿真实训与真实工作相衔接的高质量教学,大大提高了职业能力适应性的培养水平,为培养跨界复合型导游人才的实践教学提供了新模式。

六、成果的应用及推广效果

(一)成果应用效果

1.人才培养质量显著提升

专业累计培养导游人才超万名,近10年的年均毕业生数超过500人。毕业生供需比≥1∶9，就业率达到98％以上；至2020届，用人单位满意度提升至近100％、学生双证率提升至100％，导游资格证通过率为96.55％，比2010届分别高19.6％、10.1％；2021届毕业生岗位迁移适应度为92％，通用能力达成度上升到94％，起薪水平高出全国同类专业12.5％；2010—2022年，导游专业学生获省级以上专业技能大赛奖298项，其中国际奖6项、国赛一等奖28项、省赛一等奖95项，获第七届中国国际"互联网＋"大学生创新创业大赛铜奖。学校培养了全国文化和旅游系统劳模吴娜佳等一大批工匠型行业领军人才，共培养杭州市金牌导游67人。

2. 专业建设辐射效应凸显

在国内各类排行榜中，我校导游专业长期位列高职院校同类专业第一；2019年，被列入国家"双高计划"专业群；2017年，被教育部、原国家旅游局联合确立为全国职业院校旅游类示范专业点；2019年，入选教育部《高等职业教育创新发展行动计划（2015—2018年）》骨干专业及"双师型"教师培养培训基地；拥有5个全国"X证书"试点培训考试基地；"阿里飞猪客户服务满意中心"获文旅部全国旅游职业教育校企合作示范基地立项；现代旅游虚拟仿真实训基地被列入全国职业教育示范性虚拟仿真实训基地建设项目。

3. 教师团队建设示范引领

截至成果申报时，本专业"双师"比为100％，拥有2个国家级教学团队、1个省级职业教育教师教学创新团队、2名省级教学名师、4名省级专业带头人。教师获省部级以上荣誉61项，其中，获国家级教学能力比赛一等奖1项、省级教学能力比赛一等奖3项；《中国旅游地理》获首届全国优秀教材奖二等奖；入选文化和旅游部"万名旅游英才计划——技术技能大师工作室""旅游劳模大师工作室"；获得文化和旅游部"全国模范团队"称号，3名教师获全国"旅游教育人物"殊荣等；团队教师建设2门国家级精品课程和1门国家级精品共享课程，导游文化基础知识获评国家级课程思政示范课程；完成教改课题41项，出版职业教育国家规划教材11部，获各类专利（著作权）17项；专业群建有1个国家级教学资源库。

(二)成果的推广效果

1. 国内外院校推广

本专业为全国导游专业群开放式职教联盟牵头单位，作为组长单位牵头修(制)订教育部职业教育旅游大类中高本一体化新版专业目录；制定旅游汉语课程标准，开展"汉语＋导游"培养，累计培养俄罗斯、塞尔维亚籍中文导游人才146人；牵头制定"智慧景区开发与管理""智慧旅游技术应用"等2个专业的国家教学标准、《导游专业建设规范》等7项专业标准、《导游等级划分与评定》国家标准、《研学旅行指导师》国家职业技能标准、文化和旅游部《旅游类专业学生旅行社实习规范》，制定《无障碍旅游服务机构评价规范 旅行社》等2项团体标准及《研学旅行课程设计与实施》《旅行策划》2项职业证书标准，并均被广泛采用。

主持研究的文化和旅游部"第四次工业革命背景下旅游产业变革与旅游服务人才培养适应性研究"课题(2019)、浙江省教育科学规划重大课题"导游专业中高一体化课程建设改革与实践"(2022),对全国高职导游专业建设起到了引领和指导作用。

成果形成过程中与近200所中高本试点院校进行了深入交流,人才培养模式辐射到全国40余所院校。专业团队持续援助青海柴达木职业技术学院等7所西部院校的专业建设,举办国家、省级导游师资培训22期,培训师资1189人,团队教师在国内外各类教学研讨会上介绍经验20多次。

2. 社会服务影响力

学校连续4次获评全国高职高专校服务贡献50强;近10年,培训企业员工140000人次;师生为G20峰会、互联网大会等提供大量志愿服务,受外交部和外国使馆高度赞扬;近4年,学生导游工作坊举办助残活动118场,惠及6000多名残疾人;助力乡村振兴,培训12000多名乡村旅游从业者;完成文化和旅游部在广西巴马、内蒙古阿尔山等六县开展的"研学专项帮扶项目"。

3. 媒体推广

本成果培养模式、育人成效、创新举措被《光明日报》、《中国教育报》、《中国旅游报》、学习强国、浙江卫视等媒体报道222次。

七、对专业教学工作的体会感悟

精准把握行业态势是前提。随着文旅融合的不断深化,旅游业态的不断丰富,对于复合型导游人才的跨界复合技能变化趋势的准确把脉、精确研判,是"技能迭代、跨界融通:复合型导游人才培养模式"有效实施的首要前提。我校导游专业群每年都开展线上线下校行企大调研,全体专业教师深入一线,开展"专业主任说行业"等系列活动,精准研判导游人才的需求变化,为专业教学改革提供充分依据。

专业培养方向转型是核心。为适应文旅产业链延伸和岗位拓展,我校导游专业培养方向经过3个阶段的转型:第一阶段为导游专业(普通话导游方向)+导游专业(出境领队方向)+导游专业(计调方向)+旅行社经营管理专业;第二阶段为导游专业(国际导游方向)+导游专业(旅游顾问方向)+旅行社经营管理专业;第三阶段为导游专业(国际导游方向)+电子商务+智慧景区开发与管理+研学旅行管理与服务。随着专业培养方向的转型,课程体系不断迭代,继而达成学生知识结构和专业技能的不断升级。

校企合作校校协同是关键。一方面,学校借企业之力,与企业融合共同发展。学校联合阿里巴巴集团、阿里生态圈企业、麦扑智慧旅游、中旅、中青旅、携程等行业龙头企业,借企业之力共建跨产业的"新旅游人才孵化基地"和产业学院。另一方面,学校联合全国开设同类专业的院校,成立院校联盟,共同发展。通过借力、聚力,使人才培养模式更好地有效实施,并向全国同类专业推广。

八、深入推进的工作建议

强化校企师资共同体建设。一是深化学校教师与企业技术人员、管理人员双向流动机制；二是探索校企共同参与的专业"双负责人制"、青年教师"双导师制"、教改项目"双主持人制"等新机制；三是以名师工作室、大师工作坊建设为平台，深化校企"双师双能"教师创新团队建设。

强化校行企产教融合机制。一是充分运用面向行业的优质教育资源，从政策完善、制度建设、机制落实和条件保障等方面着手，解决旅游大类专业典型生产性实践项目建设；二是紧跟行业发展前沿，将行业最新技术和标准融入教学全过程，满足行业、企业对高端、复合、创新型人才的需求。

强化专业群跨界融通机制。一是健全专业群专业紧跟产业发展的动态调整机制；二是优化课程体系建设及教学实施的督导评估机制，协同共建专业教学资源库，持续推进跨校跨专业选课与学分互认；三是组建虚拟教研室等跨区域基层教学组织深化教师跨界能力培养机制。

中国味 丝路香：中国饮食文化"走出去"的职教创新实践

成果完成单位：浙江商业职业技术学院、浙江省归国华侨联合会、西班牙巴利阿里省厨师协会（Asociación de Cocineros Afincados en lasIslas Balearse）

成果完成人：张宝忠、李鑫、黄益琴、陈春燕、董智慧、赵刚、姜国华、郦悦、徐胜男、赵加慧

一、改革背景与目的

2014 年习近平主席首次提出共建"一带一路"倡议，教育部《关于做好新时期教育对外开放工作的若干意见》指出，实施"一带一路"教育行动，促进共建国家教育合作。主动服务"一带一路"，中国饮食文化"走出去"大有可为。

多年来烹饪国际教育亟须突破难点：多元文化难融入、教学内容难深入、教学效果难保持。浙江商业职业技术学院深耕烹饪教育事业 48 年，在建设全国餐饮职业教育优秀院校、国家优质校、"双高"院校基础上，学校集聚学历教育办学优势，充分利用海外丝路学院、浙江省海外中餐人才培训基地等办学资源，历经 10 余年的探索。学校通过跨文化研发标准，三通道开发课程，融媒体数字技术，突破烹饪国际教育难点，开创了"三味一体"育训结合培养模式，实现了饮食文化"味相亲"、中式烹饪"味香浓"、中国味道"味保鲜"的中国饮食文化"走出去"的职教实践新成果。

始于文化自信，家国情怀。学校建设"浙菜数据库"；落户省级协同育人项目（麦当劳学院）；创立烹饪与餐饮管理产业学院；开展海外办学，开启弘扬中华文化之路。

行于"一带一路"，美食为媒。学校申请欧洲专利，助力饮食文化传播；以"技艺为媒、语言添火、文化调味"，让饮食文化在"一带一路""朋友圈"生根、发芽、传播；借力数字技术，打造"空中烹饪学院"和"中国烹饪文化数字博物馆"，让中国味道云端飘香。

成于文传古今，商通天下。学校招收西班牙等"洋学徒"，引进蓝带大厨和米其林大师等"洋师傅"，创新"国际学徒制双人才培养"，制订"海外学院中餐烹饪专业教学

标准"。多语种烹饪著作在亚马逊平台销售。西班牙中餐学院和中尼商学院等被认定为"丝路学院"建设项目。《人民日报》等主流媒体报道、国家和省部级有关领导做出肯定性批示。

二、创新做法与举措

(一)跨文化合作标准,破"难融入",让多元文化"味相亲"

以中国"食材真安全、食材有营养"为撬动餐饮文化对接的敲门砖,细研国际餐饮标准体系,细分标准要素,搭建烹饪标准直通车,主动融入对接欧洲餐饮标准。学校开创性采用共建"一带一路"国家的高校、协会、企业共融共创办学模式,引入西班牙巴利阿里省厨师协会、餐饮文化交流协会等知名餐饮企业,合作研发美食标准,避免"中餐西化"水土不服。多语种开发共建"一带一路"国家可使用教材,扩大中华美食受众"朋友圈"。国务院新闻办立项出版的《美食中国》《味道中国》等专业教材充分结合当地经济、产业、风土人情等,更好地融入了当地文化。《味道中国》五国语言版本教材在亚马逊上线,适应了不同国别学习者的需求。

(二)三通道组合课堂,破"浅表化",让中式烹饪"味香浓"

技艺为媒、语言添火、文化调味,打破单一讲授烹饪技能的不足,打通技能＋语言＋文化教学三要道,充分融入饮食文化内容,弘扬中国饮食文化。海外中餐学院创设"五双六融"育人模式:通过语言＋技能课程、校内＋企业阶段、线上＋线下环境、中文＋外语文化、教师＋师傅导师的方式,实现教学内容与工作任务融合、人才培养与行业需求融合、理论教学与企业实践融合、能力考核与技能评价融合、思政教育与传统文化融合、专业教师与能工巧匠融合。

(三)融媒体数字技术,破"难保持",让中国味道"味保鲜"

升级教学资源库,累计建设原创视频 1 万个,素材资源 29897 个。融合虚拟仿真资源,云端建成中国烹饪文化数字博物馆和国际教学栏目,再现中国烹饪古籍、餐饮老字号,中国名菜、名点、名宴等场景和内容。烹饪空中学院海外注册用户分布 79 个国家和地区,达 25000 多人,双向互聘国际烹饪名师,通过云课程直播吸引全球学员及中餐爱好者在线。

中国饮食文化"走出去"的职教创新实践,形成系列菜肴标准、教学标准及转化标准,开创"中华烹饪标准"国际输出的新范例;海外中餐学院"中国烹饪大师＋米其林大师"双师同台,创设"五双六融"育人模式,创新推进双向深度共融"国际现代学徒制"方案;建设"烹饪工艺与营养传承与创新"国家教学资源库及烹饪空中学院,创新性打造了中国烹饪文化数字化传播平台。

三、成效与社会影响

(一)打造了基于中餐烹饪高端美食平台的国际化育人高地

学校现为中国教育国际交流协会中外合作办学专业委员会发起单位和首批理事单位、浙江省教育国际交流协会高职分会副会长单位、中国华侨国际文化交流基地、全国烹饪职教联盟秘书处等。

国际化育人平台卓越。学校长期与老字号餐饮、国际连锁餐饮、黑珍珠餐饮等知名企业紧密合作;拥有国家生产示范实训基地;海外中餐实训教室及9个海外浙菜文化技艺体验店。

国际学术平台丰富。学校依托中国教育国际交流协会、留学基金委、省外专局等平台推进国际化培养;构建了中法商业经济研究中心、国际商科职教联盟、中荷国际旅游人才研究中心等5个国际学术交流平台。

(二)培养了一批"精技艺、懂文化、会传播"的中国美食和中餐技艺的"文化使者"

学校招收尼泊尔留学生1000余名,同时开拓海外办学之路,与西班牙巴利阿里大学合作开设中餐学院,持续培养300余名优秀中餐人才。

学校现有全国模范教师1人、国务院特殊津贴1人、省级教学名师1人、全国餐饮职业教育优秀教师2名、中国烹饪大师3人,高级技师20人,教师受邀赴哈佛、麻省理工等名校开讲授课。

为全球中餐爱好者和中华文化爱好者奉献的美食文化盛宴,西班牙等官方媒体(《帕尔马群岛日报》《马略卡日报》)给予高度评价。

(三)育人模式和内涵建设范式得到广泛推广和深度传播

校内建设中尼商学院、国际商科职教联盟,创新了"1(尼泊尔)+3(中国)"联合培养尼泊尔本科人才模式。海外首创西班牙中餐学院,并将办学模式推广至加拿大中餐学院,并拟在荷兰进行复制。

国际化育人受益面广。学校落实"万家海外中餐馆,同讲中国好故事"国家倡议,作为中国华侨文化交流基地(国内高职唯一),连续6年举办13期海外中餐烹饪技能培训班。现已组织85个国家886人次参加,惠及海外中餐馆70万家、拉动海外就业人数逾1000万。

文化育人范式在东西部协助、精准扶贫中推广应用,开发了"台江最美在Zhe里"系列资源。学校培养全国技术能手1人,浙江青年工匠7人,学生获全国一等奖10次。

2020年,学校入选浙江省高水平高职院校,附建"烹调工艺与营养专业群"(现更名为"烹饪工艺与营养专业群"),并通过中外合作办学国际质量认证(首批),浙江省示范性中外合作办学项目评估(首批)。

混合所有制产业学院引领的33521物流管理专业群高水平建设系统解决方案

成果完成单位:浙江经济职业技术学院、物产中大集团股份有限公司

成果完成人:邵庆祥、聂华、吴庆念、李晓阳、袁文意、张妮佳、马荣飞、单友成、李弟财、王庆、余建海、张启慧、刘颖、姚文斌、俞志东

一、成果背景与问题

(一)成果的背景与问题

本成果的提出和实施基于以下3个背景与问题。

1. 单一和分散的专业建设模式无法满足外部对职业教育的综合性需求和内部集约化管理的要求

21世纪初,随着经济的转型升级,产业的内涵和外延在迅速变化,产业集聚度迅速提升,跨领域、复合型工作种类越来越多,多个职业岗位或者职业群对职业教育提出更多的新需求。但现实是当时的高职院校比较注重单一的专业建设,专业群建设没有提到应有的地位和高度。专业之间缺乏必要的联系和资源共享机制,课程、教材、师资、实训基地等专业建设资源集约化管理程度低;单一专业的社会服务输出仅仅停留在"单人单岗"和人才培养的单一功能上,无法满足全产业链转型升级所需的打包式、集整式的综合性需求。

2. 松散型的校企合作机制无法保障专业群高质量建设和综合性服务能力的提升

作为一种以服务为导向的应用性教育类型,必须建立起稳定的制度化校企合作体制和机制,才能保证这种跨界教育的实施。在我国职业教育的发展历史上,从借鉴德国双元制、澳大利亚TAFE(职业技术教育学院)等形式,到各校之间形式多样的探索,本质上都是希望克服校企合作体制机制的不稳定性,建立起制度化、实体化的可持续实现形式。本项目前瞻性地把产业学院作为制度化和实体化的紧密性校企合作

载体,从2007年提出产业学院理论和成立全国第一家真正意义的产业学院,并持续推进"产业学院""嵌入式产业学院""混合所有制产业学院"三阶段的改革探索,有力地保障了高水平专业群建设和高质量综合服务能力的提升。

3.分割式、单兵突进的专业群治理框架和路径难以形成管理的合力

在专业群建设实践中,明显存在两个问题:一是从横向来看,专业人才培养与党建工作脱节,管理与教育服务工作不协调,师资队伍建设与实训基地建设独立规划和推进,专业群的各种资源没有围绕战略目标有效发挥作用,呈现相互隔离、各自为战的状态。二是从纵向来看,把专业群人才培养等同于专业群建设的全部,忽视专业群在社会服务、技术研发、文化创新、国际交流等方面的功能打造,工学一体人才培养模式、校企合作体制机制、产教融合体系建设三层次纵向贯通渠道不畅,呈现单兵突进的形态;专业群的价值输出与产业需求之间的动态循环机制无法形成;如何利用教育生态和自组织理论,构建专业群的系统解决方案呼之欲出。

(二)成果的形成历程与内容

本成果与供应链集成服务引领者——物产中大集团股份有限公司(世界500强)紧密合作,2001年提出专业群概念,2004年组建现代物流专业群。为突破专业群建设机制障碍,2007年首创产业学院理论并成立全国首家产业学院——物流产业学院,探索工学结合人才培养模式;2012年以提供企业战略性培训为切入点共建嵌入式产业学院——浙江物产中大管理学院,拓展专业群服务内涵,实现价值输出多元化;在此基础上,与物产中大集团、德勤华永成立独立法人混合所有制物产中大国际学院,实现以资本为纽带的专业群治理机制,解决了专业群产教融合合而不深、合而不强的制度化缺陷。

在产业学院理论和实践探索的引领推动下,学校响应国家供应链战略,紧跟传统流通业向供应链集成服务产业转型新需求,大力推进新技术、新挑战背景下,以物流管理专业群为核心的新商科创新实践,形成的主要成果发表于2018年《高等工程教育研究》上。在此基础上进一步聚焦提升基于产业学院的33521高职院校高水平专业群系统解决方案创新实践成果,打造了集"战略定位、服务模式、管理模式、组织生态"为一体的33521物流管理专业群高水平系统解决方案,有以下主要内容(见图1)。

(1)精准三定位:坚持专业群建设走"专精高"的发展定位;

(2)贯通三层次:建立工学结合、校企合作、产教融合三层次的持续有效贯通机制;

(3)强化五服务:强化人才培养、社会服务、技术研发、文化传播、国际输出等五项综合服务功能的价值输出;

(4)优化二管理:有效推进党建引领下的专业群精准管理(含数字治理)和文化管理;

(5)融入一生态:聚集供应链集成服务的组织生态,实现物流管理专业群与供应链产业生态互融双赢、协同共生的生态化发展。

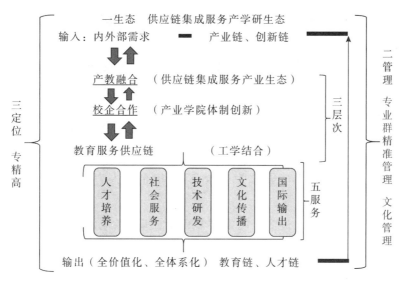

图 1　33521 物流管理专业群高水平系统解决方案

二、主要做法与经验成果

（一）以首创产业学院理论与前瞻提出专业群建设理念为引领，与物流与供应链著名企业——物产中大集团合作，持续迭代深化"产业学院"改革和专业群实践创新，解决专业群产教融合深度、强度的制度化不足、动力机制不足问题

一是以理论创新引领实践。2001 年提出专业群与学校办学特色理论，2004 年建立专业群建设实践模型。2007 年首次提出产业学院理论框架，从功能、种类、途径、举措等方面为实践提供了全面理论指导。

二是以实践创新验证和丰富理论。成果根据类型教育内在逻辑，从工学结合、校企合作、产教融合三位一体的实践理论，先后进行了嵌入式和混合式产业学院实践创新，极大地丰富了中国特色产教融合理论创新。

（二）以聚焦流通业向供应链集成服务转型需求为重点，形成混合制产业学院引领专业群建设的 33521 模式，解决专业群育人精准度、管理集约度和集成服务度不高的问题

一是以商流为先导、物流为核心、信息流为支撑、资金流为保障，形成"四流一体"专业群布局。校企共建"平台＋模块"专业群课程体系和教学资源库。

二是参与供应链管理师、物流服务师等 8 项国家标准的制定，主持供应链运营新专业论证。

三是依托产业学院，校企共建专业群资源库，实施"素技智三结合""专项实践—课程实践—毕业实践三递进"的"三结合三递进"系统综合实践培养模式，学徒制培养"专能精、通能强、素质高"的物流人才。

四是实施中高本一体化培养，"岗课赛证"综合育人。学校主持物流中高职一体

化课程改革重大课题,联合申报 2 个 X 证书,成为浙江省物流管理"1＋X"协作组组长单位。

五是依据教育生态和自组织理论,创新实践集"战略定位、服务模式、管理模式、组织生态"为一体的 33521 物流管理专业群高水平系统解决方案,全面提高专业群建设的管理集约度和集成服务度。

(三)以战略性培训为切入点,形成全体系化专业群价值输出范式,解决专业群服务功能单一化问题

以企业转型过程中的战略需求为切入点,承担企业人力开发、文化建设、技术升级、国际拓展等综合功能。

一是强化研发创新。通过 2 个国家教学创新团队、供应链集成服务研究院等,校企共同成立物产中大供应链创新应用研究中心,实现师资共用,合作研究企业重大课题 16 项、研发校企通用课程 30 余门。

二是强化育训并举。以物产中大国际学院为依托,开发八大系列化培训项目,构建校企"双职双岗""育教培研战"五位一体的高水平团队,促进师资团队向"教师＋技师＋培训师＋咨询师"转型达 160 余人,开展各类培训超 29 万人天。

三是强化国际交流与合作。依托设在我校的联合国教科文组织职教培训与联系中心,为企业国际业务拓展提供信息互通、技能交流、人才支持。

四是构建"基层共享、中层分流、高层互选、顶层综合"的物流管理专业群"平台＋模块"课程体系,与智慧职教、高等教育出版社开发共建物流管理专业群在线教学资源库和数字化课程中心,强化专业群集成服务能力,形成专业群集约化、系统化、全链化、精准化价值输出模式与动能。

(四)以优化专业治理机制为动力点,推进"党建＋、数字＋、文化＋"物流管理专业群建设,解决专业群发展不可持续问题

一是建立专业动态调整机制,强化专业群的结构治理。

二是充分运用专业教学资源中心和校园治理服务中心,大力推进"数字＋"和战略性组织转型的专业群精准管理创新实践。

三是推进党建引领下的专业群文化治理,以省首批高校党建标杆院系为载体,校企持续深化"产业企业专业"一体的"五彩物流专业群文化",覆盖式赋能专业群发展的全要素、全方位、全过程治理,确保专业群可持续发展。

三、创新与特点

(一)理论创新

一是在全国范围内率先提出产业学院理论体系(2007 年),形成了"产业学院、嵌入式产业学院、混合制产业学院"等三阶段建设制度化体系及系统解决方案。

二是在全国范围内率先从高职的视角提出专业群与学校特色建设理论(2001

年），2004 年提出现代物流和汽车销售与服务专业群建设思路和治理框架、实践模型。

三是 2018 年在《高等工程教育研究》正式发表基于新技术、新挑战背景下，以物流管理专业群为核心的新商科创新实践成果。

（二）机制创新

一是系统实践了现代产业学院建设的"初创—成长—改革"的"三阶段迭代式螺旋上升"模式，建成体现职业教育类型特色和中国特色的股份制混合所有产业学院。

二是发挥资源集聚、引领拉动等功能，吸引政府、行业、产业、企业、教育、学校等各方利益相关者"共建、共享、互通、互用"，为专业群的产教融合、校企合作、工学结合"产学研金介用美"等提供平台、桥梁、纽带和动能。

（三）模式创新

学院以教育生态学、自组织理论和企业绩效改进理论为指导，系统思考专业群的"发展定位、机制动力、人才培养、功能拓展"等逻辑起点和关键要素，创新性提出专业群建设"33521"模式，形成"混合所有制产业学院拉动引领——治理机制变革优化赋能——五位一体集成输出"的高水平专业群集成式教育服务新模式，并在实践中全面实施推进，取得了丰硕的成果。

（四）治理创新

一是治理机制创新。联合政行企校形成命运共同体，在产业学院的"初创—成长—发展"等各个阶段，明晰各方权责利，共同发力产业学院建设与运作。

二是治理体系创新。依托产业学院建设及运作，开展现代物流管理专业群治理体系建设，主要涉及其外延（体制机制、制度规范、平台搭建）、内涵（标准同步、人员共用、资源共享、课程共建、输出合力）等方面的全方位、全要素、全过程治理。

三是治理内容创新。依托混合所有制产业学院引领，将国家物流战略、物流行业企业的绿色物流、智慧物流、精益物流等要素引入专业人才培养方案，并借助学校文化素质教育平台，开展"党建＋文化＋物流"系列活动，促进"33521"模式的思政与文化认同。

四是治理方法创新。依托混合所有制产业学院引领，联合行业企业协同为校内外一体化智慧实践教学平台、智慧化课程资源平台等赋能，促进专业群的"数字＋"变革。

四、应用推广效果

（一）成为中国特色产业学院理论和实践创新的示范高地

本成果是产业学院的理论发祥地和实践启航地，并持续推进实践创新。经查阅 CNKI 文献库，2010 年以前全国核心期刊仅有的三篇研究产业学院论文均是我校发表的，被学界誉为对产业学院研究具有"首创之功"。学校先后发表产业学院主题论文20余篇,成果被《光明日报》、中国教育电视台等媒体报道20余次,成为具有全国影响力的推广和研究高地,有力地推动了全国高职院校产教融合的不断深化。

(二)高水平物流管理专业群系统解决方案的理论和实践成果形成全国影响力

通过十多年实践,学校形成20余项研究成果,建有4个实体性产业学院,获国家级建设项目8项、教改项目3项,教师获国家和省级荣誉8项,学生国赛获奖累计43项(其中一等奖10项),"1+X"证书通过率达88%,毕业生、用人单位满意率均在90%以上。

成果分别在全球人才发展协会(ATD)、教育部职业院校校长治理能力提升专研班(双高校)、清华大学继续教育学院职业院校干部培训班等高端论坛上培训推广,152所"双高"院校书记、校长,387所高职院校通过培训和来访学习受益。作为中国高教战略发展协会产教融合分委会副理事长单位,依托平台优势全国推广成果经验交流26次。

(三)成为企业提质增效和乡村振兴的示范赋能高地

成果以战略性培训为切入点,通过物产中大供应链创新研究中心、物产中大国际学院等平台,推动专业群价值输出在培训、研发、企业文化等方面全面拓展,完成攻关课题16项、员工培训超29万人天,助力物产中大由2011年世界500强排名483位向2022年排名120位的大幅跃升。成果团队积极融入国家和浙江省"东西部职业教育协作行动计划""山海协作行动计划",开展专业群"赋能产业、赋能共同富裕示范区、赋能乡村振兴"行动及"党建+产业+人才+文化"四位一体的校地共富双促行动,与阿克苏等省市开展结对合作,与山区26县签订协议开展合作28项,年均服务4193人次,提供培训7333人天。

(四)成为中国特色职教方案海外输出的示范践行高地

依托设立在我校的联合国教科文组织职教与培训联系中心、浙江省职教集团"一带一路"人才培养协作联盟秘书长单位的平台,向共建"一带一路"20多个国家推广中国特色产业学院建设标准、33521专业群建设范式、国际化课程及其标准等,提升物流职教中国模式的国际影响力。荣获2019—2021年全球供应链专业群建设创新奖,2人荣获全球供应链人才培养奖和杰出领袖奖。2022年学校获评中国-苏格兰商业大奖。

匠师协同·课岗融通·研学结合：
新时代"浙菜儒厨"育人模式探索与实践

成果完成单位：浙江省德清县职业中等专业学校、浙江省餐饮行业协会、德清县莫干山大酒店有限公司、浙江旅游职业学院、杭州市西湖职业高级中学

成果完成人：周武杰、林芳、沈勤峰、余静学、厉志光、金晓阳、李林生、白杨、黄明、周建良

执笔人：林芳

民以食为天，对饮食色香味形俱佳、营养丰富，以及文化内涵品鉴的需要成为人民群众美好生活的重要组成部分，因此如何培养满足新时代健康餐饮、品质烹饪所需的高素质儒厨是新时期中国烹饪所面临的共同问题。

一、成果背景与问题

2002年，学校着眼于烹饪人才培养与餐饮行业发展的紧密衔接，针对烹饪专业教学定位、内容与模式等问题，着手烹饪专业人才培养的探索与实践，经历以下3个阶段：一是强调技能脱贫的模式构建阶段（2002—2008年），以争创国家级重点职业学校、教育部半工半读试点学校、烹饪省级示范专业为契机，有效达成校企合作，培养服务餐饮一线的"实用性烹饪人才"；二是强调技能就业的形成推广阶段（2008—2016年），以国家改革发展示范校重点专业建设、教育部职业教育现代学徒制理论研究与实践探索、省级现代服务业实训基地建设为导向，深度推进产教融合，以培养德技双馨的"现代烹饪高技能人才"；三是强调技能创富的特色深化阶段（2016年至今），以第一批浙江省现代学徒制试点单位、中职教育三名工程（名校、名专业、名师）建设为载体，协同打造"政行企校"命运共同体，以培养"善烹饪、懂营养、勇创新、有情怀"的浙菜儒厨。

本成果探索形成"匠师协同、课岗融通、研学结合"的中职烹饪专业人才培养模式（见图1），依托"诗画浙江·百县千碗"政府工程等构建"院校联建＋行业组织＋企业

联盟",打造"匠师协同"教师专业成长工程,构建"政行企校"命运共同体,回应教学定位与餐饮行业转型发展匹配诉求;开发新形态教材,以"课岗融通"为途径,精准对接区域餐饮行业技术工艺和市场岗位需求;改革进阶式学习路径,以"研学结合"为途径,实现为学生职业素养全生命周期发展持续赋能。

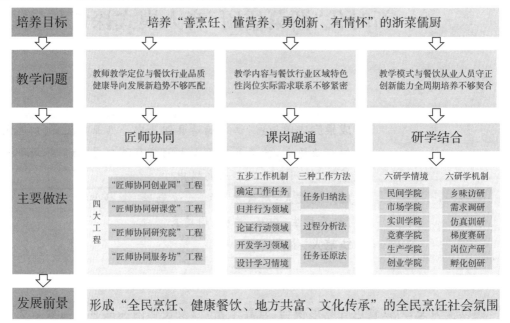

图1 中职烹饪专业人才培养模式

本成果有效解决以下教学问题:

一是教师教学定位与餐饮行业品质健康导向的发展新趋势不够匹配,专业教师企业实践经历较少,对餐饮行业新趋势把握不足;校企教师"双向双融"不通畅,教师团队协作效率不高,难以满足烹饪专业理论、实践与创新一体化发展。

二是教学内容与餐饮行业区域特色性的岗位实际需求联系不够紧密,传统教材无法满足学生对地方特色菜肴及特定烹调技法的学习需求,行业和企业参与教材开发、更新、优化机制力度不足,教学内容滞后于餐饮行业发展。

三是教学模式与餐饮从业人员守正创新能力的全周期培养不够契合,烹饪专业教学模式尚未凸显营养搭配、文化素养等人才培养需求,"互联网+"背景下的虚拟仿真、混合式教学等技术运用不充分,创新创业平台缺少,难以适应学生全周期人才培养。

二、主要做法与经验成果

(一)打造"匠师协同"教师成长工程,回应餐饮行业转型发展匹配诉求

学校以"外引内培"为主要机制,探索行业大师、企业骨干、高职专家、中职名师协同共生、共同成长"双向双融"专兼结合教学团队建设及机制创新,联合打造集"生产、

教学、科研、服务"功能于一体的四大教师专业成长工程(见图2)。

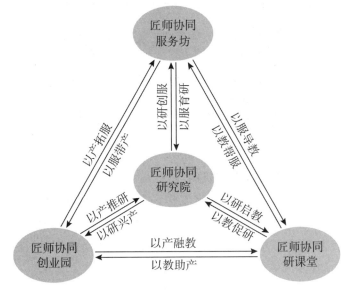

图2 "匠师协同"教师专业成长工程

1. 以"研究院研菜品"，传承中华美食技艺文化

学校挖掘浙菜技艺文化，结合现代工艺、营养知识，协同推出"李大师每周一菜"等活动，匠师协同研发、推广菜品，开发相关教材与精品课程，以"匠心匠技"传承中华美食技艺文化。

2. 以"研课堂促教学"，同步提升匠师教学水平

学校以"教室厨房合一、教师厨师合一、学生学徒合一、教学烹饪合一、作品菜品合一"为要求，匠师协同将烹饪技艺、营养知识、文化内涵、岗位素养、角色认同等内化并传授给学生。

3. 以"创业园创特色"，跨界整合优质教学资源

学校推进教师假期下企业、下厨房，引进优质餐饮名店进驻校园，校企联动深度对接行业生产运营，整合跨界烹饪行业和企业新原料、新技术、新工艺、新标准、新方法、新菜品等优质教学资源。

4. 以"服务坊迎民生"，打造地方美食的金名片

学校通过职业教育周便民服务、劳模工匠进社区、推广地方小吃、为西部地区提供技术服务，助力政府"诗画浙江·百县千碗"工程，打造地方美食名片，全面提升教师社会服务水平。

(二)开发"课岗融通"的新形态教材，精准对接区域餐饮行业的新需求

学校开发"地方特色、活页更新、数字赋能"新形态教材，即与行业技术工艺精准对接的活页式岗位教材、与区域餐饮市场精准对接的本土化菜品教材、与现代技术教育精准对接的数字化教材(见图3)。

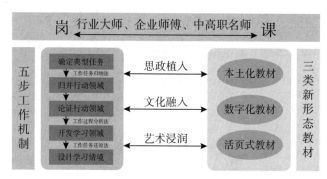

图3 "课岗融通"新形态教材开发工作机制

1. 构建协同开发教材"五步工作机制"

分析每个岗位的具体工作,以"确定工作任务—归并行动领域—论证行动领域—开发学习领域—设计学习情境"五步工作机制,设计基于工作过程的企业核心领域课程体系,开发与行业技术工艺、岗位核心素养精准对接的岗位教材(见表1)。

表1 "课岗融通"教材开发一览表

岗位	确定典型工作任务	归并、论证行动领域	开发学习领域	设计学习情境	设计基于工作过程的企业核心领域课程并开发教材、数字资源
初加工	烹饪原料的质量鉴定 鲜活原料的初步加工 干活原料的涨发 烹饪原料的分档取料和整料出骨	烹饪原料的初步加工 烹饪原料的细加工	烹饪原料加工技术	原料的品质鉴定 刀法练习 刀工成形 干料涨发	烹饪原料加工
切配	烹饪原料的刀工成形 菜肴的配菜 宴席的配菜	配菜		配菜	切配岗位指导书
打荷	荷台的准备工作 小料加工 打荷操作 围边点缀	打荷	中餐烹调技术	餐具识别 自备调味品的制作 菜肴围边	打荷岗位指导书
炉台	热菜的烹调(1)炉灶 热菜的烹调(2)蒸灶 热菜的烹调(3)煲档	热菜制作		油温识别 上浆挂糊勾芡 水烹法 油烹法 汽烹法 其他烹法	炉台实战技艺

续表

岗位	确定典型工作任务	归并、论证行动领域	开发学习领域	设计学习情境	设计基于工作过程的企业核心领域课程并开发教材、数字资源
面点	烹饪原料的质量鉴定 面团的调制 馅心的调制 面点的制作成形 面点的熟制 面点的装盘和点缀	面点制作	面点制作技术	馅心调制 水调面团调制 膨松面团调制 油酥面团调制 其他面团调制 面点熟制	中式面点技艺
冷菜	冷菜原料的质量鉴定 冷菜原料的初加工 冷菜原料的熟制 冷菜的制作和装盘 卫生消毒	冷菜制作	冷菜制作技术	冷菜制作技法 冷菜装盘 卫生消毒	冷菜冷拼制作技艺
刺身	刺身原料的质量鉴定 刺身原料的初加工 刺身类菜肴的制作 卫生消毒	刺身加工		刺身原料初加工 刺身装盘 卫生消毒	
雕刻	果蔬雕刻原料的质量鉴定 各类果蔬雕刻 黄油雕 泡沫雕	食品雕刻	食品雕刻	花卉类雕刻 虫鸟类雕刻 禽兽类雕刻 人物类雕刻	食品雕刻与围边工艺

2. 采用协同开发教材"三种工作方法"

通过工作任务归纳法,依据能力复杂程度将典型工作任务切换到行动领域。通过工作过程分析法,依据职业成长及认知递进规律将行动领域切换到学习领域。通过工作任务还原法,依据职业特征将学习领域切换到学习情境,通过思政植入、文化融入、艺术浸润提升教材内涵。

(三)改革"研学结合"进阶学习路径,实现为学生全周期发展持续赋能

学校以"研学结合"为途径,开创"浸润体验—技能习得—实践创新"进阶式学习路径,创新制定"怀匠心、知匠能、学匠艺、练匠技、铸匠魂、做匠人"的"六研学"目标,满足学生个性化发展需求;创新打造民间学院、市场学院、实训学院、竞赛学院、生产学院、创业学院"六研学"情境,多元主体共助学生发展;构建乡味访研、需求调研、仿真训研、梯度赛研、岗位产研、孵化创研"六研学"机制,为学生全生命周期发展持续赋能(见图4)。

1. 以"浸润体验"感乡味

学生在民间学院中以"访问者"的身份,通过"拜访乡厨、探寻文化"等活动,自主挖掘、访研传统特色乡味,以个人美篇推广自己眼中的美食;在市场学院中以"调查者"的身份,通过市场调研、美食 APP 数据分析等活动,合作调研不同消费群体的市场民味,以团队报告形式呈现餐饮消费趋势。

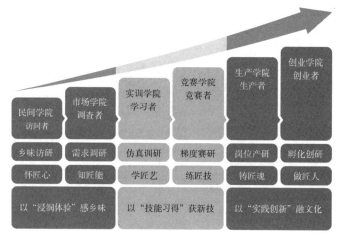

图 4 "研学结合"进阶式学习路径

2. 以"技能习得"获新技

学生在实训学院中以"学习者"的身份,进行线上、线下混合式学习,师生训研提高学生职业素养,培养工匠精神;在竞赛学院中以"竞赛者"的身份,通过"国家、省、市、校"职业能力大赛,面向人人、层层递进、梯度建设、以老带新,生生竞研强化技能,提升自我价值感。

3. 以"实践创新"融文化

学生在生产学院中以"生产者"的身份,知岗、轮岗、顶岗,师徒产研企业生产,促进角色融入与文化认同,形成责任担当;在"创业学院"中以"创业者"的身份,以"创意创新创业"为主线自主创研,线上、线下同步销售最终成品,培养创新精神。

三、成果的创新与特色

(一)理念创新:形成"营养烹饪、文化传承"的浙菜儒厨育人理念

基于教育部课程思政示范课程、"烹饪工艺营养传承与创新"国家职业教育专业教学资源库等项目内容,秉承浙菜选料讲究、烹饪独到、注重本味、制作精细的特色,学校将语文、美术等课程素养融入烹饪专业的技能教学,有机融入职业素养、职业道德、工匠精神、责任担当、传统文化、食品健康、卫生环保、家国情怀等思政元素,提升烹饪学生专业技能、文化内涵、艺术品位与品德修养。学校始终致力于浙菜美食文化、特色菜系的传承与创新,提出"善烹饪、懂营养、勇创新、有情怀"的烹饪专业育人目标,形成"浙菜儒厨"的育人理念,其核心观点在浙江教育信息网上发表,出版《食美浙江》《浙江饮食文化遗产研究》等著作,举办首届中国浙菜美食节、浙江省首届名点

名小吃推广会等一系列浙菜推广活动。

(二)模式创新:构建"匠师协同、四核驱动"的烹饪人才培养模式

学校通过四大教师专业成长工程,有效整合行业大师、企业骨干、高职专家、中职名师等师资力量,全面提升教师综合能力与素养,确保烹饪教师的创新性与专业性,形成生产、教学、研究、服务"两两对流,互助共赢"的优势循环模式。学校构建"浸润体验—技能习得—实践创新"进阶式学习路径,创设六研学情境,实施六研学方法,实现烹饪学习范式新变革,开创学生身份多元发展新格局。"匠师协同、课岗融通、研学结合"的人才培养新模式,核心内涵及实践探索在《中国职业技术教育》等核心期刊发表,受到《中国教育报》、人民网等媒体专题报道,多次被同类院校借鉴并获外省教育厅好评,成为对接学生"全周期、全过程、全方面"职业发展的新纽带。

(三)机制创新:建立"多元联盟、多方联动"的协同育人循环机制

学校依托国家级"金晓阳厨艺传承大师工作室"、省级"李林生技能大师工作室"等重要载体,打造"生产、教学、研究、服务"四位一体的"政行企校"命运共同体。打破教育边界,学校以协同搭建就业平台、提供创业资源、输送毕业生等形式,为学生持续提供就业、创业过程中全周期职业能力与素养的培养及个性化帮助,毕业生以技术指导、学长课堂、专项奖学金等形式反哺学校的发展,从而形成"学校培育、企业经营"双向互助循环和多方互利共赢效应,以期打造"餐饮创收、地方共富"的良好餐饮生态循环环境。同时,学校精准扶贫四川木里、云南德宏州、贵州凯里等多个西部地区,形成助推乡村振兴战略、可推广可持续的"浙江经验"。

四、应用推广效果

(一)人才培养质量全面提高,成为企业离不开的浙菜儒厨"蓄水池"

1. 人才培养质量高

学校培育了以"全国技术能手"为代表的上万名高素质浙菜儒厨和近百名中高职院校烹饪教师,学生就业人民大会堂宾馆、服务 G20 国宴,区域餐饮行业中 67% 的行政总厨为学校毕业生。中国科学院、全国餐饮职业教育教学指导委员会、中国烹饪协会等专家对学校的人才培养成效给予高度评价。

2. 学生创新创业能力强

学生参与联合国世界地理信息大会等一系列国际重要会议菜品研发(见图 5),学生发明的《一种安全型切菜装置》获国家实用新型专利证书(见图 6),在全国职业院校技能大赛、全国烹饪行业大赛等竞赛中获奖 100 余次,涌现了以拥有 55 家连锁店的大方餐饮公司为代表的创业典范,引领地方万千餐饮市场布局大升级。

图5 学生参与首届联合国世界地理信息大全　　图6 学生获国家发明专利

(二)教师教学水平明显提升,打造业界都认同的双师双能结构"新师力"

1.打造素质过硬的浙派烹饪名师

李林生荣登中国顶级餐饮大师榜(见图7),在教育部机关食堂指导浙菜制作,金晓阳被授予G20服务保障工作优秀指导教师,主持研制"营养配餐员"国家职业技能标准。烹饪教师获全国模范教师等国家级荣誉32人次,获国家级、省部级科研成果、技能大赛等奖励100余项,在《教育与职业》等期刊发表论文100余篇。

2.打造大厨聚集的名烹饪团队

学校开发国家数字化精品课程资源等项目,点击量达10万人次,主编参编教材(含7本国家规划教材)销售量达30万册,主持2门课程获教育部课程思政示范课程,授课教师入选教学名师和教学团队(见图8),沈勤峰在2次全国会议中做教学展示与专题讲座,观摩人数达4433人,示范引领烹饪专业教学高质量发展。

图7 李林生大师荣登中国顶级餐饮大师榜　　图8 烹饪教师入选课程思政教师名师和教学团队

(三)烹饪行业认可显著加强,形成服务有效益的校企协同发展"硬支撑"

1. 得到烹饪行业高度评价

师生参与杭州 G20 峰会晚宴、联合国世界地理信息大会晚宴菜品研发,毕业生就业能力得到北京人民大会堂宾馆、杭州大华饭店等单位的一致好评,获《中国教育报》等媒体报道 100 余次(见图9和图10)。

图9 烹饪专业育人成效获人民大会堂宾馆好评　　图10 烹饪专业人才培养模式获《中国教育报》报道

2. 社会培训服务持续推进

开展教师、厨师、中小学生、特殊教育学生、退伍士兵、农村预备劳动力等各类人员烹饪知识技能培训近 10 万人次,新冠疫情期间线上送教湖北。

3. 企业技术服务效益不断增加

校企合作共同研发新菜品 200 余道,获国家专利 10 项,指导省内外企业获烹饪金奖 100 余项,企业创收上亿元,引领带动餐饮行业发展"新食尚"。

(四)特色烹饪模式持续推广,成为区域可辐射的地方特色餐饮"强品牌"

1. 打造地方特色餐饮品牌

关于《做好德清美食文章,打造莫干山旅游度假"金名片"》提案得到德清县人民政府答复,现已举办十届浙江厨师节等浙菜推广活动,协同打造"游子文化宴"等美食名片,在甘肃等省推广,"百县千碗·德清味道"在中央电视台《美食中国》播出(见图11和图12)。

2. 助力乡村振兴与精准扶贫

学生获乡村振兴大赛特等奖,受中央电视台《焦点访谈》采访,师生以菜肴开发、员工培训、技能辅导、联合办学、育人模式推广等形式精准扶贫新疆等地,促进地方文旅产业持续释放乡村振兴活力动能。

图 11　德清县人民政府批复

图 12　"百县千碗·德清味道"
名片推广

五、成果发展前景

　　扎实推进共同富裕是党领导人民实现全面建成小康社会后的必然趋向，以健康餐饮、技能共富为核心，推动全民餐饮需求普遍得到更高水平满足，是未来烹饪行业的发展趋势。因此，未来烹饪人才培养可贯穿全民、全生命周期，覆盖中西烹饪全技能范畴，形成"全民烹饪、健康餐饮、地方共富、文化传承"的全民烹饪社会氛围，让浙菜烹饪技艺与饮食文化走进寻常百姓家；同时，跨界中医药学，均衡搭配菜品营养，让健康营养理念走向世界，实现全体人民共同富裕和全世界人民美好生活，打造"味美、形美、文化美，家宴、国宴、世界宴"的中华美食盛世。

良渚文化宴:"入心 上手 践行" 培育烹饪传创人才的实践探索

成果完成单位:杭州市良渚职业高级中学、良渚博物院、杭州梁渚餐饮文化管理有限公司、杭州市余杭区青至陶瓷艺术馆、良玉邻家大酒店

成果完成人:朱丹、贺建谊、孟忠花、诸奎松、孙伟民、沈晓敏、徐杭杰、杜国平、陶苏萌、罗洪文

传统文化的影响根深蒂固,它塑造人们的人生观、价值观、职业观。良渚文化是中华文明的重要组成部分,习近平同志明确指示:"良渚遗址是实证中华五千年文明史的圣地,是不可多得的宝贵财富,我们必须把它保护好。"[1]打造政治性强、内涵丰富、意蕴厚重、接受度高的中华文化符号和中华民族形象,积极引导人、陶冶人、塑造人,这是职业学校义不容辞的责任。

我校在这方面做出了积极探索和实践,作为一所地处良渚文化发源地的农村中职学校,其烹饪专业学生成为就业市场上的"香饽饽",被赞做出了菜品的"文化味";一大批传创人才相继创业成功,他们自觉担当良渚文化传播使者;学校文化宴产品产生巨大品牌效应,催生多样区域新业态,吸引众多社会资本投入和知名媒体关注。

这得益于学校坚持厚植良渚文化,积极开发良渚文化宴,创建并深化"入心上手践行"传创育人范式,培养出众多"知传统、精技艺、善传扬、有担当"的高素质技术技能人才(见图1)。

---

① 林晖,周玮,施雨岑,等.习近平的文化情怀[N].人民日报,2022-05-12(1).

图1 良渚文化宴展台示例

一、背景及问题

(一)良渚文化历史久远、底蕴深厚,中职生难体验、难感悟、难消化

良渚文化内涵丰富、影响深远,以玉器、石器所表征的礼制,犁耕稻作生产方式,黑陶等手工制作著名,学校传创育人环境封闭、方式机械、过程囫囵,学生对千年文化体验不深、认识不全、理解不透、认同感低。

(二)传统烹饪专业重视菜品制作技艺传授,忽视"宴席"设计、开发等能力养成

餐饮产业的转型升级需要具有综合能力素养的"烹饪人""烹饪师",但很多中职学校重视低水平重复式的传统菜品制作技艺传授,停留于"烹饪工"的培养阶段。

(三)餐饮行业菜品更新快,研创要求高,学校培养创新型人才难度大

餐饮市场消费者喜欢"换口味",消费忠诚度较低,品质要求高,"重模仿轻创新转化"的育人方式难以培养学生创新意识和能力。

(四)小厨易做,大师难成。中职生职场缺规划,身份缺认可,成长缺后劲

传创实践应贯穿职前职后,融通校内校外,促进学校、企业、行业各领域要素之间的协同发展,断层式传创育人难以为学生终身成长充电蓄能。

美食,是学生和千年文化相逢最好的媒介。2008年以来学校倾力打造良渚文化宴,历经"宴席初步开发,系列标准研制,育人综合平台搭建,传创人范式凝练验证"4个阶段,基于转化式学习理论形成育人目的、育人范式转化(见图2)。

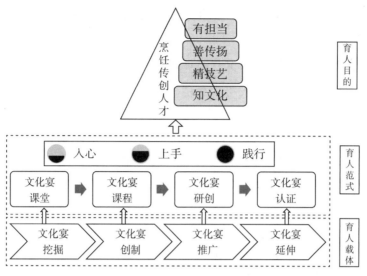

图2 烹饪传创人才培养模式

良渚文化宴是彰显千年文化元素，唤醒文化记忆，挖掘、呈现、创新传统烹饪技艺，培养现代化传创人才的综合载体和育人方案。文化宴是一组菜品，包括陶宴、玉宴、中西宴3个系列，传统菜和创新菜两个类别，有冷菜、热菜、点心等56道；是一系列跨界课程，包含文化故事、烹饪技艺、宴席礼仪、餐具研发等；更是一套育人方案，包括传创人画像绘制、育人范式构建、育人平台打造，由此实现烹饪人才由"烹饪工"到"烹饪人""烹饪师"的培养升级。

二、解决问题的方法

(一)根植良渚文化腹地，构建文化宴课堂，复活良渚"老"味道

学校依托良渚遗址资源构建文化宴课堂，以"整合资源、融通情境、优化体验"为核心，打通空间、时间、年段限制，把课堂搬到乡野、田间、场馆，打造"寻根地图""田园节""汇报展演"活动平台让学生"睁眼看"。

1. 乡野课堂

学校整合地方乡贤、民间行家等主体，以乡土人家、村社大礼堂为背景，搜集文化宴故事、烹饪传统技艺、良渚乡风习俗等，通过"挖掘—整理—研讨—转化"的行走式学习完成"寻根地图"，让学生熟悉良渚地域文化环境。

2. 农耕课堂

学校联合"三农"企业，以田间地头为背景，依循农时节令耕作地方特色食材，推进"激趣—示范—操练—检测"闯关式学习，围绕春种、夏耘、秋收开展"田园节"庆典仪式，加深学生对地方食材的了解和感情。

3. 博物课堂

学校引入良渚文化专家，以良渚博物院、古城遗址公园为背景，推进"策划—协

同一展示—反思"社会化学习,开展"汇报展演",通过"观+讲+演+唱"活动复活文化记忆。

(二)解码良渚文化要素,开发文化宴课程,开启"舌尖上"的实战

为了提升学生宴席设计、开发等综合能力素养,学校坚持"文化要素+专业特色"理念,遵循"识—做—用"学习逻辑,全方位挖掘、跨学科研制、多模态实施文化宴系列课程,包括高一文化启蒙课程、高二传统技艺课程、高三综合素养课程。该课程作为独立的地域文化特色校本课程体系,与现有课程互相补充,师生依照实际需求选择开展,课程的开发和实施打通了传创育人与专业学习之间的壁垒。

1. 文化启蒙

学校提炼礼制、习俗等良渚文化要素,融合语文、旅游等学科,开发"良渚故事""良渚风俗"等内容,通过深挖历史人文、乡土特色,引导学生深入理解、准确定位宴席的文化主题及设计理念。

2. 传统技艺

学校依据食物、器具等良渚文化要素,协同化学分析、农业等学科,开发"良渚点心""良渚味道""黑陶制作"等内容,通过传统技能习得,提升学生宴席菜品烹饪、餐具选配能力。

3. 综合素养

学校基于玉器、陶器、古文字等良渚文化要素,融合会展、营销等学科,开发"餐厅布置""服务礼仪""产品推广"等内容,通过展厅、餐厅、赛场三重实训,培养学生宴席设置推广能力。

三大课程做学研结合,实现了理论与实践一体化;单项烹饪技能嵌入传创课程整体框架,实现了菜品学习与宴席开发的一体化;传创课程对接专业课程,实现了传创素养提升和职业能力进阶的一体化。

(三)融入餐饮大市场,推进文化宴研创孵化,实现培养迭代

为适应当前餐饮市场顾客"口味"换得快的特征,学校整合企业和行业多方资源,依托文化宴体验中心、大师工作室平台,推进"研创意识、研创行动、研创能力"三级孵化,落实文化宴产品应用推广和人才培养进阶。

1. 研创意识

学校借助调研、跟岗活动引导学生与市场受众、企业骨干对话,通过"发现问题—头脑风暴—自由探究"引发研创兴趣;借助圆桌会引导学生与行业精英对话,通过"氛围创设—案例研讨—分享启发"激发研创动机。

2. 研创行动

学校依托大师汇、美食节、创意赛等校内外互动,引导学生关注市场动态,形成文化宴菜品、服务、传播创新金点子。

3. 研创能力

学校围绕"陶宴""玉宴""中西宴"推进"调研—设计—验证—改进"文化宴研创链闭环运作,以"专业协作 师生结对 大师引领"提升学生观察分析能力、跨界融合能力、问题解决能力。

(四)开展传创能力考核,进行三玉徽章认证,强化"文化宴达人"使命担当

1. 身份认定

学校围绕故事习俗、菜品烹制、餐具配制、礼仪展示、宴席研创、产品推广实施打榜制,以互动度、实践值、影响力为一级指标,下设数目不等的二级指标。通过分级考核的学生获得文化宴专项能力认定,确认"文化宴达人"身份。

2. 授章仪式

文化宴达人获得具有千年文化表征的玉鸟、玉璧、玉琮三级徽章,享受就业优先、创业帮扶、评优考虑、宣传打造等优惠政策。

3. 职后辐射

学校联合行业协会、定点企业建设文化宴数字化培训资源,开展碎片式、灵活化、实时性培训,定期召开文化宴大比武,胜出者授予"文化宴大师"称号,成为行业示范、企业骨干、校内导师。

三、创新点

(一)创新了一系列具有"良渚文化标志"的文化宴标准

细化产品标准,为保证文化宴产品质量,推动餐饮业健康发展,学校联合省市餐饮协会制定了文化宴系列标准,包括冷菜、热菜、面点等制作流程和原料工艺的菜品标准,黑陶材质形状的餐具使用标准,着装、礼仪的服务标准,环境布置、故事讲解的餐厅标准。

形成应用标准,依据市场分层定位文化宴系列应用标准,陶宴开发标准满足小微企业大众化、差异化发展需求,玉宴开发标准满足大中型企业高端发展需求,中西宴开发标准满足国际交流需求。

(二)创新了一个文化宴综合育人平台

平台基于"开放、综合、多元"原则,集"烹饪体验、技能操作、菜品研创、宴席展示、营销培训"功能为一体,实现校政行企共建共用共享,包括校外良渚博物院、古城遗址公园、文化宴餐厅等,校内黑陶博物馆、良匠学院、文化宴体验中心等。

全产业链对接,平台推动传创育人过程对接餐饮产业全过程,农耕基地支持产前地方特色食材种植,实现文化浸润、体验;良匠学院支持产中宴席研制,实现传统技艺传承创新;文化宴餐厅等支持产后市场推广,实现文化传扬。

全方位培养,建设文化宴国家精品课程资源,打造杰哥食雕抖音平台,打通校内

外厨艺展示交流空间,贯穿准厨、小厨、大师的成长进阶通道,推动学生由文化体验者向技艺传承者、研创先行者转型。

全领域服务,开展社会传创人培训,面向餐馆酒店、新农庄、特色民宿、康养中心、政府企业单位推动文化宴应用;开设文化宴食材识别、食品检验、餐具制作、文化讲解等食育课程,面向中小学全面推进职业启蒙教育和劳动教育。

(三)创新了一套基于文化宴的人才培养方案

构建传创育人目标,基于良渚文化"原创、首创、独创、外拓"内涵提炼,学校以核心素养相关理论为依据,从我与传统、我与自己、我与专业、我与社会4个维度绘制"知文化、精技艺、善传扬、有担当"的传创人才画像。

形成文化宴育人载体,学校遵循"识—做—研—用"传创规律,深化政企行村协同,让文化宴成为具有文化记忆、专业技艺、传承使命特征的现代化高素质技能人才培养载体。

凝练"传创人"培育策略,学校立足情境深化文化体验,构建文化宴课堂,开发文化宴课程,推进文化宴研创,创制特色文化产品,推行文化宴传创人认证,激发职业认同和传承责任担当,形成"入心 上手 践行"的育人范式。

成果厘清了学校育人与文化传创的基本关系,对职业院校传创育人实践有较广泛的示范意义。

四、应用与推广

(一)应用成效:文化宴人才及产品走向国际大舞台

成果实施以来培养了2000余名烹饪传创人,多人入职王元兴、老龙井等老字号餐饮企业和良渚博物院、古城遗址公园等,成为单位中坚力量,其中戴国伟等人参与G20、亚运会餐饮服务工作。20余名传创人进入马来西亚、迪拜等国外餐饮业,积极传播良渚文化宴。50多名传创人创业成功,包括"董鲜生"创办人董荣娣、"青至陶瓷艺术馆"创始人罗洪文等。

烹饪专业获新中国成立70周年浙江餐饮业烹饪教学贡献奖,开发《中式热菜制作技艺》《良渚味道》《良渚故事》等十余本特色教材,制作"苕溪清水桃花鸭""七贤桥畔群英会"等精品网络课程。学校联合黑陶大师罗洪文创制的黑陶、青瓷作品在日本静冈展出,被G20贵宾接待大厅、良渚博物院收藏。文化宴展台入驻良渚古城遗址公园、浙江省"诗画浙江·百县千碗"活动、浙江名茶点名茶肴大赛活动,面向世界开放。学校是联合国教科文组织国际职业技术教育与培训中心紧密合作伙伴,与德国约翰内斯·阿尔图休斯高级中学、浙江中华文化学院开展文化宴交流活动,国际影响力逐渐扩大。

(二)推广价值:文化宴系列标准助力产业转型升级

带动一方产业兴旺,政府斥资千万建设文化宴体验中心,罗洪文陶艺馆、地方菜研究院驻校,学校成为浙江省餐饮协会基地、宋韵苕溪家宴开发基地。学校协同梁渚餐饮文化管理有限公司开发博物馆沉浸式餐厅,成立良渚黑陶文化研究会、良渚民俗文化研究会,收藏展出数百件良渚文化珍贵文物;与汇同餐饮有限公司联合入驻遗址公园,形成网红打卡新地标;协同良玉邻家餐厅推广文化宴,使其成为美团热搜第一。

催生一批区域新业态,形成"文化宴+旅游""文化宴+研学""文化宴+民宿""文化宴+博物馆+餐厅""文化宴+康养"等多种区域新业态。2015年至今学校良匠学院开展各级各类文化宴培训,总计3000余人次受惠,促进当地文旅产业有序发展。

(三)社会评价:学校成为弘扬良渚文化的示范窗口

学校开展良渚博物院、遗址公园志愿讲解活动20年之久,向世界游客弘扬良渚文化。作为中小学职业体验基地、劳动教育基地,推出文化宴参观体验项目。学校成为亚运会节目预选单位,传创作品在全国中职学校文明风采"中华才艺"比赛获奖,传创活动吸引中央电视台《传承的力量》驻校跟拍,参与浙江省非物质文化遗产节、非遗春晚等展演。

(四)发展前景:打造中华文化独特符号和民族形象标志

成果在省级以上会议与交流中推广百余次,被中央电视台、《中国教育报》、《人民日报》、浙江卫视、新浪微博、《浙江日报》等10多家媒体深度报道,学校深入贵州台江职教中心、四川广元苍溪职高支教,推广文化宴成功经验,为当地文化传创提供新思路。该研究被列为浙江省"中职精品化"专项课题、职教改革发展典型案例,获2021年省职业教育教学成果一等奖。学校努力成为主动打造独特中华文化符号和民族形象标志的标杆。

学校立足良渚文化宴构建传创育人范式,破解了职业教育赓续传统文化培养高素质劳动者的难题,带动地方产业兴旺,推进新时代职业教育高质量、内涵式发展。

皮革产业复合型人才"链式培养"的探索与实践

成果完成单位：海宁市职业高级中学
成果完成人：苏海亚、朱晓明、李志文、朱峥艳、姚忠杰、林霞琴、姚清平、徐正伟、陆佩琴、王小林
执笔人：苏海亚

一、成果的背景和沿革

海宁被誉为"中国皮革之都"，是全国重要的皮革生产基地和集散中心，皮革服装产量、皮革交易量、皮革服装外贸出口供货值三项均列全国第一，皮革服装产量占全国的 55％ 以上，从业人员占县域人口总数的 20％ 以上。

学校一直致力于服务海宁皮革产业发展。1994 年，随着海宁中国皮革城的建立，皮革产业有了长足发展。学校为顺应产业需求，陆续开设皮毛与制革工艺、皮革服装设计与制作等专业，培养制革、设计与制作人才。2011 年，皮革被列为浙江省产业集群区域国际品牌试点产业，逐步形成了从设计研发到制作销售的产业链，人才需求量进一步扩大。但与此形成鲜明反差的是，学校原有的设计与制作专业却存在招生和就业困难。

学校领导在参加中国皮革城 20 周年庆典晚会时，看到晚会表彰了皮革产业各行各业的先进人物，进一步清晰认识到产业对人才需求的变化。为助力产业破解"区域创新仍然薄弱、人才制约日趋明显"等问题和困境，2012 年国家示范校建设时，学校将皮革专业作为重点建设专业，开始探索对接皮革产业链的人才培养方式。2014 年，借助浙江省中职选择性课程改革的东风，学校制订人才培养方案，提出复合型人才"链式培养"范式。2015 年 9 月，学校组建皮革教学部，进行大类招生，正式实施复合型人才的"链式培养"模式，成果实践已 7 年有余。

二、成果旨在解决的问题

(一)"孤岛式"专业设置与产业链脱节

皮革产业走向集群化、规模化和产业化,逐步形成了从设计研发到制作销售的一体化产业链。而由于缺乏区域产业经济调研,疏于分析和厘清产业发展态势,学校往往根据计划经济思维自上而下进行专业布局和设置,专业链与产业链之间没有联系。学校虽设有皮革、设计、营销、物流等相关专业,但分散在 4 个专业部,彼此独立,缺乏专业间联动载体。专业布局与产业链式发展脱节,缺乏产业链前后端的对应专业。

(二)"专业型"课程体系与岗位链脱节

原有课程仅注重培养学生单一专业技能,没有充分考虑产业背景。在专业核心课程设置和课程体系架构时,学校也缺乏对岗位技能的分析,没能有效衔接岗位链和课程链;缺乏培养产业通识知识、辅岗技能和融合产业链所有技能的综合实践等课程,无法通过深度对接皮革产业人才需求,培养熟悉产业基础的一专多能高素质人才。

(三)"单一型"培养方式与生产链脱节

原有单一专业的人才培养方式,以固定内容、固定路径对学生进行培养;学生在单一专业的学科知识体系下,开展专业理论和技能的学习,开展单一专业的实习实训,无法获取以产业为背景的知识和技能融通能力。招生制度不完善、管理系统不合理、选择机制不灵活、评价方式不适应等培养策略,无法让学生了解全产业链发展情况,更无法培养学生多岗位胜任能力和迁移能力。

三、成果的主要内容

学校针对专业设置、课程体系和培养方式等问题,通过专业对接产业链、课程对接岗位链、培养对接生产链、评价对接成长链的"链式培养",培养服务产业转型的"主岗胜任、辅岗迁移"高素质复合型人才。

(一)梳理皮革产业链,以产品为路径调整专业布局

1.问需产业,分析产业发展态势,厘清全产业链

学校利用校企合作平台,实时了解行业、企业发展动态与趋势。调研显示,皮革产业集群发展特点明显,已经形成了以皮革产品为核心,包含设计、制作、线上与线下销售、物流等众多企业的产业链,经过完整梳理皮革产业链式结构,清晰呈现了皮革全产业链的各环节。由于产业发展,海宁皮革产业主要以第二和第三产业的设计、制作、销售、物流 4 个环节为主。

2.以"对接产业"为目标,调整专业设置与布局

学校根据皮革"设计——制作——销售——物流"全产业链,以产品生产和流通为

路径,结合学校专业基础,构建专业群;对传统专业进行改造,整合原有服装设计、皮革工艺、平面设计、市场营销和物流服务管理5个专业。为适应产业升级和数字化改造,服务产业链中"销售"环节,新增电子商务、影视影像和直播营销3个专业,构建了对接全产业链的皮革专业群(见图1)。

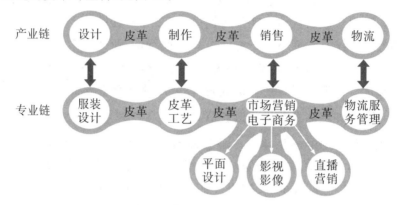

图1　专业链对接产业链

(二)分析岗位链和岗位技能,以产业技能为本位构建课程体系

1.问技岗位,明确岗位人才需求,梳理岗位技能

学校在充分调研产业链发展态势的基础上,梳理产业链岗位分布,总结归纳与产业链对应的岗位链(见图2);记录岗位工作流程,分析梳理各个岗位的核心技能,形成岗位技能表。

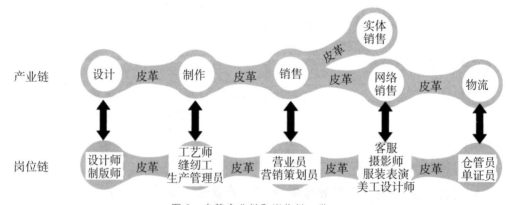

图2　皮革产业链和岗位链一览

2.以"岗位技能"为导向,构建一专多能课程体系

为培养皮革产业复合型人才,学校打破原有对接单一专业和单一岗位的课程组织形式,除国家规定的公共课程外,构建"通识·主岗·辅岗·综合"复合型课程体系。

通识课程是指产业基础课程,用以培养皮革产品基础知识。主岗课程是指专业核心课程,用以培养专业核心技能和帮助获取学历证书。辅岗课程是指多岗位选修课程,用以培养学生多岗位胜任、岗位迁移等能力。

综合课程是指模块化、能力递进、思政融入的"爸爸的皮衣"系列主题综合课程,旨在实现从单一技能到综合技能、从动作技能到思维技能的培养。在综合课程中,学校根据技能习得过程和难易程度,设计三年系列实践项目——"妈妈的皮裙""我的小马夹""爸爸的夹克",最后通过"爸爸的皮衣秀",实现专业联动和资源共享,展示链式培养成果。

3. 以"融通技能"为取向,开发培养复合技能课程

(1)开发产业通识课程。学校开发皮革文化、皮革材料等4门产业通识课程,系统介绍皮革材料、皮衣款式、皮衣生产和皮衣保养等基础知识,提升学生岗位胜任能力和迁移能力。依据"专业＋产品"革新教学内容,把皮革元素融入市场营销、平面设计、电子商务等专业教学。

(2)开发职业体验课程。学校开发初涉电商与物流、皮装与经编等8门体验课程,让学生整体了解产业基本情况、就业岗位、所学技能、职业发展等知识,帮助学生更好进行专业和辅岗课程的选择。

(3)开发辅岗课程。学校开发淘宝运营、淘宝美工等21门辅岗课程,用以培养链上岗位拓展技能;要求每位学生至少选修两门课程,培养两种及以上链上岗位技能,以构建"一专多能"的复合型职业能力。

(三)融通校企资源,以选择为机制开展复合型人才培养

1. 以"校企协同"为方式,配置师资与场室资源

学校组建皮革教学部,调配文化课和皮革服装、平面设计、电子商务、市场营销、物流等专业教师资源,聘请企业专兼职教师,组建对接产业链的跨专业、结构化、项目化的教师创新团队;成立皮革职业教育集团,组建专家委员会,协同建设专业、调整人才培养模式、开发各类教材。

根据专业群建设需要,校企联动建设校内外实训基地,打造从设计研发到制作销售的五大实训中心,即皮革体验中心、研发设计中心、制版打样中心、电子商务中心、皮革物流中心。

2. 以"链上选择"为机制,开展复合型技能培养

学校设计并实施"大类招生——专业群体验——链上专业选择——主岗学习——辅岗选修——综合实践——岗位实习"的培养过程。学校通过大类招生,打通人才培养途径;开展专业体验,了解皮革各岗位职责,根据特长爱好选择链上专业,进行主岗技能学习;选修辅岗课程,培养迁移能力;开展"爸爸的皮衣"综合实践,训练综合技能,实现思政无痕融入。

"链上选择"机制避免了过去学生对专业选择的盲目性、职业选择的随意性,同时打通了专业之间的壁垒,使学生对所学专业有更深入的了解。拓展课程选修,培养了"链上复合"技能,提升了职业岗位迁移能力。学校开发专业和课程选修平台,方便学生进行职业体验、专业方向及辅岗课程的选择。

(四)关注学生成长,以复合为目标实施弹性评价

1. 以"五维一体"为维度,设置教学评价内容

学校为促进掌握复合技能,实施"五维一体"弹性学分制,关注学生成长,设置"课程、岗位、竞赛、证书和职业素养"5个评价维度,评价学生文化素养、专业核心技能、辅岗技能、大赛技能、综合技能和职业素养,优化综合素养和职业能力的评价考核。

2. 以"学分替代"为方式,开展弹性学分评价

学校打破原有"一刀切"评价方式,创新了"基础＋奖励"弹性学分评价,允许课程学分可高可低,鼓励学生获取奖励学分。奖励学分是指因成绩优异、取得 X 证书和行业职业技能证书、技能竞赛而获得的学分,可替代因个体差异而产生的课程学分不足部分。总学分是评优评先和优先推荐就业的依据,学校以此鼓励学生习得多种技能,培养复合型人才。

学校开发学分网络管理平台,实时评价、在线查分、自动替换,保障数据采集的全过程和全方位,实现全程式评价考核。

四、成果的创新与特色

(一)创新了中职学校服务县域经济的"链式培养"模式

为县域产业发展培养人才,是实现职业教育服务县域经济发展和彰显职业教育类型特征的重要举措。学校率先提出了"链上教育"理念,探索了一条对接产业发展态势的服务县域经济的新路径;创新了对接产业链的专业群设置、对接岗位链的课程体系、对接生产链的人才培养、对接成长链的评价机制,研究与实践了"链式"人才培养新模式;为中职学校深化产教融合、服务县域产业,提供了行之有效的实践经验。

(二)创新了思政元素融入综合课程的"爸爸的皮衣"实践

学校以专业技能为基础,开设跨年级、跨专业、融思政的"爸爸的皮衣"综合课程,搭建展示"爱家乡、爱专业、爱职业、爱亲人"舞台。分年级设置"妈妈的皮裙""我的小马夹""爸爸的夹克"能力递进项目,整合直播电商、影视影像等专业,以"爸爸的皮衣秀"为舞台,实现设计、制版、制作、销售各产业链环节的联动。

通过确定主题、设计款式、采购面料和打版制作等环节,每位学生为父亲量身定制皮衣,和父亲一起亲子走秀。"爸爸的皮衣"综合实践课程,不仅是技能实训过程,也实现了课程思政与职业技能无痕融合。通过量体裁衣、沟通交流与携手走台,该课程增进了亲情关系,融入了感恩教育。

(三)创新了复合型人才培养的"弹性学分"评价机制

学校打破原有"一刀切"评价方式,创新了"基础＋奖励"的弹性学分评价机制,设计了融合"课程、岗位、竞赛、证书和职业素养"5个模块的评价内容。弹性学分评价机制允许课程学分可高可低,鼓励学生获取奖励学分。总学分是评优评先和优先推荐就业的依据,以此鼓励学生习得多种技能,培养复合型人才。

五、成果的应用与推广

(一)应用成效

1.培养了大批"一专多能"的高素质复合型人才

皮革专业从原来的招生"老大难"成为热门专业,专业群现有班级 32 个,在校生 1377 人,学生数是 2015 年的 3 倍,招生分数远高于学校平均。学校为皮革产业培养了大批一岗多能的毕业生,学生在实习、就业期间,能够胜任岗位工作,从原来仅能服务生产制作岗位到现在的覆盖"设计——制作——销售——物流"全产业链。截至 2021 年底,皮革专业毕业生服务了 38 家企业转型升级。

2.彰显了创新育人、服务县域产业的"链式培养"贡献力

经调研,皮革企业对毕业生满意度由 2014 年的 67.2% 提升到 2021 年的 98.6%。用工企业表示,"现在的学生技能提升,基本能胜任企业多个岗位工作,可塑性明显提高"。2020 年,学校成为皮革行业发展战略合作单位,获皮革行业创新育人突出贡献奖。

海宁中国皮革城等企业给予高度评价,"链式培养"有效助力了产业发展。市委书记、市长点赞学校为推动皮革产业转型升级、服务县域经济发展、实现共同富裕做出的巨大贡献。

3.提升了学校综合教育教学实力和影响力

学校承担教育部中职皮革工艺专业目录的修订工作,获全国教育系统先进集体、第七届黄炎培职业教育奖优秀学校、皮革行业改革开放四十年先进单位、省高水平学校、全国纺织示范院校、"1+X"证书制度试点学校、优秀校企合作院校等荣誉。

皮革工艺专业被评为省特色专业、省校企合作共同体,皮革工艺、电子商务专业为中职名校重点建设专业,电子商务、物流列入省"1+X"证书试点。

(二)应用推广

1.校内"跨产业"推广

链式人才培养模式逐步由皮革拓展至经编、家纺等产业。该模式对接经编产业,形成了经编工艺、检测、国际贸易链式培养模式;对接家纺产业,形成了电子商务、软装设计相结合的中高职一体链式培养模式。

2.校外"跨地域"推广

近五年,学校吸引了上海、广东、江苏、山东、新疆等 83 所院校来校学习,引起了意大利、比利时、澳大利亚等国外同类学校关注。成果为 65 所院校所运用。"链上教育""复合型人才培养""爸爸的皮衣"等实践经验在中英职业教育国际交流合作论坛、全国中职校长联席会议、省职业教育与县域发展论坛等会议上做专题介绍42次,得到专家的一致好评。

3. 专家媒体"跨时空"点赞

成果得到了大批知名职教专家认可。教育部相关领导在讲座中以学校"链上教育"为例,介绍了学校复合型人才培养情况;中国职业教育知名专家姜大源在全国中职校长联席会议上高度肯定我校复合型人才链式培养成绩。中央电视台、《中国教育报》、《浙江教育报》等媒体也纷纷宣传成果经验与成效。

"育繁推"一体化,"产研创"全场景:现代种业人才培养的创新与实践

成果完成单位:温州科技职业学院(温州市农业科学研究院)、新疆农业职业技术学院、河南农业职业学院、浙江省种子产业协会、浙江勿忘农种业股份有限公司

成果完成人:邹良影、赵降英、许方程、李炎炎、王新燕、刘松涛、骆秋琴、罗天宽、朱世杨、高春娟、郑超、李红、洪怡、潘可可、吕晓宁

农业现代化,种子是基础、是农业的"芯片"。习近平总书记指出:"种源安全关系到国家安全,必须下决心把我国种业搞上去,实现种业科技自立自强、种源自主可控。"①种业发展,人才是关键,随着种业产业升级及技术不断革新,对种业人才培养提出了新的要求。温州科技职业学院发挥温州市农业科学研究院基础上创立并保留农科院建制的优势,以创业教育引领专业教育改革,将创新创业教育理念融入人才培养全过程,并结合种子生产与经营专业特点,构建了"育繁推"一体化课程体系、"产研创"全场景培养路径、"教师—农艺师"一体双师队伍,着力培养"爱农业、精技术、善经营、能创业"的现代种业人才,为种业振兴、乡村振兴和共同富裕提供人才支撑。

一、剖析根源,把脉专业建设关键痛点

通过项目组的深入实践、调研、分析、论证发现,种子类专业本身建设和产业对人才的要求还存在不适配现象,主要表现在以下三方面。

(一)专业课程设置不够精准,与企业所要求的能力契合度不够高

当前专业课程设置偏传统,理论课程设置过多,教师在室内上课的时间过长,而实践课程又主要聚焦传统育种环节,同时也存在教学与作物生长时空错位问题,且跟

---

① 习近平.把提高农业综合生产能力放在更加突出的位置 在推动社会保障事业高质量发展上持续用力[N].人民日报,2022-03-07(1).

不上种业产业数字化发展、智能化升级的要求,与种业企业特别是头部种业企业对种业人才能力的综合要求、与专业学生寻求自主创业等方面都还存在一定差距。

(二)专业培养路径不够清晰,与产业对人才需求的适应性不够强

培养路径是实现人才培养目标的关键,当前种子类专业学生培养路径比较单一,以教学线的专业课程教学、实践实训为主,侧重学生单一技能培养,缺乏与创新创业联动,对学生经营管理、创新创业能力等综合素质培养不足,而当前企业层面对学生创新创业能力渴求明显,学生自身也希望能从事创业实践,因此培养的人才与现代种业发展适应性较弱、与学生需求不匹配。

(三)专业师资队伍不够有力,与培养人才所需要的胜任力不足

专业师资队伍是保证人才培养质量的关键,但是当前种子类专业师资队伍以农类专业硕士或博士毕业生为主,理论知识较为扎实、对具体方向研究比较深入,普遍存在对当前产业现状缺乏实际调研和整体把握,缺乏企业一线的实战经验和基层经验,实践操作能力较弱的现象。教师对教学规律的认识也不到位,在开展教学过程中存在一定的不匹配性,岗位胜任能力不够好。

二、问题导向,探索形成人才培养新路径

聚焦种业人才培养过程中存在的专业课程设置不够精准、培养路径不够清晰、师资队伍胜利力不足等问题,温州科技职业学院牵头以问题为导向,以创业教育为引领,从种业人才培养目标、课程体系、培养路径、师资队伍等方面进行探索与实践。

(一)构建"育繁推"一体化课程体系,解决课程与能力培养不够契合的问题

根据现代种业发展新要求,精准定位种子生产与经营专业人才培养目标,聚力培养"爱农业、精技术、善经营、能创业"的现代种业人才。遵循农作物生长周期和种子企业生产周期,对接种子生产过程和种子行业职业标准,按照"育繁推"设计学生在校六学期课程,在公共课程中增设创新创业类课程,在专业基础课程之后,按照种子"育繁推"全过程,根据时令开设相应专业核心课程。"育种"方向课程如作物遗传育种、种子学基础等,培养学生农作物育种知识、技能;"繁种"方向课程如数字化种子生产技术等,培养学生种子快繁、生产、检验、贮藏加工的专业技能;"推广"方向课程,立足营销岗、创新创业岗等不同岗位方向,开设如种子营销、种业领域创业实践等课程,培养学生营销能力、创新创业能力。学校将"五个一"爱农劳动教育行动(1次田间劳动技能比赛、1次下乡农技服务、1次劳动成果展示、1次农业农村调研、1份劳动实践报告)与以教学资源库、精品课程建设为契机的课程数字化改革贯穿课程培养始终。近年来我校培养了一大批高素质种业人才、创业型人才,浙江省教育考试院的调查数据显示,2020届毕业生毕业一年后的创业率为20.9%、月薪为6815元。

(二)畅通"产研创"全场景培养路径,解决人才与种业适应性不够强的问题

学校以产业为先导,聚焦产业特点,结合科研优势,发挥创业特色,实践"产业、科研、创业"全场景联动培养路径,促进种业人才培养(见图1)。

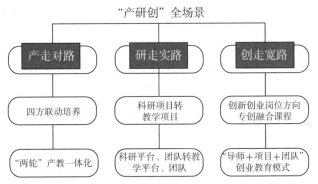

图1 "产研创"全场景培养路径

"产":依托长三角现代种业技术创新产教联盟,发挥"种子站、涉农高职院校、种子协会、种子企业"四方联动培养的特色优势,基于农作物生长周期和种子企业生产周期,以季节为轴,以项目为轮,开展"两轮"产教一体化实践教学。基于作物生长周期和规律,学校将"课堂"搬到"田间","农学"结合,第一轮在第二至第四学期开展训练式实践教学,全过程培养学生种子生产各个环节的技能。基于种子企业生产周期和计划,将"课堂"搬到"企业(园区)",工学结合,第二轮在第五、第六学期开展种子生产、种子检验、加工贮藏和品种示范推广的实战式实践教学。

"研":充分发挥农科院科研优势,针对种业最新需求开展科学研究,形成一批科研成果,并将科研成果反哺教学。例如,学校将育种科研项目转化为教学项目,将种业领域的新技术、新模式、新品种、新装备等元素融入种业专业的活页式、工作手册式教材之中,实施田间情景式等专业教学改革实践;将种业相关的科学研究平台转化为种业领域的教学实训平台;将种业相关的科研团队与种业专业教学团队一体运转,促进科教深度融合。

"创":以创业教育引领种业专业教育改革,在大一开设了创新创业基础课程,培养学生创新创业意识;在大二开设了专创融合课程,培养学生创新创业能力;在大三开设了创新创业岗位方向课程,培养学生创业实战能力。学校通过建立以导师为引领、以项目为载体、以学生为主体的"导师+项目+团队"创业教育模式,依托科技部星创天地、省级双创示范基地等双创平台;通过"师导生创、师创生随、师生共创"等形式,将导师科研项目转化为学生技能竞赛项目、创新创业项目,组建创新创业团队,孵化创业主体,实现专创深度融合。

通过建设,我校种子生产与经营专业名列全国第二,成为省高水平A类专业群核心专业;建成精品在线课程、行业培训系列教材等;入选省劳动教育评价改革试点,教师主持系列省部级、市厅级教改、社科项目,在《教育发展研究》等一级或核心期刊发

表论文,在国家一级出版社出版专著等。

(三)打造"教师—农艺师"一体双师队伍,解决师资的胜任力不足的问题

学校通过以"学"育师,派遣教师到园区、企业实践,学习新理念、新技术、新模式,与产业导师共建基地、共同生产,提升教师实践教学能力;以"研"助师,与企业共建科研团队,承担专项课题,联合攻关技术难题,提升教师科研创新能力;以"推"强师,派遣教师参加产业服务团队,开展技术推广、农民培训等活动,把论文写在大地上,提升教师服务种业能力;以"评"促师,建立考评和激励机制,把科技攻关、社会服务等列入职称评聘的评价指标。学校打造了"教学精、科研强、服务优"集教师与农艺师于一体的双师队伍。近年,我校建成了高水平师资队伍,教学团队成员入选国家级专家评委,国家级、省级教师教学创新团队、双创导师、专业带头人等;屡获教师教学能力比赛奖项等。

三、实践探索,理念与路径协同创新

(一)紧扣种业创业人才培养新定位,提出了"生长—生产"两周期的育人理念

学校紧扣培养"爱农业、精技术、善经营、能创业"的现代种业人才,在全国率先提出遵循农作物生长周期与种子企业生产周期的"两周期"育人理念,创新性构建了"育繁推"一体化课程体系。学校基于农作物生长周期和规律,将"课堂"搬到"田间",农学结合;基于种子企业生产周期和计划,将"课堂"搬到"企业、园区",工学结合;实现了"校中有生产,企业、园区有教学",解决种子类专业教学与农业生产间的时空错位问题,全面加强种业人才培养适应性,对种子类专业建设具有全国性的示范引领作用。

(二)精准对接种业前沿技术与职业标准,建构了"产研创"全场景的培养路径

学校对接数字化育苗、智慧农业、生物育种等前沿产业技术发展对种业人才的需求,在专业中首次构建了"产研创"全场景培养路径。"产"是方向,也是路径,以季节为轴,以项目为轮,开展"两轮"产教一体化实践教学,第一轮开展训练式教学,培养专业技术核心能力,第二轮开展实战式教学,培养技术应用能力。"研"是基础,也是资源,将科研团队、成果、平台等融入教学、反哺教学,使科研与专业的教学过程紧密融合,培养学生科学研究能力。"创"是过程,也是目标,通过专创融合课程和"师导生创、师创生随、师生共创"的实践教学,培养师生创新创业能力。

四、持续升级,目标—路径—机制不断迭代

面对农业强国建设、实现共同富裕、种业振兴等国家总体战略部署,农业产业数字化发展对涉农类专业建设和人才培养提出了不同的要求,如何培养涉农类人才是摆在我们面前的一道难题。通过前期的探索实践,我校形成了一些经验,但是面对新

形势和新要求,关于涉农类专业建设和人才培养还可以从以下几个方面探索。

(一)紧扣产业发展趋势,创业教育引领,升级人才培养目标

培养什么样的人,是专业建设必须回答好的首要问题。需要培养什么样的人是涉农类专业建设首要问题的根本。随着智慧农业的产业发展,以及植物工厂、智能农机的高速发展,传统的人才培养定位亟须调整,本成果提出以创业教育为引领,着力培养"爱农业、精技术、善经营、能创业"的现代种业人才,是适应当下种业产业发展所需提出的,培养目标从一技之长向综合能力提升转变,并且在不断地优化升级。随着生物育种、数字化发展,种业人才的培养目标可提高对学生数字化能力的培养要求;针对许多学农学生渴望自主创业的需求,可以强化成体系的学生农业创新创业能力的培养。因此,人才培养目标的定位紧扣产业是关键,还要关注学生成长、成才和终身发展的需要。

(二)精准对接目标要求,深化双创结合,迭代人才培养路径

采取什么样的培养路径是实现人才培养目标的关键,路径的选择具有多样性。涉农类专业的培养路径应结合产业、结合专业、结合创业、结合授课对象来制订。例如本成果构建的"产研创"全场景培养路径是从产业、科研、创业"三合一"的路径来培养人才,紧密对接人才培养目标,并且也在持续迭代。在智能时代,数字资源大量聚集给学生提供了海量的知识,我们不得不考虑学生自主学习能力的培养。如何让学生掌握信息辨别、筛选的能力,采用什么样的人才培养路径也是专业建设面临的新挑战。正如"兵无常势,水无常形",路径选择应因时、因地、因人制宜。在瞬息万变的时代,学生创新创业能力也显得尤为重要,在路径选择上,可以采取专业与创业融合的路径,进一步深化专创融合,在此基础上,可以进一步开展多维融合教育的实践探索。

(三)激活教育教学动能,科创产教融合,创新人才培养机制

解放和发展生产力是中国特色社会主义的根本任务,关键是破除阻碍生产力发展的一切束缚。在教育教学领域,如何激发专业教育教学动能,关键是破除人才培养体制机制的障碍。科技、创业、产业、教育融合体制机制,为人才培养中的科教脱节破题,为产教脱节破题,也是为科创产不紧密破题,实现科教融汇、产教融合。机制体制通常是破解的难题,但是在专业建设和人才培养过程中,又是至关重要、亟待破解的。在当下,如何实现职普融通、产教融合、科教融汇,是摆在教育面前的一道命题,也是涉农职业教育要解决的命题,需要不断创新人才培养机制,建议实践探索"科创产教"融合的体制机制。

综上所述,教学成果是反映教育教学改革与实践的成效,也是反应人才培养质量的具体呈现,在当下,关键还是提升人才培养质量。作为职业教育,特别是涉农职业教育,如何提升涉农类人才培养质量,关键还是在于以提升人才培养质量为根本的人才培养模式的创新。

四融四新：乡村振兴"新农人"培养模式的创新与实践

成果完成单位：嘉兴职业技术学院、江苏理工学院、嘉兴乡村振兴学院、嘉兴碧云花园有限公司

成果完成人：吴海红、方俊良、庄应强、葛永元、卢晓慧、马建富、章康龙、潘菊明、石玉波、李军、陈春霞、李玉清、向天勇、屠娟丽、钱长根

一、成果培育背景与教学问题

乡村振兴，关键在人，基础在教育。习近平总书记提出要："就地培养更多爱农业、懂技术、善经营的新型职业农民。"[①]嘉兴作为全国城乡融合发展先行地，农村率先实现一二三产深度融合，新产业、新业态、新模式迭代升级，呈现出数字化、融合化、生态化新趋势，对农业从业人员的素质结构和能力水平提出了新要求，亟须培养一大批具有互联网思维、生态意识和掌握先进技术的复合型乡村振兴新农人，这是新时代的要求，也是涉农高校的职责与使命。

长期以来，受体制机制等多种因素影响，涉农高职院校人才培养供给侧和乡村振兴的需求侧还不相适应，农村人才下不去、留不住、干不好的痛点一直制约着"三农"事业的高质量发展。学生学成后不愿回乡村，毕业后专业对口率较低等问题一直没有得到很好解决。这些问题之所以产生，与教学中存在的问题密切相关，主要表现为：

第一，人才培养规格不够精准，对岗位胜任素质缺乏系统研究，"重单一技能训练、轻复合素质培养"，导致人才培养不能完全适应乡村振兴产业发展的需求；

第二，涉农专业口径较小，农工结合、农商结合、农旅结合不够，专业课程体系相

---

① 习近平 李克强 张德江 俞正声 刘云山 张高丽分别参加全国人大会议一些代表团审议[N].人民日报，2017-03-09(1).

对陈旧,与区域三产融合发展态势不够同频;

第三,实践教学与农业生产季节不够同步,农业生产周期与实践教学进程难以协调,影响理实一体化教学效果;

第四,人才培养主体之间尚未形成完善的多元共育机制,新农人协同培养成效不高。

本成果传承学校 70 余年农业职业教育办学积淀,在 20 世纪 80 年代就开始探索"农业人才直通农村"的教学改革,被农业部授予"农业教育改革先进学校"。进入 21 世纪,以培育新型职业农民为重点探索新的教学改革,从 2009 年嘉兴市重点调研课题"嘉兴培育现代职业农民的思考"开始,2013 年完成省规划课题"培育新型现代职业农民'嘉兴模式'的探索与实践",初步形成实施方案,经过近 10 年的实践检验,逐步完善并形成了乡村振兴新农人"四融四新"培养模式:以研教深融为先导,确立人才培养新规格;以专业嵌融为核心,创建专业课程新体系;以耕读交融为路径,实施教学组织新形式;以多元共融为保障,建立协同育人新机制(见图 1)。

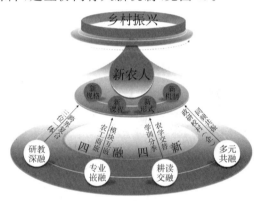

图 1　四融四新——乡村振兴"新农人"培养模式

二、成果内容与主要做法

本成果聚焦乡村振兴背景下三产融合对高素质农业从业人员的新要求,采用调查研究法、系统论方法、行动研究法,以问题为导向,围绕人才培养规格、课程体系、教学组织形式、体制机制等方面展开系统探索和实践,形成了乡村振兴新农人"四融四新"培养模式。

(一)研教深融,确立"三位一体、跨界复合"新农人岗位胜任素质新规格

学校在成果探索与实践中与江苏理工学院农村职教研究所等组建"研—教共同体",围绕新型职业农民培养、农村职业教育发展等开展理论研究,指导涉农专业人才培养模式改革。学校围绕乡村振兴"新农人"岗位胜任力开展人才需求调研,完成了《乡村振兴与农村职业教育变革》《新农人胜任力研究报告》等学术著作和研究报告。针对乡村产业数字化、融合化、生态化的新趋势,学校按照"爱农业、懂技术、善经营"

人才培养目标,采取定性与定量相结合的"混合研究法",开展岗位职业能力调研与分析,明确由基础素养与职业准备的"元素质"、岗位能力与职业成长的"过程性素质"、综合素养与职业发展的"整体化设计素质"构成的3个素质维度,细化"农场生产管理、互联网创业营销"等14个能力指标,构建"三位一体、跨界复合"新农人胜任力模型,明晰了新农人岗位胜任素质规格。

(二)专业嵌融,创建"农工商旅、模块互嵌"跨专业课程新体系

针对三产融合发展新要求,学校对接新农人岗位胜任素质结构,突破传统涉农专业人才培养的局限性,拓宽专业育人边界,整合物联网应用技术、电子商务、旅游管理等专业资源,优化课程结构,重构"涉农专业＋工商旅课程模块"和"工商旅专业＋农业课程模块"的农工商旅"模块互嵌"课程新体系(见图2)。学校针对传统涉农专业,嵌入农业物联网、智慧农业设备、乡村文旅、农产品营销等工商旅专业课程模块;面向物联网应用技术、电子商务、旅游管理等相关专业,嵌入智慧农业、美丽乡村建设、绿色农产品生产等农业课程模块。学校在涉农专业中实施"课证融通、一主多副"的职业素质评价制度,满足三产融合对复合型人才的需求,提高人才培养与乡村振兴高质量发展的适应性。

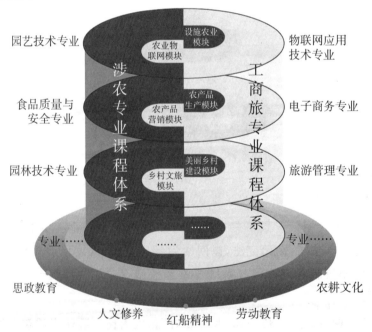

图2 "农工商旅、模块互嵌"课程模块专业嵌融

(三)耕读交融,实施"学训分季、农学交替"教学组织新形式

根据农业生产季节性特点,学校坚持教学过程与农业生产过程相统一,科学合理地制订教学计划,把课堂搬到田间地头、村居民宅,亦耕亦读,耕读交融,推动"田间课堂革命"。学校将农耕文化、劳动教育作为必修课,挖掘专业课程中耕读教育元素,强

化课程思政,厚植"大国三农"情怀。学校依托碧云农学院等产业学院和实训基地,实施现代学徒制,校企共建订单班、现代学徒班 26 个 678 人,"学训分季、轮岗交替"培养全日制涉农专业学生;参照双元制培养模式,连续招收十四届农民专业合作社社员、家庭农场主、村干部等农村青年 1912 名,量身定制人才培养方案,"忙农闲学、农学交替"开展学历提升培养农民大学生;坚持育训并举,组建专兼结合、土专结合的培训团队,采用培训课程包制,"以耕定读、菜单培训"提升农业从业人员知识技能(见图 3)。

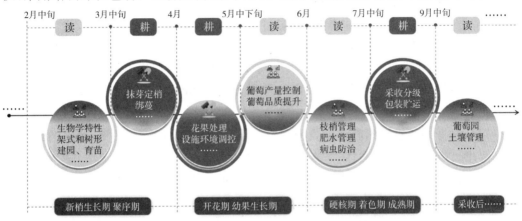

图 3 "耕读交融"教学组织形式——以葡萄栽培管理为例

(四)多元共融,建立"政研校村(企)、同频共振"协同育人新机制

学校依托嘉兴乡村振兴学院,联合政府职能部门、研—教共同体、乡村振兴示范村、农业龙头企业等组建嘉兴市新农人培养联盟,实行新农人培养联席会议制度,共同实施知农爱农"深耕工程"、强农兴农"固本工程"、带农富农"赋能工程"。学校与碧云花园、嘉心菜公司、农科院等大院名企共建碧云农学院、嘉心菜农商学院等 6 个产业学院(产学共同体);精选农业科技示范园区、农业高新企业、乡村旅游重点村共建新产业、新业态、新模式实训基地 35 个;聘请土专家、田秀才、乡创客等组建 8 个结构化教学创新团队,合作编写《农业废弃物循环利用实用技术系列丛书》《节约集约农业实用技术系列丛书》《嘉兴新型职业农民培训系列教材》3 套共 29 册本土特色教材;共同制定《嘉兴市新型职业农民认定管理办法》,联合开展新型职业农民培育和认定工作,认定结果作为农业从业者获得政策扶持的依据。

三、主要创新与特色

学校服务城乡融合先行区的乡村振兴人才需求,以新农人岗位胜任素质研究为基础,坚持在实践中创新,在创新中完善,经过 10 余年的探索与实践,在乡村振兴"新农人"的人才培养规格理论、课程体系建设、教学组织形式等方面进行了积极的创新实践,形成了鲜明特色。

(一)创新"跨界复合"新农人胜任素质模型,促进高素质现代农业人才精准培养

学校组建并充分发挥"研—教共同体"的作用,运用"解决问题为中心"的实用主义范式,遵循三产融合发展态势,厘清了新农人培育与新产业、新业态、新模式的内在关系。在国内相关研究中,学校首次探索构建了由"元素质、过程性素质、整体化设计素质"等构成的"三位一体、跨界复合"的新农人胜任素质模型,明晰了新农人培养的质量规格,改变了以往培养目标滞后于三产融合发展趋势的状况;在国内涉农专业建设中,最早提出了新农人胜任素质形成规律、培育路径和实施策略,分析了专业现实教学状态与新农人素质培养要求存在的差距;精准确立了新农人应具备的知识、能力、技能和素养要求,为农工商旅"模块互嵌"课程体系构建提供了理论依据。

(二)创新"涉农专业+"模块互嵌的课程体系,提供跨界复合型人才培养的课程开发范式

以乡村振兴新农人的胜任素质为逻辑起点,围绕产业、人才、文化、生态与组织振兴的要求,以课程模块为载体,跨专业构建"涉农专业+""工商旅专业+"嵌入式课程体系,打破专业育人边界,推进一二三产专业嵌融,实现农工商旅人才跨界培养,改变了传统涉农专业课程体系相对固化的状况,解决了与三产融合发展趋势缺乏动态适应性的问题,促进了人才培养的供给侧与乡村振兴需求侧有效对接。学校强化知农爱农教育,把耕读教育、劳动教育作为基础课融入人才培养方案,厚植学生"大国三农"情怀。土专结合、校企合作,共编地方特色教材,开发配套"特色教材+活页教材+数字化资源"。创新分类施教、模块互选、学分互认等教学管理制度,实行涉农专业"课证融通、一主多副"的职业素养评价方式,为实现跨界复合的新农人培养目标提供了有力保障。

(三)创新"学训分季"理实一体教学方式,破解农业生产季节性带来的实践教学难题

学校基于农业生产季节性强、周期性明显等特点,遵循教学过程和职业技能形成规律,亦农亦学,农学交替。按照"双重身份、双元教育"思路,根据全日制涉农专业学生特点,实施订单班和现代学徒制,实行"学生—学徒"双身份、"教师—师傅"双评价。创新"学训分季、轮岗分段"的实践教学方式,农场即实践场所,农事即实践内容,农时即实践过程,实现"校园—田园"共连共通、"教师—师傅"互聘互教;针对农民大学生和农业从业人员,创新"忙农闲学、耕读交替""以耕定读、菜单培训"的学训分季新形式。学校通过学中做,做中学,教学做合一,改进了理实难以一体、校园—田园相对分离的传统教学组织方式,破解了涉农类专业实践教学的难题,提升了涉农专业教学的有效性。

四、应用推广效果

成果实施以来成效显著,涉农类专业招生录取位次逐年提高,其中,园艺技术、食品质量与安全专业 2022 年位居全省同类专业第一;就业对口率从 2013 届的 47.4%、2016 届的 53.9% 提升到 2020 届的 84.3%。嘉兴地区 90% 以上家庭农场主和合作社负责人由本校培育,成为乡村增收致富带头人,为嘉兴农村居民收入连续 19 年位居全省第一做出了巨大贡献。成果被中央电视台 CCTV-13 新闻频道、《光明日报》等主流媒体报道,中国教育电视台进行独家专访。成果获 2021 年浙江省教学成果一等奖。

(一)人才培养质量显著提高,学校成为全国乡村振兴人才培养优质校

成果实施以来,建成省科技创新团队 1 个,园艺技术建成国家级骨干专业,获浙江省科技进步奖一等奖 1 项,全国农业职业教育教学名师 5 人。学校输送乡村振兴新农人 6600 余名,开展省内农村实用人才技术培训 15 万余人天。涉农专业学生获得专利 73 项、省级及以上竞赛获奖 164 项(其中国家级 27 项),2014 届施愉梦来等同学获全国职业院校"挑战杯"特等奖。近五年毕业生就业率达 98.2% 以上,涌现出一批引领乡村振兴的新农人。农民大学生毛银桥、章何兵将"脏乱差"的养猪村建成首批全国乡村旅游重点村、全国文明村镇。2015 届毕业生江鄞创办农业科技公司,无人机植保服务种植面积达 8 万余亩。2020 年毕业的应超同学,探索农业机械化之路,被中央电视台新闻特别节目《我与国家一起前行》点赞,成为一名从嘉兴职业技术学院走出去的 90 后优秀"新农人"。

(二)新农人培养模式作为典型案例广泛推广,被全国涉农院校借鉴应用

学校牵头组建长三角示范区乡村振兴人才培养联盟;立项国家级、省部级教研项目 17 项,发表论文 69 篇,在教育部研讨会、中国农学会等做典型经验交流 13 次;浙江省政府办公厅《专报信息》刊发"培养本土化新型职业农民"的相关做法,并被省教育厅作为典型经验推广;新农人培养案例被农业农村部《农业农村科教动态》印发,并入选全国政协双周协商座谈会会议材料,会议筹办方教育部职业教育与成人教育司高度肯定了学校在乡村振兴中起到的突出作用和贡献。广西农业职业技术大学、宜宾职业技术学院、黑龙江农业职业学院等 30 多所院校来校学习交流。

(三)教学改革及创新实践特色鲜明,赢得各级领导和社会各界高度赞誉

"学校教学改革为解决农村人才'植根性'问题提供了可资借鉴与推广的范例"——时任全国政协副主席齐续春专程来校调研给予高度肯定。时任副省长王建满给予批示:"嘉兴地方高校培养本土化新型职业农民,促进'三农'发展的做法,可印发各地参阅。"中央电视台 CCTV-13 以《田野里的新农人》做新闻报道,中国教育电视台《职教中国》以《乡村振兴背景下"新农人"培养的职教方案》做 40 分钟的专题访谈,《光明日报》《中国教育报》《农民日报》《浙江日报》等主流媒体对本成果进行了报道。

(四)服务国家重大战略需求,助力西部乡村振兴高质量发展

学校依托农村实用人才培训基地和全国新型职业农民培育示范基地,为全国培训乡村振兴新农人5.5万余人天；对接新疆、云南、青海、四川等4省8县，开展种植养殖技术、农产品营销、乡村旅游等培训1万余人天，对口帮扶7所学校建设涉农专业，成立嘉兴乡村振兴学院沙雅分院；主持人力资源和社会保障部项目"'红船领航'专家服务泸水市乡村振兴发展行动计划"得到云南省委领导批示肯定，职教帮扶经验被《浙江政务信息专报》采用。

五、经验启示与建议

（一）新农人培养需要建立"政研校村（企）"多元协同育人机制

学校依托嘉兴乡村振兴学院（嘉兴农民学院），牵头成立嘉兴市新农人培养联盟，建立联席会议制度，四方共建师资队伍和课程标准，共同开发本土特色教学资源；与上下游农业龙头企业、科研机构等共建跨区域产教融合共同体，聘请土专家、田秀才、乡创客等组成结构化教学创新团队，开展订单培养、学徒制培养；形成政府统筹出台政策、研究机构理论指导、学校组织实施、乡村（企业）参与培养的协同育人新机制，实现多元育人主体同向同行同频。

（二）新农人培养需要创新实施"直通农村"农学交融的人才培养路径

学校基于就地培养需求，以培养"下得去、留得住、干得好"的新农人为教学改革的价值取向，扩大全日制涉农专业招生规模，就地招收农民大学生等非传统生源，创新"直通农村"的人才培养渠道。学校强化知农爱农教育，厚植学生"大国三农"情怀，把全日制涉农专业学生培养成"下得去"的新农人；聚焦植根性，强化"本土化"培养，招收本土农村青年开展学历教育，实现由职业农民向新农人转变，把农村青年就地培养成"留得住"的新农人；以提升技术技能为宗旨，开展新产业、新业态、新技术的能力提升培训，把农业从业人员培养成"干得好"的新农人。

（三）新农人培养需要适应三产融合发展趋势改造提升现有涉农专业

传统涉农专业口径较小，重单一技能轻复合能力的培养已经不能适应现代农业产业发展的趋势。随着物联网、大数据、人工智能技术的不断发展，以及现代农业新技术、新模式、新业态迭代升级，学校对农业农村现代化人才提出了新的要求。为此，学校必须推动专业设置与产业链、创新链、人才链深度融合，改造提升传统涉农专业，优化专业群建设，实现资源整合与共享、专业融合发展；必须对接国家重大战略需求与农业现代化的要求，以农工结合、农商结合、农旅结合为突破口，重构课程体系，创新教学组织形式，建设虚拟仿真实训基地和产教融合实践中心，培养真正具有互联网思维、生态意识和掌握先进技术的复合型乡村振兴新农人。

个性培养、研创融合、评价赋能
——设计类"专业综合体"育人模式创新与实践

成果完成单位：温州职业技术学院、义乌工商职业技术学院、浙江纺织服装职业技术学院、中国纺织服装教育学会

成果完成人：施凯、钱小微、邢旭佳、卓菁、孙天赦、金红梅、陈海珍、纪晓峰

温州职业技术学院设计类专业紧跟我国高职教育发展不同阶段的指导精神，主动承担改革试点，争做设计类专业教育教学改革的急先锋，历经"示范校、优质校、双高校"近 20 年的创新与迭代，最终形成"个性培养、研创融合、评价赋能——设计类'专业综合体'育人模式"。学校在不断迭代的进程中取得了丰硕的教学改革成果，提升了高职设计类专业的育人成效，成为我国高等职业教育内涵发展的成功典范，在 30 多个具备相应办学条件的设计类学院进行试点运作，成效显著。

一、成果背景

2011 年 3 月，温州市政府为推动温州作为全国"地方政府促进高等职业教育发展综合改革试点"的工作，批准我校与温州家具商会联合创办温州家具学院，探索"专业综合体"育人模式。2012 年 9 月，我校选取所处区域经济具有共同特征的院校——义乌工商职业技术学院、浙江纺织服装职业技术学院，共同研究个性化培养路径。

经过四年探索，我校形成了"个性培养、研创融合、评价赋能——设计类'专业综合体'育人模式"。服装与服饰设计专业立项中央财政支持的职业教育实训建设项目、中央财政支持的高等职业学校专业。

2015 年 8 月，家具与家具设计专业获批国家首批现代学徒制试点单位，标志着本成果的全面成熟。

2016 年开始在校内视觉传达设计专业、建筑设计专业等 5 个设计类专业应用，成果应用成效得到进一步验证。2016 年 9 月，瓯海区政府特别投入 7.6 亿元，按"专业综合体"育人模式与温州职业技术学院共建温州设计学院；2017 年 1 月，《光明日报》

发文评价本成果成为培养实用型人才,带动区域产业升级的"浙江样板、浙江经验"。

二、成果简介

本成果在个性化培养理念的指导下,打造育人要素集聚的"专业综合体"育人平台;建立"专业综合体"培养基地,构建层级递进式实践项目库,实施"学训研创用"实践教学体系,强化研发创新能力;运用"三全"动态反馈评价系统,呈现学生成长实况、给予个性化指导帮扶,达到人人成才;最终满足产业高质量发展对设计人才的需求。本成果解决了产业多类型人才需求与学生个性化发展两者相匹配的问题,进一步明确了高职教育的本体功能;解决了育人要素分布、研创能力培养与教学组织方式相适应的问题,落实了高职教育的价值功能;解决了评价指标与培养目标、外部干预与自觉成才相对应的问题,强化了高职教育的育人功能。

三、成果主要解决的教学问题

本成果主要解决以下三方面的问题:第一,校企合作类型模式单一,无法支撑多类型人才培养;第二,科研反哺教学力度不强,设计研创能力培养成效弱;第三,人才评价体系不够健全,不足以激发学生自觉成才。

四、成果解决教学问题的方法

(一)个性培养:打造"专业综合体"育人平台,创造双向互选培养基础

校行企共建中国足踝健康装备研究院等9个高能级省市创新服务平台,携手45家高端企业,从技艺传承、技术研发维度共建近30个大师工作室;形成集理论教学、实操训练、设计研发、创新创业和社会服务五位一体的"专业综合体",促成校企在资本、技术、师资、文化等育人要素的全方位融合。"专业综合体"育人平台提供"企业—学生"双向互选的个性化课程体系,学生可通过选择工作室的课程模块满足个性化发展需求,企业可通过选择项目植入课程对预就业学生进行精准培养。

学校对接设计产业高质量发展需要,以设计行业人才多样化需求为出发点,按"人人皆可成才"为指导理念,设置设计类人才多样化培养目标;构建以"智能定制"为主线的个性化课程体系,打造"企业—学生"双向量身定制的人才培养方案;既满足设计行业人才多样化需求,又满足学生个性化发展的切身需求。

(二)研创融合:构建"学训研创用"实践教学体系,强化研创能力培养

学校汇集"专业综合体"的企业经典作品、科技创新项目、设计服务项目、样板设计经验,并按能力要求分层分类、教学化设计,形成层级递进的研创教学案例库(单项基础型研发项目1~5级,综合研发项目6~10级)。学生可根据自己的能力水平选择适合的研创案例子库进行训练和拓展,逐级夯实设计技术技能和研创思维与能力。

学校构建"学训研创用"实践教学体系,按能力递增规律把单项基础型研发项目(案例)融入大一"学训研",培养设计研发思维和单项开发能力;将综合研发项目(案例)融入大二"训研创",培养创新创业意识和综合研发能力。大三则依据学生特长与个性化培养工作室互选匹配,以企业真实研创项目强化设计研发创新和转化应用能力,实现"研创用"融通(见图1),以此解决科研反哺教学力度弱、受众少的问题。

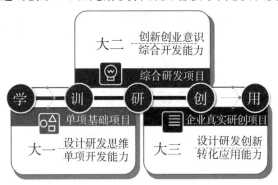

图1 "学训研创用"教学培养体系

大一阶段,利用专业技术实训平台开展仿真单项基础型研发项目(1~5级)实践实训教学,在仿真实训项目中实现做中训,培养职业素养、基础技能和设计研发思维。大二阶段,利用技术研发平台集开展综合研发项目(6~10级)实践实训教学,在真实岗位实训项目中实现训中研,培养专业综合技能和创新创业意识。大三阶段,依托众多企业共建的设计大师平台集,以个性化选课方式,自主选择进入各类工作室,参与真实项目,实现产品研发、创新创业和新技术应用等综合能力的差异化培养。

(三)开发"三全"智慧评价系统,形成及时反馈机制,激发学生自觉成才

学校以"三全育人"教育理念为指导,设计"三全评价"体系(见图2)。一是打造实时更新的数字智慧评价系统,从顶层设计上丰富和充实类型教育评价特征。评价内容包含素质、知识、技能三维度32个指标点,全方位描摹学生个性画像;评价范围囊括一、二、三课堂,全过程记录、动态更新成长档案;为学生生成个性画像,为因材施教、增值性评价提供支撑。学校以此开发智慧评价系统,可实现及时综合分析学生学情、诊断学习问题和难点、根据教师设定进行学生学业预警、协助教师为预警学生设计帮扶规划、定期生成并反馈学生成长画像等功能,让学生及时掌握自身成长实况。

二是建立多元评价主体参与的评价体系。评价主体包括行业、企业、学校、同学等,体现专业综合体"利益相关方"的评价诉求。行业评价侧重于技能、创新,主要渠道是技能比武、创新创业大赛;企业评价侧重于技能、态度、创新,主要渠道是真实项目实践;生生互评侧重于健康、人际,主要渠道是生生互评;学校评价侧重于道德、健康、知识、技能,主要通过全学程育人评价体系。多元评价机制为学生成长提供全景引导与关怀,实现评价信息互联互通、共享共建。

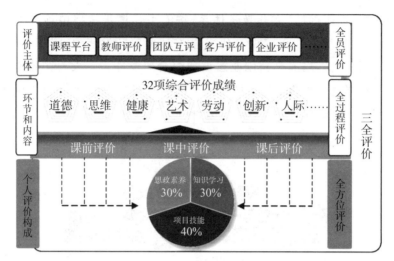

图 2 "三全评价"系统

三是"三全评价"系统通过智慧平台生成"学生个性画像"替代传统成绩单,通过及时分析、诊断、预警、开方、反馈等功能,构建赋能学生内力生长的评价反馈通道,学生可通过学业评价 APP 及时查看成长画像,进而激发学生自觉成才。

五、成果创新点

(一)理念创新:打造"专业综合体"产教融合协同育人新样板

学校打造理论教学、实操训练、设计研发、创新创业和社会服务五位一体的"专业综合体";汇聚政校行企有效育人资源,促成利益相关方在资本、技术、师资、文化等要素上的全方位融合;依托集群化多层次的实践教学平台,打造多途径供给实践项目库,实施双向互选的课程体系,运用"三全"动态反馈评价系统,呈现学生成长实况,给予个性化指导帮扶,最终达到个性培养、人人成才的目标;落实研创对教学的反哺,丰富了育人要素的内涵,创造了全要素育人的实现路径,成为产教融合协同育人的新样板。

构建双向互选的个性化课程体系,学生选择课程模块满足个性化发展需求,企业选择真实项目植入课程满足对预就业学生的精准培养。这既满足了设计行业人才多样化需求,又满足了学生个性化发展需求;解决了职教人才定位与产业发展匹配、个性化培养目标与行业需求多样性相匹配的问题,进一步明确了高职教育的本体功能。

以服装设计专业为例,在深挖产业高质量发展对新技术应用人才需求的基础上,建构"智能定制"为主线的个性化课程体系,即以"服装 3D 虚拟开发、个性定制建模技术、大数据分析技术"等智能智造类新技术为特征的,能适应服装 3D 设计师、服装建模制版师等新岗位的个性化课程体系(见图 3)。

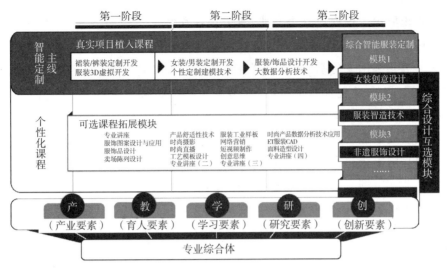

图 3　服装与服饰设计专业个性化课程体系

(二)路径创新:"学训研创用",实现学生个性化研创能力螺旋提升

构建层级递进的研创教学案例库,学生可依据自己的能力水平选择适合的研创案例子库进行训练和拓展,逐级夯实设计技术技能和研创思维与能力,有效助力学生从大一"学训研"到大二"训研创",学生研创能力螺旋上升。

经过两年培养,学校会依据学生特长与"专业综合体"个性化工作室互选匹配,并以企业真实项目强化学生个性化的创新能力,实现大三"研创用"融通,扎实提高学生研创能力,从而满足区域设计行业人才的多样性需求,解决了研创能力培养与教学组织方式适应的问题,落实了高职教育的价值功能。

(三)评价创新:"三全"动态反馈评价系统,激发学生自觉成长成才

在"三全育人"教育理念指导下,学校创新"三全评价"体系,开发"三全"动态反馈评价系统。通过评价范围全方位、评价时段全过程、评价主体全员化(利益相关者),描摹学生个性画像。通过及时分析、诊断、预警、开方、反馈等功能,学校为教学增值化评价提供支撑,为行业和企业选拔个性化设计研创人才提供依据,为激发学生自觉成才提供"驱动源";解决了评价指标与培养目标、外部干预与自觉成才的对应性问题,强化了高职教育的育人功能。

六、推广与应用成效

本成果率先在家具设计与制造专业试行,校内逐步推广到服装与服饰设计等 5 个设计类专业,直接受益面累计超 10000 名学生。成果逐步推广至全省,辐射至全国。成果完成人多次在纺织服装教育学会年会等全国会议(9 次大型专题会议)、全国职业院校教师教学能力培养等专题培训会(22 场主题报告)、宁波职业技术学院等 31 所紧密合作学校和意大利维泰博美术学院等来访单位(291 批次、1600 余人)进行交流推广。

(一)成果应用于校内设计类专业，教学育人效果显著

学生培养成果丰硕：获全国工业设计职业技能大赛（国家一类比赛）、全国大学生广告大赛一等奖等国家级奖 26 项，德国红点、意大利等国际奖 10 项，省级获奖 68 项。近五年毕业生高质量就业（年薪超 30 万元）人数提高了 220％，自主创业率提升了 270％。

专业建设成效显著：获批国家级高水平专业群、国家级教学资源库、国家级生产型实训基地等国家级荣誉 20 余项，省级荣誉、项目 99 项。授权发明专利 96 项，开发省级新产品 91 个，创新成果转化达 23.48 亿元。

教师水平显著提升：获评国家万人教学名师 1 人、黄炎培优秀教师 1 人、全国教师教学能力大赛一等奖 4 人、国家级课程思政教学名师 8 人、茅盾文学新人奖 1 人、浙江工匠 2 人。

(二)成果被省内外院校借鉴应用，认同度高且影响面大

成果自 2016 年在宁波职业技术学院、惠州学院等 30 余所院校应用后，直接受益学生超 35 万余人。以义乌工商的应用成效为例：学生获 IF 设计新秀奖等国际大奖 3 项、国家级 8 项、省级 119 项；教师发明专利授权 56 项、学生专利授权 34 项；创新成果转化产值 3 亿多元。

(三)成果应用于社会人才输送，获得社会一致好评

学生毕业后能快速适应个性化定制岗位，适应岗位迭代更新；因毕业生职业忠诚度更高、理想信念更坚定、设计研创能力更强、具备一定超前视野，备受社会各界的肯定和高度赞扬。受到区域服装商会、鞋革协会等团体的普遍赞扬，区政府 7.6 亿元的特别投入，更是对本成果的特别肯定，建成温州设计学院并投入应用。

办学成果获省市领导充分肯定，温州市委书记批示"温职院创新蓄能助力我市鞋服产业高质量发展"，两院院士亦发声点赞；还得到央视新闻（专业现代学徒制办学）、《人民日报》（个性化培养成果）、中国新闻网（师生创新作品）、《中国教育报》和光明网（综合体联动育人、浙江样板）、《中国青年报》（创新设计作品）等媒体报道 177 次。

浙江省卓越竞技体育人才"五环"培养模式的探索与实践

成果完成单位：浙江体育职业技术学院
成果完成人：浙江体育职业技术学院
执笔人：徐晓燕

一、成果的培育背景

21 世纪以来,运动队培养竞技体育人才的模式取得了显著成效,但也存在人才淘汰率高、文化底蕴薄弱、退役后就业困难等问题。

2005 年 4 月 8 日,时任浙江省委书记习近平到浙江体育职业技术学院(筹)看望并慰问备战全国十运会和北京奥运会的运动员,亲切勉励运动员:"全力以赴,奋力拼搏,努力在赛场上体现浙江风格,展示浙江风采,为浙江人民争光。"①在习近平同志的鼓励支持下,浙江体育职业技术学院于 2006 年起依托浙江省高职高专院校特色专业建设项目、中央财政支持高等职业学校提升专业服务产业发展能力等项目,以项目为抓手开始了卓越竞技体育人才"五环"培养模式的理论研究与实践探索。

二、形成过程

(一)策划和设计(2006 年 9 月—2008 年 8 月)

为了运动员的成长和成才,浙江体育职业技术学院于 2006 年起开始了卓越竞技体育人才"五环"培养模式的策划和设计,提出了既注重拔尖人才也关注全体学生,实现"更高、更快、更强"与"人人皆可成才"目标的和谐统一的理念,从顶层设计上提出了目标、制度、课程、资源、评价的五环人才培养模式,形成了初期成果方案(见图 1)。

---

① 潮起之江,澎湃体育梦[EB/OL]. (2023-09-23)[2023-11-30]. http://baijiahao.baidu.com/s? id＝1777822288148518660&wfr＝spider&for＝pc.

图 1　竞技体育人才"五环"培养模式

（二）实践检验与总结（2008 年 9 月至 2021 年 9 月）

2008 年 9 月起，浙江体育职业技术学院开始了卓越竞技体育人才"五环"培养模式的实践。历任院领导在教学成果实践过程中突破体制机制藩篱，全体教职工义无反顾地扎实推进改革。在改革过程中学院提出了"训学融合""教练员教师化""运动员学生化"等观点，提出了"两横一纵、纵横交错"的制度创新理念，做到了把创新的理念转化为行动，又用行动的成果检验理念。

浙江竞技体育人才培养与管理体制的院校化改革获得国家体育总局的高度关注，2010 年给予"浙江竞技体育院校化模式研究"重点课题立项。在多方关注与多方努力下，五环人才培养模式的思想基础逐渐深入人心，形成了比较稳定的组织架构、比较合理的体制安排和比较顺畅的运作机制，实现了竞技体育人才培养训练体制与教育体制的融合，完成了竞技体育行政管理体制向院校管理体制的转型。2010 年，浙江省教育厅对学院人才培养工作进行了评估，认为学院坚持了正确的办学方向，融合了高等教育教学规律和竞技体育训练竞赛规律，是一所具有鲜明办学特色的高职院校。卓越竞技体育人才"五环"培养模式在实践中取得了初步成效。

2011 年起，学院出台《关于进一步加强运动员文化教育工作实施意见》，提出了运动员文化教育工作例会制度、领队（教练）进教室制度、班主任（任课教师）进运动队制度、运动员到课情况、学习成绩定期反馈制度和选材制度等。这一举措形成了教师、教练、科研人员、医务人员和管理者共同培养运动员的合力。2015 年起，实行由教师和教练共同指导运动员完成毕业论文的双导师制，一名参与学生毕业论文指导的国家级教练在学生的毕业论文报告会上说：双导师制的论文指导模式建立了教练和教师之间跨专业、跨学科交流的互动平台；促进了教练员和运动员之间的沟通交流，加深了师生感情；促进了教练自身对新知识的学习，以及加深了对以往知识的复习和巩固；双导师制的指导模式是训学深度融合的创新，是团队精神的凝聚。2019 年，学院对于运动员文化教育及深化"训学融合"育人工作的举措及经验进行了交流及研讨，研究布置了进一步强化"训学融合"联动教育管理机制，为五环人才培养模式的发展打下了更坚实的基础。

浙江体育职业技术学院在卓越竞技体育人才"五环"培养模式的实践中取得了较

大突破和成就。2021年起,学院对卓越竞技体育人才"五环"培养模式进行了成果总结与梳理。这项成果在2021年获得了浙江省教育厅职业教育成果奖的特等奖,参加2022年职业教育国家教学成果奖评比获得了二等奖。该成果的获奖不仅是对学院改革创新的肯定,也是对卓越竞技体育人才培养模式的认可。

学院在实践中不断优化完善改革举措,取得了初步成果并经过评估和评奖得到了进一步验证。这对于推动卓越竞技体育人才培养模式的发展和实施具有重要意义。学院将继续弘扬创新精神,进一步加强研究和实践,不断改进培养模式,为培养更多优秀的竞技体育人才做出更大的贡献。

三、成果针对的教学问题

成果主要针对以下4个方面的问题:训—教—科—医师资团队未能形成合力的问题;竞技体育人才文化底蕴薄弱、退役后就业难的问题;竞技体育人才培养过程中"重塔尖轻塔基"的问题;竞技体育人才培养过程中成才效率低的问题。

四、探索形成的模式方法

针对传统培养模式的弊病,学院构建具有浙江特色的竞技体育人才"五环"培养模式。根据学生特点因材施教,既注重拔尖人才也关注全体学生,实现"更高、更快、更强"与"人人皆可成才"目标的和谐统一,形成的模式方法主要如下(见图2和图3)。

(一)目标引领,明晰人才培养规格

目标是缘起,发挥宏观导向作用。学院将培养目标确定为培养一流思想品格、一流运动成绩、一流综合素养全面发展的竞技体育人才,从顶层设计上突破以往只重金牌、忽视文化素养的片面人才观。

(二)制度创新,纵横交错全员保障

通过"两横一纵、纵横交错"的制度创新推进改革进程。一横是指按项目群编入竞技体育系,实现运动员身份学生化和教练员身份教师化。另一横是指设计"训—教—科—医"一体化的支撑体系,各部门形成合力。一纵则是统筹中小学、大专及继续教育等多层次办学,实现运动员从义务教育到高等教育的全覆盖。

(三)"三律归一",构建全新课程体系

课程是关键。"三律归一"的课程体系是人才培养理念的具象化,为竞技体育人才获取奖牌与退役后职业发展打下了基础。

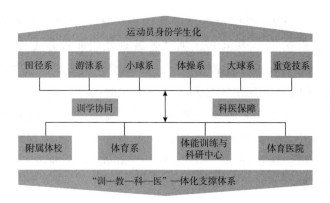

图2 "五环"育人模式横向特征

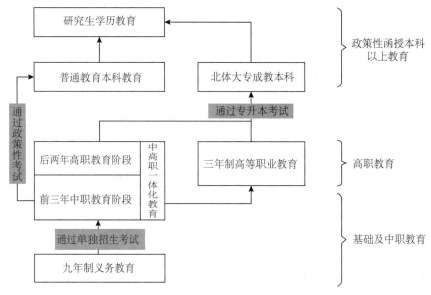

图3 "五环"育人模式纵向路径

(四)资源整合,集聚拓展四方力量

打造"三跨"师资团队。学院采用训—教—科—医一体化的制度设计,与北京体育大学、浙江大学等联合培养,聘请优秀外籍教练开放办学,组建起跨部门、跨单位、跨国界的"三跨"师资团队,提供智力支撑。

创设"三高"教学条件。以杭州亚运会为契机,学院推进智能化场馆、智慧化校园建设。总局水上运动科学重点实验室、数字化体能训练与康复中心、省内体育文献收藏最为丰富的图书馆等,构成了高标准、高质量、高规格的设施条件。

创新校政企合作"三合"机制。通过国家省队联办、省队市办,省市联办和校企联办等方式,学院校政企合作再上新台阶。国家体育总局与浙江省共建中国(浙江)国家游泳队与羽毛球队,为校政企合作开创了示范性做法。

(五)评价多元,分层培养人人成才

从主体、内容、方式3个维度构建多元评价体系。学院以评价为指挥棒形成训学并重氛围,根据评价结果对运动员进行分层培养、合理分流,因材施教。学院重塔尖也重塔基,创设人人皆可成才,人人尽展其才的环境。

五、成果的创新点

本成果的创新点主要如下。

(一)为培养"什么样"的竞技体育人才,国内首提"三个一流"全新目标

学院以"育人创佳绩"为办学宗旨,践行"明德、睿智、尚勇"的校训,着眼于培养全面发展的卓越竞技体育人才。

(二)为"怎样培养"竞技体育人才,国内独创"纵横交错"保障制度

学院统筹运动员争金夺银和退役转型保障;首创"三律归一"课程体系,探索资源整合创新方式,实质融合运动员竞技技能培养和文化素养提升工作,提供北体大联办的"专升本"与高水平特招的普通本科等多条学历提升路径,具有鲜明的浙江特色。

(三)为"怎么评价"竞技体育人才,设计了多元评价体系

学院基于主体、内容、方式3个维度构建多元评价体系。评价主体由教练转变为教练、教师、科研、医务人员、督导专家等多方主体评价。评价内容从竞技运动能力转变为思想品格、综合素养与竞技运动能力3个维度;评价方式由终结性评价转变为过程与终结评价相结合的柔性评估。学院严格执行柔性评估机制和动态进出机制。进入卓越序列的学生享受在师资配备、经费保障、国际交流等方面的优先权,未能进入的学生分流到该专业的学校体育方向学习。根据学生的能力特点进行合理分流、分类培养,做到因材施教,革新以往竞技体育人才培养过程中的"淘汰教育"。人人成才,是浙江办学的优势所在;个个受益,是五环模式的深刻烙印。

六、推广应用效果

教学成果实施以来取得了良好成效,主要成绩如下。

(一)打造全国一流的竞技铁军

学院竞技成绩优异。该模式实施以来学校培养奥运冠军9位,获得奥运金牌13枚,世界冠军71个,亚运会冠军72个,全运会冠军113个,5次被省政府记集体一等功,代表浙江捍卫了奥运届届有金牌的殊荣,目前只有浙江省和湖北省两个省份有该殊荣。学院培养的奥运冠军、世界冠军数量高居全国职业院校之冠,拥有汪顺、石智勇、陈雨菲、王懿律、管晨辰、叶诗文、谢震业等卓越才俊,培养的优秀运动员数量超过部分本科院校。多支队伍被评为浙江省模范集体。运动员教学质量、退役转型发展均显著改善,近些年本科录取率在70%左右。

(二)铸就"训—教—科—医"复合团队

学院高水平师资队伍成型。学院有省突出贡献中青年专家,省优秀高校教师,专

业带头人,体育总局"精英教练员双百培养计划"、优秀中青年专业技术人才百人计划,国家游泳队奥运攻关科医负责人等师资;完成国家级课题4项、省部级课题20多项、厅局级课题100多项,获省部级优秀成果奖一等奖2项、奥运攻关三等奖1项,与浙江大学合作获教育部科技进步奖一等奖1项,省级重点教材和精品课程各5门。

(三)开创合作办学的良好局面

学院与美国、澳洲等开展大学教育合作,教育国际化持续保持全省高校前列。国家体育总局与浙江省共建中国(浙江)国家游泳队与羽毛球队,为中国游泳复制浙江模式提供样板,为国家队其他项目改革贡献范例。学院与浙江大学等达成全面战略合作意向,借力提升竞技体育人才培养质量。

(四)增强专业辐射的社会影响

运动训练专业被列为我省特色专业、优势专业及中央财政支持高职提升专业服务产业发展能力项目,带动其他专业协调发展。2011年1月时任国务院副总理刘延东做出重要批示,充分肯定浙江在保障运动员权益、破解运动员就业安置难题上的举措,"经验与做法很好,可进行全国推广"。2013年5月,刘延东副总理视察我院,盛赞:"这所学校办得太好了。"上海、北京体职院等多所院校来考察学习。《中国教育报》《中国体育报》等多次报道我院改革举措及成果。2020年11月2日,时任浙江省省长郑栅洁批示:"新时代新阶段新要求,升本工作有必要,总体赞同支持。请尽快将方案中所涉问题与相关方面协商并达成一致后按程序办理。"2021年10月26日,时任浙江省委书记袁家军在浙江省体育工作会议上表示:"支持浙江体育职业技术学院提升人才培养规格,加快创建浙江体育大学(学院)等本科层次高校。"

七、对相应领域教学工作的体会感悟

学校采用"五环"培养模式为运动员学生提供了全面的支持,是一个教学相长的过程,主要带来了以下几个方面的好处。

(一)训学融合的发展平台

训学融合的教学模式为学生提供了一个从义务教育到高等学历教育的平台,促进其全面发展。通过训练团队和学科团队的合作,学生可以在目标导向的学习中增进原发动力,养成自律和坚韧的品格。技能训练和文化学习的有机结合可以相互促进,实现全面发展的教育目标。

(二)身心兼顾的成长管理

训练教学管理团队运用科学的管理手段,有效促进学生的身心健康。融合的教学模式注重学生的身心发展,不仅关注学生的运动表现,还注重学生的健康状况。通过全方位的医疗保障和康复管理,可以确保学生在训练过程中的身体安全,并对受伤学生进行及时的治疗和康复,保证学生身心健康的全面发展。

(三)科学人性的智力支持

教学科研团队的智力支持可以帮助运动员学生在体能评估、技术分析、心理把控、疲劳训练、营养康复等方面获得帮助,为他们竞技潜能的进一步开发提供全面而贴心的智力支持,稳步提高竞技水平。教学科研团队还可以在以赛带练拓宽专业视角、养—练结合把控训练节奏、以点带面谋划职业生涯方面提供咨询,帮助运动员学生不断提高自身的能力和水平。

(四)全局考虑的资源保障

教学管理团队整合和管理学校内外的资源,为运动员学生提供更好的学习和训练条件,保障他们在学业进阶和运动发展中统筹兼顾。通过合理分配和物质支持,学校可以提供良好的学习环境和设施,使得运动员学生能够更好地发展自己的才能和潜力。

(五)优势互补的校际合作

跨校交流与合作可以促进教学和研究成果的共享与互补,拓宽运动员学生和教学团队成员的视野和培养合作意识。跨校交流不仅是学生之间的互动,也是教师之间的交流与合作。通过交流,学院可以了解先进的教学理念、教学方法和资源共享,并借鉴先进经验与技术。同时,将自己的教学成果分享给兄弟院校,也能提升自身的声誉和影响力。

(六)特色鲜明的人才优势

对学校而言,跨校交流和合作还有助于培养具备全球竞争力的运动员学生,他们将在国际舞台上代表学校并展现出色的专业能力和职业素养。

八、深入推进的工作建议

为了进一步推进"五环"人才培养模式的开展,建议从以下几方面开展工作。

(一)进一步发挥教学管理团队的作用

团队全权负责协调、组织和推动融合教学的各项工作,团队成员应具备丰富的教育和体育领域的知识,能够有效地统筹学生的学习和训练计划,提供有针对性的支持和指导。

(二)进一步深化学科与训练团队的深度融合

学科教师和训练教练应定期开展会议和研讨,分享学生的学习和训练情况,共同制订个性化的学习计划和训练方案,确保学生在学习和训练中取得充分的进步。

(三)进一步提升学生的健康身心管理水平

教学科研团队应与医疗团队和心理健康专家紧密合作,定期对学生的身体状况和心理健康进行评估和跟进。针对学生的特殊需求,学院提供针对性的医疗支持和心理辅导,确保学生在学业和训练中处于良好的身心状态。

(四)进一步优化人才发展的保障合力

学校应提供良好的文化学习和训练设施,为学生创造一个有利于文化学习和发展的环境。在教学中,学院应注重培养学生的综合素养,鼓励他们兼顾学习和体育的发展,在两方面都取得优异的成绩。

(五)进一步完善课程和学业评估体系

学校应根据学生的个性和需求,设计符合融合模式的课程体系,结合运动训练和文化学习,使其相互促进、互为支撑。在评估方面,学校应注重综合评估,考查学生的运动表现和学业成绩,以更全面地了解学生的发展情况。

(六)进一步强化教学团队力量的培养

教学团队成员应定期参加培训和学习,关注教育和体育领域的最新研究成果和发展趋势,不断提升自身的专业知识和能力。学校可以组织内外部的培训和学习活动,搭建交流平台,促进团队成员之间的互动和学习。

(七)进一步借力信息技术手段

学校不断引入最新的学生信息管理系统、在线学习平台等现代技术手段,提供便捷的服务。通过这些技术手段,学校可以更好地跟踪学生的学习和训练情况,及时获取学生的反馈和需求,为他们提供个性化的支持和指导。

(八)进一步提升合作交流层次

学校应与兄弟学校、机构等建立更深层次的合作伙伴关系,开展专项基础研究、多学科定向应用服务、高水平师资培训、高质量高层次人才联合人才培养等。通过合作,学校之间可以共享资源和经验,相互学习和借鉴,提高教学质量和培养出更优秀的运动员学生。

深度融合地方特色资源的设计类
专业课程思政探索与实践

成果完成单位:浙江工贸职业技术学院、安徽新闻出版职业技术学院

成果完成人:杨松涛、张鹏、夏正超、余成发、程有娥、潘晶晶、徐晓斌、林朝荣、刘咏松、王春红、张敏、张海琼、郑央凡、何铁山

执笔人:杨松涛、夏正超

一、成果培育背景及形成过程

立德树人成效是检验高校一切工作的根本标准。学校以服务地方经济社会发展为使命,2007年设计类专业紧贴地方产业与文化特色,开设瓯塑、瓯绣、瓯窑和木活字印刷(简称"三瓯一木")课程。学校推动成立国家级文化创意设计产业园,2011年设计类专业五大工作室入驻,嫁接起专业小课堂与"社会大课堂"之间的桥梁,开始文化育人实践探索。2015年专业以解析木活字印刷为切入点,申报国家社科基金"汉字视域下的'道''德'研究"等系列研究项目,开始理论探索与研究,全面提升专业育人水平。

2018年以来,专业紧紧抓住课程建设"主战场"、教师队伍"主力军"、课堂教学"主渠道",针对课程思政教学资源不够鲜活和不够系统的问题,系统构建、活化处理地方特色思政资源库;针对教师课程思政自主意识不强和能力不足的问题,组建混合式团队萃取思政育人元素,持续建设与更新课程思政案例库;针对课堂教学思政要素融入深度不足和角度不巧的问题,创新实践载体,强化作品赋能。专业围绕地方特色资源的甄选、萃取和融合应用,探索了深度融入地方特色资源的设计类专业课程思政的新策略、新路径、新方案,即校地合作、部门联动、团队分工协作的工作机制;研究引领、育人中心、项目驱动的师资能力提升策略;基因解码、案例设计、示范建设的课程思政资源开发路径;强化设计、做实改革、分类融合的课堂教学实施方案。成果经历了前

期探索(2007—2015 年)、实践总结与理论提升(2016—2017 年)和成果应用推广
(2018—2022 年)3 个阶段共 15 年的探索与实践。根据推广学校、学生和社会的反馈,
设计类专业深度融入地方特色资源的课程思政理论和实践普遍得到认同和肯定,成
为可供推广借鉴的高职院校专业课程思政育人模式的范本。

二、成果主要解决的教学问题

(1)课程思政教学资源不鲜活和不系统:思政元素载体不够丰富,不能完全满足
学生个性化思政兴趣点的激发。

(2)教师课程思政自主意识不强和能力不足:专业教育重艺术形象塑造,不能主
动发挥价值引领。

(3)课堂教学思政要素融入深度不足和角度不巧:知识传授、能力培养和价值塑
造不能有机结合,学生作品价值表现力欠缺。

三、成果探索形成的模式方法

(一)校地合作成立专门机构,科学甄选、分类构建与活化处理地方特色课程思政资源库

一是校地合作成立专门机构。学校深入实施课程思政三年行动计划(2018—
2020 年)和五年实施方案(2021—2025 年);与市委宣传部、政研室、社科联等联合成立
区域文化专门研究机构,采取田野调查、实地走访、专家推荐、文献检索等方式,甄选
具有潜质的地方特色资源。

二是系统构建课程思政资源库。学校根据课程思政价值塑造点,进行资源的分
类整理;构建涵盖体现社会主义核心价值观和职业素养在内,包含 5 大主题、15 个亚
类、1200 个元素点的课程思政资源库(见图 1);实现将分散于各地的、沉睡于古籍档案
里的地方特色资源系统化集成为丰厚的思政资源。

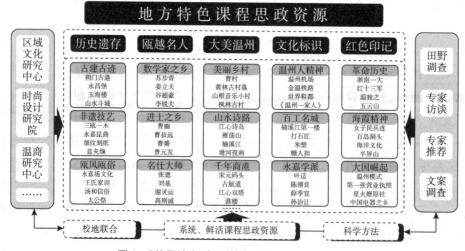

图 1 "基于地方,彰显特色"课程思政资源分类

三是活化处理课程思政资源库。学校发挥设计优势,借助图文和视频对特色资源进行数字化和艺术化处理,增加特色资源的可读性、感染力。任课老师可根据课程建设、作品创新和教学实施等需要随时研读和调取使用。

(二)重组团队,萃取育人元素,持续建设与更新课程思政案例库

学校重组团队萃取思政育人元素;遴选 X 位专业教师、1 位思政教师,聘选 1 位设计大师(劳模、工匠)组成"X＋1＋1"分工协作式团队,按融入机制、培育路径等分类立项一批课题,研究重点和难点问题;以设计类专业课程思政需求为导向,收集潮流创意、设计新技术,结合专业属性萃取课程思政元素。

教师在构建涵盖适配表、案例集和示范课在内的课程思政案例库行动中,提升教师课程思政意识和能力(见图 2)。

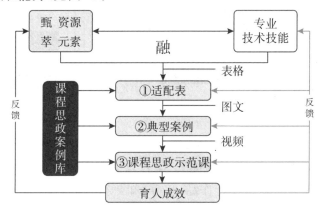

图 2 基于地方特色资源库与课程思政案例库开发行动提升教师课程思政能力

一是学校建设适配表,利用区域非遗文化资源、创意文化资源、革命文化资源等,对照价值塑造点,提炼思政元素,挖掘文化创意设计点;将课程思政元素与专业课程的技术技能点相匹配,建立适配表;"面向职业,彰能力",开发涵盖整个设计类专业、35 门核心课程的技术技能与思政元素适配表;并带动全校 8 大专业群、37 个专业、185 门核心课程的技术技能与思政元素适配表。

二是学校编写课程思政融合应用案例 87 个,编写融合地方特色资源的应用指南 1 套。

三是学校建设课程思政示范课,升级精品在线课程,在课程建设中明确课程思政的建设内容与评价标准;以海报设计等国家级课程思政示范课建设为引领和典型范例,点线面梯度推进建设课程思政示范课;并强化课程配套教材建设,明确要求以富媒体资源等形式融入地方特色资源元素。

(三)开展有效课堂认证,深化课程思政教法改革,创新实践载体,强化"作品赋能"

(1)开展有效课堂认证。学校充分发挥"以群建院二级治理"的体制机制优势,实施"院校两级"有效课堂认证,教师 100％通过二院学院有效课堂认证,85％以上通过学校有效课堂认证。将课程思政作为教学设计、课堂教学实施、课堂教学评价的必备指标,培养教师树立"大思政观"和"大设计观"。

(2)深化课程思政教法改革。学校根据教学过程、设计类专业特点、课程性质进行教学组织与实施,创新与实践课堂思政教学手段,有机嵌入落实课程思政元素;基于动漫设计、广告艺术设计、艺术设计等不同专业的特点,灵活采用情感导入式、专题嵌入式、文化浸润式、基因植入式、画龙点睛式等教学方式,有机嵌入落实课程思政元素。在基础课、专业课、实践课和毕业设计中针对释惑、明识、躬行和赋能有所侧重,系统、深入实施课程思政(见图3)。

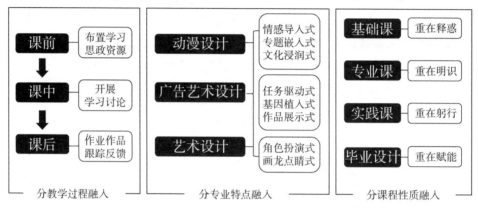

图3 分过程、分专业、分性质课程思政融入教学法

(3)创新实践载体,强化"作品赋能"。学校以工作室团队合作的形式开展课堂教学活动,师生共创服务地方的设计作品,培养"知·行·创"合一的设计人才;开展职业技能竞赛,将乡村振兴、共同富裕、绿水青山、创业精神等融入竞赛主题,将主题内容转化为设计作品,在价值塑造的同时增加学生的价值成就感;创新毕业设计,通过毕业作品展,从内容、艺术和思想全方面提升学生的作品表现能力;创新校企合作方式,结合重大节庆、传统节日、民间习俗、重要会展,承接真实项目,创作表达美、践行美、传播美的设计作品。通过设计类专业作品及融合思政元素的多元组织与实施方式全面提升学生通过作品表达真·善·美的能力。

四、成果的创新点

(一)探索了一条"甄·萃·融"并举推进课程思政的新路径

学校"甄"选具有潜质的地方特色资源,纳入课程思政范畴,建立了涵盖面广、内涵丰富、解析深入的地方特色课程思政资源库。地方特色资源要素鲜活、贴近生活,学生能看得见、感受得到、形容得出。通过"甄"选地方特色资源,引导学生立足地方、扎根本土、深入生活,冲破"言设计必称巴洛克""言艺术必称文艺复兴"的固化思维,树立正确的艺术观和创作观。"萃"取思政育人元素,建成课程思政案例库,通过推广课程思政元素与技术技能适配表在各学科和课程中的应用,让专业教师用活思政元素、活用思政案例。通过"两库"资源将课程思政巧妙"融"合专业技术技能点,打通受教客体思政元素融入路径。学生进一步加深了对思想政治理论教育要求的领悟和共情，职业素养提升明显。

（二）形成了"行动导向"为驱动提升教师课程思政能力的新策略

学校以育人为目标，以课程思政育人元素融合应用为手段，形成了以"行动导向"为驱动提升教师课程思政能力的新策略。学校通过资源开发、要素适配，以静态设计、动态数字媒体设计作品的形式进行物化呈现，将内容转化为视觉输出，提升了专业教师团队的地方特色课程思政资源的选择与教学化加工能力；通过联合攻关、项目研究和对课程结构的再设计，构建专业技术能力和内在文化创意的深入融合，提升了教师教学能力。专业以社会需求为引领，将"知识、技能、素养"培养贯通教学全过程，通过富有地方特色元素的设计进行国家课程思政示范课程建设、省级课程思政示范课程培育、院级课程思政示范课程孵化，形成了梯度递进的示范效应，在课程思政资源开发、课程思政项目建设、课程思政教学反思等行动中潜移默化地提升了教师课程思政能力。

（三）构建了以"作品赋能"推动课程思政育人的新方案

学校以培养"知·行·创"合一的设计人才为目标，全面提升学生作品表达真·善·美的能力。通过作品创作，以"课程思政"为"盐"，融入专业技术技能之"水"，推动作品服务政府社会和企业，设计体现社会主义核心价值观和时代精神的作品，向社会输出传达真善美的"正能量"。学校强化实践、创新毕业设计、作品创作，传授学生认知美、感受美、践行美、表达美、传播美的知识和能力，达到待人以真、示人以善、予人以美的目标；以"作品赋能"，不仅解决"课程思政输入"问题，而且创新解决"课程思政输出"问题，学生也实现由课程思政受教者转化为价值传播者。

五、成果的推广应用效果

（一）成果受益面广，学生素养提升显著

成果覆盖 2010—2022 届全体学生。毕业生质量调查显示，2021 届毕业生较 2010 届毕业生，对母校满意度提升 22％，专业课程课堂教学效果提升 38.1％，实践教学效果提升 40.9％，教师教学水平提升 34.1％。在连续举办的七届海峡两岸创客工作坊作品中，两岸学生创作的体现中国精神的作品明显增多，学生爱国爱乡情感提升，留地方工作率上升 21.7％。体现社会主义核心价值观的学生优秀作品入选国家级奖项3 项，其他体现优秀传统文化的优秀作品获省市奖项 200 余项。创意动画《迹忆·录》入选国家新闻出版广播电视总局"全国百部社会主义核心价值观动画"（全国高职仅 2部）。原画设计《赛博朋克 2067》、动画作品《唱温州》入选中共中央宣传部学习强国、今日头条平台。

(二)成果物化多,服务社会公益

师生瓯塑作品《雁荡秋色》入驻北京人民大会堂。学生以创意作品为媒介设计出灯具、家具、茶包等系列产品,解决"农产品滞销""附加值低"等问题,助力乡村走向共同富裕。作品展示非遗文化的神奇魅力,多次参与省市文博会展出,部分公益海报设计作品被宣传部和各级党群服务中心采纳。师生以"巾帼岗""先锋岗"创建为依托普及非遗文化,近五年已开展900余场公益活动。创意工坊进一步弘扬传统文化,打造创新科创产品。学生以文化传承为使命,结合地方特色文化资源进行衍生品开发设计,塑造地方文化符号,赋能文旅发展,助推精神生活走向共同富裕。海报设计和木活字印刷术传统技艺两门课程入选教育部课程思政示范课,教学名师和教学团队数量居全国高职校第二。两校双双入选省级课程思政示范校。《纹漾丝瓜络创意产品》《铭匠柳编——传统非遗技艺传承者》《瓯绣工作坊》《717创意市集》《刻画入微——我的细纹刻纸传承之路》等获"互联网+"大学生创新创业大赛省级特等奖、国家级铜奖。省工业设计大赛"中国柳编之都·阜南"柳 & 木产品设计专项赛中获得省级奖项19项。"非遗柳编""三瓯一木"文化已经充分融入学院的专业教学、校园活动,为非遗文化搭建了展示、互动、体验、传承的平台。

(三)理论成果丰,受到广泛关注

我校在全国率先出版了专著《新时代高职课程思政理论与实践》,为新时代高职院校开展课程思政建设提供范例。中国知网显示学校课程思政教研论文发文数量居全省第二,总引用量位居全省高职院校第一。《从思政课程到课程思政,路该怎样走》《新时代高职课程思政如何落地》研究成果在《中国教育报》刊发。完成《强国之道:社会主义核心价值观的汉字学解读》等著作3本,为开展课程思政提供理论支撑。《浙南烽火》等地方特色课程受到追捧,形成《"大道理"引导"小道理",产品设计的精髓》《故乡的野菜:品菜、品文、品人,品出家国情怀》课程思政优秀教学案例200余篇。成果完成学校双双入选省级课程思政示范先行校。学校主持国家高等职业教育教学资源库子项目"图形制作CorelDraw"和"数字排版Indesign"2项。

(四)媒体报道广,形成广泛影响

中央电视台一套《我有传家宝》《非遗公开课》栏目2次报道非遗文化育人成果。《中国教育报》专题报道《新时代高职课程思政如何落地》,《光明日报》发表《学院式传承让老手艺重放异彩》对专业传承地方传统文化做特别报道。《学习时报》等转载课程思政相关报道69次,其他地方媒体报道百余次。地方童谣动画、传统文化动画在学习强国、今日头条、地方新闻网等媒体平台刊播87次,成果受到当地省市领导批示肯定。学校在北京大学举行的全国职业院校思政课教学改革与创新论坛、全省高校课程思政教学研讨会、全省高职院校课程思政现场推进会上做《深度挖掘地方特色资源,建构高职课程思政体系》等专题报告32次。成果在义乌工商职业技术学院、安徽艺术职业学院等省内外 25 所同类院校推广使用,影响广泛,接待来校学习交流 200 余批次。

六、体会感悟

    成果以"融·思政"为核心理念,以"甄·萃·融"为方法论指导,甄选社会主义核心价值体系和地方特色资源育人元素,结合不同专业人才培养目标,建设了独具特色的地方资源库和专业教学技能资源库,实现两者相融相通,萃取课程思政资源,贯通课程思政实施过程中实施主体、承接载体融通环节,打通受教客体自融入路径,实现教师养成课程思政自主意识、教学自然融入课程思政元素、学生形成课程思政自觉精神,构建了教师、课程和课堂的"三位一体"课程思政育人模式,打造了学院五纵五横一平台育人质量保证体系,打通了显性知识技能培养与隐性素养培育相互促进的通道,改进和提升了思政育人环境,实现了"价值、知识、技能"的融合,取得了丰厚的理论研究和教学实践成果,形成了可供推广借鉴的高职院校课程思政育人模式的范本。

高职思政课"三化驱动、四育融通"育人模式创新与实践

成果完成单位：杭州职业技术学院、浙江金融职业学院

成果完成人：邹宏秋、牛涛、王志强、俞婷、段彩屏、王玲、杨云、郭敏飞、袁晶、金天

执笔人：邹宏秋

思政课是落实立德树人根本任务的关键课程。党的十八大以来，习近平总书记从党和国家事业发展的全局出发，多次就办好思政课的重大意义和如何办好思政课发表重要讲话。2012年9月，杭州职业技术学院与浙江金融职业学院深度协作，依托教育部专项"融合职业素质教育的高职思政课专题教学模式研究"等10余项国家级、省部级教改项目，携手共建课堂教学探究、实践活动体悟、云端思政导引、校企文化浸润相互融通的协同育人平台，将"三化"即学习过程体验化、教学手段信息化、考核评价多元化融入课堂育人、实践育人、网络育人、文化育人"四育"全过程，于2016年8月形成了高职思政课"三化驱动、四育融通"育人模式。

一、成果背景与形成过程

（一）成果背景

思政课建设要始终遵循思想政治教育的内在规律，回应时代变局和民族复兴全局下的思政工作热点难点问题，契合不同类型教育的办学定位和人才培养目标。

作为与普通高等教育不同的教育类型，高职教育在人才培养上强调德技并修。高职思政课要在实践中结合学生特点，立足自身人才培养目标和职业教育"强技能、重实践"的特质要求，推动思政教育和职业教育深度融合、增强实效，解决好培养什么人、怎样培养人、为谁培养人这个根本问题。如何立足类型教育的办学定位深化教学改革，不断增强思政课的思想性、理论性和亲和力、针对性，发挥职业教育办好思政课的比较优势，打造高职思政课教学改革创新"升级版"，成为亟待解决的重要课题。

(二)成果形成过程

2009—2012年,成果团队开发了2门思政课省级精品课程,形成了课程标准,围绕专题教学进行深入研讨和多方论证,确定了专题教学改革方向,并初步探索构建教学专题、专题教学设计和方案等,在专题教学改革与实践中迈出了第一步,在思政课资源开发共享、教学方法改革等方面做出了有益探索。2012—2016年,杭州职业技术学院与浙江金融职业学院深度协作,完成方案设计和主体实践,依托教育部专项等10余项国家、省部级教改项目,构建了高职思政课以"三化"驱动"四育"相互融通的创新育人模式(见图1)。

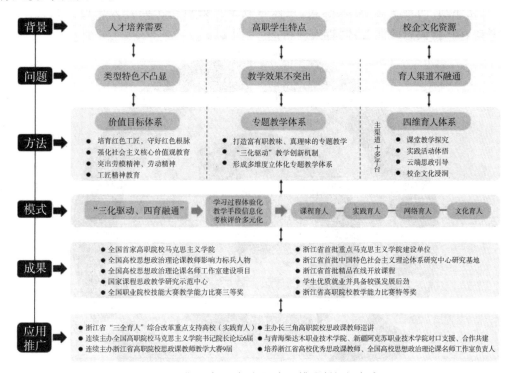

图1 "三化驱动、四育融通"育人模式创新与实践

自2016年成果实施以来,进行了广泛而深入的应用推广。2017—2018年为升级推进阶段,入选浙江省首批高校马克思主义学院重点建设单位,立项教育部示范马克思主义学院和优秀教学科研团队建设重点项目。2019—2020年为深度应用阶段,获批浙江省习近平新时代中国特色社会主义思想研究中心基地和中国特色社会主义理论体系研究中心基地,与阿克苏职业技术学院、陕西职业技术学院等中西部高职院校对口支援、合作共建。2021年开始为扩展应用阶段,推动了学校各类课程与思政课同向同行、形成协同效应,惠及全体学生,社会影响广泛,示范引领效应显著,为高职院校思政课改革创新、人才培养质量提升提供了育人模式上的借鉴和方法论意义上的指导。2021年10月该成果获得学校教学成果特等奖,以成果应用推动的教学技能竞赛获得全国思政课教学展示一等奖,分别获得全国职业院校技能大赛教师能力比赛二

等奖、三等奖和浙江省职业院校教师教学技能比赛特等奖、一等奖、二等奖等多项荣誉。

二、成果主要内容

针对高职思政课教学内容职业特色不够鲜明、课堂教学学生体验感不强、数字赋能不足、育人渠道不够畅通、协作不够紧密等问题,两所学校依托教育部专项"融合职业素质教育的高职思政课专题教学模式研究"等10余项国家、省部级教改项目,整体把握课堂育人、实践育人、网络育人和文化育人在思政课立德树人中的方位,把课内与课外、校内与校外、理论与实践的各类育人资源整合起来,积极探索构建高职思政课"三化驱动、四育融通"育人模式,使课堂教学主渠道与协同育人渠道相互支撑、共生联动,构建"大思政课"协同育人新格局(见图2)。

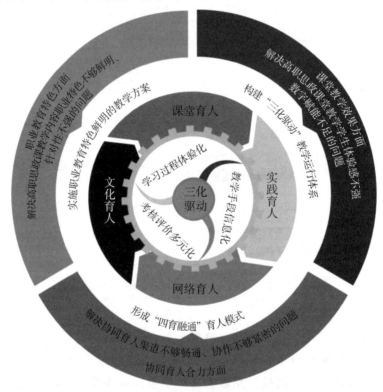

图2 "三化驱动、四育融通"育人模式

本成果立足类型教育的基本特征开展实体课堂、网络课堂、实践课堂、文化校园一体化建设与改革,创建了"主渠道+多平台"联动融通的育人体系,搭建了集课堂教学探究、实践活动体悟、云端思政导引、校企文化浸润于一体的协同育人平台。学校通过制订以培育红色工匠为目标的专题教学方案,契合行业业态和企业文化、职业素养和专业特质,形成了突出职教特色和真理味道的专题教学体系,变"大水漫灌"为"精准滴灌";通过创设情境、数字赋能、多元评价,创建了以学习过程体验化、教学手段信息化、考核评价多元化为核心的"三化驱动"教学运行机制,变"灌输说教"为"引导体验";通过创建以"三化"驱动"四育"相互融通的课程育人模式,将学习过程体验化、教学手段信息化、考核评价多元化融入课堂、实践、网络、文化育人全过程,运用教学手段信息化来消融"四育"时空距离,运用学习过程体验化来激活"四育"理论叙事,运用考核评价多元化来整合"四育"评价标准,从而以"三化"驱动了"四育"一体化协同育人,形成了具有鲜明职业特色的思政课教学整体设计与实施办法,变单一的课堂育人主渠道为立体化协同育人大平台,开辟了探究深化认知、体悟促进认同、导引坚定信仰、浸润涵育德行的育人路径,形成了课堂教学主渠道与协同育人渠道相互支撑、共生联动的育人格局。

2016 年成果开始实施和推广应用。成果实施以来,学院先后入选浙江省首批高校马克思主义学院重点建设单位,立项教育部课程思政教学研究示范中心、教育部首批高校思政课名师工作室、教育部示范马克思主义学院和优秀教学科研团队建设项目,获批浙江省习近平新时代中国特色社会主义思想研究中心基地;建成了思想道德与法治等省级精品课程 4 门,开发了大国工匠等国家级教学资源库主干课程 2 门;教师出版专著 10 本,在核心期刊发表论文 200 余篇,参编中央"马工程"教材配套用书 2 本,主编新形态辅学教材等 7 本,获省级教学比赛一等奖及以上 20 余项;涵育了学生的工匠精神和职业素养,学生获国家级职业技能竞赛奖项上百人次,毕业生对母校满意度高达 97% 以上。成果实施 6 年来,促进了全体在校学生的知、信、行相统一,提高了学生岗位适应与职业发展能力,学生对思政课满意度、用人单位对毕业生综合素质满意度显著提升;建成了国家课程思政教学研究示范中心,也推进了各类课程与思政课建设同向同行。学校思政课建设、马克思主义学院建设、教师队伍建设和取得的教学科研成果、学生素质提升和优质就业、社会服务等都取得了显著成绩,形成了广泛的社会美誉度和影响力,获得《光明日报》《中国教育报》、新华网等主流媒体广泛关注和报道,发挥了突出的示范效应和辐射作用,对高职院校思政课改革创新和人才培养起到了示范引领作用。

三、主要解决的教学问题及解决方案

(一)主要解决的教学问题

(1)成果主要解决了高职思政课教学内容职业特色不够鲜明、针对性不强的问题,将教材体系转化为紧密结合高职人才培养目标的教学体系。

(2)成果主要解决了高职思政课堂学生体验感不强、数字赋能不足的问题,使思政课教学更加生动鲜活、贴近新时代高职学生认知特点。

(3)成果主要解决了高职思政课协同育人渠道不够畅通、协作不够紧密的问题,使思政课课堂育人、实践育人、网络育人、文化育人有效融通。

(二)解决方案

1.实施职业特色鲜明的专题教学方案,实现了教材体系向教学体系转化

学校深度研磨教材,牢牢把握思政课的思想性、政治性和理论性,增强课堂教学内容的历史逻辑、理论逻辑与现实逻辑;深挖企业资源,弘扬工匠精神,制订融合行业文化、职业素养和专业特质的专题教学方案;开发精品在线课程、国家教学资源库主干课程、活页式辅学资料等"数字+实体"教学资源;建立完善革命实践基地、校企合作基地,开发实践课程体系,化育职业精神,厚植爱国情怀。

2.构建"三化驱动"教学运行机制,提升了课堂教学实效性

创设情境,推进学习过程体验化。理论课堂开设时事讲评、微情景剧等互动展示专题,将宏大叙事具象为具体情境;实践课堂走进社区做志愿、走进企业育匠心,实现学习过程由理论灌输向可知可感转化。

数字赋能,促进教学手段信息化。学校建立学情大数据平台,实时跟踪学生思想动态;录制"大国工匠"等微视频,打造精品在线课堂;依托虚拟仿真体验馆等载体,打造沉浸式课堂;针对学生校外实习等,打造"移动"课堂,实现了精准化学情分析、混合式教学、新样态实践。

多措并举,实现考核评价多元化。学校明确过程性、增值性考核要求,依托在线考核评价系统开展学生自评、生生互评、教师点评,实现了考核主体多元化、考核方式多样化、考核手段智能化、考核成果可视化。以体验学习为突破,以数字赋能为抓手,以多元考核为导向,创新思政课教学运行机制,充分发挥学生的主体性和能动性。

3.形成"四育融通"一体化育人体系,增强了协同育人合力

学校整体把握课堂、实践、网络、文化在立德树人中的方位,坚持以课堂教学为着力点、实践教学为突破点、网络育人为生长点、文化育人为支撑点。通过创设情境、数字赋能、多元评价,以教学手段信息化消融"四育"时空距离,以学习过程体验化激活"四育"理论叙事,以考核评价多元化整合"四育"评价标准,促动实体课堂、网络课堂、实践课堂、校园文化一体化建设与改革,形成了理论与实践相结合、线上与线下相配合,校企社文化渗透耦合的融通格局。

四、创新点

(一)突出职教特色、厚植红色基因,制订以培育红色工匠为目标的专题教学方案,形成凸显职教特色和真理味道的专题教学体系

学校精准把脉学生的思想兴奋点和理论困惑点,面向课堂教学制定了"立匠道·育匠心·守匠德·铸匠魂"等系列教学专题,形成了凸显职教特色和真理味道的专题教学体系;面向实践教学制订了项目化实践教学方案,开展企业现场教学和革命旧址讲新课;面向网络教学制订了"互联网+"教学方案,开展"线上+线下"混合式教学,共享名师示范课;面向文化育人制订了融合红色文化和行业企业文化的特色化教学方案,培育融合思政素质和职业素养的特色品牌课。《思想理论教育导刊》(2017年第9期)等核心期刊发表了相关成果。

(二)活化课堂教学、丰富课外体验,构建以"三化驱动"为核心的教学运行机制,形成科学有效的教学方法系列

学校依托信息化教学平台实施教学改革,构建学习过程体验化、教学手段信息化、考核评价多元化"三化驱动"教学运行机制,化解思政课"活跃的少数"与"沉默的大多数"之间的矛盾,变课堂教学"灌输说教"为"引导体验",变信息化教学"为用而用"为"增效实用",变考核形式"简单单一"为"科学多元"。课前开展以"新闻速递与时事点评"等为主题的学生展示活动;课中实施以问题导入、专题深入、案例嵌入、点滴融入为核心的课堂教学;课后引导学生内化反思、外化实践;形成"课前导学有任务驱动—课堂研学有师生互动—课后拓学有实践行动"的教学闭环。《中国高教研究》(2022年第6期)等核心期刊发表了相关教改举措。

(三)聚力多维联动、构建共育机制,创建以"三化"驱动"四育"相互融通的育人模式,形成"大思政课"协同育人格局

学校立足类型教育特征,深挖工匠资源、红色资源,整合校政、校企、校社、校地合作资源,以学生成长为中心改革课堂教学、探索实践机制、拓展网络阵地、建设校园文化,创建了以"三化"驱动"四育"相互融通的育人模式(见图3)。本成果建成了跨区域、跨学校、跨学科的思政课教学资源库和育人共同体,打破思政课"单兵作战"模式,整合课内与课外、校内与校外、理论与实践、网络与文化等育人资源,广泛调动"大思政课"协同育人主体,发挥全体教师、校外导师、行业典型人物等协同作用,实现了多主体共同参与、多渠道共同作用、多场域交替影响,形成了课堂教学主渠道与协同育人渠道相互支撑、共生联动的育人格局。相关成果在《中国教育报》(2022年6月22日)等国家级媒体多次报道。

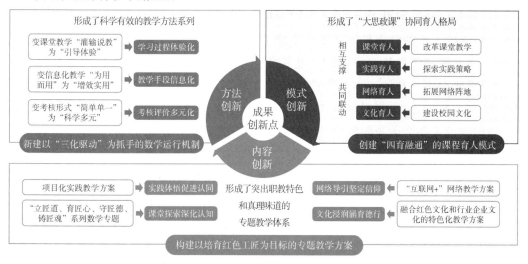

图3 "三化驱动、四育融通"成果创新

五、推广应用效果

(一)提升整体育人水平,助推学生优质成长

(1)本成果培育了学生自信、自强、担当、奉献的良好品格。省教育评估院调研数据显示,2021届毕业生通用能力为94.74%,较2016届高出6.68%。毕业生在人生态度上更积极上进,综合素养稳步提升,学校被誉为"工匠摇篮""金融黄埔"。

(2)2021届96%的学生提交了入党申请书,较2016届增长了18%。在校学生志愿服务参与率达100%,每年数百人申请入伍。理论学习社团人数逐年提升,占在校生人数比达80%以上。本成果培养了一大批"德技双修"的人才,五年累计在国家级技能大赛中获奖100余项。用人单位高度评价了毕业生的综合素质,省教育评估院数据显示2016至2021届毕业生对母校满意度均在97%以上且稳步提升。

(3)省级精品课程思想道德与法治、毛泽东思想和中国特色社会主义理论体系概论连续运行7期,十余万学生受益,课程学习互动数十万次。

(二)提升师资队伍整体素质,助推教师教研相长

(1)学校出版《高职院校思想政治理论课教学模式研究》等专著10本、教材7本,主持国家社科基金等省级以上项目30余项,调研报告入选国务院《经济要参》1篇,获省委领导批示多篇。在《人民日报》《光明日报》《经济日报》《求是》理论版发表文章10篇,在《马克思主义研究》等核心期刊发表论文200余篇,多篇被《新华文摘》等全文转载。

(2)学校培养了教育部高职高专思政课教指委委员、全国高校思政课教师影响力标兵人物、全国思政课名师工作室负责人等,教师多次承担教育部相关司局组织的思政课辅学教材编写任务,在全国性会议上做专题报告50余次。教师获全国高校思政课教学展示一等奖等省级以上奖项20余项。

(三)教改成果辐射全国,彰显引领示范作用

(1)学校入选浙江省首批高校马克思主义学院重点建设单位,立项教育部示范马克思主义学院和优秀教学科研团队建设重点项目,获批习近平新时代中国特色社会主义思想研究中心基地。本成果推动两校课程思政建设,先后立项教育部课程思政教学研究示范中心、国家课程思政示范课程、教学名师团队。

(2)学校主办全国高职院校马克思主义学院书记院长论坛7届,主办省高职思政课教学大赛9届,组织省级集体备课会20余次,主办全国性学术会议9次,成果在全国广泛交流分享。广州番禺职业技术学院等20余所高职院校主动引入本成果,取得了良好成效。

(3)成果实施以来,《中国教育报》6次专题报道,《光明日报》、人民网等先后100多次报道。学校建成省级理论宣讲名师工作室,开展理论宣讲百余次,彰显了引领示范的标杆作用。

从引进到引领：旅游高职教育国际化办学的探索与实践

成果完成单位：浙江旅游职业学院、浙江开元酒店管理股份有限公司、俄罗斯国立旅游与服务大学

成果完成人：王昆欣、严一平、陈丽君、徐云松、黄慧、周李俐、饶华清、周殿军、叶绿、Shelaeva Maria Igorevna

执笔人：陈丽君

本成果以问题为导向，以研究为基础，以改革为动力，以创新为核心，是浙江旅游职业学院十余年来国际化办学从"引进"到"引领"的探索和实践。

一、成果的培育背景

（一）旅游业国际化和旅游教育新使命

旅游业，承载着人们对美好生活的向往，它既是民生事业、经济产业，也是民族文化、国际外交的重要组成部分。旅游业天然具有国际化属性，我国旅游业以发展国际旅游起步，改革开放40多年来，中国已成为世界第一大出境旅游客源国和第四大入境旅游接待国。

中国旅游职业教育必然要适应新的国际化发展趋势，致力于培养全球通用的旅游人才、服务中国旅游企业走出去，主动肩负起培养国际人才、打造中国品牌的新使命。

（二）旅游高职教育国际化办学面临新难题

从"示范"院校到"双高"院校建设，我国高职院校在建设"中国特色、世界水平"的国际化办学道路上进行了有益探索，但仍缺失可推广引领的专业课程国家标准和国际规范；缺乏在世界旅游组织、世界旅游联盟等国际组织拥有话语权的师资队伍；与国际顶尖旅游企业的合作不全面、不深入，全球通用人才培养的数量和质量相对落后；国际交流多流于形式，共赢发展、文明互鉴的可持续动力不足等。旅游高职教育

尚存在以下4个难题:专业课程与国际标准的融合性不够;师资队伍与国际行业的融入性不深;人才培养与国际产业的融通性不强;交流合作与国际平台的融洽性不高。

(三)旅游高职教育亟须"从引进到引领"的国际化办学新探索

"一带一路"倡议服务国际经济共同发展的理念和更多中国旅游企业立足境外开创新局面的现实,使得旅游高职教育亟须培养全球通用人才和"中文+职业"的专门化人才。

学校在前期引进吸收德国、澳大利亚、荷兰、瑞士等国职业教育先进理念的基础上,相继创建中澳国际酒店管理学院和中俄旅游学院、中塞旅游学院、中意厨艺学院等境内外办学机构,在专业课程改革和中国标准制定、师资国际话语权提升、国际交流与互动增强、中国特色"国际学徒制"培养方面率先实践,创新探索中国旅游职业教育的范式引领。

二、成果的形成过程

学校2010年依托国家教育体制改革试点项目"提高中外合作办学水平",率先探索旅游高职教育国际化。学校对齐"线上营销""邮轮休闲""会展策划"等国际旅游前沿,打造覆盖旅游全产业链的专业群。酒店管理、导游、景区开发与管理、会展策划与管理、西餐工艺、会计等6个专业通过联合国世界旅游组织旅游教育质量认证(UNWTO-TedQual)。

2015年依托教育部首批"中美高素质技能型、应用型人才联合培养百千万交流计划",学校主动推进旅游高职教育国际化。2016年依托省"国际化特色高校建设单位",学校创办了中外合作办学机构——中澳国际酒店管理学院;国际邮轮乘务、电子商务、旅游英语、旅游日语、空中乘务等11个专业达到联合国世界旅游组织旅游教育质量认证标准,为全国高职院校之最。

2017—2019年,学校连续3年入选全国高职高专国际影响力50强榜单,并2次入选《中国高等职业教育质量年度报告》"国际影响力——高职模式贡献"典型案例;2018年经浙江省教育厅发布,学校在全省高职高专院校国际化总体水平排名第一。

2017—2020年,学校分别在俄罗斯、塞尔维亚、意大利创办了中俄旅游学院、中塞旅游学院和中意厨艺学院,与130余家国际知名高校和顶尖旅游企业长期深度合作,构建了国际旅游教育共同体,深化了旅游高职教育国际化发展;形成了牵头制定国家标准、牵建国际化平台、牵引国际交流与合作、牵领国际化人才培养、牵动中国企业走出去的"5牵"范式,实现了旅游高职教育国际化办学从"引进"到"引领"的创新(见图1)。

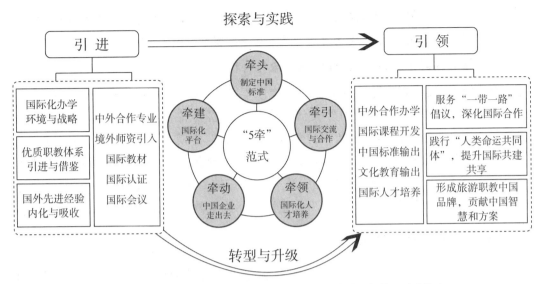

图 1 旅游高职教育国际化办学从引进到引领转型升级的"5 牵"范式

三、成果破解难题的举措

(一)主导制定国家标准,引领输出中国规则

学校针对"专业课程与国际标准的融合性不够"问题,将国际行业标准融合度作为专业课程改革的核心。11 个骨干专业率先通过联合国世界旅游组织旅游教育质量认证;引入澳大利亚技能质量署 ASQA 评估标准,建立中澳教学质量管理监督体系和远程网络教学资源平台 E-coach;开发全球通用的国际邮轮乘务专业和课程体系及网络双语课程 50 门;主导制定国家标准 2 个、行业标准 4 个、教育部"1＋X"证书职业技能等级标准 1 个,牵头编制全国首个国际旅游教育团体标准、餐饮业标准并成功输出世界。

(二)引导教师开阔视野,拥有国际行业话语权

学校针对"师资队伍与国际行业的融入性不深"问题,通过选派教师赴境外研修、参加国际会议、服务中国企业走出去、为外国企业提供培训等方式建设国际化双师队伍。学校 85％的师资有境外培训、服务企业的经历。成果主持人担任世界旅游联盟(WTA)副秘书长,20 名骨干教师在世界旅游联盟、世界旅行及旅游业合作组织(GTTP)等国际组织任职,1 名成员获国外大学"名誉教授"称号;外籍教师 6 人次获浙江省"'诗画浙江'友好使者"等荣誉。

(三)创导"国际学徒制",创新培养全球通用人才

学校针对"人才培养与国际产业的融通性不强"问题,坚持环境建设国际化、实习企业品牌化、就业单位全球化的"三化"举措,紧紧抓住人才培养起点、节点、临界点的"三点","岗课赛证训"齐头并进,提升学生技术水平。学校与 85 家全球顶尖企业建立

稳定合作关系,开展国际产教融合实习项目;学生在G20杭州峰会、世界互联网大会、莫斯科国际旅游交易会等重要场合历练专业技能,展现"中国服务"。

(四)领导国际平台,深入推进国际交流与合作

学校针对"交流合作与国际平台的融洽性不高"问题,创建境内外办学机构,主办国际论坛和文化节活动,实现中外交流与合作的深耕开花。境内外创建中澳国际酒店管理学院、中俄旅游学院、中塞旅游学院和中意厨艺学院;与130余家国际名校、顶尖企业建立长期合作关系;设立中、俄、日、韩4国文化体验中心和意大利歌诗达邮轮实训中心;在不同国家主办世界文化旅游大会、"一带一路"中国文化节、"旅游教育与旅游业可持续发展"国际论坛等,成为智慧型国际旅游教育体验区。

四、成果探索形成的模式方法

学校在同类院校中率先跨出境外办学、输出中国标准的路子,形成了从"引进"到"引领"的模式方法。

(一)牵头制定国家标准

学校主持制定导游行业国家标准《导游等级划分与评定》,成为国际导游人才分级分类考核、评定、晋升的权威依据;主持制定酒店业《旅游民宿基本要求与等级划分》,填补该领域标准空白,拓展旅游业发展空间;主持制定《旅游类专业学生景区实习规范》《旅行社安全规范》《旅游类专业学生旅行社实习规范》《研学旅行指导师国家职业技能标准》4个行业标准和1个教育部"1+X"证书职业技能等级标准。学校牵头编制全国首个国际旅游教育团体标准《旅游汉语课程设置规范》和餐饮业标准《国际美食之都评定规范》等,被俄罗斯、塞尔维亚、意大利等国采纳应用。

(二)牵建国际化平台

成果主持人担任中国第一个全球性、综合性、非政府、非营利国际旅游组织——世界旅游联盟(WTA)副秘书长;学校成为世界旅游联盟会员单位(高职院校第一个),是世界旅行及旅游业合作组织(GTTP)在中国的办事处,是浙港职业教育联盟的理事长单位,联合中、意两国美食烹饪相关学校和企业发起中意美食新丝路烹饪教育联盟;20名骨干教师在世界旅游联盟(WTA)、世界厨师联合会(WACS)等5个国际组织兼职。

(三)牵引国际交流与合作

学校在境内创建中外合作办学机构中澳国际酒店管理学院,境外创建中俄旅游学院、中塞旅游学院和中意厨艺学院,4个全方位合作的办学机构不仅承担着培养国际人才、服务区域经济的责任,也牵引着中国和澳大利亚、俄罗斯、塞尔维亚、意大利等国开展深入的文化交流和文明互鉴活动;设立中、俄、日、韩4国文化体验中心和意大利歌诗达邮轮实训中心,吸引国内外学生前来研学实践,成为国际融通的智慧型旅游教育体验区。

(四)牵领国际化人才培养

酒店管理、导游、景区开发与管理、会展策划与管理、西餐工艺、会计、国际邮轮乘务、电子商务、旅游英语、旅游日语、空中乘务 11 个骨干专业率先通过联合国世界旅游组织旅游教育质量认证,数量为全球高校之最;5624 名毕业生就职于迪士尼乐园、歌诗达邮轮、雷迪森酒店集团、开元集团、中旅集团、华为集团等全球顶尖企业。

(五)牵动中国企业走出去

学校成立了开元森泊产业学院、香港"美心"产业学院等 12 个产业学院,为中国顶尖企业输送国际人力资源;酒店管理专业教师协同开元大酒店赴德国法兰克福开业;旅行服务与管理学院教师协助中旅集团与美国、新西兰等国旅游企业深度合作,协助旅行社在境外发展国际旅游业务。

五、成果的创新点

(一)理念创新:构建合作共赢的国际旅游教育共同体

学校作为首批浙江省国际化特色高校、联合国世界旅游组织旅游教育质量认证专业最多的高职院校,长期探索中国旅游职业教育的对外开放与合作共赢。成果主持人 2010 年出版著作《高等旅游职业教育国际化人才培养的研究与实践》,2017 年在《中国旅游报》发表《为世界旅游发展贡献中国智慧》的理论文章,在 2019 年世界旅游联盟年会主题演讲中提出"构建国际旅游教育共同体"的理念。

学校协同境内外旅游院校和企业,协助国内企业境外发展,为境外企业提供培训,组织国际产学教研,不断扩大国际旅游教育共同体的影响力。学校主持相关课题、发表论文专著共 283 项,其中 70 项为省部级重大成果,并通过《人民日报》《光明日报》等重要媒介,深化合作共赢、合力开创的共同体理念。

(二)载体创新:创建中外旅游教育互动和文明互鉴的平台

学校长期与国际知名旅游院校、全球顶尖旅游企业、高端国际组织谋划合作,制定双边多元战略合作框架,通过国家教育体制改革试点项目"提高中外合作办学水平"、教育部首批"中美高素质技能型、应用型人才联合培养百千万交流计划"等,不断深化应用创新研究,相继成立中澳国际酒店管理学院、中俄旅游学院、中塞旅游学院、中意厨艺学院,成为旅游教育对外开放的重要载体。

学校创建中、俄、日、韩 4 国文化体验中心和意大利歌诗达邮轮实训中心,打造具有中国特色的旅游教育生态环境,为中外互动和文明互鉴提供优质平台。随着亚太经合组织项目的开展、3 个省首批"一带一路'丝路学院'"的获批和"全国首批鲁班工坊运营项目"的认定,学校创新载体和拓宽平台的能力又进一阶。

(三)路径创新:搭建从引进借鉴到引领输出的"中国范式"

成果聚焦国际旅游发展背景下的专业核心课程改革、双师型队伍建设、中国特色学徒培养等,致力于旅游高职教育如何从共享发展角度去思考国际化办学的意义,探索从引进借鉴到引领输出的转型路径。

学校通过主导制定国家标准、引领输出中国规则,引导教师开阔视野掌握国际行业话语权、创导"国际学徒制"培养全球通用人才、领导国际平台促进文化交流互动等举措,全面推动旅游高职院校的综合改革和国际化办学的转型升级,形成"牵头制定国家标准、牵建国际化平台、牵引国际交流与合作、牵领国际化人才培养、牵动中国企业走出去"的"5牵"范式和创新路径,推进"中国范式"走向世界舞台,打造旅游高职教育的"中国品牌"。

六、成果的应用效果和推广

(一)应用效果

1.师生美誉度持续提高

学校85%的师资有境外培训、服务企业等经历,"双师型"教师占90%以上。

学生143人次获国际竞赛奖;每年赴境外留学研修学生约占毕业生总数的12%,就业率保持在98%以上,全球知名旅游企业就业率在50%以上,学生起薪高于同区域同类型的毕业生。

2.学校竞争力持续提升

2016年起,学校每年列入全国高职高专"国际影响力50强"。

2017年,学校国际化总体水平位列省高职高专院校第一名。

2020年,学校获世界职业院校与技术大学联盟(WFCP)"学生支持服务"卓越奖。

2021年,学校成功创建浙江省国际化特色高校。

中俄旅游学院、中塞旅游学院、中意厨艺学院成功入选浙江省首批"一带一路'丝路学院'";中塞旅游学院获全国首批鲁班工坊运营项目认定(全国旅游类院校唯一)。

3.行业影响力持续扩大

学校为境外企业培训2820人;受邀参加共建"一带一路"国家旅游论坛、国际旅游交易会等;牵头成立中意美食新丝路烹饪教育联盟、浙港职业教育联盟、中国职业技术教育学会智慧旅游职业教育专业委员会等;入选第19届亚组委合作项目、亚太经合组织项目等。

(二)成果推广

1.国内外学校推广

2010—2022年,成果受到18所旅游类院校借鉴应用;576所高校前来考察学习;1350名境外师生前来开展文化交流活动;与18个国家和地区的45所高校建立长期稳定的合作关系;827 名国际学生来校进修、实训,共享学校国际旅游教育成果。

2.行业、社会推广

学校协助构建俄罗斯 2 个景区中文解说系统;协助 2 家中国企业走出去;为境外 5 家企业提供培训;700 余名学生服务 G20 杭州峰会、世界互联网大会等,峰会期间作为全国唯一一所高职院校接待境外国家代表团;收到外交部、土耳其等国使领馆 30 封感谢信。

3.媒体推广

《人民日报》《光明日报》《中国教育报》《中国旅游报》和学习强国等权威媒体 127 次高度肯定学校在国际旅游教育界的引领创新实践;人民网(海外版)、俄罗斯 "TV BRICS"(金砖国家专题)网站等媒体采访报道了学校国际化办学相关成果。

七、对成果的体会感悟

(一)国际化办学要拥有主动权,核心在于引领中国规则走向世界

国际化办学不是简单地把学生送出去,而是应该通过教学内容、评价手段、行业标准等方面的系列改革,确立引领中国规则走向世界的地位。学校从更多地借鉴和引进国外的先进教学理念、手段、方法,到尝试走出去引领和推广自己的育人模式、专业标准、文化内涵,目前已开发全球通用的国际邮轮专业教学和评估体系,输出旅游汉语课程标准、中餐业规范等"中国规则",带动学校对接产业前沿,致力于建设具有国际影响力的教学标准、教学资源和装备等。

(二)国际化办学要拥有主动权,关键在于提升国际平台牵建能力

境外连锁办学战略是学校探索国际化办学结构转型的阶段性成果。自境外创办 3 个合作办学机构以后,学校牵建国际平台的能力和效应不断提升。以中意厨艺学院为例,由学校牵头、联合中意两国美食烹饪相关学校和企业成立的中意美食新丝路烹饪教育联盟成员单位已从最初的 5 家单位发展到如今的 14 家成员单位,由此为教师拥有国际话语权和全球治理能力提供了更多机会。

八、对成果深入推进的工作建议

(一)加大开放人才对流,建设国际一流师资

基于国际旅游产业发展形势,学校需要制订师资建设规划,多管齐下丰富教师国际背景:一是建立高学历、高水平、高稳定性的外教团队;二是实施全球化"双师"队伍培养计划;三是积极推进教学管理队伍的国际化建设。

(二)扎根中国对标国际,开发融通中西的课程体系

学校应按照联合国世界旅游组织旅游教育质量认证标准要求构建人才培养体系,实现产教融合双向驱动,使培养目标制订、培养方案编制、培养过程实施、培养条

件建设、培养成效评价 5 个方面满足国际旅游行业的适应性要求。

(三)优化现代国际学徒制,对接行业人力资源全球诉求

学校应科学设计国际产教融合实习项目,为中国学生提供多元发展通道;实施外国学生"趋同管理"模式,通过强化语言技能、文化理解力、职业素养和就业胜任度等,把留学生培养为产教融合体系下的国际学徒,成为服务国际旅游业的复合型人才。

制造类专业以学生为本的"双层次、三方向"多样化人才培养的改革与实践

成果完成单位：浙江机电职业技术学院、浙江科技学院、杭州娃哈哈精密机械有限公司

成果完成人：丁金昌、丁明军、高永祥、戎笑、杜雪莲、单胜道、印雄飞

一、成果背景与问题

（一）成果背景

制造业是国民经济的支柱产业，是实体经济的主体，我国正在加快发展先进制造业，中国制造不断向价值链的中高端攀升，高职教育面临产业转型升级带来的新挑战。针对当时存在人才培养定位单一、课程体系设计单一、职业技能滞后并单一、学生没有自主选择权等问题，本团队依托国家社科基金"高职院校技术型人才培养路径的整体创新设计与实践研究""基于工学结合的高职系统化多层次实践教学体系的研究与实践"等省级及以上项目 10 多个，研究成果《高职教育"双层次多方向"人才培养的研究与实践》等 26 篇系列论文，发表在一级期刊《中国高教研究》《教育研究》等上，并于 2015 年 12 月形成了"定位分层、课程分类、实践教学立体化"的培养模式，为学生提供量身定制可以自主选择的"双层次、三方向"多样化人才培养教学改革方案，满足学生对职业岗位选择，适应产业转型升级对技术技能人才的多样化需求。

（二）主要解决的教学问题

（1）培养目标定位单一，难以满足社会多样化人才需求。

（2）课程体系设计单一，难以体现因材施教和个性化培养。

（3）职业技能培养单一，难以适应产业转型的岗位新要求。

(三)成果研究与思路

1. 创设"双层次、三方向"人才培养新模式

学校根据制造业转型升级的新需求,以及学生个人志向、兴趣和潜能,确立技术型、技能型双层次人才培养目标定位,每个专业开设新技术、智力技能、复合技能3个专业方向,所有学生均有多种教育选择的机会,实现了多样化的技术技能人才培养。

2. 创构"模块化、选择性"课程分类新系统

学校构建基础课程共享、专业方向课程分流可选、核心岗位技能课程可选的模块化课程新系统,融入工匠精神元素,将专业教育与职业技能培养有机结合起来,实现德技并修、课证融通。以菜单式课程模块给予学生高度选择权,学生自选专业方向课程、自选核心岗位技能课程,实现了个性化培养,让学生人人出彩。

3. 创立"真中练、做中学、研中创"实践教学新体系

学校根据职业岗位的典型工作任务梳理出"技能点",实施行动导向的"真中练";根据工作过程将技能"连点成线",开展项目式的"做中学";在毕业设计中融入应用型课题,"由线到面",实施综合性的"研中创",实现了递进式技术技能训练。

二、主要做法与经验成果

(一)成果主要做法

1. 定位分层:实施技术型、技能型"双层次、三方向"人才培养模式

学校以高端装备制造产业转型升级多样化需求和学生多元职业发展"双重需求"为目标。开设方向一:培养掌握技术理论基础,具有数字化转型新视角,从事新技术应用与运用的"技术型人才"。方向二:培养具有一定的技术理论,熟练的数字化操作技能的"智力型技能人才"。方向三:培养具有复合式岗位技能,对职业技能进行"跨专业"组合的"复合型技能人才"。面向产业链所需的技术型和技能型核心岗位群,学校制造类专业群与滨江高新技术产业开发区等企业合作,深化产教融合及校企合作,精准定位3个方向岗位人才的能力素质要求,双方共同制订人才培养方案、共同开发课程、校企指导教师共同授课。学校通过人才培养方案分层分流培养,解决了人才培养目标定位单一的问题,以及社会对技术技能人才多样化的需求(见图1)。

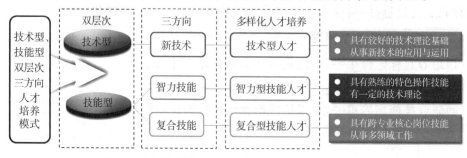

图1 技术型、技能型"双层次、三方向"人才培养模式

2. 课程分类:制定模块化、选择性课程新系统

学校对接智能制造产业链,以先进制造技术为共性技术,面向智能制造产业链主要环节,构建了"专业基础课程＋3个专业方向分流课程＋N个核心岗位技能课程"模块化专业课程新系统。依托"国家级—省级—校级"三级教师教学创新团队,承担相应模块课程,该课程新系统厚植工匠精神,支持学生自主选择,培养德技双馨、具有一定特长的职业人。如课程新系统中的核心岗位技能课程焊接方法与设备使用以工匠精神培养为课程主线,将家国情怀等课程思政目标与内容贯通于课程内容,突显"思政""专业"相长,入选教育部课程思政示范课程,教学名师和团队名单。

学校设置 N 个以课证融通为主要特征的、专业课程基础上拓展形成的、适合不同特点学生需求的、可选择的核心岗位能力模块课程,重点培养具有专业能力基础的岗位核心能力,确保学生毕业时在获得学历证书的同时取得 1 个及以上职业技能证书。学校根据岗位核心能力需求,及时调整课程内容,合理设置难易梯度,接轨市场、企业岗位能力需求,合理设置考核指标,模拟真实岗位上的能力评价体系,实施学业考试与职业技能考核相结合,实现学生"首岗可胜任、多岗可担当、再岗可迁移"(见图2),解决了课程体系设计单一,实现了因材施教和个性化培养,助力学生人人出彩。

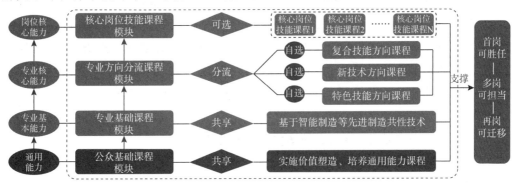

图2 "模块化、选择性"课程新系统

3. 实践教学立体化:构建"真中练、做中学、研中创"的实践教学体系

为了培养智能制造人才,学校与德马吉森精机、娃哈哈精机等头部企业合作,创立具备"点—线—面"立体化特征的专业基本技能、专业核心技能、岗位综合技能等递进式实践教学体系。按照"真设备、真项目、真标准"的要求,校企共建智能制造、工业机器人技术等 5 个国家级实训基地。学校对接行业、企业标准,以企业案例为载体,实施基本技能训练"真中练";引入西门子数字孪生、人工智能等新技术,依托国家级虚拟仿真示范实训基地,开发虚拟仿真资源,开展核心技能训练"做中学";以国家级中小企业车间智能化改造应用技术协同创新中心为平台,学生参与企业真实研发项目,实施"研中创",让学生的"创意—设计—实现"全落地。学校共建有新技术引领的数字孪生实践基地、工业 4.0 学习型智能工厂、"智能＋设计"的 3D 创意设计实践基地等七大生态化产教融合示范实训基地,使学校成为全国智能制造领域高素质技术技能人才培养的重要基地。这也解决了学生职业技能滞后,培养技能单一难以适应产业转型升级的岗位新要求。

(二)成果实施与成效

经过6年多实践,已在学校20个制造类专业实施"双层次、三方向"多样化人才培养,开设体现新技术、智力技能和复合技能的专业方向63个,为制造类专业精准构建技术型、智力型技能、复合型技能的多样化人才培养模式提供了可复制、可推广的典型经验。

1.改善了离职率,助力区域经济发展

自2016年以来,累计培养制造类专业毕业生12511余名,在本成果作用下,制造类专业实习离职率在3%～5%,远低于全国30%左右的平均水平;学生对专业高度认同,毕业后对口就业率达85%以上,远高于全国平均35%的水平;本地就业人数占比86%以上,2021年500强企业就业毕业生占比是2016年的2.8倍。2021年浙江省考试院评估部调查,用人单位对我校毕业生满意度位居全省高职院校第一。

2.学生质量高、毕业后职业态度好、成长快

学校获国家级、省级制造类相关项目245项,专业学生获得国家竞赛奖51项,国家专利和软件著作权1219项(2020年专利转让全国高职排名第一)。毕业三年岗位对口率稳定在75%,62.5%的学生毕业三年晋升到班组长等基层管理岗位,20%的学生毕业五年晋升到中层管理岗位,涌现全国五一劳动奖章(黄海森等)、全国技术能手(杨文强等)等杰出校友。获得世界职教院校联盟(WFCP)"高等技术技能奖"人才培养金奖。

3.专业建设改革成果丰硕,助推学校高质量发展

学校已立项建设教育部中国特色高水平专业群(制造类)项目2个,建成国家级、省级优势(特色)制造类专业12个,获国家"十三五"产教融合发展工程规划项目1个,首批教育部现代学徒制试点院校,首批产教融合专业合作建设试点单位,建成国家级高技能人才培训基地、首批国家职业院校校长培育基地、国家级职业教育教学创新团队培训基地,获全国黄大年式教学团队、国家教学创新团队、国家课程思政教学团队等制造类相关国家教学团队5支。2019年助力学校成为"双高计划"建设单位(A档前十),2020年获浙江省高职高专院校教学工作及业绩考核全省第一,2021年、2022年连续获浙江省人民政府高职院校督导评估第一。

三、创新与特点

(一)理论创新:提出了高职"分层、分类、分流"的多样化人才培养理论

学校通过2个国家级和10多个省级课题"基于工学结合的高职系统化多层次实践教学体系的研究与实践""浙江高职制造类高技能人才培养模式创新设计与实践研

究""浙江省产业转型升级与高职教育对接研究"等进行了全面系统的理论研究,在国家一级期刊《教育研究》《高等工程教育研究》等上发表《高职院校需求导向问题和改革路径》《高职院校分层次人才培养问题与路径选择》《实践导向的高职教育课程改革与创新》《高职院校"三能"师资队伍建设的思考与实践》等系列论文26篇,科学出版社等出版《高等职业教育技术型人才培养研究》《高职院校"三个三结合"专业人才培养方案的理论与实践》等专著5本,论述了高职院校培养不可替代性的人才策略,形成了高职技术、技能分层,课程分类、专业分方向和岗位技能分流的多样性人才培养理论。学校提出支撑分层、分类、分流可选择的人才培养新模式、适应产业转型升级和复合型人才需要的立体化实践教学新体系,能授课、能指导实践、能与企业合作开展应用研究的"三能型"教师等关键要素的新概念。通过系统性理论指导,充分开发学生潜能,"让每个学生都有人生出彩的机会",为中国特色职业教育高质量发展提供理论支撑。

(二)模式创新:创设了"双层次、三方向"的人才培养新模式

基于分层分类分流培养理论,学校以适应社会经济发展对人才培养多元需求为出发点,以多样化、个性化为改革着力点,创新技术型、技能型双层次,新技术、智力技能、复合技能三方向的人才培养新模式。学校20个制造类专业(含4个与浙江科技学院联合办学的本科层次高职四年制专业)全面实施新模式,构建"基础能力—核心能力—拓展能力"三阶递进式能力体系,为学生实现"首岗可任—多岗可担—再岗可迁"奠定了坚实基础。开发的能力递进的模块化、选择性的分类课程新系统,以菜单式课程模块提供给学生自主选择,为学生量身定制课程,使每个学生的个性、专长和潜能得到最优化发展,满足学生对职业岗位的选择,适应产业转型升级对技术技能人才的多样化需求。

(三)实践创新:践行了"点—线—面"立体化实践教学体系

根据机械制图中的"点线面"知识原理,结合能力为重的类型教育特色,学校强化实践性教学,构建并实施了"点—线—面"立体化实践教学体系(见图3)。其中:"点"型实践以专业技能点训练为单位,以企业经典案例为载体,训练学生的单一技能;"线"型实践以真实项目为载体,将技能点串成线,训练学生的综合应用能力;"面"型实践以教师企业现场研发课题为载体,将主要技术技能串联起来,培养学生的创新能力,量身定制"现场工程师"。多点成线,多线成面,递进式培养学生职业综合能力,为高职院校培养数字化升级、产业转型发展适用的人才提供了可借鉴的实践教学范式。

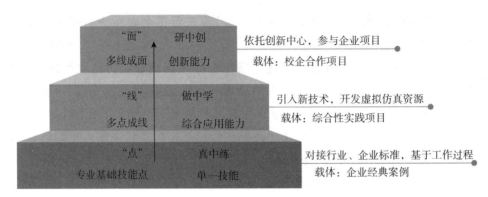

图 3 "点—线—面"立体化实践教学体系

四、应用推广效果

本成果于 2010 年开始着手研究,2015 年底形成完善的"双层次、三方向"多样化人才培养教改方案,再经过六年的深化实践、理论提升,已经在全校全面推开,并推广到兄弟院校。

(一)国内示范

成果主要完成人在国家教育行政学院、全国职教学会年会、全国高职校长联席会等做专题推广报告 60 多场,人才培养体系得到深圳职业技术学院、北京电子科技等 500 余次院校的考察和交流。2016 年浙江省委《政策瞭望》专刊介绍"搭建人才培养平台·助推产业转型升级"的成果经验。2020 年学校人才培养模式创新做法,入选省教育厅《教育参阅》等,从政府渠道向高职院校推广。

(二)国内外辐射

依托中国国际教育交流协会等平台,成果向国内外职业院校等辐射。近 6 年国内兄弟院校累计有 12500 余人次来校交流学习。学校已形成机械设计与制造(智能制造)等"双层次、三方向"人才培养国际互认专业标准 3 个,与成果有关的"中国方案"已经辐射到泰国、缅甸、南非等共建"一带一路"国家,累计培养国际学生 600 余人、培训海外企业员工 3000 人次,成果产生了明显的国际影响。

(三)社会影响与媒体报道

根据《中国高被引指数分析报告》每年排名,成果负责人相关论文被引 2843 次,曾名列教育领域高被引作者第三位,职业教育第一位。成果代表著作《高等职业教育技术型人才培养研究》获省第十九届哲学社会科学优秀成果一等奖、全国职业教育领域十大论著。

2021 年中央电视台《新闻联播》《朝闻天下》栏目专题报道我校产教融合和人才培养工作。近年来,教育部网站、CCTV1、《光明日报》、《中国教育报》等 20 余家媒体,先后对制造类专业的"双层次、三方向"多样化的人才培养模式的创新实践所取得的成果,进行了多达 350 余次的报道。

标准引领、技术赋能、多元协同：
新时代航海技术人才培养体系的探索与实践

成果完成单位：浙江交通职业技术学院、中国海事服务中心、大连海大船舶导航国家工程研究中心有限公司

成果完成人：方诚、季永青、陈兴伟、朱耀辉、柴勤芳、刘彤、张棘、蒋更红、陈仕勇、林郁、金湖庭、李彦朝

执笔人：方诚、张棘

一、成果的培育背景

船舶是人类最大的运输工具，一旦发生事故将会产生重大影响。为了防止海难事故，国际海事组织和各沿海国政府通过不断修改国际公约、制定标准等方式对海员岗位适任能力和任职标准提出强制性要求，航运市场的变化对高素质航海人才的培养提出了新的挑战。挑战一：为应对智慧航运、智能船舶的迅猛发展，国际海事组织和各国海事主管机关根据航运市场变化情况实时调整海船船员适任考试、评估和发证规则，对船员适任标准及船员素质提出新要求，对航海教育内容的适应性和符合性提出了挑战。挑战二：船舶大型化、智能化、专业化等特点，造成船员很多技能尤其风险应急处置的技能很难通过实船操作获得，专业技能的实船训练存在成本高、风险高，且不具备试错性、验证性，对航海技能教学方法的适应性和符合性提出了挑战。挑战三：海员不仅要具备相应的专业知识，还需了解港口国不断变化的规章制度、地域文化和风土人情，迫切需要有一个资源共享平台能够满足海船船员的学习需求，但由于海员工作的特殊性，受时空限制继续学习、知识更新相对比较困难，对航海教育方法的适应性和符合性提出了挑战。

为应对挑战，2009 年学校以浙江省航海技术示范专业建设为起点，对接国际公约、国内法规对航海技术专业人才的新要求，不断修改调整专业教学标准、重构课程体系、研究开发先进教学方法、搭建资源共享平台，依托"国家骨干院校重点建设专业"等系列项目，开展航海教育改革。2012 年主持国家级航海技术专业教学标准建

设,有效推进航海人才培养模式改革。同年,"交通运输部国际航运技术实训基地"立项建设,与大连海大船舶导航国家工程中心合作,开发虚拟仿真实训项目,成立航运技术虚拟仿真中心。2015年主持建设国家级航海技术专业教学资源库,2017年国际化资源共享平台上线试运行,标志着新时代航海技术人才培养模式形成并投入使用。

二、形成过程

学校以打造航海职业教育国际品牌为出发点,依托国家级、省部级各类项目,以教科研课题为支撑,积极推进航海技术专业教育模式改革,成效显著(见图1)。

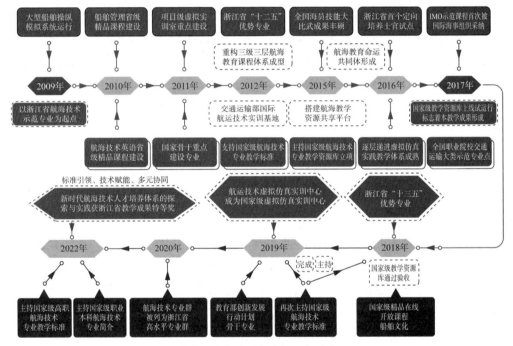

图1 教学成果形成过程及典型成果

(一)"多元协同",实现教学标准与行业需求精准对接

为适应航海技术发展迅猛、国际公约修正频繁、行业标准迭代更新快等特点,学校运用生态学理论,构建由IMO(国际海事组织)和联盟机构、国内外院校、企业、政府和行业组织等组成的"多元协同"航海教育命运共同体。通过"IMO和联盟机构",引入IMO最新规则要求,提升专业课程的适应性、前瞻性;利用"国家级教学资源库建设团队""中国—东盟交通职业教育联盟"等平台,共建课程资源,拓展合作育人的广度和深度;联合航海院校和行业、企业共同编制国家级航海技术专业教学标准,通过派送教师到国内外院校深造等方式,共同推进教学标准的应用,提升航海教育质量。航海教育命运共同体突破传统"校—企—政—行"界限,把合作对象拓展到国际组织、国外企业和院校,形成"共生共荣"的国际化航海教育生态系统,建立合理高效的运行机制,确保教学标准的先进性、科学性和实用性,有效解决了教学内容与国际公约、行业

标准适配性不足问题。国际化"多元协同"育人理念，丰富了产教融合、校企合作的内涵，有力支撑了我校"双高"院校的建设，助力学校荣获全国高等职业院校"国际影响力""服务贡献""育人成效"三个 50 强等荣誉。

（二）"标准引领"，实现教学体系与市场需求同频共振

学校联合国内外 15 家航海院校和企事业单位成立航海技术专业教学标准建设团队，连续 3 次主持制定国家级教学标准，创新教学标准动态更新机制，确保标准的准确性和实用性。在标准引领下，学校推进人才培养模式改革、课程体系重构、课程资源开发，形成"三级三层"航海教育课程体系和"逐层递进"航海实践教学体系，实现教学体系与市场需求同频共振。2019 年航海技术专业被教育部认定为全国职业院校交通运输大类示范专业。

"三级三层"航海教育课程体系以船员职业生涯发展为主线，以国家级教学标准为引领，以培养"支持级—操作级—管理级"三级岗位的船员适任能力为目标，构建了"基础层—提升层—高阶层"课证融通的课程体系（见图 2）。该体系不仅适用于高职航海技术专业学生的培养，还适用于船员的继续教育和培训。

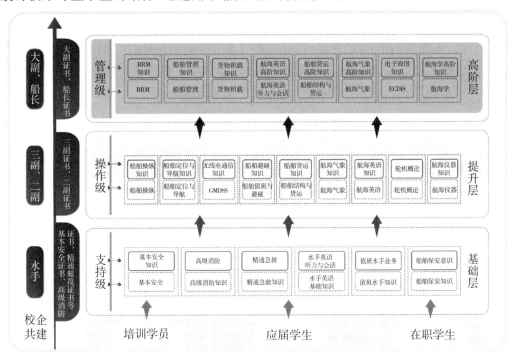

图 2 "三级三层"航海教育课程体系

"逐层递进"航海实践教学体系从"基本技能训练模块—职业核心技能训练项目—综合应用能力训练系统"系列化层层递进的视角，建成了集船舶设备、航海环境、人机交互于一体，实物、半实物、全仿真的实践教学体系（见图 3）。航海实践教学体系注重虚拟仿真的实训条件建设，航海仪器使用、应急情况处置等虚拟仿真项目可通过资源共享平台进行线上训练,极大方便了用户学习使用。

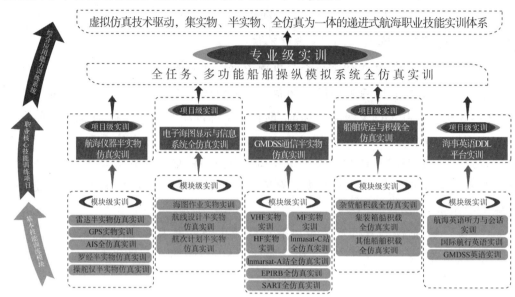

图3 "逐层递进"航海实践教学体系

"三级三层"航海教育课程体系和"逐层递进"航海实践教学体系以国际公约和我国船员考试发证规则为依据建立,两者既相互独立,又相互融合,理论课、实践课、理实一体课同步实施,相得益彰,效果良好,得到同类院校、航运企业及海事主管部门认可,被广泛使用,有效提升了学校在全国航海类院校的影响力。

(三)"技术赋能",实现仿真技术与教学方法有机融合

以"交通运输部国际航运技术实训基地"建设为契机,学校与大连海大船舶导航国家工程中心和中国海事服务中心深度合作,共同承担教科研项目,通过参与国家973项目"混合现实的理论和方法"、863计划课题"全景互动关键技术与示范系统"和主持一系列研究项目,研发船舶虚拟仿真训练系统。学校主持完成"iGMDSS VHF航海模拟器"等虚拟仿真系统,搭建船舶虚拟漫游、船舶设备虚拟操作等功能模块,开发虚拟仿真实训项目122项,实现教学方法与仿真技术有机融合;有效解决了实船训练中存在的高风险、高成本、低容错率的问题,为其他高风险、高成本类专业提供样板。2019年被认定为国家级航运技术虚拟仿真实训中心。

(四)"资源共享",实现教学资源与学习需求时空对接

学校联合世界海事大学、海事机构、行业协会、海运企业及航海类院校44家单位,主持建设国家级航海技术专业教学资源库。该项目2018年通过教育部验收,目前全国78%的航海院校使用资源库开展教学,活跃用户学员6万余人,形成国际化航海教学资源共享平台。该平台不仅可以学理论,还可以通过虚拟仿真系统练技能。"校企护航""航海博览""心灵之窗"等模块,将最新的国际公约、法律法规、心理咨询等知识在平台上实现全员共享。可通过智慧职教、职教云进行学习，突破了航海教育的时空限制，实现了学生和船员随时随地开展学习的梦想。

（五）"厚植文化"，实现航海文化与课程思政深度融合

为弘扬中国航海文化，本专业各课程按课程思政要求优化内容，重点打造船舶文化等课程，树立船员文化自信，培育航海工匠精神。该课程被认定为国家精品在线开放课程、浙江省首批课程思政示范课程，在"学堂在线"等平台上线，4万余人受益，其中400余名为外国学习者。在"军职在线"学习平台上为广大现役和退伍军人提供在线学习服务。通过挖掘、梳理、弘扬中国航海传统文化内涵，培养船员民族自信和文化自信，通过厚植中国优秀航海文化，实现船员政治思想不偏航。

三、成果针对的教学问题

成果主要解决以下三方面问题：第一，教学内容与国际公约、行业标准适配性不足问题；第二，航海技能实船训练存在高风险和低容错性的问题；第三，国际化航海人才职业教育受时空限制较大的问题。

四、探索形成的模式方法

（一）构建"多元协同"命运共同体，实现教学与行业精准对接

根据国际公约修正频繁、行业标准快速迭代等特点，学校牵头组建国家级专业教学标准、国家级教学资源库等建设团队，发挥中国—东盟职业教育联盟等平台作用，联合IMO和联盟机构、国内外院校、企业、政府和行业组织等单位，构建"共生共荣"航海教育命运共同体，形成"定期研讨—共同实施—及时反馈—动态调整"的运行机制，实现教学与行业精准对接。根据航运业发展和共同制定教学标准，学校开发教学资源、开展技术服务，形成国际化航海技术人才培养生态系统，有效解决了教学内容与国际公约、行业标准适配性不足的问题。

（二）构建"逐层递进"实践教学体系，提升航海技能实操训练能力

根据实船训练不具备试错性、验证性等实践教学特点，学校以"交通运输部国际航运技术实训基地"建设为契机，与大连海大船舶导航国家工程中心、中国海事服务中心深度合作，通过参与国家973、863项目，主持12项省部级虚拟仿真教科研课题研究，研发"iGMDSS VHF"等12个仿真系统，开发船舶设备虚拟操作等虚拟仿真实训项目122项，实现教学方法与仿真技术有机融合。学校构建由"基本技能模块—职业技能项目—综合技能系统"组成的"逐层递进"航海实践教学体系，有效解决实船训练中存在的高风险、高成本、低容错率问题。2016年"基于信息化的航海技术专业递进式实训体系的构建与实践"获浙江省教学成果二等奖。

(三)构建"时空自主"的资源共享平台,实现跨时空全方位学习

为适应船员工作离岸远、航海教育受时空限制较大的特点,学校依托主持建设的国家级教学资源库,运用数字化、信息化等技术赋能,构建国际化航海教学资源共享平台,通过"校校—校企—中外"合作模式,共享各类资源 3.8 万余条,线上活跃用户学员 6 万余人,覆盖全国 78% 以上的航海职业院校,可使用智慧职教、职教云等方式进行学习。学习者在线上不仅能学专业知识,还能通过模拟仿真训系练航海技能,解决了航海教育教学活动时空限制的问题,实现了学生和船员"跨时空—全方位"开展学习的梦想。

五、成果的创新点

(一)理念创新:培育"多元协同,共生共荣"的国际化育人理念

运用生态学理论,建立行之有效的合作机制,整合航海教育资源,构建 IMO 联盟机构、政、校、行、企深度融合的人才培养生态链,以此激活教学设施、师资队伍等教学要素构成的生态因子,为航海人才生态核提供强劲生长势能,形成"共生共荣"国际航海教育生态系统。突破传统的"校—企—政—行"协作边界,将合作对象拓展至 IMO 等国际组织、国内外航海院校和航运企业,丰富了产教融合育人路径,实现了国际化育人理念的创新。《高职航海类专业"多元协同"国际化育人模式探索与实践》被中文核心期刊《中国职业技术教育》刊载。

(二)机制创新:构建"需求导向,动态优化"教学标准更新机制

运用系统论方法,以满足国际公约、行业标准更新发展为需求导向,组建国家级教学标准建设团队,制定专业教学标准、培养方案年度更新制度,形成"定期研讨—共同实施—及时反馈"的教学标准动态修订模式。通过全国交通运输职业教育教学指导委员会、中国—东盟交通教育联盟等平台,广泛征求意见,报海事局审核把关,形成"行业需求主导—院校联盟协同修订—主管部门审核征询"的教学标准动态优化机制,确保教学标准的科学性、准确性和实用性,实现了教学标准与行业需求精准对接。

(三)方法创新:形成"技术赋能,资源共享"航海职业教学方法

通过虚拟仿真等技术赋能,设计了由船员基本技能训练模块、职业技能训练项目、综合应用技能训练系统所组成的"逐层递进"的航海实践教学体系,解决高风险、高成本航海技能训练难的问题,实现航海实践技能训练方法创新。以数字化、信息化技术为驱动,以主持的国家级教学资源库为基础,构建国际化航海教学资源共享平台,实现微课、慕课、精品在线开放课程、虚拟仿真训练等优质教学资源共建共享,形成"跨时空全方位"线上线下混合式教学模式,实现航海教育教学方法创新。

六、推广应用效果

(一)国家级航海专业教学标准有效提升航海人才培养质量

主持的国家级专业教学标准经教育部公开发布,在全国航海院校、培训机构推广应用,引领航海技术专业建设与改革。我校航海技术专业成为全国交通运输大类示范专业点、定向培养士官专业,建成国家级教学资源库、国家级虚拟仿真实训中心、2门IMO国际示范课程、1门国家精品课程,获省级教学成果奖2项。学生获中国航海日青少年航海科普知识竞赛一等奖、全国大学生船艇设计技能大赛特等奖等优异成绩,2020年航海毕业生起薪8000元以上,培育了以山东舰航母女舵手叶蕴韵、"浙江省劳模"为代表的高素质航海技术人才。2021年我校被中华人民共和国海事局评为航海教育培训质量评估优秀单位。

(二)国际化教学资源共享平台成为航海职业教育的金名片

依托基于国家级航海技术专业教学资源库的国际化航海教学资源共享平台,把共同建设的教学资源、研发虚拟仿真训练系统和实训项目推广辐射至全国航海学生和船员,被中国海事服务中心推荐为船员考试发证培训的主要训练平台,广受船员喜爱。正如我校优秀毕业生毛旭东船长所说:"进入航海资源库不仅能找到最新的航海知识和规章制度,还能通过虚拟仿真系统开展船上难以开展的实操训练,就连船员有心理难题也能通过'心灵之窗'栏目找到解决方法。"

(三)国际化育人理念有力推进航海教育命运共同体建设

依托国家级教学资源库和国家级教学标准建设团队积极开展研究,学校与60余个成员单位逐步验证与补强"多元协同,共生共荣"国际化育人理念。如我校牵头成立中国—东盟交通教育联盟,发起成立中国交通职教集团等联盟,开展国际交流,参与的压载水公约培训提案被IMO采纳,参与ILO(国际劳工组织)相关海事与港口劳工组织规则修订,并转化为行业标准,主办全球海运能效伙伴项目(GLOMEEP)等系列国际活动,IMO特来信对我校的贡献表示感谢。季永青教授获2021年中国产学研合作促进奖。

(四)教学成果有效扩大了我国航海教育国际影响力

我校作为中国—东盟交通职业教育联盟理事长单位、全国交通运输职业教育教学指导委员会秘书长单位,通过输出教学标准、开展国际交流等方式推广本成果。研制的虚拟仿真系统和实训项目在东南亚广泛推广,受到IMO官员和东亚政府官员的好评。方诚教授在国际海事组织的MTCC国际论坛、世界交通运输大会,季永青教授在上海国际高峰会议等国际会议上多次做交流发言,有效开展成果推广与合作。IMO官方网站、世界海事大学联盟(IAMU)官方网站、中央电视台、《光明日报》、《中国教育报》等30余家媒体报道建设成效,有效扩大了我国航海职业教育的国际影响力。

七、体会感悟

职业教育国家级教学成果奖的评审,是全面贯彻党的教育方针、落实立德树人根本任务的重要途径,对提高人才培养质量、深化教育教学改革、带动提高相关领域的人才培养能力、推动职业教育高质量发展,以及助力中国式职业教育现代化都有深远的意义。

职业教育肩负着为经济社会高质量发展提供人才支撑的重要责任,需要打造一支与社会主义现代化国家建设要求相衔接的、具有强劲韧性的高技术技能人才梯队。首先,职业教育需要社会各界共同参与,各方力量一起办好职业教育。要在严格规范办学行为、推进校风学风建设、坚持自我革新、探索现代职业教育体系建设、"岗课赛证"综合育人等重点领域谋求突破。其次,狠抓"双高计划"建设,推进职业学校办学条件达标工程落地,筑牢职业教育发展"硬支撑"。持续深化"三教"改革,探索更加科学、个性、多样的育人模式,提升职业教育发展"软实力"。最后,要将职业教育放在中华民族伟大复兴战略全局及新技术革命和产业革命趋势中把握,推动人才培养与时代发展同频共振,抓住职普融通和产教融合机遇,提升人才供应质量。

八、工作建议

一方面,教学成果奖的设计思想与具体措施还需要进一步突出重点、明确方向,尤其要保证教学成果奖的设计思想、主要目的与具体措施之间的一致性。

另一方面,教学成果奖的教学成果内涵需要进一步明确,以便把重心偏向真正从事教学的教学工作者,至少在教学工作者与教学工作管理者之间有一个适当的比例,以便真正提高教学水准。

高职化工类专业"研发—教学"融汇式校企合作模式探索与实践

成果完成单位：宁波职业技术学院、恒河材料科技股份有限公司、宁波工程学院

成果完成人：彭振博、张菊霞、张慧波、孙向东、李爱元、杨孟君、李浩、陈艳君、史海波、仇丹、陈亚东、邬柏儿、苏倡、汤晓、王斌

执笔人：张菊霞、彭振博

一、背景与关键问题

2010 年，中国石化镇海炼化百万吨乙烯工程建成投产，带动下游千亿产业链。乙烯副产物综合利用，面临着技术壁垒亟须突破和技术技能人才短缺的双重挑战。学校结合校企合作中专业赋能企业发展能力弱、企业参与专业育人动力不足等瓶颈问题，主动思考校企如何协同推进人才培养与科技创新有机结合，并实现互促共赢。基于此，确定以"乙烯副产综合利用"技术研发作为载体与枢纽创新校企合作模式，聚焦解决以下问题：(1)科技成果赋能企业发展能力弱/企业参与人才培养动力不足等问题；(2)企业研发和生产项目难以深度融入专业教学，人才培养与企业生产技术不同步的问题；(3)教师科研、教学与企业生产相脱节，教学与研发能力无法满足高质量教学需求的问题。

二、主要内容与做法

学校深化发展校企"产教研"融合理念，创新以研发为链条，资源互通、价值整合、利益契合的校企协同机制，探索以研促教、以研强师、以研兴企为抓手的研发—教学融汇式校企合作路径，实现"双高"专业群和"单项冠军"共生共长（见图 1）。

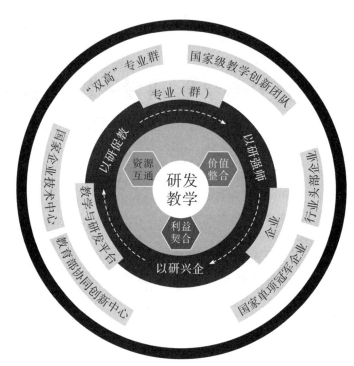

图1 化工专业"研发—教学"融汇式校企合作模式

(一)以研兴企:打造"共建机构、共研课题、共推转化",破解企业技术难题

学校对接国家战略与产业发展前沿,聚焦企业 C5/C9 共聚型石油树脂综合利用难题,强化科技成果转化赋能企业创新发展,激发企业参与人才培养的动力。第一,"共建机构"厚植科技创新土壤,校企双方整合人才、资本、技术、设施、管理资源要素,建成国家企业技术中心、教育部协同创新中心等 15 个研发机构,为企业科技创新提供平台。第二,"共研课题"对接国家战略和企业需求,实施研究一批、转化一批和引领一批的课题共研行动。围绕企业生产需求开展 C5/C9 共聚型石油树脂综合利用技改研究,超前布局化工新材料领域预研课题,引领行业和企业未来发展。第三,"共推转化"抢占技术制高点,建设"发明专利池",68 项授权发明专利基本构建石油树脂领域知识产权"护城河",46 项企业标准树立行业质量标杆。

(二)以研促教:构建"模块分阶、研教双融、空间多元"教学体系,推动企业研发和生产项目融入专业教学

学校对接企业重大技术改造项目和横向课题,推进企业研发融入课程体系、教学方式、教学资源等关键要素重组优化。第一,优化"模块分阶"课程体系,依托企业国家重点产业振兴和技术改造专项、科技部火炬计划等产业化研究项目,结合化工人才培养目标和企业岗位分析,重组优化"化工基础——化工生产——智能控制和安全"三大领域六大模块课程体系。第二,创新"研教双融"项目化"教""学"方式,将企业 25 项大型研发与生产项目及 106 项横向课题转化为教学载体,一模块 N 任务,将企业真实案例融入教学设计与课堂。创新"一人一题双导师""学生互助导生制"等个性化探究学习方式,学研结合,激发学生学习主动性。第三,拓展"空间多元"教学资源,结合校企 C5/C9 共聚型石油树脂研究成果,企业新技术、新装置及时转化为教学资源,校企共建国家、省精品资源共享课和教材,拓展协同创新中心、企业技术中心等移动开放的教学空间,强化企业资源教学化应用。

(三)以研强师:探索"名师领衔、产学互动、校企双聘"教师发展路径,打造研发、生产、教学互通教学团队

立足教师是校企合作关键要素,教师依托企业研发与生产,将行业新技术、新规范、新工艺等纳入教学,提升研发能力及生产项目转化为教学项目的能力。第一,"名师领衔"打造教学团队,以校企"孙向东国家名师工作室"为依托,定期开展教科研沙龙、行知讲坛活动,"传帮带"催生科研与教学骨干力量,形成国家(行业)创新团队和省黄大年式教师团队 3 支。第二,"产学互动"提升教学能力,新进博士进入"企业博士后工作站",提升科技与攻关能力;推进"企业出题 教师解题",14 名教师在进企业解决实际问题中提升研发生产相结合能力,5 项成果获省级访问工程师校企合作奖。第三,"双岗双聘"机制突破人才互通壁垒,与恒河材料公司、中国科学院宁波材料技术与工程研究所等共建教师和技术人才双向互聘、双向赋能、双向兼薪、双向管理等"四双向"互通机制,校企 50 余名人才互通,5 名教师任企业总工程师和研发总监。

三、经验萃取与模式模型

(一)凝练发展了以研发为枢纽,学校人才培养和企业科技创新相结合的"产教研"互促发展理念

将研发作为联通学校和企业两个组织的重要枢纽,促使双方在人才培养和科技创新服务长期合作与交换中形成结构依赖关系。相较人才供需为主的合作,研发枢纽更深入地促进了校企资源流动与合作平衡。同时,从高等教育人才培养、科学研究、社会服务三大基本职能看,研发联通人才培养和社会服务,增强了产教研的黏合度,诠释了科研与人才培养和科技服务的依赖关系,深化了"产教研"互促发展理念,明晰了校企协同发展的机理。该观点发表于《技术技能积累视域下高职院校社会服务适应性研究》等论文中,并被人大复印报刊资料《职业技术教育》全文转载。

(二)构建了以研发为链条,资源互通、价值整合、利益契合的校企协同发展机制

校企依托共建的协同创新中心、企业技术中心等研发机构,打通高端人才和资源互通壁垒,形成资源互通机制。基于校企技术技能人才和科技创新供需的共同价值目标,研发项目教学化、生产化转化成为校企价值整合"平衡器",促进了校企间异质性价值取向和秩序融合,形成价值整合机制。利益契合是校企合作稳定的重要序参量,以解决企业石油树脂技术难题为突破,激发企业参与人才培养内驱力,同时满足了学校育人质量和企业生产效益提高的利益,形成所有权共享、收益权让渡的利益驱动和共享机制(见图 2)。

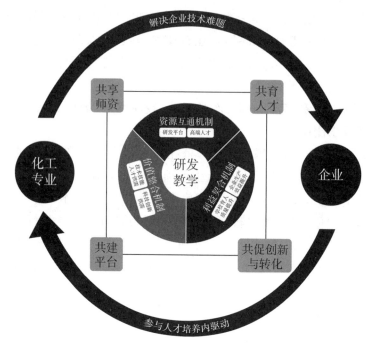

图 2 资源互通、价值整合、利益契合的校企协同发展机制

(三)探索了以研发为内核,企业研发、生产项目转化为教学项目的多维育人路径

将研发作为校企协同育人内核,优化时空、课程、资源、教法及学法等教学体系与育人路径。时空上,新进教师依托进企业工作站、访问工程师等机会,在校、企两个科研与教学空间中提升能力并促进教学内容的吸收转化;课程上,基于企业大型研究项目重组的课程体系,融入行业最新技术和标准,增强了人才培养的岗课适配度与产业对接度;教学资源上,企业新技术、新装置及时转化为新形态校教材,校企共建 PTA 仿真工厂等丰富了学校资源;教法学法上,实现教师研教融合,学生研训结合,教学效率显著提升。《中国教育报》以《产教融合共育人才 协同创新共赢未来》为题进行了专题报道。

四、成效评价与推广价值

(一)学生获 25 项发明专利凸显创新研究能力,千余名学生成长为技术骨干展示发展后劲

成果在应用化工技术、环境监测技术、分析检验技术等 3 个专业中实践应用,4000余名学生创新能力提升,参与授权发明专利 25 项,获中国国际"互联网＋创新创业大赛"等省级以上 59 项。毕业生本地就业率达 75%,千余名学生就业于中国石油化工集团有限公司、台塑集团等世界五百强企业,成长为技术骨干。校友李来福作为恒河公司主任工程师,设计制造国内首个万吨级 ENB(乙叉降片烯)连续化生产装置,达到国际先进水平。

（二）国家教学团队打造 25 个省级以上教学与创新平台，引领"双高"专业群

校企建成国家"双高"专业群、教育部协同创新中心、教育部"双师型"教师培训基地、省绿色化工产教融合基地等省级及以上专业建设平台 25 个，联合开发国家精品资源共享课、国家资源库课程等 12 门。27 人次获省级荣誉，6 名国家（行业）名师带动团队入选国家级教学创新团队和浙江省黄大年式教师团队，牵头 6 个国家级教学创新团队成立化工技术团队协作共同体，"双高"专业群引领全国高职化工专业发展。

（三）科技创新赋能国家企业技术中心，造就制造业"单项冠军""专精特新"

团队赋能企业建成"国家企业技术中心"等 4 个重大平台，协助完成发改委、科技部等国家科技专项 25 项，承接企业产业化项目 106 项，到账经费 8077 万元。校企联合授权发明专利 68 项并实现生产转化，技术服务产生的经济效益超 100 亿元。学校助力恒河材料公司研发 9 套装置 20 多个 C5/C9 共聚型石油树脂产品打破该领域技术壁垒，64 万吨年产量跃居世界第一，被工信部认定为"国家制造业单项冠军产品"；带动宁波能之光新材料公司成长为专精特新"小巨人"企业。

（四）6 个国家级典型案例影响广泛，42 个共建"一带一路"国家学习借鉴

《产教融合育工匠 校企协同促创新》等 6 个典型案例入选世界职业教育发展大会案例、教育部产教融合案例。在教育部、化工行指委等全国性会议、培训班开展专题报告 47 次，辐射 6000 人次以上，深入指导 2 所院校获批省"双高"专业群。恒河公司作为企业唯一代表参加教育部"十三五"职业教育改革发展总体情况新闻发布会，分享合作经验。依托"商务部职业技术教育援外培训基地"向 42 个共建"一带一路"国家分享经验。《产教融合共育人才 协同创新共赢未来》等被国务院新闻办、《中国教育报》等主流媒体报道 56 次（见图 2）。

图 2　恒河材料科技股份有限公司副总经理邬柏儿在教育部新闻发布会上介绍校企产教融合经验

本成果直面行业技术壁垒亟须突破和技术技能人才短缺的双重挑战,将校企合作协同人才培养与科技创新有机结合,以研兴企、以研促教、以研强师,提出"产教研"互促发展理念。本成果解决企业技术难题,整合校企双方人才、资本等管理要素,建设国家企业技术中心,实施课题共研行动,建设"发明专利池",树立行业标杆;构建具有特点的教学体系,推动研发和生产与专业教学有机结合,重组课程体系,拓展移动教学空间;探索新型教师发展路径,以"名师工作室""黄大年式教学团队"为支撑骨干,打造研发、生产、教学互通教学团队。该案例成效凸显了学生的创新研究能力,引领"双高"专业群,落实国家共建"一带一路"倡议,具有在全国范围内的推广和借鉴作用。

以产教融合体为突破口的高技能电商人才培养创新与实践

成果完成单位：杭州职业技术学院

成果完成人：袁江军、张赵根、夏昌静、姚岗、车菊燕、白秀艳、王红、郑颖、孙萍萍、陈晓红、潘承恩、石佳文、孙丽、朱楚芝

执笔人：袁江军

一、成果背景与问题

（一）成果背景

电子商务是拉动内需、促进消费，打通国内国际双循环，实施"一带一路"倡议、乡村振兴等战略，传递美好生活的"关键动力"。高职电商专业是全国第二大专业，开设院校达 1470 多个，在校生 30 余万人。然而，2012—2021 年连续十年发布的《中国电子商务人才状况调查报告》显示："一方面是电商企业强劲的人才需求，另一方面是数十万高校电商专业毕业生找不到合适的电商企业。根本原因是电商行业实践性极强，而学校培养出来的学生，远远达不到企业的要求。"高技能电商人才的培养问题已经成为长期制约行业、困扰学校的"顽疾"。

为此，专业从 2009 年开始，围绕立德树人，服务国家和区域战略，对接国家电子商务消费品质量检验检测中心和阿里巴巴、eBay 等电商名企，以产教融合体为突破口，系统地创新了高技能电商人才培养的机制、载体、模式、课程、评价、平台等，取得了重大突破。依据电商核心领域，建立了电商选品、新媒体营销、视觉营销、代运营、数据营销、跨境电商、云客服、搜索优化等校内产教融合体 8 个，开发了大模块生产性项目化课程 8 门，实现了企业项目与专业课程、技术骨干与专业教师、绩效考核与课程评价、企业文化与职业素养、转型升级与技术创新的校企真正融合，融合体先后引入 66 家企业的真实项目 500 多个，常驻学校企业骨干 56 名，形成了导师制下真项目真做的高技能电商人才培养模式和系统性的校企合作产教融合解决方案。

（二）主要解决的教学问题

（1）长效机制缺乏，产教融合难以深入的源头问题。主要包括校企合作过程中的"校热企冷"、师生积极性不高，产教融合基本上停留在"挂牌"和汇报讲座上，难以在教学上真正深入等问题。

（2）系统设计缺失，产教主次难以控制的过程问题。主要包括"产"融于"教"的教学标准、课程标准及实施管理机制等内涵建设，引企入校后企业项目、人员管控及融入，校外合作学生教学与管理等系列难题。

（3）个性教学缺少，高技能人才难以培养的目标问题。主要包括如何因材施教，培养高技能人才，避免出现学生沦为廉价劳动力等问题。

二、主要做法与经验

（一）采用利益共享的方法，解决了产教融合体的长效机制问题

探究学校提升人才培养质量、产出显性教学成果，企业降低成本、提升产出效益，学生提高职业技能、获得报酬，教师提升教科研能力和成果的校企生师四方利益点，以"利益"为纽带，通过引企业项目、人员、资金、考核、制度、文化入校，让融合体成为企业集技术技能创新、生产经营及高素质高技能后备员工培养于一体的事业部，实现了企业降成本、提效益的目标，解决了企业参与校企合作的积极性问题。以横向课题形式引入企业项目，开发出大模块生产性项目化课程体系，并与企业驻校骨干共同实施教学和技术技能创新，解决了教师技能提升和成果产出问题，激发了教师的积极性。双师带徒真项目真做的实岗产学模式，既让学生真正学到了电商技术技能，也获得了收入，解决了学生学习积极性的问题。

（二）采用系统设计的方法，解决了实施过程中产教主次问题

根据电商核心领域构建8个融合体，对接国家标准、行业标准和该领域企业岗位能力体系，制定各融合体的培养能力和知识体系（见图1），融合体均由专业教师担任负责人，根据所在融合体的培养能力和知识体系教学需要，引入若干与培养目标相匹配的企业项目及驻校人员（1～3人/项目），建立起"身份互认、角色互换"的校企混编师资团队，共同开发并实施项目化课程、学生招募和管理、考核评价和助研费发放等。通过系统设计和项目引入（非引入企业）模式，在实施过程中既很好地解决了产融于教的深度融合问题，又实现了学校主导、人才培养第一、"产"为"教"所用的产教主次控制问题。

（三）采用因材施教的方法，解决了学生个性化培养问题

根据学生意愿、职业生涯规划（就业或创业）和导师需求，学生通过双向选择导师并进入8个不同的产教融合体完成工学交替学习，实现了由传统的多班级一体化教学变成8个不同领域的小班化分类教学。同时每个融合体内部按不同企业项目组，又进

一步实施差异化分层教学,在校企双师带徒、真项目真做的过程中,促使掌握技能水平不同的学生都能得到充分的提高与发展,将学生的学习兴趣和发展意愿与培养体系得到了最优的组合,真正实现了因材施教培养高技能电商人才。

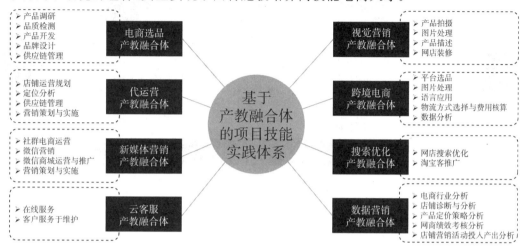

图1 产教融合体培养能力和知识体系

三、创新与特点

(一)理论创新:构建了电商产教融合系统性解决方案

学校在全国率先创新并实践了从模式设定、教学标准(人才培养方案)、课程标准、评价体系、导师遴选条件、实训建设标准、企业及项目引入标准到全套日常运营管理制度、职业素养培养及课程思政融入的产教融合系统性解决方案,出版了《产教融合视角下的高职电商创新人才培养机制研究》《高职电子商务专业人才培养系统工程》《高职电子商务专业教学与核心课程标准》《高职电子商务专业综合实践指南》《高职学生自主创业指南》等人才培养系列著作5本,相关论文20余篇。从"创机制、办专业、建课程、做实践、干创业"5个维度系统地构建了高技能电商人才培养的理论体系。

(二)模式创新:开创了全程产教融合的实岗教学范式

全程产教融合,真项目真做的教学创新(见图2)。一是专业基础夯实阶段(1~3学期):引入"双11"等短期简单的企业项目和任务,集中完成高职通识教育和专业基础能力培养,为下一年开展生产性项目化教学打下坚实的基础。二是专业能力提升阶段(4~5学期):对接产业链,学生双向选择导师,全部进入8个电商融合体,通过项目化课程教学,实现工学交融的生产性项目实践和创新,进一步完成电商高素质高技能培养,并基本按博士生标准发放助研费,实现带薪学习,积累1年以上项目经验。三是职业能力发展阶段(第6学期):学生以毕业实习的形式分别进入合作企业或创业园,实现就业或创业。

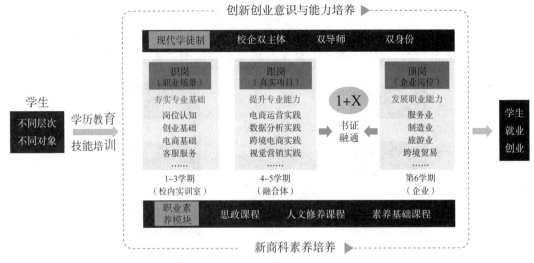

图 2　全程产教融合的实岗教学模式

(三)课程创新：首创了大模块生产性项目化课程体系

在国家标准、行业标准及企业岗位能力体系的基础上，以电商核心领域为依据确定模块，以技能培养为核心，以实际岗位工作任务为主线，选取融合体内的真实企业项目任务作为课程教学项目，开发出大模块生产性项目化课程体系（见图 3）、产学双元评价体系及教学标准和课程标准。课程层面的创新，使得本模式并不冲击院校现行的教学管理体制，较好地解决了成果的普适性问题，并有效克服了电商人才技能培养依靠模拟软件的问题。

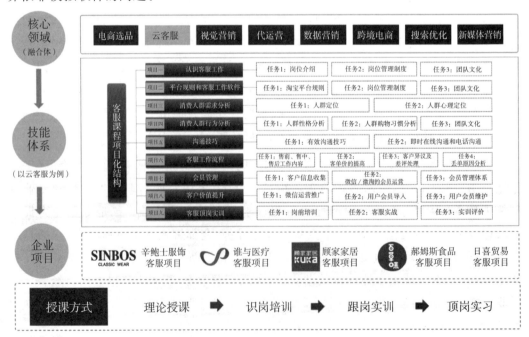

图 3　大模块生产性项目化课程体系

(四)保障创新:独创了校企融合式运营保障体系

一是采用了校企融合式专业组织架构,由传统单一常规教学组织创新为集常规教学、产教融合体、融合体保障服务和党建于一体的组织,充分支撑产教融合体运营需要。二是构建了满足产学研创需求的校内生产性实训基地。基地成为国家级高技能人才培训基地、国家级大学生科技创业见习基地、阿里巴巴电子商务人才全国培养基地和国家产教融合试点城市项目。三是创新了产教融合涉及的校企合作、项目引入、运营管理、日常管理、师生规范、人事(学生融合体之间流转)、考核评价等系统化的管理机制。

(五)思政创新:形成了"人—课—场"三位一体的立德树人建设路径

在产教融合实施过程中,通过导师行为世范(人)、课程(项目)思政融入(课)、融合体文化构建(场)形成三位一体的立德树人建设路径。一是让学生牢记电子商务在服务国家和区域战略中的重要使命;二是让学生始终浸润厚植家国情怀、实干兴邦的氛围中;三是通过每周一次的团队建设活动,融入企业文化与职业素养,从而培养高素质的电商人才。

四、应用推广效果

(一)人才培养质量惠及每个学生

一是在全国真正实现了高职生带薪学习。第四学期开始专业所有在校学生生均获得助研费超过 2500 元/月,每年累计发放超过 200 万元,基本与同区域博士生收入持平,让每个孩子"脱贫""自强""赚钱上大学"。二是人才培养质量全国领先。毕业生出校就拥有 1 年多的企业项目经验,毕业生留杭就业率连续四年全省排名第一,运营、数据分析等电商高技能岗位初次就业率高达 46.9%(同区域院校为 26.2%)。毕业生起薪 5842 元(全国平均 4180 元),"1+X"证书一次性通过率 94.2%(全国平均 56.1%)。三是学生创新创业能力引领全国。近三年学生取得国家专利 90 项(全国同类首位),学生毕业三年后自主创业率为 18.63%(全省为 7.44%)。

(二)生产性项目化课程力促教师发展

专业教师依托产教融合体进行生产性项目化课程教学和技术技能创新,近三年承担企业攻关项目 42 项、横向到款 667 万元(人均 47.6 万元,是全国同类"双高"专业的 2~10 倍)、发表论文 27 篇(其中核心 6 篇,EI/SCI 16 篇)、专著 7 本、厅级以上课题 36 项、授权国家专利 125 项(其中发明专利 18 项,人均 8.9 项,全国同类首位)、60% 的教师晋升了高一级职称,人均业绩收入是同分院其他教师的 3.8 倍,教师发展的各项指标全国领先。

(三)教学资源应用全国高职电商专业

学校研制了《中高职衔接电商专业教学标准》《高职电商专业教学标准》《跨境电

子商务专业教学标准》等国家教学标准 5 个、出版高职电商专业《人才培养系统工程》《教学与核心课程标准》《综合实践指南》等人才培养系列著作 5 本、教材 17 本(国家规化教材 9 本)、主持或参与国家教学资源库 2 个,"标准、论著、教材、资源"四位一体的教学资源让全国 1400 多个电商专业受益。

(四)产教融合模式示范中高本院校

学校牵头成立全国跨境电商综试区职教集团,拥有深圳职业技术学院、阿里巴巴等成员单位 146 家,完成了教育部中、高、本跨境电商领域专业目录调整论证、申报并获批教育部目录外跨境电商专业、举办 4 期全国跨境电商专业负责人培训班等重要全国性服务工作,通过职教集团、论坛会议、考察接待等向全国 300 多所中、高、本院校输出推广"杭职电商模式",产生了较好的示范辐射效应。

(五)技术技能创新服务社会经济

本成果在"产"出上也居全国前列,每年为国家市场监督管理总局及抖音、天猫等电商平台完成电商分析报告 6200 多份,为企业直接创造增收和降成本的经济效益 6000 多万元。

成果被人民网、《中国教育报》、《浙江日报》、学习强国等主流媒体报道 33 次,《中国教育报》以《职校学生"剁手党"转型当电商,为企业创销售 3.5 亿元》为题,版面头条报道专业改革成效。人才培养的引领示范作用引发社会广泛关注。

高职数学"专业融通、双线融合、数字赋能"教学改革的创新与实践

成果完成单位:浙江交通职业技术学院、西安航空职业技术学院

成果完成人:金惠红、张兰、王桂云、斯彩英、崔煜、兰杏芳、颜姣姣、刘大学、瞿心昱、章正伟

执笔人:金惠红

成果注重适应专业人才培养需求,注重提高学生数学应用能力、数学人文素质和职业素质,注重数字赋能高职数学"三教"改革。成果以"数学应用能力教育、数学人文素质教育、职业素质教育""三育一体"的高职数学教学理念为引领,构建并实践了"专业融通、双线融合、数字赋能"高职数学教学新模式(见图1),建设了一支"研理论、会建模、融思政"三技合一的教师团队。教师入选国家课程思政教学名师和教学团队,获全国职业院校技能大赛教学能力比赛全国一等奖;课程获评国家课程思政示范课程(全国高职院校数学课程唯一),浙江省精品在线课程"应用高等数学"在全国350多所高职院校推广使用,访问量4333万余人次,课程教学示范包全国3.6万余名学生使用,课程公众号"数学建模后花园""高职数学教学"受众学生近5万人;教材《应用高等数学》获浙江省普通高校"十三五"新形态教材首批认定,出版专著《数学建模:学生创新能力培养与教学改革的实践与探索》。学生在美国数学建模竞赛、全国数学建模竞赛、省高等数学竞赛等国际、国家和省级数学竞赛中获奖111项。成果获2022年职业教育国家级教学成果奖二等奖。

一、成果培育背景

高职数学课程开设历史久、涉及面广。教育部《关于深化职业教育教学改革全面提高人才培养质量的若干意见》中提出:"加强公共基础课与专业课间的相互融通和配合。"高职数学作为高职院校的一门公共基础课,对学生科学素养、综合能力和可持续发展能力培养具有重要作用,为学生实现更高质量就业创业和职业生涯更好发展

奠定基础。但长期以来,高职数学普遍存在"学生学习动力不足、职业特征不凸显、信息化程度不高、育人成效不明显"的现象,学生不爱学数学、不会学数学、不会用数学,数学课与专业课结合不够,信息化教学资源不足,教学效果不佳,立德树人成效体现不足。

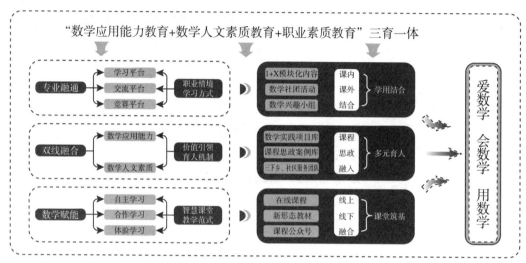

图1 "专业融通、双线融合、数字赋能"高职数学育人模式

二、成果形成过程

从2012年起,学校依托"应用高等数学课程课堂教学改革与实践""国家骨干院校应用高等数学课程建设与改革"等项目,以高职人才培养目标为依据,以专业融通为突破点,对接各专业需求,探索"1+X"模块化教学改革,突出高职数学职业性特点;2015年以多项省厅课题为支撑,建立数学网络资源库、数学实践项目库,加强数学人文素质教育和职业素质教育,确立"数学应用能力+数学人文素质"双线融合育人机制;2017年顺应"互联网+教学"新媒体时代学习需求,建设在线开放课程,线上线下"立方书"新形态教材,打造数字赋能高职数学教学新生态,在线课程正式全面运行。通过18项国家、省教改课题项目的研究与实践,逐步形成了"数学应用能力教育、数学人文素质教育、职业素质教育""三育一体"的高职数学教学新理念,探索并实践了"专业融通、双线融合、数字赋能"高职数学教学新模式,有效提升了高职数学教学质量,为高职数学教学改革提供了可复制、可推广的典型经验,也为高职公共基础课教改提供了借鉴。

三、成果针对的教学问题

(一)针对的教学问题

(1)高职数学职业特征不凸显,学生学习动力不足的问题。

（2）高职数学人文素质和职业素质教育普遍缺乏的问题。

（3）高职数学信息化程度不高，跟不上职业教育高质量发展的问题。

（二）解决的主要方法

1. 专业融通，"三平台"支撑，解决高职数学职业特征不凸显、学生学习动力不足的问题

学校搭建"学习平台──交流平台──竞赛平台"三平台（见图 2）。学习平台对接专业需求，重构"1＋X"线上线下模块化教学内容，围绕路桥、海运、汽车、轨道、航空等专业人才培养目标，设置"基础模块＋自选模块"。基础模块分为工程数学、计算机数学和经济数学，自选模块分为线性代数、概率统计、复变函数和离散数学，为学生的专业学习打下扎实的数学基础。交流平台成立应用数学协会、数学建模创新协会，以社团活动、课程公众号、趣味讲座为依托，开展数学科技节、交通数据分析沙龙等，学生互学互助。竞赛平台通过班级、学校、省、国家、国际等各级各类数学竞赛，以赛促学、以赛促用。结合专业，成立汽车结构分析组、航海智能评估组、运输物流 OD 调查组等数学兴趣小组，有力支撑了专业需求，凸显了职业特征，提高了学习动力，近几年学生在省级及以上各类数学竞赛和职业技能大赛中屡获大奖。

图 2　专业融通"三平台"学习

2. 双线融合，价值引领，解决高职数学人文素质和职业素质教育普遍缺乏的问题

学校以学生成长和成才需求为驱动，实施"数学应用能力＋数学人文素质"双线融合育人机制；围绕各专业人才培养目标，结合各专业实际，建立融入职业素质的"数学实践项目库"；挖掘课程蕴含的思政元素，编写《数学课程思政案例集》。实践教学项目化、课程思政案例化。学校开设"数学文化""数学建模"选修课；组建数学主题的三下乡团队、社区服务团队，实现数学教学的职业渗透、数据渗透、活动渗透，升华数学人文价值，加强职业素质教育，实现数学育人功能。2019 年三下乡数学实践小分队获浙江省暑期实践重点团队,2021年课程获评国家课程思政示范课程。

3. 数字赋能,"三维度"教学,解决高职数学信息化程度不高、跟不上职业教育高质量发展的问题

第一课堂,数字赋能构建"自主学习——合作学习——体验学习"三维度混合式教学。课前发放学习任务单,学生线上自主学习相关视频和资源,思考与专业相关实际问题,通过平台测验、在线留言反馈前置学习问题;课中翻转课堂线下合作学习,围绕课前实际问题深化教学,通过分组讨论等课堂微活动合作学习,知识整合与技能训练;课后利用数模实验室,学习小组协同体验学习,完成项目作业、体验数学应用。第二课堂,利用数学知识开展线上线下突出职业情境的数学小组活动。在线课程获浙江省精品在线课程认定,数字化教材获浙江省普通高校"十三五"新形态教材首批认定,学生体验学习研究报告《小微企业成长性评价与预测模型》等多次获浙江省经信厅采纳。

四、成果探索形成的模式方法

(一)提出高职数学"三育一体"教学理念

学校遵循高职人才培养规律,提出"数学应用能力教育、数学人文素质教育、职业素质教育""三育一体"的教学新理念。该理念融合学科性和职业性,与专业、职业相结合,引导学生从"学数学"到"用数学"的转换,为解决高职数学教学中存在的诸多问题奠定了基础。

(二)构建并实施高职数学"专业融通、双线融合、数字赋能"教学新模式

该模式立足专业人才培养需求,立德树人,以数学与专业融通为突破点,以信息技术为支撑,注重提高学生数学应用能力、数学人文素质和职业素质,促进学生综合能力和可持续能力提升,为高职数学教学中存在的诸多问题提供了有效解决方法。

专业融通:通过对接专业需求,搭建"学习平台、交流平台、竞赛平台"三平台,职业情境融入高职数学教学,学以致用,学用结合。

双线融合:通过实施"数学应用能力＋数学人文素质"双线融合育人机制,价值引领,使学科性与价值性统一,加强职业素质教育,升华数学人文价值,拓展高职数学多元育人功能。

数字赋能:通过数字赋能丰富线上线下教学资源,构建"自主学习、合作学习、体验学习"三维度混合式数学课堂,筑基提质,实现立体化、信息化课程教学新生态。

(三)建设"三技合一"教学团队

针对高职院校数学教师往往重理论、轻实践、与专业结合度不够、课程育人意识不强等问题,学校从2012年起,加大对教师的培训力度。2014年,对数学教师提出"研理论、会建模、融思政"三技合一教学团队建设新目标。"三技合一"的教学团队为

教学改革有效实施提供了保障。

五、成果的创新点

(一)教学理念创新:形成了"三育一体"的高职数学教学新理念

学校围绕全面提高人才培养综合能力这个核心点,形成了"数学应用能力教育、数学人文素质教育和职业素质教育""三育一体"的教学新理念。该理念立足专业人才培养需求,遵循高职人才培养规律,在数学学科知识教学的脉络上与专业、职业结合,将基础教学从课堂向实践延伸,引导学生从"学数学"到"用数学"的转变,强化学生数学应用能力、数学人文素质和职业素质培养。该教学理念在全国智能化赋能现代高职教育论坛等会上进行了交流分享,得到高度认可。该教学理念和具体做法吸引了《光明日报》《中国交通报》、中国教育网络电视台等权威媒体的广泛报道。该理念也为高职院校公共基础课教育教学改革提供了借鉴。

(二)教学模式创新:构建了"专业融通、双线融合、数字赋能"的高职数学教学新模式

该模式以数学融入学生专业需求、职业应用为突破点,汇集数字资源,用活信息技术,提高综合素质。"专业融通"凸显职业特征,激发学生学习兴趣;"双线融合"围绕立德树人,拓展课程育人功能;"数字赋能"立体化全方位信息化教学,紧跟职业教育高质量发展步伐。该模式线上线下全时、全域、全互动,有效实现了课内课外、线上线下、理论实践的有机融合,服务专业、培养能力、提升素养。教师教学能力显著提升,获2019年全国职业院校技能大赛教学能力比赛获全国一等奖。2021年,《中国教育报》刊发报道了该模式的《数字赋能高职数学"三教"改革》一文,引来中国教育新闻网、光明网、搜狐网、腾讯网、悉尼协议研究院等20余家主流媒体转载报道。该模式为高职数学教学中存在的诸多问题提供了有效解决方法。

(三)育人方式创新:开拓了高职数学课程思政新路径

创新教学方法,教师从传统教学向"研理论、会建模、融思政"的三技合一新目标转变,拓展课程思政功能,提升教师育德意识和能力,深入挖掘高职数学中的思政元素,编写《数学课程思政案例集》,使教学内容与思政元素自然融合,将立德树人贯穿数学教育教学全过程(见图3)。学校以学生学习痕迹的数据采集、追踪、分析和评价为依据,以学生成长和成才需求为驱动,课前渗透,激发兴趣;课中融合,激发思考;课后拓展,激发体验,培养学生的爱国情怀和文化自信,以及严谨理性、求真求实、探索未知、追求真理的责任感和使命感。案例获全国交通运输职业院校课程思政优秀案例、浙江省高等学校课程思政教学改革案例评选特等奖。2021年,团队教师入选国家课程思政教学名师和教学团队。

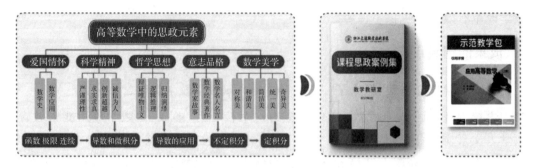

图 3　高职数学课程思政建设

六、推广应用效果

(一)学生数学应用能力不断增强,综合素质显著提高

学生有效实现了"怕数学——→爱数学——→用数学"的转变。学生期末通过率提高到了90％以上,数学选修课人数增长了 5 倍,专升本录取率从 25.6％提高到 55％以上。学生参加国际、国家和省级数学竞赛获奖 111 项,其中国际一、二等奖各 1 项,国家一等奖 5 项、二等奖 4 项,省级奖项 100 项,学生数学应用能力大幅提高,有效支撑了专业技能提升,学生参加省级及以上职业技能大赛获奖近 480 项,如学生利用数学知识自主研发"柔芯"产品有效破解桥梁施工抗裂等行业难题,获全国"互联网＋"大学生创新创业大赛金奖等。

(二)教师教科研能力不断提升,有效推进课堂教学改革

教师主持或参与国家、省教学成果奖 5 项;入选国家课程思政教学名师和教学团队,获全国教学能力比赛国家一等奖;课程入选国家课程思政示范课程;案例获全国交通运输职业院校课程思政优秀案例、浙江省高等学校课程思政教改案例特等奖、浙江省高职院校"互联网＋教学"案例特等奖;教改项目获省交通院校优秀教育教学改革项目一等奖,微课获中国—东盟交通职业教育联盟微课教学比赛一等奖;教师被评为全国数模竞赛优秀指导教师等。团队主要成员完成国家、省教改等相关项目 18 项,发表相关论文 37 篇,主编教材 6 本、专著 1 本。

(三)同行好评,成果受益学生覆盖面广

黑龙江农业工程职业学院等多所高职院校来校交流学习,安徽交通职业技术学院等 30 所高职院校借鉴、应用本成果,受到高度认可和一致好评。成果每年用于5000 名左右学生的教学,2012 年至今累计 55000 多名学生受益。浙江省在线精品课程"应用高等数学"全国访问量 4333 万余次,选课学生 3 万余名,公众号"数学建模后花园""高职数学教学"受众学生近 5 万人,学生的受益面仍在不断扩大。

(四)示范引领,成果推广应用效果明显

团队主要成员在全国高职类会议、浙江省数学会职教数学会议等会上多次做课

程改革与实践专题报告;受国防科技大学、深圳职业技术学院、江西赣州职业技术学院等省内外 20 多所院校邀请,做教学能力提升和课程思政专题讲座;多次为中职学校做教改培训讲座等。团队线上成果在全国 350 余所高职院校推广使用,课程示范教学包全国 3.6 万余学生使用。线上线下"立方书"省新形态教材《应用高等数学》已在浙江、北京等全国各地高职院校使用 16000 余册。示范辐射作用显著。

(五)多元育人特色明显,赢得媒体赞誉

《中国教育报》以《数字赋能高职数学"三教"改革》为题报道学校数学"三教"改革成果;《光明日报》报道学校数学教学在新理念、新模式下的课程思政成果;《中国交通报》对数学线上多元育人成果进行了报道。中国教育新闻网、光明网、搜狐网、腾讯网、中国教育网络电视台、中国高职高专教育网、全国交通运输职业教育教学指导网、国家级交通运输教育网等 30 多家主流媒体对学校数学教改成果进行了深入报道,高度赞誉课程育人成效。

七、教学工作体会感悟

(一)认真学习,突破自我

教师平时要认真学习领会新时期党和政府教育方针、政策,学习习近平总书记关于教育的重要论述,学习先进教学理念,并在实际教学工作中认真贯彻执行。高职数学作为一门课程的建设,一定要回归课堂,要能够突破自我,跳出原有讲课框架。"以学习者为中心",其实就是要以学生为本设计教学,要结合不同专业,从真实的任务或案例出发,设计能和学生产生共鸣的方案。教师要做到课前渗透,激发兴趣;课中融合,激发思考;课后拓展,激发体验。

(二)开拓创新,加强教研

教学成果来源于各级各类的教学研究项目,可由一个或多个教学研究项目组成,教学研究很重要,要具有开拓创新意识,敢于、善于开展各种教育教学改革,并以从事科研的思路、做法开展教育教学研究工作。教师要不断积累、优化完善教学研究方案,适时以论文形式总结教育教学研究成果并发表。近几年,团队每年都在进行各级各类的教研项目,如国家课程思政示范项目、省教育厅项目、省教育科学规划项目等。

(三)总结积淀,凝练提升

教学成果的获奖是经过多年实践检验取得成效的成果,是直接反映教育教学改革工作的标志性成果,有着鲜明的务实性特征。教学成果的时间跨度较长,在成果形成与应用的过程中要及时进行反思总结,特别是成果的特色与创新点一定要在实践中得到积淀,与成果相关的论文、课题、获奖等都要及时汇总、总结。只有这样,在成果申报时才能更好地组织材料,形成完整的申报体系。成果的凝练需要分章析句、字斟句酌、反复修改。

八、深入推进工作建议

(一)继续探索有效课程思政路径

学校应继续加强课程思政与数学教育的融合创新,探索有效课程思政路径;不断改进教材、教法,改进考核方式,不断增强学生文化自信、社会责任感、创新精神和实践能力。

(二)进一步提升数学教师教学能力

学校应加强理论学习,注重师德示范,提高数学素养,进一步提升团队教师教学能力;着眼于学生未来的发展,不断创新育人方式,进一步提高学生综合素质。

(三)深入开展教科研工作

学校在继续优化高职数学课程建设体系的基础上,进一步开展课程教学的深入优化、教学效果可测量化研究、评价模型构建等教科研工作,以起到更大的示范辐射作用。

基于"乡村振兴综合体"培育高素质农民的衢州实践

成果完成单位:衢州职业技术学院、衢州市乡村人才科教中心、衢州广电传媒集团

成果完成人:崔戴飞、周华、徐荆、傅元勋、王建、叶俊、戚景云、罗鸳峰

执笔人:周华

一、成果实践综述

(一)成果背景

党的十九大擘画了乡村振兴的宏伟蓝图。农民是农业的主体、农村的主人、"三农"的根本,人才振兴是乡村振兴的关键保障。农民教育培训作为整体提升农民综合素质和生产经营能力的基础性、长期性工作,迎来新使命、新挑战、新任务。

作为浙西区域唯一一所公办高等职业院校,学校长期以来把农民培训作为职业教育服务区域经济社会发展的重要课题,积累了丰富的培训教学经验。在乡村振兴战略和浙江省高质量发展建设共同富裕示范区的大背景下,学校深刻认识农村社会、产业形态、农业从业者的新变化对农民培训提出了更高要求,持续发挥职业教育在乡村振兴中的关键性作用,聚焦农民教育培训领域存在的宏观矛盾和现实问题,不断推进培训体系迭代升级、培训培育提质增效,成立乡村振兴学院,打造"五位一体"的乡村振兴综合体,形成培育高素质农民助力乡村振兴的"衢州样本",为全国农民教育培训改革创新先行先试。

(二)成果的基础与实践过程

1.成果依托的主要教育教学研究课题(见表1)

表1 成果依托的教育教学研究课题一览表

序号	年份	课题内容
1	2021年	《基于"互联网＋"打造职业技能培训平台服务美丽大花园建设的路径探索》,衢州市社科规划课题,衢社科规办[2021]2号
2	2019年	《乡村振兴战略背景下大学生返乡创业能力提升路径及策略研究》,衢州市社科规划课题,衢社科规办[2019]3号
3	2017年	《衢州市农创客职业培训现状调查及培训体系构建——基于农业品牌培育视角》,衢州市社科规划课题,衢社科规办[2017]3号
4	2016年	《老龄化背景下老年护理服务人才培养标准化规范化模型研究》,浙江省哲学社会科学规划课题,浙社科规[2016]15号
5	2014年	《高职院校参与衢州新型职业农民培育的研究》,衢州市社科规划课题,衢社科规办[2014]4号
6	2013年	《衢州市家庭服务业高端人才培养的产业发展思路研究》,衢州市科技计划项目,衢市科发计[2013]40号
7	2011年	《文化产业化视野下的浙西农民画研究》,浙江省教科规划课题,浙教办教科[2011]6号
8	2004年	《欠发达农村初中教育现状调查与发展对策研究》,浙江省社科联课题,浙社科[2004]45号

2.成果的实践过程

成果的形成分为3个阶段,第一阶段为探索实验阶段(2001—2011年),第二阶段为认识完善阶级(2012—2017年),第三阶段为实践检验阶段(2018年至今)(见图1)。

(1)1.0版"新时期农民讲习所"。探索推行农民"培训券"制度,加快农民从"洗脚上田"向"洗脑进城"转变,落实"三个一万"农民素质提升工程,开展"三保一技"培训,"衢州保姆"入选2008年全国十佳劳务品牌,被媒体誉为"新时期农民讲习所"。

(2)2.0版农民学院。围绕生产经营、专业技能、专业服务三类职业农民和社会紧缺急需工种,建立"133"培训项目体系,开展各类技能培训5万余人,培育出一大批高薪"草根",家政服务培训品牌成为全省标杆。

(3)3.0版乡村振兴学院。成果进入实践检验期,服务乡村振兴战略,政校协同整合区域职业教育资源打造市县乡村四级培训体系,培育有文化、懂技术、善经营、会管理的高素质农民,为乡村振兴发挥引领、支撑、服务作用。

(4)4.0版四省边际(衢州)共富学院。聚焦共同富裕"扩中""提低"重大改革,创新性成立四省边际(衢州)共富学院,通过业务、数据、技术融合,建设多跨协同的"新蓝领、新农人、新工匠"大培训体系,打通"培训+就业"致富渠道。

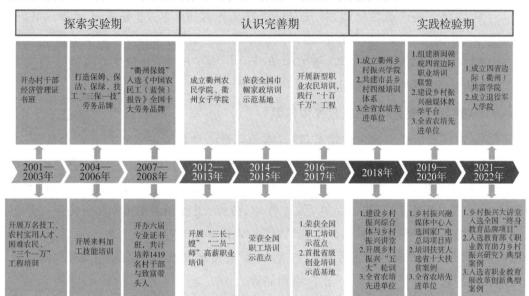

图1　成果的实践过程

(三)成果解决的主要问题

成果立足"三农"需求,坚持以问题为导向,主要解决高素质农民培育的教学问题:一是解决政校协同机制不健全,二是解决教学服务供给不充分,三是解决质量保障体系不完备。

二、成果的主要做法

(一)打造"五位一体"政校协同育人载体

政府主导、院校协同成立乡村振兴学院,搭建集党群中心、文化礼堂、振兴讲堂、创业园、实训基地"五位一体"的乡村振兴综合体,推动市县乡村四级联建联培。把院士专家工作站、农业企业、乡镇成校、1438个村级讲堂纳入全市高素质农民培育整体框架,合力推进政策、资金、标准、师资、课程、教材、基地全面统筹,形成"一个阵地、一套体系、一张课表",以党建统领、基层治理、产业发展乡村人才需求为导向,精准开展大产业、大环境、大文明、大增收、大治理轮训,疏通农民培训管理多头、资源分散、内容缺失的堵点。

(二)构建高素质农民多元培育模式

聚焦高素质农民四大核心素养,强化学员遴选,实施分层分类、模块化递进式培养的乡村振兴特色人才发展计划。一是实施"兴村"名师能人传帮带,通过讲师讲堂结对,引领乡村人才培养;二是开展各类带头人、"领头雁"培训工程,以"种养加"产业带动小农户与大市场的衔接;三是开展新业态培训,孵化"农创客"、培育"农二代",吸引青年人才、退役军人、乡贤下乡返乡创业创新,为乡村输送新生力量;四是引导教师专家下沉农村开展普及性培训,补齐农民科技文化素质短板;五是通过专业证书班、高职扩招、农民工"双元制"等学历教育系统培养,提高人才质量;六是为农业全产业链育人储才,强化劳动育人体系,培养学生"大国三农"情怀,引导学生走进乡村实习实训,培育知农爱农的预备队伍。

(三)健全"六要素"育训质量保障体系

准确定位高素质农民人才培育目标,推动职教专业群服务农业产业群全链条、全过程、全方位衔接。实施教师＋基地、课程＋教材、教法＋评价"六要素"协同创新计划,形成教学质量闭环(见图2)。推进特色化、品牌化培育,将"南孔"儒学文化植入课程,助力打造"衢州有礼"城市品牌,强化劳动、劳模、工匠精神教育,为乡村振兴塑形铸魂。深挖本土农耕文明耕读文化教学资源,建设非遗、农民画、一乡千宿、研学等特色讲堂,举办地方民俗文化、特色文艺活动,促进传统文化传承创新。培育"衢州月嫂""衢州乡旅""衢州有礼"农民教育培训品牌。

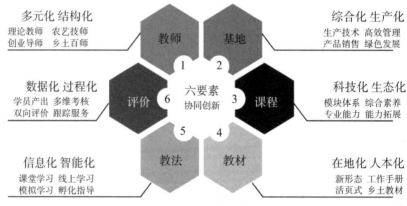

图2　六要素协同创新

三、成果的创新与特点

(一)创新了农民培育迭代升级持续发展的机制

学校立足农村社会、产业形态、农业从业者的时代变化,遵照高素质农民培育从"重训轻育"到"育训并举"的持续发展理念,在全国率先建立"五位一体"的乡村振兴综合体,高效汇聚资源形成全市高素质农民培育"一张课表",推行教师结构化、基地生产化、教材在地化、教法信息化、课程模块化、评价过程化,增强培训整体效能。历经1.0新时期农民讲习所→2.0农民学院→3.0乡村振兴学院→4.0版四省边际(衢州)共富学院的迭代跃迁,实现农民培训从农村剩余劳动力向劳务品牌转换→从低技能、体力型就业培训向专业化、职业化农民培养转型→从单一技能向综合素质提升转化→从技能到创业再到致富的服务转变。生动实践了农民培育从就业到创业、从脱贫到致富、从先富到共富的时代诉求。做法入选共同富裕示范区建设机制创新类试点和最佳实践,得到省领导批示肯定。

(二)创立了名师能人领衔的"帮带四法"

一是兴村名师帮带。遴选一批善抓党建、治理有方、经营有道的村社书记组建讲师团,与后进、新任村干部结对进行传帮带,以帮理论学习,带素质提升;帮党务工作,带组织建强;帮思路谋划,带村庄发展;帮克难攻坚,带项目推进;帮基层治理,带乡风和谐。推广"帮带四法",现身说教分享治村故事的课堂教学法,围绕发展手把手传授解决大事、难事的实践跟训法,与周边村定点村组团连片式发展的联盟辐射法,互换岗位开展治村体验的换岗体验法,提炼教学经验,录制课件上线"云课堂",放大帮带效应。二是乡土能人帮带。开展农村致富带头人、专业合作组织带头人、经纪人等乡土能人培育和选拔,以乡土能人的农业企业为教学基地开展专业培训,发挥先富帮后富的作用,培育出"龙和渔业""衢州烤饼""开化大厨"等帮带典型。

(三)创建了"融媒体"数字化培训模式

本成果推进数字改革赋能乡村振兴,创建联通培训需求端和教学供给端的融媒体"云课堂"APP,提供在线点播学习服务,覆盖40万农民。学校实现教学全程数字化,课程预约平台实现教学需求和教学资源信息化,提高针对性;"讲堂—村情通"平台实现教学管理和教学评价信息化,提高有效性;互联网+创业平台实现效果反馈和跟踪服务信息化,提高实用性。新冠疫情期间开展"空中课堂"直播课程1900余场,听课群众37万余人次,"云服务""云卖场"精准服务农业农村发展,入选全国广电融合典型案例。首创"村播学院"培育"乡村网红"电商直播人才,孵化出"亿元"级带货主播一名,年入百万主播3名,月入万元主播50余名。获全国十佳村播基地TOP 1,入选省商务领域共同富裕试点。

四、成果的应用和推广

(一)应用成效

历经发展,综合体建立90个教学基地,建成3000余人的师资库,开设思想政治、产业技能、文化素养等10大类课程60个主题培训项目,上线视频课程1200门,编写乡土教材80余本,制定行业服务规范4个,专业培训标准10项,形成100余项研究成果,为高素质农民培育提供有力支撑。

累计培训农民430万人次,培育扶持产业项目160多个,带动农民增收13.2亿元,培训的月嫂、大厨、村播有的月薪过万,一群年轻的乡村运营师活跃在衢州未来乡村,打造了七里、余东、龙门等乡旅明星村。学校培育出全国农业劳模董红专、全国农民技能金奖李群勇、金牌月嫂李玉仙等一大批懂农业、爱农村、爱农民的乡村人才。衢州市乡村人才总量达到19万人,其中农民技师、技术员1.62万人、新型农业经营主体 1454 人、农创客 1150 人。

成果入选教育部职业教育助力乡村振兴研究课题典型案例、全国终身学习品牌项目、国家开放大学终身教育精品课程,省职业教育成果展改革创新典型。乡村振兴融媒体入选国家广电总局项目库。

(二)推广效果

1.形成省内校地合作典范

成果覆盖市域 1438 个村级讲堂,与柯城、衢江等区县签订农民培训战略合作协议,组团下沉开化县域运营农民培训;开展山区 26 县对口帮扶,面向杭州、温州 2000 余人"山海协作"培训班现场推广。

2.打造四省边际农培高地

学校地处浙闽赣皖四省边际,2019 年牵头成立涵盖政校行企的职业培训联盟,输出范式、课程、标准、教材,推进具有区域辨识度的"衢州月嫂""衢州有礼"培训品牌向省外辐射,实现四地联培抱团发展,打造长三角区域具有影响力的乡村人才培养高地。

3.创建共同富裕示范窗口

成果广泛应用于新疆、湖南、四川、广西等东西部脱贫攻坚对口协作的教育帮扶专题培训。特色案例入选全国高职高专校长联席会议,在全国职业院校培训会做推广发言,为兄弟院校提供可借鉴的经验。

(三)社会评价

1.政府充分肯定

成果实践得到时任浙江省委书记夏宝龙的批示肯定。2019 年,教育部陈宝生部长来校调研乡村振兴学院建设,对学校利用职业教育资源服务乡村振兴给予充分肯定。2020 年,学校协同推进乡村振兴讲堂建设得到市委通报表彰。2022 年,对衢州市智慧农业赋能共富的建议和改革推动四省边际重点人群创业就业技能提升的做法得到省领导批示肯定。

2.社会高度认可

被全国妇联、总工会授予国家级培训示范基地,省技能人才认定专家培训基地。"衢州月嫂"入选全国创业创新展获优秀项目,省十大精准扶贫案例。在两届全省发展家政服务业工作会、亚洲区家政学会双年国际学术会议做典型发言。十余家知名企业对接合作成果转换。

3.媒体广泛宣传

中央电视台、《人民日报》、《光明日报》、《中国教育报》、《农民日报》等主流媒体100 余次宣传报道学校高素质农民培育工作,在全国形成广泛影响。

五、成果的经验启示

(一)集聚资源、形成合力是农民教育培训持续发展的基础

注重政府主导、多方协同、资源整合,学校形成了多元化参与机制的农民学院"1(主校区)+7(分校区)"、乡村振兴学院"1(学院)+2(综合体、讲堂)+N(党建中心、礼堂、创业园、基地)"、共富学院"1(总校)+4(专业教学区)+N(专业教学基地)"模式,满足高素质农民多层次、多形式、广覆盖、经常性、制度化培训需求。

(二)需求导向、标准引领是提高农民教育培训实效的核心

学校以"三农"需求为导向,依托乡村振兴智库、研究院研制行业服务规范、专业培训标准,开发项目课程,编写乡土教材,突出培训专业性和实用性,注重动态调整不断优化课程,确保培养技能突出、素质全面的乡村人才;开展"六个一批"社会服务,推动教师走向乡村第二课堂,提升服务能力赋能课堂教学。

(三)赛训融通、氛围营造是提升农民培训社会效应的关键

学校定期开展新农人讲课大赛、农业技能竞赛、乡村工匠评选,激发内生动力、发现农民人才、挖掘培训项目,打造接地气、讲群众语言的乡土师资队伍;连续举办三届"中国·衢州月嫂节",全面展示学校专业技能培训、人文素养培育特色亮点,提升"衢州月嫂"的全国影响力,推进行业健康发展。

六、发展前景

党中央领导全国人民在创造了人类减贫史上的奇迹之后,对新发展阶段优先发展农业农村、全面推进乡村振兴做出了新部署。职业培训"衢职模式"将继续在"增实效、强服务、可持续"上下功夫,构建大统一服务、打造大培训体系、打通大就业渠道,搭建农民终身学习体系。

学校聚焦建设一个四省边际职业培训领军学校总目标,完善"领导小组+校务委员会"两套管理体系,面向"新蓝领、新农人、新工匠"三类重点人群,构建线上线下教学和服务平台、"七统一"制度、"专账""专户"资金、"1+4+N"体系四大保障,推进"标准、质量、开放、融合、创新"5个办学。健全从技能培训到就业创业再到增收致富的"全链条、全流程、全闭环"服务机制,努力实现农民职业技能提升、就业创业提质、收入增长提速、乡村振兴提效,助推四省边际共同富裕示范区建设取得突破性进展、标志性成果、普遍性经验。书写好新时代职业技能培训工作新篇章,在浙江争创中国特色社会主义共同富裕先行和省域现代化先行,全国巩固拓展脱贫攻坚成果同乡村振兴有效衔接伟大事业中,展现使命担当,实现更大作为。

双色引领，三课联动——"商文化"育人的创新与实践

成果完成单位：浙江商业职业技术学院、浙商博物馆、浙江省工艺美术研究院、杭州格子文化创意发展有限公司

成果完成人：俞涔、陈君、徐洁、季瑶娴、来金晶、程燕婉、虞晨、杨轶清、王雍火、屠剑锋

一、改革背景与目的

教育的核心是"立德树人"，关键在"培根铸魂"。党的十八大以来，党中央、国务院高度重视职业教育，习近平总书记亲自擘画现代职业教育体系建设，提出"努力建设中国特色职业教育体系"的重要思路和要求。国家陆续出台《关于加快发展现代职业教育的决定》《国家职业教育改革实施方案》等一系列重大政策措施，对《中华人民共和国职业教育法》进行了全面修订并予颁布实施。对职业院校来说，必须坚持德技并修的育人标准，推进价值引领、知识传授和能力培养的融合统一，将立德树人作为一条主线贯穿学校工作全过程、全方面。

作为全国最早创办的商科专业院校之一，浙江商业职业技术学院在110余年的发展中坚守"以商福民、以商富国"的初心，深耕、精耕商科职业教育，传承源远流长、历史厚重的中华商业文明，响应习近平同志在浙江任职时曾多次提出"'浙商文化'是浙商之魂"的号召，科学构建了一套有校本辨识度、匹配职业发展需求的"中国气派、地域特色、类型特质"的"商文化"育人模式，培养厚德崇商的浙商人才，服务区域经济社会发展。

二、创新做法与举措

（一）立足地域文化特色，厚植时代浙商精神

教育不是约束人，而是发展人、塑造人。作为新发展格局中的优先要素和内生变量，高等教育已由规模扩张、内涵提升进入全面提质创新的新时代，以质图强、特色发

展是关键。学校立足浙江地域文化特色,将新时代浙商"坚忍不拔的创业精神、敢为人先的创新精神、兴业报国的担当精神、开放大气的合作精神、诚信守法的法治精神、追求卓越的奋斗精神",根植于学校"百年商教"的办学定位、"诚毅勤朴"的校训文化、"敬商立业"的使命担当,不断赋予新的时代内涵,夯实特色商教根基。

浙商精神融入"百年商教"办学定位。浙商精神厚植于浙江商业沃土,来源于浙商的创造性实践,凝聚了历代浙商的汗水和智慧,是浙商开拓进取的精神动力和宝贵财富。浙商精神与学校"商通天下,文传古今"的百年商教初心同频共振,浙商精神与学校"浙商人才培养的摇篮"的现代商教定位交相辉映,提升了学校特色化发展的驱动力。

浙商精神融合"诚毅勤朴"校训文化。校训是一所学校的灵魂,是学校发展过程中全体师生共同努力的精神载体,是大学精神的"内核"和"精髓"。浙商精神是浙商的精神家园,内涵丰富、精神凝练、意义深刻。浙商精神既涵盖了学校"诚毅勤朴"的校训文化,又与时俱进地迭代更新,强化了学校高质量育人的原动力。

浙商精神融通"敬商立业"使命担当。当今世界,经济结构转型和产业格局重塑对职业教育提出了时代之问——在高质量发展实践中如何承担起职业教育自身的使命担当。学校深耕、精耕商业职教,坚守"敬商立业"历史使命,与浙商精神共振共鸣。与浙商精神交融契合的时代担当,为学校内涵式发展注入精神力量。

(二)打造特色文化课程,推进商业素质教育

教育的本质是"以文化人",一所学校的办学特色必然离不开特色课程的支撑。特色课程作为传承学校精神文化的主渠道,带有学校特色教育的烙印。因此,学校文化的沉淀和精神的塑造,离不开特色课程的主动参与和创新。浙江商业职业技术学院聚焦商文化育人,立足"三教"改革,落实立德树人根本任务,将价值塑造、知识传授和能力培养三者融为一体,优化内容、整合资源、把握趋势、丰富形式,将商业文化素质教育融入通识教育、"双创"教育、专业教育中,打造"浙商文化""中华商文化"等具有示范效应的商业文化素质教育特色课程,实现优质商业文化素质教育课程全覆盖。

做好聚焦。学校结合建设具有显著商科特色的"双高"院校目标,聚焦"培养什么样的商人",重新审定商业文化素质教育定位,明确商业文化素质教育的价值取向,将"达济天下的商业精神、全球视野的新商业价值观和跨界融合的新商业思维"培养融于教学全过程,探索大思政格局下"文化育人"实践,打造商业文化素质教育的"浙商院样板"。

做优内容。学校鼓励教师在系统梳理千年商业发展脉络的基础上,挖掘、分析、凝练优秀商业文化精华,合理构建商业文化素质教育体系,通过多维度教学活动引导学生践行商业伦理、经商之道、处世哲学。如"浙商文化"课程围绕"七商",即"商史、商路、商帮、商号、商魂、商创、商战"内容,帮助学生构建商业文化图景,明晰新时代优秀商人应该具备的特质与素养。

做实教学。课程目标的实现和课堂育人的成效,设计是基础,实施是关键。学校商业文化教学团队完成了教材、教学目标和内容、教学策略与模式、教学方法与手段、教学考核与评价、教师团队等全方位改革,形成了商业文化相关教材、课程、教材等系列教学成果。

(三)拓宽文化育人载体,聚焦实践价值引领

商业文化源远流长、历史厚重,它是集体记忆的结晶,依靠多维载体传承。浙江商业职业技术学院将传承优秀商业文化作为己任,把握商业文明精髓,以商为荣、传商兴道。一方面将优秀的商业文化基因融入校园文化环境,如校歌、校训、校景、校路等,打造文化博物馆、中华商文化实训室、泛商文化体验与制作中心、商文化传播中心等商业文化育人平台;另一方面,开展文化育人工程,以红色文化、职业文化、中华优秀传统文化为纽带,行商道、铸商魂。

以"兴业报国"为旗帜,用担当的红色文化鼓舞人。新时代浙商精神与"红船精神"、浙江精神一脉相承,是浙商永远的魂。学校依托"三个地"优势,挖掘"家国情怀,富而思源""明理兴学,富而思进""好善乐施,富而思报"的红色文化育人元素,融入党建工作、师生活动,抓先进、树典型、学示范,激扬家国情怀,践行报国之志。

以"工匠精神"为核心,用勤毅的职业文化塑造人。职业教育承载着培养大国工匠、能工巧匠的育人使命。学校牢记办学初心,提炼"砥砺奋斗,干在实处""勇闯难关,走在前列""永不止步,勇立潮头"的职业文化育人元素,结合专业建设、产教融合等育人工作,开展职业文化进课堂、进寝室、进活动、进实训、进比赛、进实习等"六进"工程,用工匠精神引领高技能人才培养。

以"仁和诚朴"为基点,用优秀的传统文化浸润人。学校将"仁德忠义,团结开拓""诚信为基,行以致远""朴实自然,从容淡泊"等中华优秀传统文化育人元素融入"三全育人",借助浙商大讲堂、校园商贸文化节、商业文化社团、商创主题沙龙等平台,引入有形化、体验化和互动化的载体,构建商科特色活动品牌,打造商科特色职教风景。

三、成果的主要创新点与特色

(一)"底色培根,亮色铸魂"双色引领的理念创新

"商文化"育人体系设计中,在学理溯源和时代价值研究的基础上,融合儒家思想与浙东事功学说,形成特色文化的机理,构建传承体系。成果坚持双色引领理念,以社会主义核心价值观为底色培根,以新时代浙商精神为亮色铸魂,培养商科技术技能人才。"底色"是个人品德之基础、职业道德之要求、社会公德之纲要;"亮色"启迪商业智慧、培养商业思维、提升商业意识。成果用"双色引领"打通了"理论到实践"和"文化到化人"的双通道,培养服务区域经济发展的时代新人。

(二)"全融通、全方位、全共享"三课联动的实践创新

"商文化"育人教学实践中,第一课堂"德技并修"、第二课堂"专创融通"、第三课堂"校企协同",扩展课堂半径,将教学延伸到企业、市场、社会大课堂,以知识为载体、以活动为抓手,助力学生激活思维、掌握方法、明确原则,提升育人成效。以"课堂教学+校园活动+社会实践"实现三课"全融通","校内优师+校外名师+企业导师"师资服务"全方位","学校+博物馆+研究院+合作企业"教学资源"全共享",开展多维度协同育人实践。

(三)"浙江特色,商教品牌"大思政格局的育人模式创新

"商文化"育人品牌凝练中,立足浙江特色,聚焦商科职业教育,形成大思政育人格局。首创性地提出"传统文化与浙商精神融合背景下的传承体系与育人模式构建",围绕"传承浙商文化"的主要目标,促进中华优秀传统文化与学校百年商教优势相辅相成融合育人,从校内小课堂走向社会大课堂,从小课程走向大实践,从小叠加走向大融合,用澎湃的时代、浙江发展成就等生动的现实和浙商鲜活的实践引导学生认识职业使命和社会责任,构建起以文化力量推动守正创新、高质量发展的新格局。

适应区域优势产业的高职模具专业"智能＋"系统化升级创新与实践

成果完成单位：宁波职业技术学院、佛山职业技术学院、重庆科创职业学院、机械工业教育发展中心、舜宇集团有限公司、浙江湾区机器人技术有限公司、佛山市南海中南机械有限公司

成果完成人：王正才、张启明、张振、陈姜帅、周艺红、董俊华、吕冬明、马骁、吴银富、裘腾威、张菊霞、王青柳、金涨军、王丹、张威、杨冠军、陈开源、冯安平、刘修泉、邓文亮、殷朝华、董克武、毛卫东

执笔人：王正才

一、成果背景与问题

（一）成果背景

模具作为"工业之母"，是衡量一个国家制造业水平的重要标志。"长三角""珠三角"是我国模具产业发展最活跃的增长极，随着信息化、人工智能、3D打印、大数据分析、协同制造等技术在模具产业的应用，推动了模具产业向数字化、智能化转型，模具行业人才紧缺，对校地联动、专业升级提出新要求。

2013年，依托浙江省模具专业带头人领军项目"模具设计与制造专业理实一体化案例平台的开发与应用"及省优势专业建设项目，针对模具专业课程、师资队伍和教学资源等不适应产业转型升级问题，依托"高职院校专业设置与区域产业适应性研究"等项目，项目组开始研究适应区域优势（模具）产业发展需求的专业升级路径，同年形成《"数字化设计＋自动化加工＋智慧化成型"模具专业建设方案》并开始探索实践。2016年学校验收并对"智能＋"系统升级方案进行应用（成果探索历程见图1）。

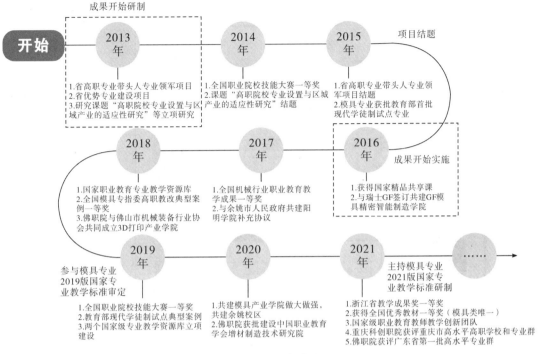

图 1　成果的研究与实践应用历程

（二）主要解决的教学问题

本成果解决了课程内容设置与模具产业数字化、智能化转型升级需求不同步的问题；解决了教师数字素养提升与模具专业"智能＋"系统化升级需求不同步的问题；解决了教学资源建设、更新速度与模具产业技术迭代升级需求不同步的问题。

二、主要做法与经验成果

成果遵循区域协调发展理论，在全国机械职业教育教学指导委员会、中国模具协会指导下，构建"行业组织牵头指导、跨区域校校联动、同区域校地互动"专业发展新机制，建设线上线下结合的"研学共同体"，紧密对接模具产业链核心岗位数字化、智能化发展要求，共同探索"智能＋"推动模具专业升级新路径。一是动态升级"三岗三模"专业课程体系，项目化设计、模块化改造，创建"三岗三模"课程群，实现"智能＋"元素递进式融入专业教学内容，坚持立德树人，全面落实"匠心铸模、精密智造"人才培养理念和"精设计、强智造、懂成型"人才培养目标。二是稳步升级"三域两强"专业师资队伍，聚焦教师"数字设计、编程加工、装调成型"专业领域，通过行企校联动、线上线下协同的"研学共同体"，同步提升教学、实践领域"智能＋"数字素养，打造"数字教学理念强、数字实践能力强"的双师型教师。三是迭代升级"四维三化"教学资源，对接企业生产流程，构建"数字教材、在线课程、智能设备、智慧环境"四维教学资源，打造"学习即工作、设计即产出"的专业教学场景，形成适应模具产业"敏捷化、精密

273

化、集约化"发展趋势的教学资源跟进与升级路径(见图2)。

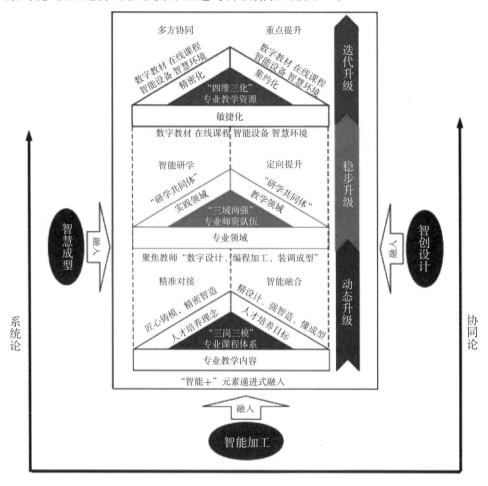

图2 高职模具专业"智能＋"系统化升级方案

(一)精准对接、智能融合,动态升级专业课程体系

一是同步调整培养目标。分析省"模具产业大脑"等平台数据,精准对接模具产业链设计、编程与加工、装配与试模三个核心岗位群数字化、智能化发展趋势,协同行业头部企业,遵循"数字化设计优化为基、智能化加工制造为重、成型工艺分析为先"的模具人才成长规律,明确"匠心铸模、精密智造"培养理念,将培养目标由"会软件、懂加工、能装调"升级为"精设计、强智造、懂成型",关注"会管理、善协作、能创新"综合素养的提升。

二是动态升级课程内容。对接模具设计、编程加工、装配试模3个核心岗位,结合"一区域一集群"建设,先后升级模具数字化设计与制造、模具零件智能制造柔性加工单元等课程,联合北京精雕科技集团等企业,智能化改进"二板模""滑块模""热流道模"系列课程项目内容,融合工匠精神和职业素养。模块化改造课程内部及课程之间的组成要素,由包含 3 个模块、18 门课程的"单岗单模"课程集群升级为包含 5 个模块、24 门课程的"三岗三模"课程集群(见图 3)。

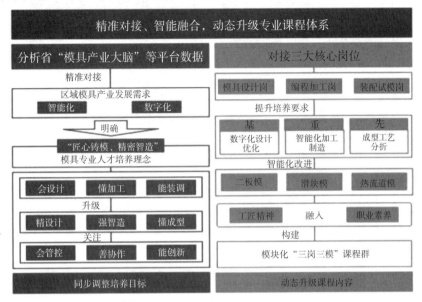

图 3　模具专业课程设置的动态升级

(二)智能研学、定向提升,稳步升级教师数字素养

一是跨区跨校跨企打造"智能＋"研学共同体。全国机械职业教育教学指导委员会和中国模具协会指导协调,联合佛山职院、舜宇光电等多地学校和企业,组建"教学名师＋技能大师＋研发导师"结构化"智能＋"研学共同体,采用线上、线下等形式,共订培养方案、共研教学标准,常态化开展集体备课、集体研学,持续提升教师数字化应用能力。

二是推动教师实战化提升专业领域"智能＋"素养。通过"一师一企一项目"实做,提升教师模具设计领域"利用模具标准库开展标准化设计、CAE 分析软件操作",模具编程与加工领域"数控加工设备操作、CAM 加工编程、智能产线管控",模具装配与试模领域"VR 模具虚拟智能装配"等数字化实践能力。先后培养全国技术能手 3 人、全国教学能力比赛一等奖 2 人(见图 4)。

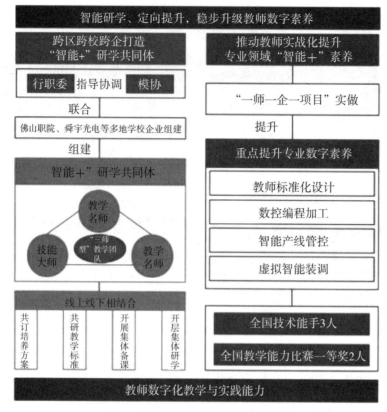

图 4　模具专业师资队伍的稳步升级

(三)多方协同、重点提升,迭代升级专业教学资源

一是多方协同建设教学资源。项目组联合佛山职业技术学院等 13 所院校,吉利汽车、舜宇集团等 23 家企业和浙大机器人研究院等,扩大共同体规模,益模科技股份有限公司等领军企业深度参与,共建机械设计与制造等 3 个专业教学资源库、模具数字化设计制造综合实训等 15 门在线课程,合编 19 本新形态教材,将新技术新理念融入教学资源。

二是校企联合升级教学环境。项目组联合瑞士＋GF＋建设精密制造体验中心等,打造"智创设计、智能加工、智慧成型"等"智能＋"教学场景,形成"数字教材、在线课程、智能设备、智慧环境"四维教学资源体系。模具设计领域的教学资源升级为"利用模具标准库进行标准化设计"和"利用模具云平台进行多人协同设计",模具编程与加工领域的教学资源升级为"CAM 软件编程"和"智能生产单元管控"。模具装配与试模领域的教学资源升级为"模具智能化指导装配"和"CAE 智慧成型"。有组织、成体系地迭代升级教学资源(见图 5)。

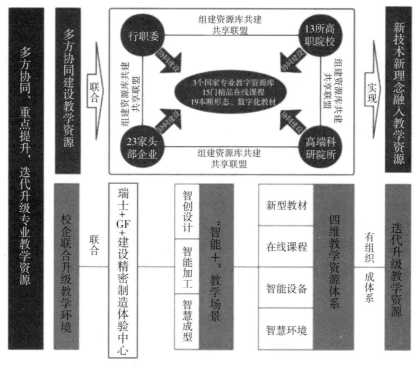

图5　模具专业教学资源的迭代升级

三、创新与特点

(一)架构并实践了"行业组织牵头指导、跨区域校校联动、同区域校地互动"的模具专业协同提升发展之路

全国机械职业教育教学指导委员会和中国模具协会牵头联动。应用区域协调发展理论,以共建共享联盟、研学共同体等形式,指导两校跨地域合作到联动多地多校合作,大大提升模具专业适应和助推区域优势产业发展的能力。

建立跨区域校际合作机制。立足专业,从校校合作到成立联盟单位模具专业合作领导小组,制定合作互访制度,紧抓校企合作、专业建设核心要素,开展师资研学、资源建设等领域合作,实现模具专业优质资源共享、互补。

健全分区域政行企校合作机制。紧扣"长三角""珠三角"模具产业发展急需的技术和人才,与行业及上下游企业深度融合,推动地方政府专项支持,开展产业学院建设。多机制联动,促进模具专业"智能＋"升级服务区域制造业发展能力,区域企业受益颇多,舜宇集团主动签订输送1000名模具相关专业学生助其实现1000亿元产值的"双千战略"。

(二)率先创设产教协同"研学共同体",搭建了凝练模具产业"智能＋"元素并融入专业升级的新平台

先期由全国机械职业教育教学指导委员会、宁波职业技术学院、佛山职业技术学院、舜宇集团等组建交流学习联盟,后期加入浙江大学机器人学院及多个学校、企业,形成多元参与的"智能+"研学共同体。

创新协作共享交流形态,以专题会、项目组、课题组等形式,发挥"三师型"团队成员特长,搭建跨校跨企业跨地域交流平台,形成线上线下混合式常态化研学共同体。

同步开展产教研学活动,以新技术新产品介绍、经验分享、"三教"改革交流等方式,重点增强教师将产业信息、数字技术与教育教学深度融合的能力。

协同升级完善教学资源,以共建专业教学资源库、在线课程、数字教材等形成共建共享系列资源。协同产出3个专业教学资源库、5项专业教学标准等国家级成果,有效促进跨校跨地域专业建设要素之间的整体性、互补性与特色性,推动了东西部模具专业"智能+"系统化提质升级。

(三)探索了"智能+"元素"多维度+进阶式"融入专业系统化升级新方法

项目组综合运用"工作系统分析法""职业能力研究法"梳理了模具专业人才所需的"智能+"素养,强化项目化课程牵引力度,梳理出模具产业链设计、编程与加工、装配与试模等核心岗位群所需20个"智能+"元素,通过"三岗三模"项目化课程牵引,将"智能+"元素有机融入基础项目、综合项目和实训项目等多样化专业课程群,实现"智能+"元素多维度融入。联动先进企业共建智能化教研环境,应用四类教学资源,将数字化生存与适应、新型数字技术和先进智能化设备、信息化教学研究与创新实践等"智能+"元素贯穿教师生涯发展,实现"智能+"元素的进阶式融入。

成果明晰了校企合作的规则秩序及权责边界,降低了校企数字化教学资源共享成本,校企合作遴选了体现模具产业发展前沿新技术、新工艺等优质资源和生产实际案例,创新了校企合作形式,实现了"智能+"元素的高效融入,形成了《工作本位学习视域下的职业教育师资发展》一文,发表于《教育发展研究》。

四、应用推广效果

(一)人才培养质量高,有力支撑区域模具产业发展

学生获省级及以上奖项107项(全国一等奖31项),获全国和省级技术能手、市级劳模等14人。培养模式在校内以"工程素养训练"形式推广,10年间16个专业1.8万余学生受益,师生获专利162项(学生21项),服务企业增效15亿元。

区域就业比例高,薪资远超省平均水平。2019—2021届制造类专业学生长三角地区就业率为98%,薪资超省平均10.5%,规上企业就业比例超33%;珠三角地区就业率为97%,薪资超省平均9.8%,规上企业就业比例超26%。

地方政府投入30.5亿元建设产业学院。成果探索实践10年,人才供不应求,新生入学即被定光。舜宇集团主动签订"双千战略",余姚投入30亿元建设占地800亩的模具产业学院。佛山职业技术学院全套引进成果并拓展,推动佛山投入5000万元建设3D打印产业学院。

(二)成果引领辐射作用强,标杆效应逐步显现

28项技术和教学标准引领专业发展。成果融入牵头研制的国家"高职模具设计与制造专业教学标准"等5项,引领全国500所高职模具专业发展,牵头参与修订专业相关国家技术标准4项、行业地方标准13项。全国率先使用瑞士GF智能制造创新实践基地,带动重庆科创职业学院等40余所院校实现数字化转型。

11个典型案例全国推广成效显著。教育部现代学徒制专委会等遴选成果相关11个典型案例在全国推广。《"跨学期、递进式"模具设计与制造综合实训》被中国模具工业协会发文推荐,在200余所院校产生良好示范效应。

教学资源辐射范围全国领先。千余所学校应用资源库,用户近15万人。模具数字化设计制造综合实训开课5期,选课4.9万人,浏览448万次,位居智慧职教平台同类第一。出版《压铸模具设计与制造》等国家规划和省重点教材9本。数字化教学载体14次融入教育部、人社部"技能大赛题库""模具设计师职业技能鉴定题库",辐射全国高职院校。教师获批国家级职业教育教师教学创新团队,获全国高职院校教师教学能力比赛一等奖、全国第七届黄炎培职业教育杰出教师奖2项。《注塑模具CAD/CAE/CAM综合实训》获首届全国教材建设奖一等奖(模具类唯一),获批国家级职业教育专业教学资源库3个。

(三)国内国外影响力大,高品质铸就良好口碑

成果在全国性会议上报告30余次,影响深远。在全国模具专指委、中国模具工业协会年会等30余场全国性会议上分享经验,全国"模具精密制造技术线上分享高峰会"受众达5万余人。

成果广泛输出,助力"一带一路"建设。为商务部"中国职业技术教育援外培训基地",62个国家教育界和产业界人士推介案例成果,6本教材被肯尼亚职业院校采用,教学和课程标准输出到贝宁、老挝等7个共建"一带一路"国家。

教研成果丰硕,社会广泛关注。相关成果在《教育发展研究》《中国高教研究》等核心期刊发表论文96篇,国家一级出版社出版专著2本。立项省级及以上教改课题11项。成果被《人民日报》、中国教育电视台等国家级媒体报道40余次。

分类育训、多元共培、研讨生成的中职名师数字化培养创新与实践

成果完成单位：浙江工业大学、浙江省职业教育师资培训中心、浙江省教育技术中心

成果完成人：吴向明、陈衍、邱飞岳、李浩君、王会军、王万良、姚琳琳、徐刘杰、刘晓、袁霄、景玉慧、乞佳、王永固、丁继红

执笔人：李浩君

一、成果的培育背景

党的十八大以来，党中央、国务院高度重视职业教育，出台了《国家职业教育改革实施方案》《深化新时代职业教育"双师型"教师队伍建设改革实施方案》《教育部财政部关于实施职业院校教师素质提高计划（2017—2020 年）的意见》《关于推动现代职业教育高质量发展的意见》《职业教育法》等系列重要文件与法律，职业教育改革与发展进入了新阶段。教师是立教之本、兴教之源，高素质的中职名师是职业学校发展的核心资源，也是建设中国特色现代职业教育体系的关键基础力量。面对新兴产业和先进制造业对高素质技术技能人才、能工巧匠、大国工匠的迫切需求，对照新时代国家职业教育改革的新要求，提升现代职业教育质量，建设高水平职业院校对职校名师提出了"德""质""量"3 个层面的新要求。如何发挥数字技术服务优势，加快"分级打造师德高尚、技艺精湛、育人水平高超的教学名师""打造一批职业教育领军人才和顶尖团队"，突出"双师型"教师个体成长和"双师型"教学团队建设，已成为推动职业教育提质培优、增值赋能的重要保证。

二、成果的形成过程

为了切实有效解决职业教育数字化转型背景下高素质、高水平"中职名师"培养的难题，成果完成单位依托全国重点建设职教师资培训基地、职业学校在职教师攻读

硕士学位点、教育部财政部中等职业学校教师素质提高计划项目,2014 年以教育部卓越教师培养计划改革项目"教育信息化背景下'理实交替式'卓越中等职业学校教师培养探索与实践"为基础,先后主持 5 届"浙派"中职名校长培养工程项目、4 届"浙派"中职名师培养工程项目、9 项浙江省教师教育创新实验区建设项目与 2 个国家级职业教育教师教学创新团队培训项目,经过不断改革创新,2017 年形成了系统的《"理实交替式"卓越中等职业学校教师培养方案》。

成果坚持 OBE 理念,以问题为引导、以结果为导向,注重过程性评价,聚焦中职名师培养中存在的共性培养与教师个性发展需求脱节问题,名师高素质需求与多元主体协同培养短板问题,名师个体成长与团队建设融合不足问题,以高素质"中职名师"培养目标为导向,通过"中职名师需求调研—创新名师培养模式—制订名师培养方案—建立协同培养机制—搭建名师育人平台—开发数字培养资源—形成名师培养体系—实践成果推广应用"的实施路径,推进"中职名师"培养体系的创新(见图 1)。

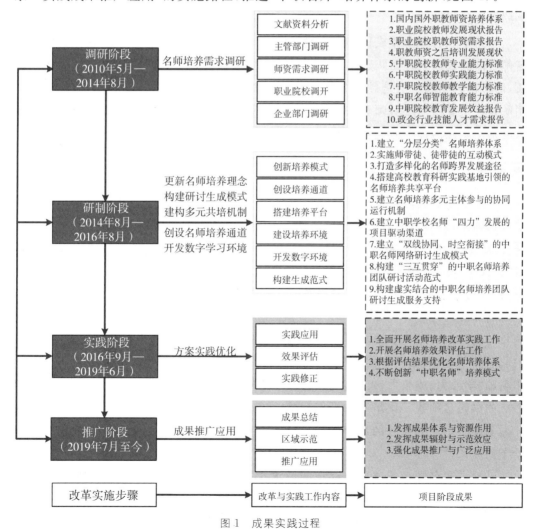

图 1　成果实践过程

三、成果针对的教学问题

一是中职名师共性培养与个性发展需求脱节的问题。我国修订完善中等职业学校教师职业标准，逐步建立各类课程的教师职业标准体系，研制新时代职业院校"双师型"教师标准。这些标准对中职名师有了共性的高要求，而目前中职教师的发展水平难以达到新标准要求。由于学校发展特色、学生成长多样性、地区生态多样性、经济发展多样性等现实情况要求教师要适应学校、学生、地区经济和社会发展的需要，教师的个性化发展的需求与中职名师的共性高标准发展要求发生了脱节。

二是中职名师多元主体协同培养短板的问题。中职学校教师能力素养发展水平参差不齐，中职师资队伍建设不平衡不充分的状况十分明显，使职业教育的充分发展受到极大影响。主要原因之一是中职名师高素质需求无法得到满足，中职名师培训体系不健全、培养模式落后，亟须建立健全多元主体协同培养体系，探索多主体跨界协同育人路径。

三是中职名师个体成长与团队建设融合不足的问题。中职名师培养主要体现在名师个体成长和名师团队建设两方面，个体成长助力团队建设，团队建设带动个体成长，两者相辅相成。但是目前中职名师个体成长与团队建设脱节现象比较严重，名师团队建设主要由高级名师牵头，普通教师边缘化参与，无法融入名师团队建设中，导致名师团队在名师个体成长中无法发挥实效。

四、探索形成的模式方法

成果以培养同时具备理论教学和实践教学能力的高素质专业化创新型中等职业学校名师为目标，遵循名师成长发展规律，在全国率先建立名师培养数字技术服务体系，融合数字化平台、数字化工具、数字化资源、数字化评价于中职名师培养的各环节，创设了"分层分类、一师一导、多维途径"中职名师多样化培养通道，实现中职名师由"共性培养"与"个性发展"需求相结合；建立了"中心引领、多方参与、项目驱动"的中职名师协同化培养环境，形成了中职名师政行企校多元主体协同共培与资源共享的长效机制；构建了"双线协同、三互贯通、虚实结合"中职名师研讨化生成模式，促进中职名师"个体成长"与"团队共生"相融合，持续提升适应职业教育数字化转型的中职名师"学习力、成长力、表达力、影响力"（见图2），形成了分类育训、多元共培、研讨生成的中职名师数字化培养的浙江模式。在实践过程中，中职师资培养工作得到时任国务院副总理孙春兰的肯定性批示，时任浙江省副省长成岳冲两次专程前来视察给予高度评价。

针对中职名师培养过程中存在的三大主要教学问题，该成果分别提出了相应的解决方法，具体如下。

（1）创设"分层分类、一师一导、多维途径"中职名师多样化培养通道，解决中职名师共性培养与个性发展需求脱节问题。

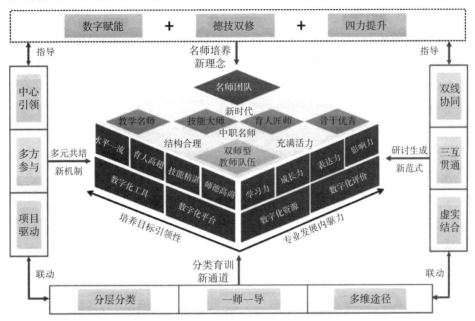

图2 "分类育训、多元共培、研讨生成"中职名师数字化培养模式

①构建"教学名师、技能大师、育人匠师"名师培养体系。基于教师知识、能力与素养结构,分别制订三类名师在线学习成长计划,实施"双师工程""教学能手工程"等18项,年均培养了包括全国教书育人楷模在内的省级及以上各类名师50人。

②实施师带徒、徒带徒的互动模式。采用传、帮、带等方式,在浙江省11个地市开展师徒结对活动,依托"之江汇"教育广场名师在线服务平台,实施"群结对"模式,形成师带徒、徒带徒的良性循环。

③提供多维度名师跨界发展途径。构建跨专业、跨学科、跨区域的名师工作室群68个,开展线上线下融合活动,年均研修活动达6000多次,提升名师学习力、成长力、表达力和影响力。

(2)建立"中心引领、多方参与、项目驱动"中职名师协同化培养环境,解决中职学校名师多元主体协同培养短板问题。

①搭建省级职教师资培训中心引领的名师培养共享平台。联合7个教育行政部门、5个行业协会、28家省级职教师资培训基地、10所高校,建立数字资源共享的浙江省职业教育发展协同创新联盟,指导46所中职学校组建省级名师网络工作室,授牌50家中职教师企业实践基地。

②建立名师培养多元主体参与的协同运行机制。组建中职名师培养政产教研联盟工作委员会,每年以1～2个"浙派名师名校长培养工程项目"为纽带,明确政府、学校与企业责权利,共商"理实交替式"培养方案,合作研发190本数字化培养教材,共建、共享34万个数字化教学资源。

③拓建中职学校名师"四力"发展的多层面教研训项目。采用数字化工具实现项目团队,推动400多位中职名师建设100多项中职教学改革项目、300多项实践实训项目、60多项科研项目。

(3)构建"双线协同、三互贯通、虚实结合"中职名师研讨化生成范式,解决中职学校名师个体成长与团队建设融合不足问题。主要从建立培养模式、构建研讨范式、提供服务支持三方面开展中职名师培养改革工作。

①构建线上线下跨时空互协的中职名师成长网络研讨教研模式。实施"线上+线下、课堂+平台、同步+异步"全方位培养,在线学员达2万余人,年在线直播活动1000余次。

②构建课程教学全过程互动的数字赋能中职名师培养团队示范模式。以数字化评价贯穿名师课程全过程,建立融"课前互助预习、课中互动交流、课后互评反思"的团队示范教研活动12项。

③构建虚实资源互补的中职名师数字化培养服务模式。建设机械工程教育等7个专业点服务资源、24个虚拟仿真实验室、54个省级中职名师网络工作室、432门在线课程。

五、成果的创新点

第一,提出了"数字赋能、德技双修、四力提升"的省域中职名师育人培养新理念,适应职业学校数字化转型名师培养时代要求。遵循职教师资培养内在规律,育训一体,将数字技术和教师核心竞争力融合于中职名师数字化培养各环节。构建智能化的教学环境、实效化的教学工具、多元化的教学活动和精准化的教学方式等数字技术赋能载体,创设多元互动的德技双修服务体系,以教师教育数字化转型提升中职名师"学习力、成长力、表达力、影响力"四阶能力,推动职业教育办学模式、教育形式、教学方式和人才培养的数字化转型,实现从大规模标准化培养向大规模个性化培养的跃升,培养具有数字化思维和能力的高素质人才。

第二,建立了政行企校"六方联动"与"活动并举"相结合的长效协同育人新机制,推动社会资源优势转化为名师数字化培养优势。构建教育行政部门、省级职业教育师资培训中心、省级教育技术中心、行业协会、企业单位、职教师资培训基地类高等院校与中职学校"六方联动"的名师数字化协同育人环境,以中心为引领,以项目为驱动,以数字化服务为保障,设计了"项目实施、平台实训、游学研讨、数字服务"多元化项目活动,激活名师协同培养各方活力,建立利益共享、多方共赢、数字赋能的政行企校多方协同长效机制。

第三,探索数字化技术支持下中职名师培养研讨生成新范式,创建跨时空全方位中职名师数字化培养方式。构建"线上+线下、自主+合作"的两栖混合联动数字化研讨模式,搭建"课前互助预习、课中互动交流、课后互评反思"跨时空全程参与的培养方式,利用网络教学平台优化课程教学服务,实现了数字技术支持下的"双线协同、三互贯通、虚实结合"的中职名师研讨生成新范式。

六、成果的推广应用效果

中职名师培养成效显著,引领力强。2017 年以来,培养了浙江省 236 所中职学校信息、机械、电子、旅游等 12 个大类省级及以上各类名师 468 名,名师取得各级各类荣誉达 1400 余项,教学获奖 914 项,教科研获奖 847 项,发展骨干教师 5320 余人,辐射带动中职教师 2 万余人;晋升为正高级职称名师 38 人,获黄炎培职业教育杰出教师奖 32 人,新增浙江省特级教师荣誉名师 58 人,获省级杰出教师奖、省级教坛新秀名师 45 人,获国家级荣誉称号名师 12 人,获得浙江省春蚕奖、市级拔尖人才、教学名师等 126 位。"双师型"教师数量从 2014 年的 72.3% 增加到 2020 年的 85.8%,高于全国"双师型"教师比例近 50 个百分点。

中职名师培养模式可操作性强,资源建设丰硕,受益面广。建成 5 门国家一流课程、6 门省级一流课程、1 个省级职业教育协同创新联盟,发表核心期刊教研论文 28 篇,出版教材 20 本,其中《人工智能导论(第 5 版)》获全国优秀教材二等奖。《人工智能时代移动学习服务》获 2021 年浙江省第二十一届哲学社会科学优秀成果奖一等奖。出版国内首部区域职业教育信息化研究报告《浙江省中等职业教育信息化研究报告》。2017 年以来,培养名师出版教材 178 本,获建中职省级精品课程 55 门;指导职业学校名师建设专业素材等各类数字化资源 332929 个、专业网络同步课程 202 门,名师在线课堂 147149 节,建设职教领域信息化教学应用特色案例 500 多个,职教特色空间获奖 50 个。

七、对相应领域教学工作的体会感悟

(一)以服务于国家职业教育师资队伍建设需求为目标,提高职业教育教师质量

该项教学成果以培养高素质、专业化、创新型中职名师为目标,反映了国家职业教育师资建设需求的迫切性。作为教育研究者,应深切认识到教师在职业教育中的重要性,并理解国家、地区和学校对于培养具备理论教学和实践教学能力的高素质中职名师的需求。这项成果的主要内容体现了对中职名师培养的全方位关注,从而服务于国家职业教育体系的建设。

(二)探索数字化转型时期名师培育工作的创新方法,用数字化技术赋能教师培养是对数字化转型的响应

当前,数字化技术正快速推动教育领域的转型。该项教学成果率先建立中职名师培养的数字技术服务体系,将数字化平台、数字化工具、数字化资源、数字化评价等融入中职名师培养的各个环节。这一探索充分利用数字化技术的优势,加强了教师培训的实效性和引导性,提高了教学质量和效果。数字化技术不仅为教师提供了更

多教学资源和工具,也为教师的个性化发展提供了更多可能。教育研究者应不断关注数字化技术发展趋势,探索更多数字化技术在教师培训中的应用,提升教师培养工作的适应性和教师培养培训成果的可持续性。

(三)充分调动各方力量参与职业教师名师培育活动,多方协同开展教育研究和教育工作

本项成果在中职名师培养活动中充分调动了各方力量的参与,建立起中职名师协同化培养环境,促进教师的个体成长和团队共生。这种多方力量的协同参与有助于激发教师的创新能力和专业发展,形成政府、行业、企业、学校多元主体协同共培和资源共享的长效机制。教育研究者应当积极参与和引领这样的协同活动,进行教育研究和教育工作。在此过程中,教育研究者可以发挥自己的专业优势,与各方合作,在教师培养领域进行深入研究和实践应用,为实现职业教育的数字化转型提供更全面和深入的支持。

八、深入推进的工作建议

(一)形成一个可操作的、可推广的中职名师数字化培养的应用模式,从应用需求给出具有可操作性的成果应用模式

深入研究中职名师数字化培养的具体需求,包括理论教学和实践教学能力的培养需求,为此可以开展问卷调查、座谈会等形式,广泛征集教师的意见和建议。

分析已有的数字技术和教育资源,针对中职名师的培养需求,提出相应的数字化培养模式,并通过案例分析、实际操作等方式,具体阐述每个环节的操作指南。

在实施过程中,组织培训和交流活动,将该应用模式与各地的教师培训机构、学科教研组等相关人员分享,征求他们的意见和建议,以不断完善和优化该模式。

(二)创设丰富的、多元化的信息技术服务名师培育的智慧环境,提升中职名师数字化培养的效率

探索和引入更多信息技术工具,如在线教育平台、虚拟实验室、在线学习社区等,提供多样化在线培训、资源共享和教学互动的机会,提高名师培养的效果和效率。

建立一个数字化教师发展档案系统,记录教师的培训情况和成果,同时为教师提供个性化学习计划和学习资源推荐,以提升教师个性化学习效果。

加强面向教师的信息素养、人工智能素养、创新素养等能力素养的培训,提高教师操作和应用新技术工具的能力,同时积极鼓励教师创新实践,采用新的教学方法和工具,提高中职名师在数字化环境下的教学能力。

(三)多途径、多方式宣传推广教育成果,扩大成果应用的范围,培育更多的职教名师

利用互联网平台和社交媒体,发布宣传资料、学术论文等,吸引更多教育从业者和研究者了解和关注该成果奖的内容和应用模式。利用各类教育研讨会、研讨会、学术会议等平台,介绍该成果奖的背景、目标和成果,分享实施过程中的经验和教训。

与其他地区、学校、研究机构等建立合作关系,开展项目合作和经验交流,帮助其他地区、学校应用该模式进行名师培养,扩大成果应用的范围。

建议教育部门设立政策支持和奖励机制,加大力度推广该模式,并开展培训活动,帮助更多的教师获得数字化培养的机会和资源。

专创融合破题 四方联动育人:中职创新创业教育体系建设的区域探索与实践

成果完成单位:浙江省教育科学研究院、浙江省教育厅职成教教研室

成果完成人:程江平、麻来军、庄曼丽、方展画、庞志康、杨雪临

执笔人:麻来军

一、成果背景与问题

(一)成果背景

立德树人,更新育人模式,培养高素质创新性技术技能是时代赋予中等职业教育的使命。本成果扎根浙江创新创业的沃土,基于浙江深厚的创新创业氛围和良好的创新创业生态环境,开展创新创业教育探索与实践。

1.落实国家和区域关于创新性人才培养的要求

浙江省是创新创业的沃土,拥有浓厚的创新创业氛围和良好的创新创业生态环境。2007年,浙江省委提出"创业富民、创新强省"总战略,要求形成全面创业和全面创新的生动局面。2014年,李克强总理提出"大众创业,万众创新"。

2.适应经济社会发展对技术技能人才的新要求

在技术不断更新、经济结构转型升级的大背景下,要求中等职业教育由中等技能人才的供给者向创新型技术技能人才的培养者转变。浙江省中小微企业众多,是浙江民营经济的特色和活力所在。在经济结构转型升级的大背景下,浙江省中小微企业处于快速发展的关键期,企业对一线员工"五小"(小发明、小创造、小革新、小设计、小建议)素质越来越重视,亟须一批具备工艺革新能力和技术改进能力的创新人才。

3.满足中职生全面发展和终身发展的新期许

随着社会经济水平的发展,人们对职业教育的期许也越来越高。中职学生不再满足于掌握一技之长,希望获得更多发展的可能性。中等职业教育在职业教育体系

中的基础性地位得到明确，中等职业教育功能定位也由操作型技能人才的供给者向创新型技术技能人才的培养者转变。

（二）成果主要解决的教学问题

本成果针对当时中职学校创新创业教育小众化、社团化和片面追求物化成果的现象，主要解决以下问题。

1. 中职创新创业教育目标"功利化"

将少数学生竞赛获奖、专利获得等个别成就和创业结果视为最终目标。中职创新创业教育目的在于激发中职学生内在潜能，培养学生核心素养，使每个中职学生的智力、体力都得到充分、自由和全方位的发展。但中职学校存在将少数学生的外在成就和创业结果视为最终目标，偏离了创新创业教育对学生个性发展、促进育人模式转换等本源性功能。

2. 中职创新创业教育体系"割裂化"

创新创业教育与专业学习相分离，创新创业教育和企业实际问题解决相脱离。由于理念偏差，又缺乏顶层设计和系统推进机制，中职创新创业教育存在创新创业普及教育和学生个性培养不衔接、创新创业教育与专业学习相分离，创新创业教育和企业实际问题解决相脱节。

3. 中职创新创业教育实施"浅表化"

创新创业教育常局限在课堂上、书本中，停留在浅层活动上。中职创新创业教育实施"浅表化"问题与目标"功利化"问题相伴而生，突出表现为创新创业教育与专业教学不相融，与中职的创新型技术技能人才培养目标脱钩，创新创业课程教学止步于向学生传授具体的创新创业知识，局限在学校内和课堂中，停留在"办比赛、添设备、开创业街"等浅表化活动中。

（三）成果历程

本成果经过 4 个阶段的发展历程（见图 1）：第一，基于活动的匠星培育探索阶段（2008—2010 年），以小发明、贸易节、竞赛周为代表，关注优秀学生创新创业结果。第二，基于标准的培养体系完善阶段（2010—2014 年），以创新创业课程标准开发、课程开设、教研活动开展为特征，关注学生创新创业能力的系统化培养。第三，基于融合的人才质量提升阶段（2014—2017 年），紧扣职业教育产教融合类型特征，强化中职学生创新性素养发展与中小微企业问题解决的融合，有效提升创新型技术技能人才培养质量。第四，实践检验推广阶段（2017 年至今），全省域实践推广"专创融合破题　四方联动育人"中职创新创业教育体系，成果实践取得了重大成效，获 2021 年浙江省教学成果奖特等奖。

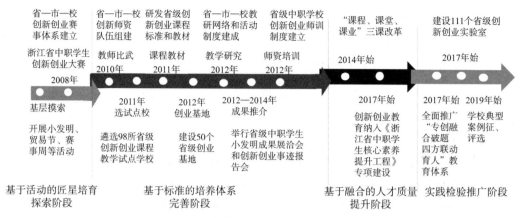

图1　育人导向的中职创新创业教育发展历程

二、主要做法与经验成果

（一）主要做法

面向全体学生，健全分类课程体系，创建"专创融合破题"路径，构建政、研、企、校协作体系，培养创新性技术技能人才。

1. 确立育人导向目标

确立创新性技术技能人才培养为中职创新创业教育目标，以学生创新创业素养培养和学生个性发展为价值旨归，助力学生生涯发展，转换中等职业教育育人模式。

2. 实施分类培养原则

面向所有学生，尊重学生的差异性和多样性，根据学生不同发展需求，构建"通识课程、专创融合课程和活动拓展课程"的"普及必修＋提升选修"课程体系，推行创新创业教育全面融入人才培养方案和教学全过程。

3. 创建"领题破题"路径

创建"企业出题、学校选题、教师析题、学生破题"的专创融合新路径，将企业生产过程中的技术问题和工艺难题引入学校创新创业教育，学生运用专业知识技能解决职场问题，实施具有职教特色的创新创业教育新路径。

4. 建立四方联动保障

政—研—企—校四方合力，建立行政推动、科研引领、企业参与、学校主体实践，省—市—校三级联动的运行机制，保障中职创新创业教育体系建成和顺利实施。

（二）经验成果

1. 坚持育人导向和服务发展，建成了全覆盖的个性化、适应性强的中职创新创业教育体系

坚持中职创新创业教育回归育人本源功能，满足不同学生发展需求，在全省域构建并实践以创新型技术技能人才培养为目标，具有职教特色的"覆盖所有中职学校、面向全体学生、分类培养、专创融合"的中职创新创业教育体系(见图2)。课程体系：研制了省级中职创新创业课程标准，开发了省级创新创业教育教材，建立了"通识课程、专创融合课程和活动拓展课程"课程体系。活动体系：以省中职创新创业大赛为引领，建成了校校有赛、市市选拔、省级大赛的赛事体系；建立"省—市"两级中职学校师生创新创业作品展示体系；建成省级中职创新创业作品和成果转让平台。组织体系：在省级层面成立创新创业教育教研大组，并指导各地市和学校组建创新创业教研组织，建成了省—市—校三级中职创新创业教育网络组织。教研体系：开展省级师资培训和专题教研常态化活动，建立了中职创新创业教育的教学研究和培训体系。保障制度：出台了省中职创新创业教育实施系列制度，引导各中职学校研制、实施企业创业导师"上岸"和创新创业教师"下海"的激励制度。场所体系：建设了98所省级创新创业教育试点校、扶持建成了111个中职学生创业实验室和50个中职学生创业基地。评价体系：在省域实施中职生核心素养提升工程，推行创新创业"典型案例＋学生创新素养表现"的质性评价。

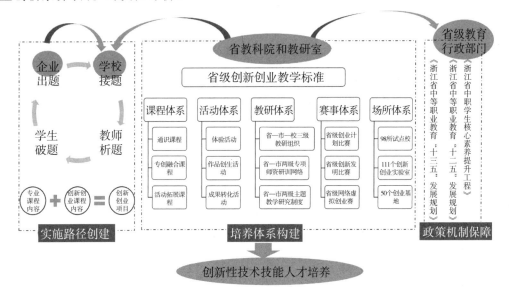

图2　育人导向的中职创新创业教育体系

2.坚持实战驱动和知行合一，建成了职教特色的"领题破题"的中职创新创业运行机制

坚持双创实战引领，强化知行合一，政—研—企—校四方合力，省—市—校三级联动，建成了产教互动、专创融合、科研与实践互进的中职创新创业教育的育人机制。按不同学生发展需求，构建"通识课程、专创融合课程和活动拓展课程"的"普及必修＋提升选修"课程体系，以个性化创新创业教育满足不同专业学生需求，推动创新创业教育精准化、系统化融入人才培养方案，全方位、全过程实施创新创业教育，转变中职育人模式。施行"企业出题、学校选题、教师析题、学生破题"的教学运行机制(见图

3),构建职教特色创新创业教育实施新路径。利用职教集团和信息平台征集企业技术难题和生产瓶颈。中职学校根据专业优势、师资力量和设备设施选定课题,组成创新创业项目攻坚组。教师结合专业,依托真实问题和案例开发课程资源,以项目为载体指导实施创新创业攻关活动。学生激发创新创业兴趣和能力,用专业知识和技能解决企业真实问题。企业评估破题成果应用成效,验收后转换为生产力。

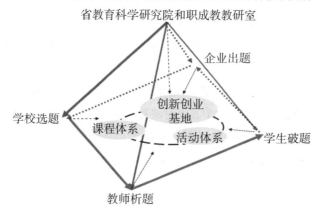

图3 育人导向的创新创业教育运行机制

3. 坚持四方联动和产教融合,建成了"政策—研究—项目—教育"资源全方位融通的中职创新创业教育支撑体系

在坚持服务发展和统筹协调的原则上,整体设计和分工协作,建成了行政推动、科研引领、企业指导、学校实践创新的省域创新创业教育推进路径与支撑体系。政:将双创课程列为必修课,发文设立省级试点校、创新创业基地及创新创业比赛等,提供政策、经费保障。研:省教科院研制课程标准,开发课程资源,建立省市中职创新创业教研网络,培育专业化师资队伍,推进"多彩课堂"教学革命。企:提供创新创业项目、设备设施和技术人员,协助学校师生创新攻关。校:设立创新创业综合实训室、金点子活动、成长导师,激发学生创新创业热情,结合创新创业知识技能与专业学习,协作解决企业生产和职场中的实际问题。

三、成果的主要创新

(一)开启"双创教育引领中职全方位育人变革"的理论研究

本成果的核心是育人导向,以培养创新性技术技能人才为中职创新创业教育价值旨归。(1)中职创新创业是普及性教育,是融入各学科的全方位教育,是融进各环节的全过程教育,既要面向全体学生,又要满足不同类型学生的发展需求。(2)中职创新创业要以问题为导向、专创融合、项目驱动,用专业知识和技能解决职场问题。(3)以创新创业教育撬动育人模式变革。构建开放校园文化和民主型课堂,以项目化教学变革知识灌输式教学,以综合实践活动变革分科教学,注重项目实践,推进质性评价,变革传统知识灌输式、技能操练型职业教育模式,使中职学校走出了将少量学生竞赛获奖、专利申请、低层次创业等外在成就和创业结果视为创新创业教育最终目标的误区。

(二)建立省域中职创新创业教育主动迭代的运行机制

本成果基于实践导向，建立由研训机制、评选机制、成果转让机制等组成的省域中职创新创业教育运行机制。(1)在全国率先成立省级中职创新创业教育教研大组，每年举办中职创新创业师资培训、教师创新大赛和优秀教学设计评选，并指导各地市组建教研组织，建成了常态化的省—市—校三级中职创新创业教育研训机制。(2)每年举办省级中职学校创新创业大赛，推动建成了校校有赛、市市选拔、省级大赛的中职创新创业比赛机制。(3)开展"职教之星"的评选活动、举办优秀中职学生创新事迹报告和中职创新创业基地评审等评选机制。(4)省级层面组织中职学生创新创业优秀成果展洽会等成果转让机制，促成了中职创新创业教育良好生态系统的形成，扭转了中职学校创新创业普及教育和学生个性培养不匹配、创新创业教育与专业学习相分离，创新创业教育和企业实际问题解决相脱节的局面。

(三)形成中职类型特色的创新创业教育"做中学、做中创"新路径新方法

本成果强调职业教育类型特色，形成中职创新创业教育专创融合的适切方法——"企业出题、学校选题、教师析题、学生破题"。(1)将企业生产过程中的技术问题和工艺难题引入学校创新创业教育，教师对问题和难题进行教学加工，学生运用创新创业思维、能力和专业所学解决职场问题，促成专业教学与创新创业教育融合常态化和机制化。(2)学生在真实问题解决、工艺改造中激发创新创业兴趣、学会大胆质疑和同伴合作、提升创新创业能力和品质。(3)校企共同技术攻关破解中小企业难题，中职学校在育人过程中获得社会认同，企业在创新创业教育中获得技术改进和工艺创新，实现转型发展、校企深度融合、生校企三方共赢。

四、成果推广应用效果

本成果被省教育厅采纳，列入省中等职业教育"十二五"和"十三五"规划建设专项，规定所有中职学校开设创新创业课，每年举办省级中职创新创业大赛，发布实施51个旨在培养创业性技能人才的中职专业教学标准，历年接受创新创业教育的学生比例均占85％以上，累计惠及300余万中职学生。研制的中职创新创业课程标准和教材在全国多个省市中职学校广泛使用，成果实践成效显著。

(一)中职师生创新力强，中职教育社会服务力高

1.中职生敢挑战、擅挑战、能应变

在共青团、教育部举办的"挑战杯"全国职业学校创新创效创业大赛中连续三届全部获奖，其中特等奖9项(全国共27项，占总数的33.3％)、一等奖20项、二等奖20项、三等奖10项，连续三届位列全国第一。

2. 小能手们给出大建议、好专利

据《浙江省中职毕业生发展状况报告（2016—2020）》，就业的中职毕业生 45.8％能提出生产技术、工艺流程改进建议，且 75％的建议被采纳。2015—2021 年，在统计的全省 85 所中职学生共获得专利授权 1625 项，获得直接收益近亿元，凸显中职学校促进区域经济社会发展的能力。

3. 中职教师创新发展动力强劲

2015—2021 年的全国职业院校教师教学能力大赛获一等奖数为 23 个，总获奖数为 92 个，一直位居全国前列（见表 1）。中职学校办学能力得到提升，创新创业试点校全部入选 2020 年省中职高水平学校建设单位或高水平专业建设项目学校。

表 1　浙江省中职教师参加全国职业院校教师能力大赛获奖统计表　　单位：个

项目	年度							
	2014	2015	2016	2017	2018	2019	2020	2021
国赛名额	13	14	20	26	19	12	15	16
奖牌数	1	9	16	19	17	11	14	15
金牌数	0	1	2	4	4	2	3	8

注：2017 年前为信息化大赛。

（二）中职人才培养质量优，中职学生适应能力强

在 2017—2021 年的全国职业院校技能大赛中获金牌 215 项，成绩一直位居全国前三（见表 2）。据 2021 届 83858 名浙江省中职毕业生的调查反馈，就业毕业生胜任工作占87.2％，升学毕业生分别有 88.7％和 92％表示适应高校的课程学习和校园生活。

表 2　浙江省中职学生参加全国职业院校学生职业能力大赛获奖统计表　　单位：个

等级	年度				
	2017	2018	2019	2020	2021
一等奖	63	57	67	11	17
二等奖	108	86	131	19	16
三等奖	51	51	55	6	4

注：2020 年开始赛项和赛制改革，赛项数和参赛人数减少。

（三）决策、学术、媒体及同行全方位影响大

1. 决策影响

本成果列入省中等职业教育"十二五"和"十三五"规划建设专项。成果得到教育部分管领导的高度肯定。

2. 学术影响

课题被列为"十三五"教育部重点立项课题，发表了《中职创新创业教育应回归育人本质》等学术论文 85 篇，其中多篇为核心期刊封面文章。其中《中国职业技术教育》2010 年第 34 期（共 10 页）和 2012 年第 10 期（共 21 页）、《职业技术教育》2012 年第 12 期（共 12 页）都以封面文章长篇全面解读浙江中职创新创业教育。

3. 媒体影响

《人民日报》、《中国教育报》、《中国青年报》、中国中央电视台等各类媒体报道百余次。其中，《中国教育报》以《打造省域中职创新创业"新赛道"》为题大版面报道，《浙江中职"创新教育"风生水起》被教育部网站全文转载，《浙江中职生创新作品解小微企业难题》被人民网全文转载。

4. 同行影响

成果多次在国内会议进行经验介绍，成果经验在东部发达省份和对口扶贫省份推广，100 多所省外学校前来交流取经。

高职商业类国际学生"双轮驱动、三元融合、多维交互"培养模式的创新与实践

成果完成单位：浙江商业职业技术学院、浙江省商业集团有限公司、浙江省商业经济学会

成果完成人：黄益琴、韩玲、张宝忠、李鑫、俞泷、邓大庆、邱红霞、陈春燕

一、本成果的背景与问题

高职院校国际学生教育是新时期我国职业教育的重要组成部分，也是我国教育对外开放的重要标杆。中国经济的高质量发展和丰富的职教资源吸引了越来越多的国际学生来华接受学历深造和技能培训。然而，高职院校国际学生教育职业特色缺失，教学标准建设尚未成体系，人才培养的应用性较弱，培养质量与职业教育国际化办学愿景仍存在差距。长期以来，高职商业类国际学生的培养存在以下问题。

国际教学标准建设不足：商业类专业资源重引进、轻本土化，国际教学标准建设不足。一方面引进的国际优质商业类教育资源在数量、种类、质量上存在不足；另一方面对引进资源的本土化改造不充分，未能形成具有中国特色的职教资源的输出。国际教学标准建设的不足是教育国际化的掣肘。

职业教育输出路径不畅：我国高职院校教育资源对外输出起步较晚。经过多年的发展，优质资源输出已具备了充分的条件和一定的可行性。但由于输出职业教育资源与目的国供需不匹配、适应性不强，同时受高职院校对我国职业教育标准建设研究不足、师资国际化程度不高等因素的制约，职业教育资源输出路径不畅，亟须多维探索打通堵点。

国际学生育人特色不强：在开展国际学生教育时，高职院校缺乏对不同国家教育体制、产业类别、"走出去"企业人才需求的调查研究，未关注商业类国际学生的特点和需求，人才培养的应用性较弱，未能充分发挥职业教育的本质特色，也没有形成具有竞争优势的培养模式，无法体现职业教育人才培养的适切性。

文化与职业技能融通不深：作为双文化主体的国际学生文化与职业技能融通能力不强，或重技能训练而轻文化融入，或囿于其母语文化而忽视多元文化的理解。文化与职业技能融通不深制约着人类命运共同体背景下国际学生的跨文化理解力和文化传播力。

二、本成果的主要做法

本成果团队贯彻国家"推动职业教育走出去"要求，针对高职教育商业类国际教学标准建设不足、职业教育输出路径不畅、国际学生育人特色不强、文化与职业技能融通不深等问题，立足学校商科特色，依托省示范校和首批国家现代学徒制试点项目等平台，通过引进与输出"双轮驱动"厘定商科专业国际教学标准，以"职业＋中文＋商文化"三元融合制订商业类国际学生培养方案，搭建"多维交互"文化育人平台，形成了"以专业与文化融合育人为主线、中文国际教育和职业技能提升为支撑"的商业类国际学生培养模式（见图1）。2012年以来，本成果历经学习借鉴、实践探索和质量提升3个阶段的发展。2016年9月开始系统化实践，在服务国家教育国际化战略、培养高素质商业类国际化技术技能人才等方面取得了重大成效。学校连续三年获评高等职业院校国际影响力50强（全国仅22所）。

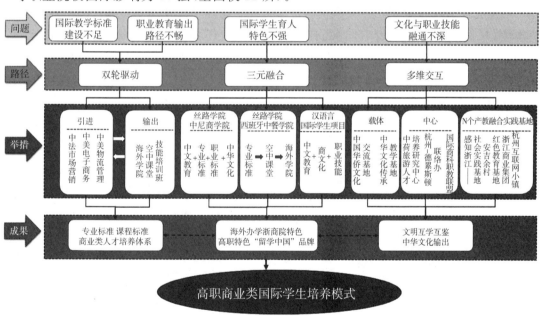

图1　高职商业类国际学生培养模式

（一）针对商业类资源重引进、轻本土化，国际教学标准建设不足的问题，通过引进优质资源的本土化，制定国际认可的教学标准

与美国、法国等国家开展中美电子商务、物流管理，中法市场营销等商业类专业合作办学项目，形成了多国别、多专业、多模式的特色办学体系。项目以"量表、过程、业绩"相结合的"三测评"考核机制,形成了"RIPE"(racing 实战化、international 国际化、professional 职业化、enterprising 企业化)四维联动的商科人才培养课程体系,通过引进借鉴—创新改造—标准对接—输出中国标准,制定国际认可的专业标准和课程标准。以人才链和产业链有机衔接为基础,推进专业标准与国际商务岗位对接,建成国际通用专业标准 6 个,课程标准 17 个,以及全外语、双语课程 137 门,双语教材 28 本,线上多语种课程资源 3 万余个。

(二)针对职业教育教学资源输出难、走出去路径不畅的问题,依托华侨资源,彰显海外办学浙商院特色

以海外华侨和商会为桥梁,精研目的国需求并合作创建海外学院、技能培训等商务人才培养基地,中尼商学院、西班牙中餐学院入选浙江省首批"一带一路"丝路学院,创新了职业教育输出路径,提升了职业教育的适应性。利用智能技术打造线上商科职业教育资源库、"商业技能＋文化"空中课堂、多语种数字教材,构建了"一库、二维、多语种"的商科资源输出平台,开展商务素养提升培训 26 期,培养专业强、技能精、文化通的国际化商务本土人才 4000 余名。

(三)针对高职国际学生育人特色不强的问题,实施校企双主体育人,创新"五双六融合"协同育人机制

依托商科职教集团,与 87 家企业合作开展了国际学生顶岗实习和社会实践活动,构建"专业共建、人才共育、过程共管、成果共享、责任共担"的校企协同育人"命运共同体",创新了从课内到课外、校内到校外,多位一体、内外联动的"五双六融合"协同育人机制(见图 2)。通过实施"双课程、双阶段、双环境、双文化、双导师"深化"课程、校企、理实、评价、文化、师资"六融合,提升了国际学生的职业能力、汉语能力、跨文化理解能力等国际商务综合能力,培养了 428 位荷兰、尼泊尔等国家商业类技术技能人才,形成了有效的校企协同育人的国际学生育人特色。

图 2 "五双六融合"协同育人机制

（四）针对人才培养文化与职业技能融通不深的问题，搭建"多维交互"文化育人平台，实现文化互学互鉴

以浙江省商业经济学会、华侨文化交流基地、国际文化节、非遗文化传承教学基地等为载体，搭建"多维交互"文化育人平台，营造浸润式文化学习氛围，输出以"诚信商文化"为核心的中华优秀传统文化，提高了国际人才培养文化与职业技能的融通成效，提升了国际学生的跨文化理解力和文化传播力。"商文化"育人品牌得到广泛认可，学校被推荐为全国商业文化传承与创新委员会主任单位。"浙商文化"入选教育部课程思政示范课程，"商文化"育人成果获 2021 年浙江省职业教育教学成果一等奖。

三、经验成果

本成果所实践的国际学生培养模式在理念、标准、体系、效果等方面都走在了国际化办学的前列，为世界职业类商科国际化人才培养提供了极具推广价值的典型经验，在国内外众多高校中取得了较好的应用效果。

（一）国际化育人成效显著

学校共计培养长短期国际学生 4000 余名，涌现出一批高素质国际商务人才和中外文化交流使者，获电子商务等技能类奖项 11 项、华东区太极拳二等奖 1 项，"寻汉语魅力 做国际主播"获省教学能力比赛一等奖，"走出非洲、为浙而来""尼的杭州故事"等短视频获奖并在 26 家海内外平台互动展播。国际学生教育助力国际化校园氛围的营造，推进了中外学生国际理解教育，提升了学生的多元文化理解力和跨文化沟通力。2012 年以来，中外学生在外语类、商科类国际、国内赛项中获省级以上 1083 个奖项。国际文化节连续举办 14 年，惠及中外师生超 10 万人次。

（二）教师国际素养明显提高

学校构建了一支具有国际素养、通晓国际规则、精通国际教育方式、具有多元文化理解力和中华文化传播力的国际化师资队伍，显著提升了学校国际化教学水平及国际影响力。10 年来，超 2000 人次教师参加了境外专业师资队伍长短期培训项目和国际学术会议，近 5 年在国际核心期刊发表论文 78 篇。2019 年，学校专业教师走进耶鲁大学、哈佛大学等五所名校，以中华美食为媒介向 2200 位世界名校师生展示中华民族文化的传承和商文化的发展（见图 3）。

图3　学校专业教师"以食为媒"宣传中国文化

(三)学校办学水平全面提升

通过培养商业类国际学生,增强了开放办学和人才培养的国际竞争力,促进了学校办学综合实力的全面提升,学校办学质量获社会广泛认可。学校以教育国际化助推内涵发展,实现了办学理念国际化、专业课程国际化、师资队伍国际化、学生培养国际化、社会服务国际化、标准体系国际化,成功入选国家优质专科高等职业院校和中国特色高水平专业群建设单位。学校现为中国商业经济学会职业教育分会、浙江省商业经济学会、浙江省商业教育研究会会长单位,全国商业文化传承与创新委员会主任单位。

(四)教学改革与建设成果丰硕

学校打造了国家级教学名师团队1个、国家级教师教学创新团队1个、省教师教学创新团队1个、省级课程思政示范课程基层教学组织2个、省级国际学生国情教育名师工作室1个,获国家级教学成果奖二等奖1项、省级黄炎培职业教育杰出校长奖1名、省侨务工作成绩突出个人1名、省级教学能力大赛一等奖4项、省级教学成果一等奖2项。成果团队在核心期刊发表相关研究论文44篇;出版《中华商文化》《中华商文化传承与创新》等专著和教材9本,被40多个高校选用。学校建设全外语、双语课程137门,双语教材28本,制订双语专业教学标准6项、课程标准17项。

四、本成果的创新与特点

(一)创新培养模式

在我国深化高等教育国际化之际,成果团队对学校开放办学理念进行深层次的理性思考,立足学校百年商科积淀,充分发挥职业院校办学特色,聚焦商业类国际化技术技能人才培养,系统创建了商业类国际学生"双轮驱动、三元融合、多维交互"人才培养新模式,从专业、技能、文化3个维度全过程持续提升国际学生培养质量,培养了大批既符合各国经济发展需求,又符合国际学生职业发展规划的懂专业、会技术、通文化的复合型人才,实现了教育供给与经济社会需求的有效对接,为中国特色职业教育国际化提供了理论支撑,为世界职业类商科国际化人才培养提供了极具推广价值的典型经验。

(二)创新协同育人

成果团队秉承"协同创新、合作共赢"的理念,广泛联系各行业、企业及其他职业院校,建设国际学生教育共同体,深化校企协同治理下的国际化育人机制。利用省商业经济学会、省商业职教集团等行业资源在国际学生中推进"五双六融合"育人模式,强化产教深度融合,凸显高职校企协同育人特色。一方面学生通过真岗实练深入参与中国企业的生产过程和工作流程,提升了专业技术技能水平和职业素养,为未来服务本国产业发展奠定良好基础;另一方面又形成了国际学生的课程思政教学路径,助力培养了解中国、认同中华文化,职业技能优秀、素质过硬的中华文化传播者和中国故事讲述者,对共建人类命运共同体具有积极的推动作用。"五双六融合"充分体现了高职教育产教融合、工学结合的特色,成功打造高职特色"留学中国"品牌。

(三)创新实践路径

成果团队利用关键事件有效推进中国价值的国际传播,强化国际文化育人平台建设,提升中华文化国际影响力。团队搭建了基于"中华文化引领—众载体协同—融平台互动—多基地共建"的多维交互文化育人平台,在国际学生中厚植文化根基,构建国际学生立德树人的良性机制。利用关键事件讲好中国故事,组织国际学生参与"同走共富路""诗画浙江"等感知浙江大型活动,让国际学生全面、立体感知真实的中国,提升他们对中华文化的认同感。特别是在新冠疫情期间,学校组织国际学生到中国企业参与复工复产,以观察者、体验者的他者视角讲述中国在抗"疫"之战中为推动构建人类命运共同体的大国使命担当和中国特色社会主义的制度优势,推进中华文化的世界传播,不断提高我国文化软实力和国际影响力。

五、本成果的应用推广效果

(一)教育教学领域

团队以"新商科人才培养理论、高职教育国际化、来华留学教育提质增效、跨文化能力提升"为主题完成"'一带一路'背景下商务人才跨文化话语策略能力培养研究""基于信息技术融合的来华留学生中华文化认同构建""高职教育国际化办学的实践和探索"等相关课题研究100余项,其中省部级课题23项;在《中国高教研究》《中国教育报》《中国出版》等国内外学术期刊和报纸上发表成果相关学术论文44篇,公开出版《中华商文化传承与创新》《美食中国》等专著和教材9本,被40多个高校选用。在各级各类会议、论坛交流46次,惠及学校及单位1000余所。三届"新商科"职业教育国际论坛上关于本成果实践经验的专题讲座得到国内外专家的高度评价,来自全国各地的 300 多家院校来学校交流学习国际学生人才培养模式,社会影响深远。"五双六融合"入选"2019 年中国高等职业教育质量年度报告"案例。成果形成线上教学资源 3 万多个,国际化育人案例 13 个。中尼商学院拓展 5 个尼泊尔合作单位。与 15 所中职学校开展国际化帮扶结对活动。获批教育部"中文＋职业技能"汉语桥项目 8 项,获资助经费 248.6 万元。

(二)社会媒体领域

相关成果在《人民日报》、《中国教育报》、《西班牙联合时报》、中国高职高专教育网等海内外主流媒体报道、网站报道 72 次,产生了积极的示范和辐射作用。海外华侨技能培训项目共计培养来自 85 个国家和地区的 1000 余名学员,惠及海外商会会员单位 1 万余家,该项目获省级领导批示。国际学生社会实践项目"走出非洲、为浙而来""尼的杭州故事"等短视频对成果实践内容进行视频展示,获多个奖项并在新华网、葡萄牙伊比利亚传媒等 26 家海内外平台互动展播,得到国际社会的广泛认可。与 87 家企业合作开展国际学生社会实践,增进了国际学生对中国历史、中华文化、中国道路、中国制度的感知和理解,同时有效提升了企业国际化水平。

双场并进　四化贯通：
高职跨境电商实务课程改革与实践

成果完成单位：浙江金融职业学院、阿里巴巴教育科技有限公司、杭州跨境电子商务协会、杭州领聚创海信息咨询有限公司、北京智欣联创科技有限公司、杭州楚沩教育科技有限公司、杭州司腾网络技术有限公司

成果完成人：肖旭、王琼、韦昌鑫、李姿、王晴岚、姚远、戴小红、张帆、张若洲、于丽娟、方叶、朱昱铭、李德建、辛玉麟、郑春芳、刘靓靓、廖润东、倪华芬、茹宝、罗杰、罗仕文、李岚、孙孟洋、张琪

一、成果形成背景及内容

2014 年以来，中国跨境电商进入高速发展阶段，2022 上半年中国跨境电商市场规模达 7.1 万亿元，预计 2022 年市场规模将达 15.7 万亿元，为我国稳外贸、促就业、促增长做出了重要贡献。但是我国跨境电商人才缺口超 600 万，在数量、结构和质量上严重滞后于跨境电商行业的高速发展，高质量跨境电商实操类课程的缺乏是重要的制约因素。

在此背景下，项目组从 2014 年 9 月在全国职教领域率先开展跨境电商实务课程一系列改革与实践，于 2017 年 7 月完成成果研究，2017 年 9 月开启新一轮实践检验至今，具体如下：

本成果是在中国跨境电商人才严重缺乏、跨境电商课程资源少、实操性差的背景下，依托 2014 年职业教育国际贸易专业国家教学资源库核心课程跨境电商实务建设项目，针对跨境电商教学中学生面临复杂业务场景能力不足、实操类课程真实情景教学难以开展和学生评价千篇一律难以精准聚焦个性成长等问题，设计并实施了"双场并进"和"四化贯通"教学，构建了"校企合作、产教融合"有效推进新机制，建立了跨境电商实操类课程情景化教学新范式，开发了跨境电商系列共享型标准，填补了国内空

白,丰富了我国高职跨境电商人才培养标准体系建设内容(见图1)。

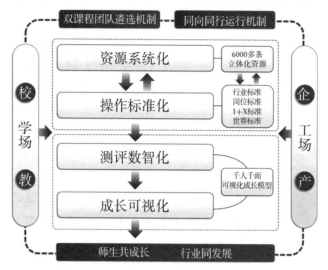

图 1 跨境电商实务课程"双场并进 四化贯通"教学设计

实施"双场并进"教学,"双场"即"学场"和"工场",在实践中构建了双师结构团队遴选机制和同向同行运行机制。课程双导师教学团队入选 2019 年首批国家职业教育教师教学创新团队,2022 年跨境电商创新团队建设模式入选教育部国家级职教创新团队建设典型案例(跨境电商类全国唯一),团队获得 2022 年浙江省高职院校教学能力比赛特等奖;成果主持人获得 2021 年人社部新职业技能大赛数字化管理师赛项(职工组)一等奖。

开展"四化贯通"设计,即构建了"资源系统化—操作标准化—测评数智化—成长可视化"的教学范式,系统开发了课程立体化教学资源 6000 多条,开发了 5 个跨境电商行业标准、6 个岗位标准、6 个"1+X"跨境电商 B2C、B2B 职业能力等级标准、1 个世界职业院校技能大赛规程和 5 个省级跨境电商技能大赛规程,填补了国内空白。基于学果智能测评系统,构建学生发展千人千面的成长模型,深化教育评价改革。

本成果上线了中国大学 MOOC(慕课)第一门职业教育跨境电商实务类在线课程,累计开课 11 期,选课人数达到 46151 人。主编开发了国内第一本项目化、情景化跨境电商教材——《跨境电商实务》,被认定为"十三五"职业教育国家规划教材,累计发行量超过 20 万册。

学生基于课程成果在全国大学生电子商务"创新、创意及创业"挑战赛、阿里巴巴全球速卖通跨境电商创新创业能力大赛、浙江省高职高专院校技能大赛跨境电子商务赛、全国跨境电商青年创业大赛、"互联网+"大学生创新创业大赛等比赛中累计获得省级、国家级一等奖 20 多项。学生参加"1+X"跨境电商 B2C、B2B 数据运营职业技能等级考试,通过率排在全国前列。

本成果对提升跨境电商人才培养质量成效显著,2021 年我校获得杭州市跨境电商人才奖励 100 万元(全国高职唯一),2022 年我校跨境电商专业在高职跨境电子商务专业综合排名中名列全国第一(金平果科教评价网),全国 100 多所院校近 1000 名教师对本成果进行了学习借鉴。

此外,本成果还作为"泰国跨境电商专题培训班""哈萨克斯坦跨境电商专题培训""柬埔寨智慧大学跨境电商系列课程"等共建"一带一路"国家跨境电商人才培养项目的首选课程,成果主持人在马来西亚拉曼大学学院开设跨境电商实务专题分享,累计覆盖海外学员 1000 多人。

二、主要解决的教学问题及解决方案

(一)实施"双场并进"教学,解决学生面临跨境电商复杂业务场景能力不足的问题,"岗课赛证创"育人成效明显

"双场并进"教学是指从学场和工场选拔从业经验超过 15 年的课程导师,运用企业真实账号、分配真实岗位、分析真实案例、完成真实工作任务,实现了教学生产化、手段现场化、训练企业化、情境真实化,催生了"六个转变":从理论学习到实践训练的转变,从简单运营到数据化运营的转变,从初阶业务到高阶业务的转变,从模拟业务到实战业务的转变,从个人学习到小组合作的转变,从考试成绩到绩效考核的转变。实施"双场并进"教学,"岗课赛证创"育人成效明显,学生"1+X"考证率名列全国前列,累计获得省级、国家级技能大赛一等奖等 20 多项,累计孵化跨境电商创新创业团队 20 支,服务企业、应对复杂业务场景的能力不断增强。

(二)开展"四化贯通"设计,解决跨境电商实务课程真实情境教学难以开展的问题,构建跨境电商实操类课程情境教学范式

"四化贯通"即将"资源系统化—操作标准化—测评数智化—成长可视化"贯穿教学全过程,系统搭建了跨境电商实操类课程情境教学所需要的内容情境即在线立体化教学资源和教材,证书情境即"1+X"考证,企业情境即跨境电商实战和基于智能评价与可视化的评价情境,形成人才培养闭环。

资源系统化:成果开发了系统化的教学资源,如视频、微课、沙画、动画、习题、实训、考试等立体化资源 6000 多条。同时在多个省级或国家级平台,如国家职业教育智慧教学平台(国际贸易国家教学资源库)、中国大学 MOOC 等搭建了在线学习系统(见图 2)。

操作标准化:一方面基于课程建设,联合企业开发了跨境电商行业标准、岗位标准、"1+X"跨境电商 B2C、B2B 数据运营职业技能等级标准、世界职业院校技能大赛跨境电商赛项规程等标准;同时,又基于新标准升级反向改进教学内容,有机衔接"1+X"考证和世界职业院校技能大赛规程,促进了"学场""工场"良性互动。

测评数智化:基于学生学习成果跟踪和评价系统,整合线上线下学习系统数据,智能抓取学生学习行为数据,对学生成长全过程开展测试和评价(见图 3)。

图 2　跨境电商实务课程资源线上学习平台

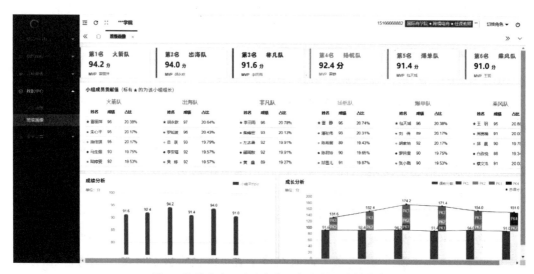

图 3　跨境电商 21(1)班分组实战学生成长曲线

成长可视化：建立能力模型对学生成长过程进行分析，建立学生成长档案，通过可视化大盘进行展示；成为学生毕业面试择业时企业重要的参考依据。

（三）开展大数据 AI 智测，解决学生评价千篇一律难以精准聚焦个性成长的问题，构建学生成才千人千面模型

运用智能软件、"1＋X"实训平台、速卖通实战平台、跨境电商虚拟仿真模拟平台等进行实战实训获得评价数据，引进人工智能技术进行数据抓取，通过智能工具进行学生技能检测，并通过系统后台订单数、评价等数据进行评价，建立基于知识、能力和素养 3 个维度的人才成长个性化模型,系统进行共性和个性分析,集教学资源的个性化推送、学生训练数据的个性化采集、学生成长的个性化画像分析为一体,实现了教育评价数据化、智能化和可视化。

三、创新点

(一)构建了"双场并进"的产教融合新机制

产教融合的关键在于"学场"和"工场"的良性互动,而"学场"和"工场"是否能并进关键在于人才互通。本成果建立课程双导师主体双元、素质双优的遴选机制,即由"学场"优秀的专业教师和"工场"优秀的职业经理构成课程双导师团队,在《跨境电商实务双课程导师遴选细则》《跨境电商实务课程共同备课、授课、评价细则》《行业兼职教师奖励办法》等运行规则的指导下,共同开发标准、完善人才培养方案、开发课程、编写教材、开发数字化资源、备课、授课、评价、指导、参加教学能力大赛等 10 个方面参与人才全过程培养。这种过程双轨、全程双导的同向同行运行机制,为高职院校推进产教融合提供了可操作性强的实践模式。

(二)探索了"四化贯通"的情境教学新范式

"四化贯通"的教学范式按照"一体化设计情境、结构化课程情境、颗粒化资源情境"的建设路径,系统开发了跨境电商行业标准、"1+X"证书标准、技能大赛规程,基于新标准升级改进了课程情境化教学内容,基于知识点、技能点开发微课、沙画、动画、虚拟仿真资源等教学情境。同时基于信息化手段,开发了数据化、智能化、可视化评价模型。该范式有效实现了课程内容情境化、证书情境化、实战情境化和评价情境化,为全国跨境电商类专业课程系统开展情境化教学提供了参考样本和共享型优质教学资源与模式。

(三)丰富了"互通共享"的标准体系新内容

项目团队开发了《跨境电子商务从业人员岗位划分及能力规范》《跨境电商海外仓服务规范》等 5 个跨境电商行业标准、《跨境电商运营》等 6 个岗位标准,丰富了我国跨境电商行业标准体系内容;开发了阿里巴巴"1+X"跨境电商 B2C、B2B 数据运营职业技能等级证书初级、中级和高级等 6 个职业能力标准。这些标准顺应了大数据背景下跨境电商行业转型升级需求,填补了国内行业发展空白,处于国际领先水平,引领全球跨境电商发展。团队开发了世界职业院校技能大赛跨境电商赛项规程和浙江省职业院校技能大赛跨境电子商务赛项规程等国家级、省级技能大赛规程,为提升跨境电商学生解决复杂业务能力提供了重要载体。

四、推广应用效果

(一)校内推广

本成果累计覆盖 3500 多名学生,在国际经济与贸易、跨境电子商务、国际商务、商务英语、会展策划与管理、电子商务等专业广泛推广。

课程双导师教学团队入选 2019 年首批国家职业教育教师教学创新团队,2022 年跨境电商创新团队建设模式入选教育部国家级职教创新团队建设典型案例(跨境电商类全国唯一),同时获得 2022 年浙江省高职院校教学能力比赛特等奖;成果主持人获得 2021 年人力资源和社会保障部新职业技能大赛数字化管理师赛项(职工组)一等奖。

2022 年获得第十二届全国大学生电子商务"创新、创意及创业"挑战赛(跨境电商实战赛)特等奖 1 个、一等奖 2 个、二等奖 3 个。2021 年参加阿里巴巴全球速卖通全国院校跨境电子商务创新创业技能大赛全国决赛特等奖 1 项、一等奖 2 项。2020 年获第二届"麒麟杯"全国跨境电商创业大赛杭州赛区二等奖和三等奖各一组,成功进入全国决赛;2020 年获"扬帆起杭"全球跨境电商创新创业大赛全国二等奖;2020 年获"麒麟杯"首届全国跨境电商青年创业大赛总决赛新秀组二等奖和"建行杯"浙江省国际"互联网+"大学生创新创业大赛省级银奖。2015—2019 年学生累计获得浙江省高职高专技能大赛跨境电子商务赛项团体一等奖 15 项。

(二)国内推广

主编开发的《跨境电商实务》配套教材被教育部评为"十三五"职业教育国家规划教材,累计发行超过 20 万册。

开发的课程资源入选国家教学资源库课程资源,线上通过中国智慧职教平台、中国职教 MOOC 平台等发布,在线累计学习人数超过 70000 人,受到学员好评;线下通过举办跨境电商师资培训,累计授课人数覆盖全国 100 多所高职院校的 1000 多名创新型跨境电商教师。开发的跨境电商新形态数字课程资源被用于"1+X"跨境电商 B2C、B2B 数据运营职业技能等级考试项目,辐射全国 200 多所高职院校,服务全国 20000 多名考生。为全国培养了近 5 万名跨境电商紧缺人才。

项目团队开发了 5 个跨境电商行业标准、6 个岗位标准、6 个"1+X"跨境电商 B2C、B2B 职业能力等级标准、1 个世界职业院校技能大赛规程和 5 个省级跨境电商技能大赛规程,填补了国内空白,打造了高水平标准体系,是保证跨境电商产业人才健康持续发展的战略支撑。通过开发《跨境电子商务从业人员岗位划分及能力规范》《跨境电子商务物流商户信息规范》等系列标准,精准服务跨境电商产业转型。

(三)国际推广

本成果作为"泰国跨境电商专题培训班""哈萨克斯坦跨境电商专题培训""第二

期柬埔寨智慧大学跨境电商系列课程"等共建"一带一路"国家跨境电商人才培养项目的首选课程,成果主持人在马来西亚拉曼大学商学院开设跨境电商实务专题分享,累计覆盖海外学员1000多人。

(四)媒体宣传

《中国教育报》以《勇担使命执头棒 躬耕新业创特色》为题报道了本成果教学创新团队;《浙江工人日报》以《把"跨境电商"直播间开进课堂》为题报道本成果;《杭州日报》以《大数据分析创新人才抢手》为题,报道了"双场并进"教学取得的成果。

(五)社会评价

本成果获得全国外经贸职业教育教学指导委员会的充分认可,2018年获评"全国跨境电商专业人才培养示范校"。

本成果对提升跨境电商人才培养质量成效显著,2021年学校获得杭州市跨境电商人才奖励100万元(全国高职唯一),2022年学校跨境电商专业在高职跨境电子商务专业综合排名中名列全国第一(金平果科教评价网),全国100多所院校近1000名教师对本成果进行了学习借鉴。

五、体会感悟和推广建议

(一)体会感悟

合作共建的企业要能代表行业的先进性、拥有丰富的资源和能够组织与动员产业领先企业参与学校校企合作和产教融合。

要注重从不同规模、不同类型的跨境电商企业等聘请具有丰富操作经验的业务专家共同构成行业兼职教师队伍。

注重校企合作运行的同向同行,在人才培养设计、人才培养准备、人才培养实施和人才培养评价等阶段全过程参与。

(二)推广建议

本成果适用于跨境电子商务、国际经济与贸易、国际商务、电子商务等财经商贸类专业。

本成果可应用于基于工作过程的项目化教学模式创新、打造高水平结构化教师教学创新团队、构建校企合作长效机制和学生个性化评价等。

双元双优　互联互通:基于外贸单证操作课程的教师教材教法一体化改革实践

成果完成单位:浙江金融职业学院、高等教育出版社有限公司、浙江省土产畜产进出口集团有限公司、浙江省纺织品进出口集团有限公司

成果完成人:章安平、刘一展、米高磊、车群月、范越龙、叶波、杨跃胜、肖旭、顾捷、施闻雷、唐春宇、华红娟

一、成果培育背景

入世 20 余载,我国开启从贸易大国向贸易强国的新征程,中国外贸在国际市场中的竞争力更强,在经济引擎中发挥的作用更大,中国已然成为备受瞩目的"世界市场"。同时,数字技术的快速发展,为外贸发展注入了强大动力,推动传统贸易加快向数字贸易转型,进入全要素数字化转型新阶段。浙江作为外贸强省,围绕推进传统贸易数字化和数字经济国际化主线,加快打造全球数字贸易中心。外贸技术技能人才培养面临"规模"转向"质量"的时代考题,要求针对性地适配调整,深化校企合作打通供需两端,从培养端提升人才供给的质量。深化教师、教材、教法改革(以下简称"三教"改革)是提升人才培养质量的关键抓手。课程是"三教"改革的基本载体,"三教"是课程改革的基本要素,基于课程系统推动"三教"改革落实落地,成为有效提升技术技能人才培养质量的破题之策。

二、成果形成过程

2003 年以来,本成果以外贸类专业核心课程外贸单证操作为切入点,聚焦校企教师共同育人深度不足、教材建用成效不佳、教学方法创新不够,以及"三教"改革系统性不强的问题,深化"三教"改革。

(一)设计实施阶段(2003—2009 年)

依托国家示范校重点建设专业,组建由校内专任教师和外贸单证专家构成的"双

元双优"课程团队共同开发课程标准、编写教材等资源,开展项目化课程改革,2007 年入选浙江省精品课程,2009 年入选国家精品课程。

(二)数字化转型阶段(2009—2015 年)

为适应外贸产业及教育教学数字化转型要求,2013 年建成国家精品资源共享课,完成数字化转型 1.0。依托国家职业教育国际贸易专业教学资源库项目,开发新形态一体化教材,开展混合式教学改革,以职教第一门课程上线中国大学 MOOC 为契机,于 2016 年完成数字化转型,形成了以课程为载体,双元双优、互联互通的"三教"改革实践方案。

(三)推广应用阶段(2016—2022 年)

成果实践推广以来,外贸单证操作被认定为首批国家精品在线开放课程,并作为全国职业教育唯一代表接受教育部副部长颁奖,并入选国家课程思政示范课程。配套教材获全国教材建设奖一等奖、入选"十三五"职业教育国家规划教材。涌现出章安平、刘一展等一批扎根一线的优秀教师,课程团队教师入选国家课程思政教学名师和团队,获全国教学能力比赛二等奖。学生获互联网＋国际贸易综合技能国赛一等奖等国赛奖项 5 项,洪国泰、赵斌杰获"中国大学生自强之星"。国内近 60％的外贸类专业使用本成果资源和教材,25 门课程借鉴本成果经验,被认定为国家精品在线开放课程,占总认定门数的 11％,凸显示范效应。依托中国大学 MOOC 等,惠及用户 11.2万人,近 2 万名获学习认证证书。面向浙江省土产畜产进出口集团等 1073 家企业开展员工培训,惠及 1 万余人。《中国教育报》等 18 家省级以上媒体做专题报道,面向马来西亚等共建"一带一路"国家输出中国课程建设经验。

三、成果针对的教学问题

(一)校企教师共同育人深度不足

企业教师未能深度融入外贸人才培养一线教学,课程建设缺乏有效的校企协同机制,企业教师多参与课程开发论证,却无法持续跟进课程资源开发、课堂教学授课。

(二)教材建用成效不佳

教材内容与外贸行业发展脱节,外贸新技术、新标准融入不够及时。教材呈现形式单一,未与其他教学资源深度融合,无法有效支撑数字时代教育教学创新。

(三)教学方法创新不够

传统教学偏重外贸知识传授和技能练习,思想政治教育融入不深,数字化教学方法融入不够,无法满足学生个性化需求,教学效果不理想。

(四)"三教"改革系统性不强

"三教"改革呈现条线式改革、碎片化改革,陷入"头痛医头、脚痛医脚"的困境,缺乏有机系统的整合推进,无法形成提升教育教学质量的合力。

四、成果主要做法与经验成果

(一)主要做法

本成果以外贸类专业核心课程外贸单证操作为基本载体,有机融合"三教"改革。本成果适应外贸转型和技术变革,推动课程改革,倒逼校企教师深入课程共同改革,引领教材紧跟课程迭代更新,推动教法基于课程创新实践,提供实现"三教"改革落实落地、见行见效的系统化解决方案。

1. 打造"双元双优"团队,构建校企协同育人机制

组建"双元双优"教学团队。引进外贸龙头企业、海关等单位的外贸单证专家,与校内教师共同组建教学团队,构建共生型基层教科研组织,校企教师合作开展教学研究、技术研发、标准开发,实现校企教科研资源和成果共建共享,推动校企教师"教学艺术·教育学术·产业技术"共同提升、反哺教学。

开展"三合三同"育人活动。团队合作开发岗位标准、课程标准、一体化教材,"三合"实现校企深度融入课程开发;协同完成各自"精专"的教学模块,共同备课、授课、评价,"三同"实现校企深度融入课堂教学;制定《行业兼职教师遴选、聘用和管理办法》《共同备课实施细则》《共同授课实施细则》等规范性文件,保障协同育人机制高效运行(见图1)。

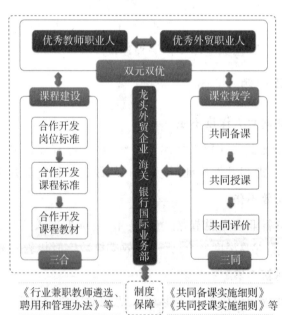

图1 "双元双优 三合三同"校企协同育人机制

2. 融通"书—课—空间",创设智慧教学场景

对接行业发展,编好"书"。校企双元动态分析数字时代单证岗位专业能力和素

养要求，甄选典型工作任务，在数字技术支持下将典型工作任务转化为教学项目，开发教材内容；采用新形态一体化编写模式，通过扫描二维码，实现平面资源与在线学习资源、在线课程的互动，创新教材形式。

融合数字技术，建好"课"。依据单证员岗位标准，开发课程标准，以单证员工作过程为主线，一体化开发教学项目，建设项目化课程；运用数字技术，开发微课、虚拟仿真实训等数字化学习资源，将教学项目转换为兼顾线下授课和在线学习的混合学习单元，推动课程数字化升级。

由单向到交互，创好"空间"。基于职教云平台，融合线上线下课程、虚拟仿真系统，全过程采集数据，智能化推送资源，构建智慧学习空间，辅助教师精准化教，引导学生个性化学，推动教师、学生、资源多向交互（见图2）。

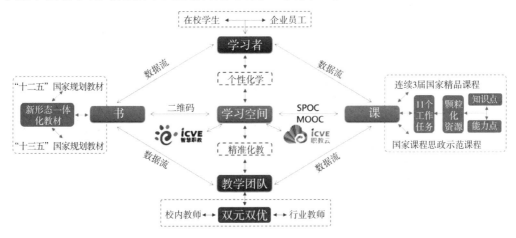

图2 "书—课—空间 互联互通"智慧教学场

3. 秉承德技并修，开展"四阶提升"混合式教学改革

践行匠心制单、实现德技并修。萃取"零差错、高效率、求极致"课程思政之魂，融入教学目标、教学内容、教学载体、教学评价全过程，校企教师以德育德、以技示技，培养学生秉匠心、制匠品、践匠行。

实施混合教学、推动四阶提升。基于线上线下混合教学，融通课前、课中、课后三环节，拓展教学时空，推动四阶提升：（1）学习领袖带领基于线上预设任务自学自析；（2）教师指导基于线下初阶任务夯实基础技能；（3）团队协作基于线下进阶任务锤炼复杂情境下的高阶技能；（4）基于线上线下拓展任务和自由交互进行反思完善、拓展迁移。对接外贸岗位标准，基于学习过程数据，聚焦学生技能提升、素养发展，实施增值性评价（见图3）。

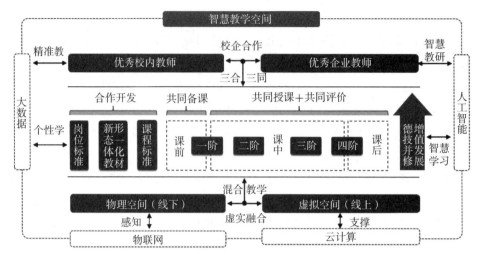

图3 基于"书—课—空间"的"四阶提升"混合式教学

(二)经验成果

成果将"三教"改革根植于课程,通过课程建设促进教师发展、牵引教材改革、推动教法创新,系统化推进"三教"改革落地。校企优秀教师合作开发岗位标准、课程标准、教材,共同备课、授课、评价,深度融入课程开发、实施、评价全过程,构建"双元双优 三合三同"校企协同育人机制。利用数字技术,实现新形态一体化教材与数字课程实时互联,提供个性化学习支持服务,创设"书—课—空间 互联互通"智慧教学场景。对接单证岗位要求,萃取"零差错、高效率、求极致"的课程思政之魂,采用混合式教学,设计自学自析、初阶夯基、进阶迁移、高阶深化的阶梯任务,实施"德技并修 四阶提升"混合式教学改革。基于课程深化"三教"改革,实现学校与企业、教材与课程、教师与学生的共生共长(见图4)。

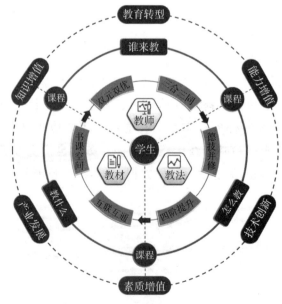

图4 基于外贸单证操作课程的教师教材教法一体化改革

五、成果创新与特点

(一)鲜明提出了"'三教'改革根植课程强课程,课程融合'三教'改革促改革"的教改理念

课程是教育教学活动的基本载体,课程统领教师教材教法,故教育领域有"课比天大"的观点。本成果鲜明提出,扎根课程才能将"三教"改革落在实处,明确路径;将"三教"改革改至深处,凸显价值;将"三教"改革融于一体,相得益彰。本成果实践验证,根植课程推动"校企教师深度协作+教学资源智慧升级+教学方法迭代创新"能够孕育更高质量的课程,实现高质量的技术技能人才培养。荣获国家课程思政教学名师和团队、全国教材建设奖一等奖、全国教学能力比赛二等奖等"三教"改革标志性成果,铸造职业教育领域国字号大满贯课程。

(二)创新基于书—课—空间的"互联互通 阶梯提升"混合式教学模式

团队构建"书—课—空间 互联互通"智慧教学场景,支撑教学全面升级。推动教学资源由"点面单向"转型为"可视交互",教学环境由"特定物理空间"转型为"泛在智慧空间",教学活动由"一对多面授"拓展为"个性化生成",教学评价由"成果判断"转型为"素质增值"。把握职教类型属性,以"零差错、高效率、求极致"课程思政之魂为引领,开展"线上自学自析—线下初阶夯基—线下进阶迁移—线上线下高阶深化"阶梯递进混合式教学,实施数据化增值评价,夯实岗位情境下的综合能力培养。"一书一课一空间"研究论文独家发表在 CSSCI 期刊《中国编辑》,外贸单证操作被教育部认定为首批国家精品在线开放课程、国家课程思政示范课程。

(三)首创"双元双优 三合三同"高质量校企协同育人机制

优秀外贸职业人与优秀教师职业人共建课程团队,夯实高质量育人主体。课程开发阶段:团队合作开发外贸单证岗位标准、课程标准、一体化教材,保证育人标准的质量。课程实施阶段:团队共同开展备课、授课,提升育人过程的质量。课程评价阶段:团队聚焦学生知识能力素养增值,开展智能化全过程评价,检验育人结果的质量。以"双元双优"为根本,"三合三同"协同保证课程育人的标准质量、过程质量、结果质量,实现高质量育人。《"双元双优"课程教学团队建设模式的研究与实践》发表在核心期刊《教育与职业》上,成为高职课程团队建设的典范。

课程是人才培养的基点。课程质量从根本上决定人才培养质量。本成果扎根外贸单证操作课程,20 年不间断系统推动"三教"改革,致力铸造培根铸魂、启智增慧、适应产业发展的新时代职教课程样板,引领职教课程建设和"三教"改革实践。

六、成果应用与推广

(一)应用成效

1.人才培养质量高

本成果有效支撑了国际贸易实务国家高水平专业群建设,实践6年来,培养外贸类人才5123名,毕业生就业率均超过98%。2020届毕业生与全省高职毕业生的平均值比较,对母校总体满意度高7.7%、专业相关度高7.8%。浙江东方集团等头部企业均有毕业生留企工作。学生获互联网+国际贸易综合技能国赛一等奖等国赛奖项5项,省级奖项26项,洪国泰、赵斌杰获"中国大学生自强之星"。

2.教师团队发展快

本成果培养全国黄炎培职业教育奖杰出教师1名、省杰出教师1名、省优秀教师2名,入选国家课程思政教学名师和团队,获全国职业院校教学能力比赛二等奖1项、省教学能力比赛一等奖1项。

3.社会服务效果好

依托中国大学MOOC、智慧职教、学习强国等平台开展MOOC和SPOC应用,惠及天津职业大学等218所院校11.2万人,近2万人获学习认证证书。面向浙江省化工进出口有限公司等1073家企业开展员工培训,惠及1万余人。

(二)推广价值

1.向全国高职院校辐射改革成果

本成果铸造了外贸单证操作四届"国字号"课程,获全国教材建设奖一等奖。牵头开发国际经济与贸易专业教学标准等国家标准3个。在《高等工程教育研究》等核心期刊发表论文25篇,入选"十二五""十三五"职业教育国家规划教材8部。国内近60%的外贸类专业使用本成果资源和教材。山东商业职业技术学院的外贸英文函电等25门课程借鉴本成果经验,被认定为国家精品在线开放课程,占总认定门数的11%。指导新疆理工学院教师获全国教师教学创新大赛二等奖。

2.向国际输出课程建设中国方案

面向俄罗斯、老挝等共建"一带一路"国家开展外贸单证课程建设培训,辐射中国课程建设模式,受益师生1000余人。受邀参加清华大学"'一带一路'数字贸易人才教育对话"国际论坛,面向埃及、哈萨克斯坦等国辐射本成果。

(三)社会认可

1.院校广泛采纳

团队成员应国家教育行政学院、江苏省教育厅等邀请做"职业教育精品在线开放课程的建设与应用"等专题报告210余场,惠及4万余人次。成果被深圳职业技术学院等39所院校采纳应用。

2. 各级媒体报道

本成果以《数字赋能课程样态 名师领航职教课堂——外贸单证操作课程"大满贯"之路》《践行双元共育培养外贸工匠——外贸单证操作课程育人实践》等为题，先后被《中国教育报》、浙江电视台等18家省级以上媒体专题报道。

3. 国外收录应用

外贸单证操作在线课程被泰国"一带一路"电商谷项目课程资源库收录，被柬埔寨智慧大学引用。课程标准被马来西亚、老挝等国的院校企业采纳，服务"一带一路"建设。

"中外融通、标准融汇、校企融智"
跨境电商在地国际化人才培养的创新与实践

成果完成单位:浙江机电职业技术学院、阿里巴巴(中国)网络技术有限公司、浙江国贸数字科技有限公司

成果完成人:陶宇、陈竹韵、陆胜蓝、蔡雯珏、胡豪、黄翔、周琳、廖润东、任聪敏、林尔、张梦瑶、李昶冰、朱丽娜

一、成果简介

(一)成果的发展背景

在数字经济迅猛发展的新时代,跨境电商成为外贸行业新引擎,世界各国对高技能国际化人才需求飞速增长。成果基于 2006 年与澳大利亚博士山学院(Box Hill institute Australia)合作所积累的教学经验,开展国际贸易实务专业"原型学习、课程引进、师资交流"的项目试点;2015 年杭州成立全国首个跨境电商综合试验区,引进澳大利亚高级文凭课程(Ⅵ级),进行跨境电商方向"本土转化、课程互认、颁发双证"的专业合作,培养具有"大国情怀、专业技能、国际理解"的复合型技能人才,不断适应跨境电商对国际化人才的新需求。

(二)成果的理论基础

成果基于当前全球日益变化的教育环境,以"突破师生跨境流动的传统观念,在本土创设国际化优质的学习环境、教学资源和育人机制"的"在地国际化(internationalization at home)"理论为基础,针对引进国外优质教育资源"水土不服"、国内外行业间、课程标准互认度低、国际化人才培养成本高且路径单一等问题,提出学生"不出国门"接受实质等效的"在地国际化"教育理念,通过"中外融通、标准融汇、校企融智"的"三融"人才培养新路径,构建了不限地域、多元评价、自主选择的"本土化"人才培养模式,形成了中外学生在地培养的新生态。

（三）成果的主要内容

中外融通：引入全球领先的澳大利亚职业教育理念、课程和教学方法等资源，重构"一主线、三阶段、四课堂"跨境电商"在地国际化"人才培养方案；实施"实景、虚拟、网络"多维度的全球云课堂教学策略，实现国内外生源的差异化学习。

标准融汇：将澳大利亚职业教育教师"培训与评价（TAE）"Ⅳ级证书融入跨境电商教师培养，建立多国别、能力互补、专兼结合的教学师资团队；引进澳大利亚"能力本位"的课程设计标准，融合中国数字经济发展的国情，持续开发与完善"本土化"跨境电商专业分级课程标准和行业标准；引进澳大利亚"学生中心"的关键职业能力（key competency）标准，创立了"以数据和证据为依据"的多维评价指标，率先通过英国高等教育质量保障署（QAA）认证，实质性开展中外学生优质等效的"趋同培养"。

校企融智：依托杭州跨境电商综合试验区的产业集群优势，政、校、行、企多方联动，集聚全国的知名跨境电商平台、电商运营企业、社交媒体企业、VR研发企业等不同类型企业的专家、技术、研发等头部智力资源，构建"专家智慧—人工智能—企业智商"的协同育人机制，打造国际化人才培养的立交桥，实现学生跨国就业、创业和升学的多路径发展。成果依据联合国教科文组织（UNESCO）"微证书"的倡议，开发"中文＋技能"跨境电商专项岗位技能微证书，为共建"一带一路"国家培养本土人才提供方案。

二、主要解决的教学问题及解决方案

（一）主要解决的教学问题

第一，国外优质的教育资源引进不足，难以转化为有效的"本土化"人才培养方案。

第二，跨境电商中外人才培养的国际标准互认度低，难以实现人才培养的实质等效。

第三，国内外企业的各类"智源"机制不健全，难以形成"政、校、行、企"国际育人共同体。

（二）教学问题的解决方案

1. 融通中外"课程＋技术"资源，打造人才培养新范式

项目引入30门澳大利亚跨境电商专业课程包（training package），基于生源的国情、校情和学情差异，结合行业需求和学生特点进行模块化整合并持续优化，重构"一主线、三阶段、四课堂"的国际化人才培养方案。一主线是全程双语教学。三阶段是：第一阶段跨境文化认知＋国际理解；第二阶段专业岗位技能课，按跨境电商运营、采购、客服、美工、物流等5个岗位分类，匹配外方Ⅳ级证书和"1＋X"技能中级证书；第三阶段专业方向课，管理、创业、数据分析3个方向选1，辅修Wish、eBay等电商平

台和 VR、AI 应用技术,匹配中外双文凭澳洲Ⅵ级和"1+X"技能高级证书。四课堂:一课堂是理实一体化教学主阵地,二课堂是中外导师指导的兴趣社团,三课堂是跨国实践,并结合全球云课堂的"四课堂"联动教学。毕业生持"双学历+跨境电商多技能证书",可实现国内外高质量升学和就业。

实施全球云课堂教学策略,在全球云课堂 MOOC、SPOC、DingTalk、ZOOM 等平台网络上,实现线上与线下相结合,跨境互动的双语教学云空间;运用互联网和大数据技术资源,在智慧教室等物理空间实施"专业导论——专业认知——岗位模拟——项目实操"任务的实景教学;用模拟仿真动画和竞赛软件平台在虚拟空间开展翻转课堂教学;组建多国别的跨境电商学生创业团队,实现典型真实工作任务驱动的项目化教学和三创(创新、创业、创意)实践,提升学生的大国情怀和国际协作能力(见图1)。

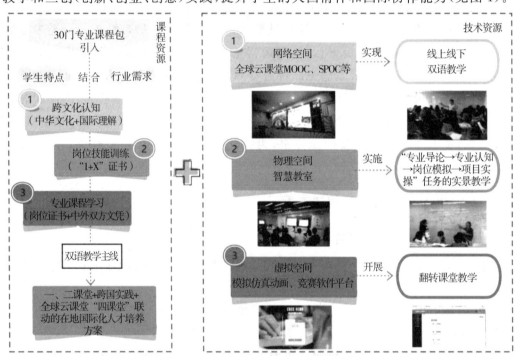

图 1　中外融通的跨境电商人才培养范式

2.融汇澳方"教师准入—课程设计—职业能力"标准,实施本土化改造

借鉴澳大利亚职业教育教师资格"培训与评价"(TAE)证书标准,将"专业资格+职业资格+行业经验"的教师准入条件融入跨境电商教师资质,提升教师的教学方案设计能力、教学过程实施能力和对学生知识、技能和素养的 360 度多元化考核能力(见图2)。澳大利亚教育质量监测专家每年考核并鉴定专业教师教学研究、行业经历和学习成果,实现教师教学能力的与时俱进。

引进澳大利亚"能力本位"(competency based)的课程设计标准,内容包括:划分行业工作领域、进行岗位工作分析、开发职业能力标准、确定能力鉴定指南等。中外师资团队共同追踪全球跨境电商行业发展动态,分析各国政策、法规、文化的本土适应性和跨境电商岗位的技术要求;融入本土行业标准和人才规范,确立跨境电商在地国际人才的职业素养、知识和技能等目标;开发国际学分互认的Ⅳ到Ⅵ级文凭证书,各层级证书对应的30门专业课程标准;结合在地国际化标准开发经验,与阿里巴巴合作牵头制定"1+X"跨境电商数据运营技能证书标准;与浙江电子商务协会合作制定9项全国跨境电商行业标准。

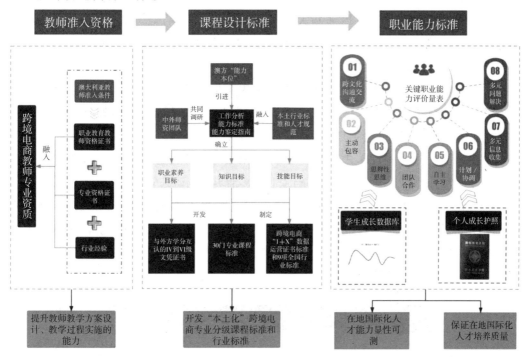

图2 标准融汇的"本土化"教学改革

参照澳大利亚关键职业能力标准,建立关键职业能力评价表(Rubric),匹配国际化人才培养素质特征,确立跨文化沟通交流、主动包容、思辨性思维、团队合作、自主学习、计划协调、多元信息收集、多元问题解决等10个能力点,将能力点细化到每门课程的每一项考核任务,对学生课程学习的效果实施360度动态量化评价,与国际标准实现有效对接。

项目建立三年中外导师辅导机制,通过对新生测评分析,甄别其学习风格、多元文化认知、职业倾向等各项关键指标,构建"一学生一报告"的个性化原始值数据库。对每位学生设立"个人成长护照",根据大学学习期间的个人兴趣档案、社团活动档案、跨国学习交流档案、师生结对辅导档案、文化活动参与和贡献度等进行定性评价,构建起显性可测的能力评价指标体系。毕业前再次测评分析给出学生个性化职业生涯指导报告。外方国家质量保障署对教学实施效果进行精确量化审计(auditing),不断提升"在地国际化"人才培养质量。

3.构建"政行引领+校企融智"人才共育机制,优化人才培养生态

在全国首个跨境电商综合试验区(杭州)合作的框架下,搭建政、校、行、企多方联

动的人才培养联盟,专家智库定期组织行业范围内的标准研讨、交流峰会、课题立项、资金扶持、人才对接等活动,与浙江省内外各地跨境电商园区的入驻企业开展深度合作,引产品进课堂、引导师教实训、引项目进基地、引岗位扩就业等多维度合作项目,共同构建良性循环的国际化人才培养生态圈。

与阿里巴巴共建数字贸易学院,发挥企业全球领先的技术智能优势,深度参与人才岗位分析、课程开发、技能培训和大赛辅导等人才培养的全过程,与速卖通、eBay、Shopee跨境电商平台、运营企业、主播孵化机构等合作,指导数据分析、虚拟主播、AI推荐、智慧物流等专项技能的实操演练。

发挥合作企业在市场拓展、战略框架、组织研发、品牌塑造等优势的"企业智商",结合跨境电商高技术技能人才岗位需求,开发课程、制定标准、编写教材、组织大赛、对接就业等系列活动,构建了良性循环的人才培养新生态圈。

在教育部中外语言合作中心支持下,"走出去"与东南亚缅甸、泰国,非洲肯尼亚等企业共建海外培训基地,运用"基础通用,灵活开放,动态适应"的跨境电商"本土化"专业标准,根据相关国家产业发展、区域文化和用工岗位需求,开发数据运营、直播、客服等岗位的"中文＋技能"初、中、高级三级"微证书"体系,协同创新跨境电商本土人才共育机制(见图3)。

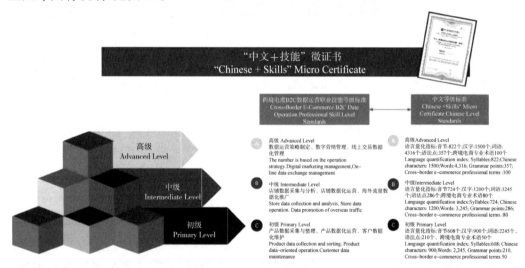

图3　跨境电商"中文＋技能"微证书体系

三、创新点

(一)以"在地国际化"理论为基础,提出学生"不出国门"的国际化教育在地培养新理念

成果依托教育部人文社科基金《跨境职业教育研究:现状、案例与评估指标》等研究成果,对"在地国际化"理论的"重点关注高校国际化资源、评价和机制的本土建设"的关键内涵进行拓展,明确以"大国情怀、专业技能、国际理解"为人才培养的三大核

心要素,提出学生"不出国门"就能接受国外实质等效教育的理念,开展"项目试点—专业合作—机构办学"中外合作办学实践。

项目试点:率先引进世界领先的澳大利亚职业教育(TAFE)模式,成为浙江省中外合作示范专业的国际贸易实务"在地国际化"人才培养试点。

专业合作:杭州经国务院批准成立全国首个跨境电商综试区,解决跨境电商人才紧缺的现实性问题,率先与澳大利亚开展涉外跨境电商职业教育合作。

机构办学:紧密对接浙江省数字经济创新提质"一号发展工程",抢占关键赛道,加快建设数字经济的高质量发展,与英国伦敦南岸大学(London South Bank University)合作建立以跨境电商专业为核心的数字技术联合学院,课程匹配英国(RQF)和欧洲(EQF)V级(大学专科)资格等级,通过英国高等教育质量保障署(QAA)认证。

(二)创设"中外融通、标准融汇、校企融智"的人才培养新路径

中外教师组建教学团队共同进行课程标准、教学组织、考评方案的设计,实现国外优质外语教育资源的本土转化;以教师准入、课程设计、职业能力标准的融汇为一体,以"技能+证书"为导向,构建有利于学生终身学习的通道;建设学校与行业、企业共享的集合"专家智慧—技术智能—企业智商"的人才共育机制,共研课程、共撰教材、共授学习证书等全方位的校企融智,构建中外产教结合的育人新生态;通过"中外融通、标准融汇、校企融智"持续深化跨境电商"在地国际化"人才培养路径。

(三)创新"基础通用、灵活开放、动态适应"的技能人才培养"中文+技能"微证书

成果借鉴吸收澳大利亚、英国和欧盟的职业教育资历框架,结合跨境电商行业标准和"三融"在地国际化人才培养实践路径,形成具有适应不同国家在地培养需求的开放式专业课程标准体系,实现人才培养标准的"第一次"本土转化;成果依据联合国教科文组织针对未来教育形式的多样性,推广实施"微证书"解决方案,结合共建"一带一路"国家的政治制度、经济基础、用工需求、人文特征、学情特色等调研,开发对接跨境电商岗位的"中文+技能"初级、中级、高级三级"微证书"标准,理顺各级别对应的岗位层次和工作任务框架,实现人才培养标准的"第二次"本土转化,并且召开智库专家会议,及时调整标准适应行业变化,在地化培养缅甸、泰国、肯尼亚等共建"一带一路"国家的外籍学生,确立中国特色的国际职教品牌。

四、推广应用效果

(一)人才培养实现"双高"

1.人才培养高质量

成果惠及中外10国的3520名学生。项目联合中外导师和企业专家共同指导学生参加教育部3项"1+X"跨境电商技能相关证书的首批试点院校测试,连续3年学生考证通过率100％,通过率居全国榜首,远超兄弟院校的同类专业;学生澳大利亚语言能力测试通过率连续6年达100％,留学生HSK(汉语水平考试)四级通过率100％,HSK五级通过率93％;指导学生参加技能竞赛在浙江省互联网＋、挑战杯、东盟之星等专业技能和创新创业大赛累计获奖40多项。其中,2021年参加阿里巴巴全球挑战赛的4支队伍均获一等奖,获2022年首届全国电商"三创赛"跨境电商直播赛道浙江省一等奖;2名学生获澳大利亚合作院校全球最佳年度海外学生(每年全球近万名国际学生仅有2个获奖名额);参加泰国国际技能比赛荣获金奖2项、银奖1项。中外学生组建跨境电商创业团队参加竞赛,荣获中国东盟未来职业之星双创赛"新星团",中国东盟对话关系30周年大赛金奖,留学生迪丽入选"杭州全球旗袍日"形象大使。

2. 毕业生升学就业质量高

学生历年就业率98％以上,毕业生半年后月收入高于全国同类专业均值15％;10％以上毕业生自主创业,创业率高于省均值5％~15％;毕业生考入英国约克大学、美国亚利桑那州立大学等大学攻读硕士学位,学生李何健被评为全国大学生英雄创业百强,胡金帅"德邻美铝业"电商销售额2亿元/年,朱凯悦机电类产品电商年销售额达1200万元;留学生回国薪资为同类毕业生的2~3.5倍,将"三融"跨境电商国际化人才培养模式的教学成果向共建"一带一路"国家传播,打响了国际职教品牌。

(二)教师能力实现"三强"

1. 双语教学能力强

专业教师均获澳大利亚职业教师资格证书(TAE)Ⅳ级证书(2名高级证书);能实施跨境电商课程双语教学,开发"一带一路"数字资源库,日访问量超过万人;《外贸跟单操作》获国家资源库突出贡献奖;浙江省教学能力大赛累计获奖5项。

2. 标准制定能力强

作为省市两级跨境电商人才联盟骨干校,和阿里合作牵头"1＋X"B2C数据运营专家委员会并制定技能标准,联合行业制定跨境电商数字营销人才规范等6项全国重点标准和3项团体标准;开发"中文＋技能"微证书标准指标体系,线上线下培训共建"一带一路"国家的跨境电商人才达5046人次。

3. 科研服务能力强

教师主持教育部人文社科基金项目3项,浙江省哲学社会科学课题3项,浙江省重大攻关项目1项;《高等教育研究》《企业经济》等中外核心期刊发表论文39篇。建立澳大利亚、缅甸、泰国等国别研究中心,编写多语种教材,开发"一带一路"数字化资源系列课程,日访问量超万人;联合常州机电职业技术学院等高职院校成立13所AliExpress数字贸易学院,开展16期中高级师资培训,报考人数超2万人。

(三)专业国际化办学成效"三优"

1.国内示范

荣获"全国跨境电商类专业人才培养示范校"称号,连续 2 届荣获浙江省教学成果一等奖,浙江省中外合作示范专业和浙江省特色专业。成果第一完成人连续 3 届当选中国教育国际交流协会(CEAIE)职教分会副秘书长、浙江省教育国际交流协会高职分会秘书长、连任全国中外合作质量认证专家、浙江省级特色专业带头人、浙江省国际学生国情教育名师。累计近 100 所院校来校交流,成果被深圳职业技术学院、无锡职业技术学院等 44 所院校借鉴。

2.国际推广

2018 年,项目获得世界职业院校与技术大学联盟(WFCP)"高技术技能人才"培养卓越金奖(当年全年唯一);2022 年,承办世界职业教育产教融合博览会,123 个国家约 700 名代表注册参会;组织承办全球跨境电商人才论坛和中国数字贸易人才培养高峰论坛,线上线下参会人数超 15 万;成果第一完成人应邀在世界职教院校联盟(WFCP)、首届中美高职院校/美国社区学校校长对话论坛、欧洲教育展、北美国际会议论坛等国际会议发言 20 多场。

媒体宣传:国际化人才培养事迹屡次被学习强国、《中国教育报》、《浙江日报》、《每日商报》,国外非洲《撒哈拉视野》、东南亚缅华网、《金凤凰报》等媒体报道。

面向中小微企业 依托行业协会：
高职实践教学改革的温州经验

成果完成单位：浙江工贸职业技术学院、温州市总商会

成果完成人：施星君、汪焰、魏振锋、陈碎雷、叶珺君、金慧峰、林建晓、贾永枢、李晓星、郑莉珍、何丹、赵秀芝、高尧

执笔人：汪焰、施星君

一、背景情况

民营经济是新时代我国经济社会发展新格局中的重要组成部分，在稳增长、增就业、促创新等方面发挥着重要作用。党的二十大报告指出："要毫不动摇鼓励、支持、引导非公有制经济发展。"[①]2023年3月，习近平总书记在看望参加全国政协十四届一次会议的民建、工商联界委员时强调，要积极发挥民营企业在稳就业、促增收中的重要作用。

作为与民营经济关系最为紧密的教育类型，深化职业教育与民营经济高质量融合发展，不仅能够增强职业教育适应性，提升技术技能人才培养质量，还能够增强民营经济发展韧性，促进产业升级转型，实现更加充分的高质量就业，扩大中等收入群体，促进共同富裕。

为进一步促进职业教育与区域经济，特别是民营经济融合发展，2019年《国家职业教育改革实施方案》明确指出，高等职业学校要培养服务区域发展的高素质技术技能人才，重点服务企业特别是中小微企业的技术研发和产品升级。党的二十大报告也为职业教育指明了"产教融合，科教融汇"的伟大方向。浙江作为民营经济发祥地，中小微企业占比超99％。如何精准契合民营经济和中小微企业特征，有效破解单一中小微企业参与职业教育过程中动力不足、实力不够等难题，是地方性高职院校发展

---

① 习近平.高举中国特色社会主义伟大旗帜 为全面建设社会主义现代化国家而团结奋斗——在中国共产党第二十次全国代表大会上的报告[M].北京：人民出版社，2022：29.

面临的重要课题。

行业协会作为一种非营利性民间组织,是一种致力于实现行业自律、完善行业治理的组织形式,不仅是政府与企业之间的桥梁纽带,还能够凭借其特殊组织特征与职能,在校企深度合作过程中发挥重要的调节作用。浙江(温州)作为全国行业协会商会改革前沿阵地,行业协会在中小微企业中影响力巨大。我校立足区域产业特征,探索构建了以行业协会为纽带的产教融合新范式,从而广泛集聚了中小微企业力量,促进了我校专业(群)链与中小微企业人才需求链、技术创新链的有机衔接,大幅提升了人才培养水平和产业服务能力,实现了校企协同、互利共赢。

二、主要做法

(一)发挥行业协会"连接器"作用,校行企共建产教融合平台

围绕"服务中小微企业价值链",以创意设计、光电制造、人工智能3个专业群,以及电子商务、物流管理、知识产权管理3个专业为试点,学校与温州市总商会开展战略合作,共同牵头发起成立或重点参与温州市工业设计协会、温州市机械工程协会、温州市软件协会、温州市网络经济促进会、温州市物流商户、温州市知识产权协会等6个行业协会,并通过选拔专业骨干担任副会长、副秘书长等要职,参与协会实际运作。通过协会牵引,联合代表性会员企业,采用"产业学院+人才培训基地"和"研究院+协同创新中心"两种形式共建多形式产教融合实践教学基地。在满足教与学基本功能的基础上,结合各专业(群)优势禀赋及对应产业(集群)需求特征,差异性强化基地的产、训、研、创等功能。

(二)发挥行业协会"聚宝盆"作用,多方联合开发优质教学资源

联合行业协会遴选行业和企业专家组建专业(群)教学指导委员会。在全面深度调研和系统归纳中小微企业核心岗位普适性能力需求的基础上,依据行业最新标准规范,研制并动态更新专业(群)标准、课程标准、实训标准等教学标准。面向数字化、智能化技术改造与转型升级动态前沿,联合行业协会通过汇聚、甄选、萃取、加工等系统方法,将企业新规范、新技术、新工艺等生产要素转化为教学要素,校企双元开发专业(群)教学资源库、精品在线课程、工作手册式教材、实训指导书、微课等教学资源。立足行业协会第三方视角,在行业标准基础上校行联合开发教学评价标准,将学生学习成效、技能提升、劳动品质、协作意识、工匠精神、创新素养等有机融入评价体系中。借鉴OBE成果导向教育理念,实行"工单制""模块化"评价方式改革,推进教学评价过程化、系统化、真实化、多元化、数据化。

(三)发挥行业协会"调度台"作用,构建网状实习柔性组织模式

校行共同研制实习合作企业遴选标准,组建企业库,建立基于大数据的星级企业评定规范;共同研制企业导师遴选标准,组建导师库,选拔德技双馨的企业能工巧匠

担任实习导师。校行共同收集岗位典型工作任务,依据实习计划归集编制成"工单制"项目;立足中小微企业"一职多岗"和"一企少岗"特征,以协会为"调度台",通过实习实训管理信息平台对多家企业、多项任务、多个岗位、多位导师、多专业学生进行统筹布局和动态匹配;打破院系、专业、行政班级和企业人事壁垒,组建多个混编式企业班和学徒班,以轮企轮岗联动方式实施模块化协作式教学(见图1),满足学生不同岗位能力培养及职业综合素养养成需求。建立基于大数据的学生跨企多岗实习轮转跟踪监测体系,校行企共同实施标准化与个性化、形成性与成果性相结合的实习综合考核评价。自主研发并持续优化学生实习实训管理平台,为实践教学运行、管理与评价提供全流程数据支撑。

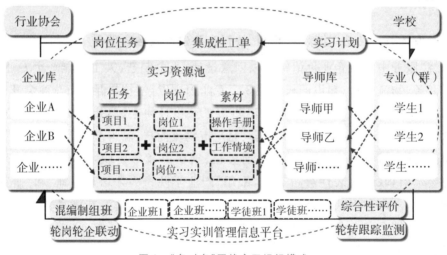

图1 "多对多"网状实习组织模式

(四)发挥行业协会"润滑剂"作用,完善校行企协同育人长效机制

一是健全多方共建共管机制。"学校牵头、协会引导、企业跟进、政府支持",基于市场契约共建多功能实训基地;以章程为引领,实行理事会领导下的院长负责制,多方共同实质性参与产业学院(基地、研究院)运行管理,并明确各方责权利;成立校行企联合党支部,党建思政工作贯穿实习实训全过程。二是突出企业参与育人的绩效评价应用。经政府授权、总商会与学校落实,强化行业协会对企业参与实践教学绩效的考核评价功能;采取正负面清单和积分制,将企业岗位推荐、岗前培训、多岗轮换、导师带教、实习鉴定等工作绩效纳入考核指标。考核结果作为政府产业扶持资金差异化补助,以及学校优秀毕业生推介、培训服务、技术创新成果优先转让等红利的参考依据。三是敞开校企人才交叉任职的"旋转门"。建立专业教师与企业导师的"双岗、双薪、双师"制度和"教学与生产联动"的绩效考核体系,形成激励专业教师服务企业、企业骨干投入育人的双向长效机制。

三、取得成效

(一)学生就业竞争力显著增强

校行企共建产教融合平台,为人才培养创设真实产业环境,注入丰富中小微企业资源,人才培养质量大幅提高。近三年学生在职业技能竞赛、"挑战杯"等各类赛事中共获全国一、二等奖 123 项;获批省新苗人才计划 42 项,授权专利 247 项。毕业生人才培养质量跟踪调查结果连续 7 年位列浙江省高职前两名,其中起薪水平、满意度等质量指标不同程度高出省平均值 13%～20%。相关做法入选全国普通高校毕业生就业创业工作 100 个典型案例、浙江省学徒制典型优秀案例等。

(二)服务产业能力大幅提升

受益专业(群)毕业生 90% 服务于中小微民营企业。近五年共为企业输出 15000 余名人才,大多担任技术、管理骨干,成为支撑中小微企业转型发展的中坚力量。联合企业共同申报并立项市级以上重大技术攻关课题 27 项,授权发明专利 223 项,荣获浙江省科学技术进步三等奖;师生团队承接区域产业发展规划编制、中小微企业"放管服"改革及纾困政策文件起草等课题 63 项;为中小微企业解决技术难题 907 项,近三年开展技术技能培训 57000 余人次,有力助推了民营经济健康发展。

(三)专业(群)建设成果丰硕

产业学院(研究院)建设能级不断提升,相继创成国家级高技能人才培训基地(见图 2)、国家级协同创新中心等"国字号"品牌。主持《光电制造与应用技术》等 4 个国家职业教育教学标准研制;建成国家级、省级"双高"专业群各 1 个,省产教融合示范基地 1 个,省产教融合工程项目 2 个;主持专业(群)教学"国标"研制 8 项;入选国家级课程 5 门、省级 20 门,国家级教学创新团队 1 个,"十三五"职业教育国家规划教材 4 种;荣获浙江省职业教育教学成果一等奖 3 项并全部推荐参评国家奖。

图 2　数字经济国家级高技能人才培训基地

(四)广泛应用影响深远

总结经验做法,形成产教融合"温州经验"。出版《数字经济高素质技术技能人才培养的研究与实践》等学术专著2部,在《中国高教研究》发表《职业教育与民营经济融合发展的逻辑与路向》,在《职教论坛》发表《面向中小微企业的高职实习绩效——基于行业协会的调节效应研究》,在其他期刊发表成果相关论文12篇;在国家教育行政学院、各类全国职教会议上等做相关主题交流56次,入选中国教育干部网络学院"一校一策"专栏;近3年接待兄弟院校来访考察183批次1100余人;模式在浙闽粤等民营经济发展地区广泛借鉴应用,得到时任浙江省委常委刘小涛、中国工程院副院长钟志华等领导专家高度认可;被 China Daily、中央一台等媒体专题报道,引起了积极的反响。

四、体会感悟

(一)充分发挥行业协会的桥梁纽带作用

团队立足浙江和全国广大二三线城市以中小微企业为主要经济主体的典型性地缘特征,充分发挥行业协会在协同育人中的集聚力、引导力、协调力、约束力等作用,创新构建了以行业协会为桥梁纽带的产教融合模式,显著增强了中小微企业参与职业教育人才培养的动力和能力,从根源上破解了浙、闽等民营经济发达省份或广大中小城市的高职院校,校企合作缺乏区域大型企业支持的难题,显著提升了高职院校及专业(群)服务产业能力。

(二)建立产教紧密衔接的协同育人机制

通过行业协会将专业(群)建在产业链上,将教学环节设立在企业生产一线,95%教学环节行业和企业深度参与,90%实训任务及毕业设计项目来源于中小微企业生产实际,实现了教学全过程的六个"有",即企业需求调研有绿色通道、教学标准研制有行业依据、项目案例资源有丰富来源、兼职师资队伍建设有可靠政策、学生实践锻炼有厚实载体、教学考核评价有客观依据,从而形塑了教学全过程与生产全流程无缝衔接的崭新样态。

(三)打造紧扣多方需求的多功能协作平台

各专业(群)以校行企共建产教融合平台为突破,分别建设一个产业学院(研究院),打造一个培训基地(协同创新中心),塑造了"一群一院一平台"的产教融合实训基地新形态,实现了教育链、人才链与创新链、产业链的紧密衔接。在行业协会组织协调下,平台运行管理分工明确,校企各得所需,从而使平台成为学生实训"自留地"、教师创新"试验田"、师生创业"孵化器"、企业技术"蓄水池"、教学资源"加工厂",大大充实了产教融合实训基地的功能内涵。

(四)构建基于中介效应的校企命运共同体

广大中小微企业与职业院校之间存在显著利益诉求差异,构建校企命运共同体的关键在于突出企业参与育人的绩效评价及应用,将人才培养业绩转化为企业生产经营绩效。行业协会的中介作用主要体现为:(1)以更加过程性、客观性、实效性的视角考核评价企业参与育人的投入与产出;(2)将政府扶持产业发展、促进产教融合的税费优惠、资金奖补等政策红利转移给企业;(3)构建"教学—生产"联动考核体系,实现对校企人才交叉任职工作业绩的综合考核,从而形成激励学校支持企业生产、企业投入学校育人的双向长效机制。

匠心铸魂·数智赋能·四维融通：
基于智慧生态圈的大关贸育人模式创新与实践

成果完成单位：浙江经济职业技术学院、台州科技职业学院、浙江省报关协会

成果完成人：刘颖、马荣飞、单友成、刘嘉、唐玉藏、朱昱铭、崔悦、徐子雁、杨欣、董珊珊、殷宝庆、芮宝娟、王怡静、薛梦哲、黄璐瑶、王莉、邱雅琴

执笔人：刘颖

一、成果简介

（一）培育背景

随着"一带一路"倡议的实施和大数据等新技术的发展应用，"互联网＋外贸＋通关物流"行业转型发展迅速，关贸服务企业迈进数字经济智慧生态竞争时代。在以数字化、智慧化为特征的跨境供应链产业新形态背景下，依托浙江数字自贸区和全球数字贸易中心的区位优势，关务与外贸服务专业旨在解决人才培养复合型能力合而不强、人才培养模式施而不力、"岗课赛证"融而不通、团队模块化教学协而不高等痛点问题。

（二）形成过程

关务与外贸服务专业发展紧扣产业新赛道、人才培养新高地战略目标，面向关贸服务产业跨境供应链设计、关务数据分析、国际货代业务操作、通关业务操作等岗位群，依托 2010 年国家骨干校报关与国际货运专业建设成果，以国家"双高计划"物流管理专业群中关务与外贸服务专业建设作为创新实践载体，以社会主义核心价值观为主线，以习近平总书记提出的劳动精神、工匠精神、劳模精神为重点，嵌入专业课程，推动思政课程与课程思政同向发力，发挥协同育人功能，实现匠心铸魂。聚焦关务与外贸服务国家职业标准、世赛标准和国家专业教学标准，迭代孪生数字化、智慧化职

业场景,结合跨境供应链管理、数字化商务智能技术两种能力耦合培养,笃行德技并修,实施数智赋能,以岗定课、以课育人、以赛导课、以证验课,推进"岗课赛证"四维融通,输出人培模式、课程体系、创新团队、服务平台和国际品牌,培养专能精(跨境供应链集成服务专能)、通能强(关贸业务运营与数据分析通能)、素质高(思品文化职业素质)的复合型技术技能人才,形成可借鉴复制的基于智慧生态圈的大关贸育人模式,实现关务与外贸服务专业与跨境供应链产业生态共荣双赢、协同共生的生态化发展。

经过十余年的探索实践,成果成效显著:(1)学生获省级和国家级技能大赛奖60余项,其中2019—2022年全国职业院校技能大赛连续4年蝉联一等奖;(2)省级以上教学成果奖6项,其中国家级一等奖、二等奖各1项、省级二等奖1项、全国行指委一等奖2项和二等奖1项;(3)国家级专业建设项目8项,其中国家职教创新团队1个、教育部认定国家级生产实训基地1个、双师教师培训基地1个等;(4)国家级教学改革项目2项,其中国家级专业教学资源库课程平台1个;(5)教师获省部级以上荣誉8项,其中国家级教学能力比赛一等奖1项、全国技术能手2人。成果被金华职业技术学院、义乌工商职业技术学院等30余所院校借鉴使用,输出国际化双语课程3门等示范引领,被聚焦职教、中国教育在线、学习强国等媒体报道26次;关务与外贸服务专业竞争力第三方排名全国第一。相关系列成果如图1所示。

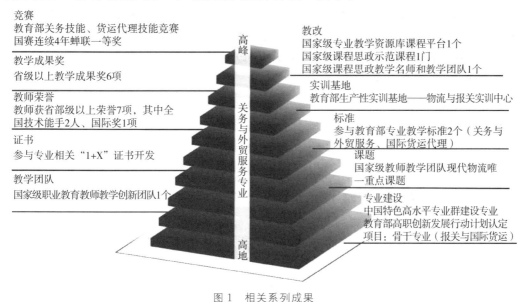

图1　相关系列成果

二、成果针对的教学问题及解决方案

本成果深入贯彻党的教育方针,落实立德树人、德技并修、校企共育、技岗对接、素能并重,推进匠心育人、实践育人、竞技育人、协同育人,实现教育链、人才链与产业链、创新链有机衔接,解决人才培养复合型能力合而不强、人才培养模式施而不力、"岗课赛证"融而不通、团队模块化教学协而不高等痛点问题。成果解决方案具体路径如图 2 所示。

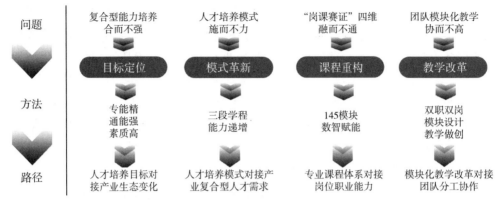

图 2　成果解决方案路径

（一）聚焦关务与外贸服务产业高端，锚定"专精高"匠苗培育新目标，解决复合型能力培养合而不强问题

一是面向关务与外贸产业向供应链产业生态和数字化升级对具备跨境供应链管理能力、信息技术能力复合型人才需求，聚焦人才培养能力结构对接产业形态变化，以立德树人为本，把跨境供应链管理、数字化商务智能技术两种能力耦合培养的理念贯穿培养全过程。二是创新提出复合型人才培养目标定位，培养具有供应链思维、德技并修、知行合一的"专能精、通能强、素质高"关务与外贸服务复合型技术技能人才。

（二）契合产业复合型人才需求，实施"三段学程、能力递增"人才培养新模式，解决人才培养模式施而不力问题

一是实施基础技术技能培养阶段"数智赋能教室，固本强基夯基础"、核心及拓展技术能力培养阶段"产教融合基地，理实一体强技能"、综合岗位技术技能培养阶段"顶岗工位岗位，职场实践提能力"三段学程，学生在校企学习时间比例为 8：2、4：6、2：8。二是遵循能力成长规律，强化三全育人、匠心铸魂，实施以学习效果为导向的过程性、结果性和增值性多元评价，创新实践"1＋1.5＋0.5"三阶能力递进的人才培养模式。

（三）强化产业升级新岗位能力，重构"145"模块化课程新体系，解决"岗课赛证"融而不通问题

一是分析关务与外贸服务岗位能力，设置素质基础课程 1 平台，把思政工作贯穿教育教学全过程，开设专业基础能力、专业核心能力、专业拓展能力、综合实践能力 4 个层次课程，融合国家职业标准、国家专业教学标准、世界/国家技能大赛标准、行业岗位标准、X 证书 5 要求，构建"145"模块化课程体系（见图 3），挖掘培养目标、知识传授、项目任务 3 条思政线，铸造课程思政育人。

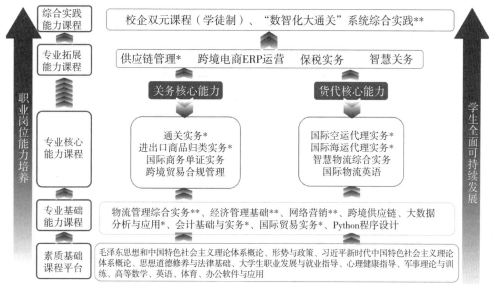

图 3　关务与外贸服务专业"145"模块化课程体系

（注：** 是国家级课程，* 是省级课程）

二是课程内容融入数智化职业场景，以 E-smart 关务云、CCBA 智慧通关服务等平台为依托、移动互联网为载体、人工智能与大数据技术为支撑，建立全链路数智化大通关综合实训系统，探索信息化教学多平台协同新模式及大关贸产教融合新路径，增设跨境供应链管理、大数据分析与应用、Python 程序设计等数智赋能课程，解决数智赋能不深的问题，培养数智技能。

三是在国家标准引领下，专业课程以世界技能大赛"货运代理"赛项、全国职业技能大赛"关务技能"赛项、供应链管理师竞赛等高水平赛事为标杆，以关务技能水平证书、国际货运代理证书、供应链数据分析技能证书为检验，实施以岗定课、以课育人、以赛导课、以证验课，推进"岗课赛证"四维融通，建立普惠式竞技育人机制，健全"岗位精准对接、课程系统整合、标准深度融合、课证有效转化"多维融通，优化"岗课赛证"融通的生态系统，促进关务与外贸服务专业人才培养质量全面提升。"匠心铸魂、数智赋能、四维融通"人才培养体系如图 4 所示。

（四）锤炼教学团队分工协作，开辟"教学做创"教学模式新路径，解决模块化教学协而不高问题

一是重组专兼融合、跨界协同的模块化教师教学创新团队，打造融"育、教、培、研、战"五位一体的高水平师资培养平台，构建校企"双职双岗"动态循环教师提升能力机制，促进师资团队向"教师、技师、培训师、咨询师"四师转型。二是结合学情特点，把控教学难度、教学策略、教学实效进行教学改革，实施"引任务、思问题、破难点、训能力、评成效、拓任务"六大环节模块化教学设计，突出以学生为中心。三是融入思政元素教学，构建整体设计、动态迭代的模块化课程教学资源集群。四是打造"教学做创"教改新路径,开展通关外贸单证处理与复核、进出口商品归类、关务操作、国际货运代理操作等模块化线上线下混合式教改,提升模块间协作教学和竞赛指导能力。

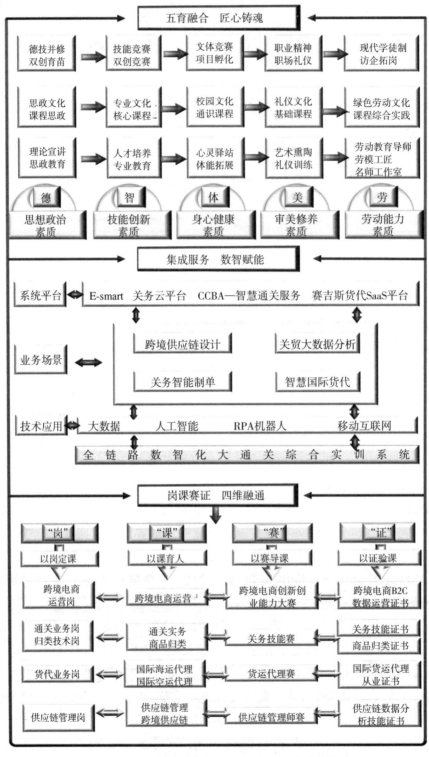

图4 "匠心铸魂、数智赋能、四维融通"人才培养体系

三、成果特色与创新

(一)理念创新

创新"匠心铸魂统摄人培纲与魂＋跨境供应链集成服务思想＋数字化商务智能技术赋能"智慧生态圈专业人才培养理念。以商流为先导、以物流为核心、以信息流为支撑、以资金流为保障，四流互融共生，形成"四流一体"的互为依存的智慧生态圈，系统研究现代关务与外贸服务产业对人才知识能力结构的需求，首提智慧生态圈人才培养理念，丰富了人的全面发展理论和智慧系统协同理论，遵循"德技并修育新人、数智赋能育新才、五育融合铸匠魂"主基调，开发跨境供应链设计、关务大数据分析、外贸单证处理及复核、通关业务操作、国际货运代理业务等全链路数智化大通关综合实训系统，培养面向新时代智慧供应链与国际物流高质量发展的专能精、通能强、素质高的复合型的大关贸人才，实现人才培养供给侧与需求侧结构要素全方位融合。

(二)模式创新

筑构"匠心铸魂、数智赋能、四维融通"大关贸育人模式。对接物流、商流、信息流、资金流四流合一的关务与外贸服务产业生态，笃行专业分割转向跨界交叉融合新思想，系统思考关贸服务专业育人模式中"机制科学化、人培精准化、课程特色化、师资高端化、教学模式实效化、产学研一体化、输出标准化"等关键构件，创新性提出以"德、智、体、美、劳"五育融合，以"标准引领"为方向，以"匠心铸魂"为宗旨，以"数智赋能""四维融通"为抓手，畅通以岗定向、以课为基、以赛筑台、以证为鉴的"岗课赛证"，以体现关务与外贸服务职教类型特点的"六打造"（打造专业发展机制、人才培养模式、"岗课赛证"融通课程体系、高水平双师团队、技术创新服务平台、专业国际品牌）为路径，凝练出符合职教类型教育规律的大关贸育人模式（见图5），形成教育对接产业、专业对接岗位的专业建设生态系统。

(三)机制创新

首提"三四五"普惠式竞技育人机制。依托"政行企校"合作平台，聚焦专业标准联动开发、专业建设评价和多方协同创新，实现课程体系、师资和基地动态更新，形成了"共生共长协同发展"校企双向动态循环的双元育人发展机制，推动专业及时跟进新技术发展，确保人才培养规格（知识结构、能力体系、职业素质等）与产业发展需求有效对接。重点构建基于智慧系统的"三四五"普惠式竞技育人机制（见图6），从实践课程三维度（项目任务维、规格层次维、方式方法维）、能力四层次（职业素养能力、业务操作能力、业务实战能力、业务管理能力）、竞赛五进阶（院赛级、校赛级、省赛级、行赛级、国赛/世赛级）来落实"匠心铸就梦想、技能成就人生"的价值导向融入综合实践课程体系，实现实践教学对接岗位实践、融入竞技理念和竞赛标准的岗课赛高度融通。

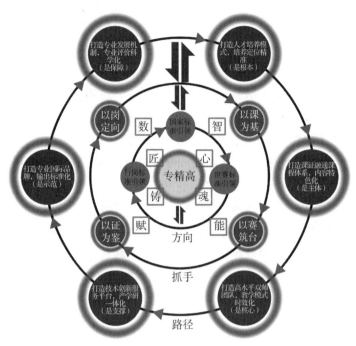

图 5　基于智慧生态圈的"匠心铸魂、数智赋能、四维融通"大关贸育人模式

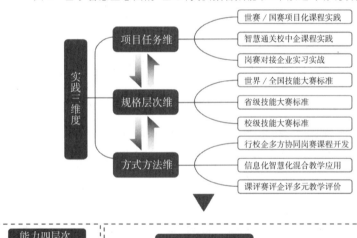

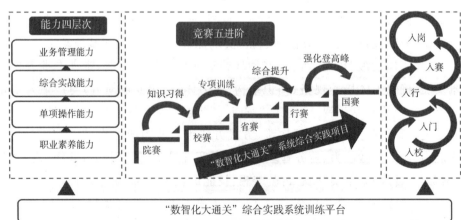

图 6　"三四五"普惠式竞技育人机制

四、成果推广及应用效果

(一)受益面广,成效显著

(1)毕业生就业质量显著提高。连续几年经第三方评价,毕业生平均起薪超出同类院校12%,就业率超出3.8%,工作与专业相关度超出5%。2021年中国职业院校关贸专业竞争力全国第1名。(2)获奖成果显著提升。学生获省级和国家级技能大赛奖60余项,其中全国职业院校技能大赛2019—2022年连续4年蝉联一等奖;获国家教学成果一等奖、二等奖各1项、省级二等奖一项、全国行指委一等奖2项和二等奖1项;教师获国家级教学能力比赛一等奖1项,全国技术能手2人。(3)教科研项目成果丰硕。国家级专业教学资源库课程平台1个,国家级课程思政教学研究项目1项,国省级精品课程5门,规划教材4部,省级以上教科研项目10项,专利8项。(4)教学团队享誉业内。国家级职业教育教师教学创新团队1个,关务行指委委员1名,行指委专业教学标准编制专家1名,"一带一路"暨金砖国家技能发展与技术创新大赛赛项技术专家委员1名。

(二)辐射面大,示范引领

(1)示范交流。专业建设水平国内领先,关务与外贸服务是国家级骨干专业,国家级生产型实训基地和国家级双师培训基地各1项。深圳职业技术大学、义乌工商职业技术学院等省内外多所院校来校交流复合型人才培养经验。(2)示范带动。专业育人模式应用于商贸类、交通运输类专业群的复合型人才培养体系设计,被金华职业技术学院等30多所院校借鉴使用。(3)辐射推广。在线精品课大数据分析与应用向阿克苏职业技术学院、青海高等职业技术学院、西藏职业技术学院等82所西部偏远地区院校和清华大学、浙江大学、复旦大学等118所普通高校推广示范,实现立德树人示范引领。

(三)关注度高,影响广泛

(1)媒体报道。成果受到各级部门及社会的高度认可与普遍关注,被各类媒体报道16次,聚焦职教、中国教育在线、新浪网、浙江在线等报道了专业育人成果,充分肯定了关贸专业复合型人才培养质量,专业竞争力第三方排名全国第一;"将工匠精神融入'双11'课程综合实践"案例2次上学习强国;《茶山脚下的"课程思政"大备课》被学习强国等7家媒体报道;《谱写职业教育课程思政"四重奏"》被《中国教育报》、中国职业技术教育网等3家媒体报道。(2)技术技能平台。依托教育部高职创新发展行动计划认定项目:生产性实训基地(物流与报关实训中心),建设数字经济与智慧供应链产教融合平台等技术技能平台3个、物流与供应链产教融合协同创新中心等3个,2021年与阿里巴巴等国际企业建立合作平台1个,提供DBE区块链等涉外企业员工培训(人次)共1035人次。

(四)"一带一路",职教输出

助力"一带一路"建设,赋能中国职教输出,通过举办论坛、国际交流、中外合作办学等,建设国际化课程标准 1 套,国际化双语课程 3 门,多个具有国际元素的系列微课,向 20 多个国家输出本成果。以汉语为桥,促人心相通,体验中国职教魅力。来自马来西亚、加拿大和摩洛哥的 149 名学员参加学习"汉语桥"线上团组项目。2019－2021 年 1 人荣获全球供应链专业群建设创新奖。

残健融合、协同共培、三制合一：
特殊高职教育育人模式的创新与实践

成果完成单位：浙江特殊教育职业学院、襄阳职业技术学院
成果完成人：黄华、黄宏伟、余荣宝、骆中慧、张磊、刘晓、姚晓霞、马仁海、邱淑女、陆统、林海燕、吴晓波
执笔人：姚晓霞

一、成果培育背景

(一)特殊高职教育育人模式应然路径探索的现实需要

我国的残疾人口基数大,提高残疾人口的整体素质,让他们在社会建设中充分发挥作用,有利于实现高质量人口发展。规范和发展特殊高等职业教育育人模式是提升残疾人整体素质的重要一环。"十二五"初期,我国残疾人接受高等教育途径单一,且残疾人高等教育主要由本科学校举办,以两种形式为主:一是单独设立特殊教育学院或系部,以单考单招的形式招录残疾学生,残疾学生在一起完成大部分的专业学习;二是普通高校通过普通高考录取残疾学生,残疾学生与普通学生共同学习。普通高等职业院校在实践维度缺乏从学校层面构建融合教育环境以支持特殊学生与普通学生共同发展的管理经验。特殊高等职业院校承担着特殊教育与职业教育的双重属性,需要突破普通高等职业院校和本科院校对残疾学生培育的支持困境,亟待建立能够高度适配残疾人职业发展的育人模式。

(二)学院内部体系优化和教学质量提升的现实需要

作为全国首批独立设置的特殊高职院校,浙江特殊教育职业学院从 2011 年筹建开始,确立了服务残疾人和服务残疾人事业的办学定位,即担负起拓展残疾人接受高等职业教育途径的使命,以满足浙江省内特殊教育学校高中部学生接受高等职业教育需求的任务。学校立足残疾学生的学习需求,主动对学校内部教学系统进行优化,在完善特殊教育与职业教育衔接过程中,解决残疾学生教育适配问题,进行教学环

境、教学资源、教学方法的一系列改革,促成残疾人职业教育动态性、交互性和层次性的凸显。

(三)残疾学生可持续发展的个性化培育需要

相较于普通职业教育发展实践驶入快车道,残疾人高等职业教育仍面临着外部教育环境支持不足、教学资源匮乏、残疾学生可持续发展断档脱节的现实困境。相较于健全学生而言,残疾学生从学校教育走向职场的过渡过程中需要更多的支持。传统意义中,残疾人职业教育发展的目标动力仍是以"就业第一"为导向的育人模式,紧盯"眼前"的需求导向往往导致对个体可持续性和个性化发展的关注不足。如何在残疾人职业教育中融入可持续发展理念的养成,帮助残疾学生建立学业后发展的路径,最大限度发展他们的优势和潜能,促进其在不同学习阶段之间的顺利转衔,正是特殊高等职业教育育人实践的必然选择。

二、成果形成过程

本成果力求真正实现让残疾学生从接触专业到服务产业、从基本技能习得到高层次就业、从获得独立能力到赢得社会尊重;围绕残疾学生技能提升、就业增收、康复服务、特殊教育等重要领域,分阶段推进特殊高职教育育人模式创新范式的实践改革。

第一阶段:融合育人环境创设阶段。学校依托浙江省哲学社会科学"高等学校全纳教育本土化模式研究"课题,通过启动"融合教育改革三年计划",首创残疾学生与健全学生共学共享的融合课堂和融合公寓,形成了残健学生的融合发展平台、创设融合的教育环境、探究融合教育环境创建的有效实践。

第二阶段:教学服务支撑适配阶段。学校依托"浙江省听障生中高职课程衔接的研究"项目,制订并实施《残疾人高技能人才培养方案》,打通残疾学生技能培养中高职贯通,积极争取浙江省政府的大力支持,引入百位名家助力特殊教育,引入企业创建实训基地,紧扣教师、教材、教法开展协同化改革实践。

第三阶段:可持续发展机制完善阶段。经过第二个阶段对校企互动机制的完善,学校育人效率有较大提升。但随着学校办学影响力的提升,学生生源突破浙江省,来自全国各地,学生高中学习经历更趋多样化,学生发展诉求日趋多元化,与之相比学校当时的育人机制偏弱。学校开始前瞻性设计学生多元化发展通道,进行残疾学生个人档案精准画像,针对学生学业成绩—技能水平—职业理想的调研情况,实施"技能型—骨干型—创业型"的职业出口培养计划。

三、成果针对的教学问题

(一)育人环境建设与社会场景适应脱节问题

社会经济的发展和技术的进步要求残疾人职业教育不断更新教学内容、改进教学方法,以更好地适应市场需求和残疾人的学习需要。然而,现实中我国的残疾人职业教育还比较滞后,很多教学内容和方法已经过时,缺乏多样性和创新性,不利于残疾人的职业发展和个人成长。

(二)学生能力培养与教学服务支撑不足问题

现有的针对健全人的职业教育资源无法直接有效地共享给残疾人,包括教师队伍、课程内容、教学环境和条件等,如何尽可能地实现资源转化和资源共享需要进一步研究。

(三)多元发展需求与育人支持机制弱化问题

残疾人职业教育的育人支持机制层次性不够丰富。针对各类型残疾人职业教育的学后发展场景支持不够丰富,对不同发展需求的残疾学生缺乏适配支持。

四、解决问题的模式方法

特殊高职教育解决育人问题的模式方法包括以下 3 个方面(见图 1)。

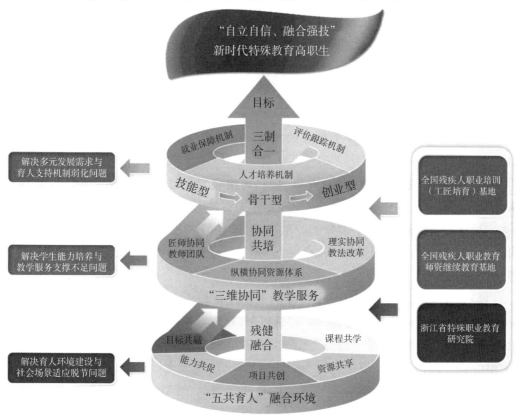

图 1　特殊高职教育育人模式方法

(一)创设"五共育人"的融合教学环境,解决育人环境建设与社会场景适应脱节问题

(1)建设融合教育的关爱环境。利用手语翻译的专业优势,建立融合公寓、融合课程、融合社团,实现残健学生课程共学、资源共享目标。

(2)建设融合教育的发展环境。依托专业实训项目,建成融合型大师工作室、共建共享型生产基地;依托校外竞赛项目,建成融合型团队,参与全国竞赛,实现残健学生项目共创、能力共促目标。

(3)建设融合教育的反哺环境。通过"百位名家助力特殊教育"公益项目,建成残健学生共同参与的"大爱无疆志愿服务队",实现残健融合目标共赢。

(二)设计"三维协同"的教学服务支撑体系,解决学生能力培养与教学服务支撑不足问题

(1)政校企合力打造匠师协同教师队伍。学校建立全国残疾人职业培训(工匠培育)基地、非遗专业群大师工作室,引入百余位行业名家助力特殊教育;建成全国特殊教育教师联盟、盲文翻译支持团队。

(2)政校企合力建设纵横协同的资源体系。学校启用无障碍辅具讯飞、音书、读屏软件覆盖全校;建设无障碍非遗类校级课程库、建成虚拟仿真APP等无障碍省级示范数智教材资源、建成国家唯一高职院校特殊教育专业教学资源库。

(3)政校企合力共商理实协同教法改革。学校开发"学生收集问题—教师模拟项目—问题成链—企业导师与学生互动—学生收获"的五步项目教学法;依托"越窑青瓷烧制技艺""制扇技艺"等多个拥有国家级非遗技艺的企业构建"非遗技艺项目"混合式教学。

(三)构建"三制合一"的联动育人机制,解决多元发展需求与育人支持机制弱化问题

(1)建成"技能型—骨干型—创业型"三阶递推的人才培养机制。通过"校企双导师＋课训双轨道",面向所有残疾学生的全部专业分层进行教学跟踪调整及精准就业指导。

(2)引入"岗位—企业—专业"三维调整的评价跟踪机制。学校制定岗位技能水平评价测评标准,建立"校企双导师"评价机制,形成专业内部评价提升指标。

(3)创设"帮扶—升学—创业"三路贯通的就业保障机制。学校建立学院与残联的"联合就业加油站",实现学生适配岗位当地就业;建成全国首个面向残疾学生的专升本"3＋2"培养模式,视障学生升学比例超过 50％;创建残疾人之家创业基地,形成省域示范残疾学生创业集群。

五、成果的创新点

(一)丰富融合教育理论内涵,构建高校融合教育"五共育人"新理念

学校聚焦"自立自信、融合强技"的育人目标,创设"课程共学、资源共享、项目共创、能力共促、目标共赢"的残健融合育人环境;解决了残疾学生育人环境建设与社会场景适应脱节的问题,出版《特殊职业教育导论》,特殊教育育人新理念示范全国。

(二)提升残疾学生教学服务适配性,打造"三维协同"的教学支撑新体系

学校聚焦"技能型—骨干型—创业型"三阶递推人才培养目标,创设"匠师协同教师队伍、纵横协同资源体系、理实协同教法改革"的教学服务支撑,解决了学生能力培养与教学服务支撑不足的问题。

(三)精准分析残疾学生发展的目标诉求,构建"三制合一"的育人新机制

学校聚焦残疾学生潜能发掘,形成残疾学生职业能力提升支持机制,解决了多元发展需求与育人支持机制弱化问题;建成全国残疾人职业培训(工匠培育)基地,促进残疾学生从封闭的技能型学习环境向开放的创业发展型学习环境递进转换,推进特殊教育高职院校跨越式发展。

六、成果的推广应用效果

(一)育人机制完善,人才培养质量显著提升

残疾学生就业率提升显著:全国特殊教育职业教育集团成员的学校残疾学生就业率大幅提升,成果主持单位残疾学生就业率连续多年为100%,2020届残疾毕业生陈济扬通过新媒体创业年收入超百万元;优秀典型示范全国:盲人毕业生朱丽华获中央电视台感动中国2019年度人物荣誉并被授予"全国三八红旗手"称号,自强学子母燕零荣获2021年度"中国大学生自强之星"奖学金和2022年度国家奖学金特别评审奖,无声的女孩袁娅清获2021年"浙江省十佳大学生"称号。

(二)育人成效反哺,专业建设发展成效明显

学校入选省、国家级"双高"计划:成果申报单位特殊教育专业群入选"浙江省高水平专业群",是国内残联系统高职学院中唯一一所入选省级高水平专业群的院校;专业设置对接新业态:率先在全国开设面向残疾学生的电子商务等新经济新业态专业,建成适配残疾学生能力培养的非遗手工技艺专业群。

(三)育人模式成熟,社会影响力辐射全国

学校建成省内首个以"特殊教育"为研究重点的"浙江省特殊职业教育研究院",出版了国内首部阐述特殊职业教育理论体系的著作《特殊职业教育导论》。主流媒体报道:中央电视台、《中国教育报》、《中国商报》等多家主流媒体专版报道育人模式;优

秀案例省域示范：入选浙江教育厅教育评价改革典型案例，入选浙江省高校乡村振兴典型案例，入选教育部产教融合校企合作案例；育人模式全国推广：学校育人模式受到浙江省副省长批示与肯定，成果推广至全国45所（含5所本科）院校学习借鉴，社会影响力辐射全国。

七、教学工作的体会感悟

（一）融合教育理念融入课程的进一步强化

育人模式促成了融合教育理念的教学深入。在融合教育理念的指导下，学校加强专业群内部的共建共享、融合发展，围绕"以德为本、立德树人"的育人目标，引入国际化融合教育理念，弘扬公平、博爱的融合教育文化，同时积极构建基础共享融合、中层差异发展、高层拓展互选的融合教育课程体系，以实现融合教育教师知识和态度、融合教育教学能力整体提升，以及专业群内差异化发展。学校打通专业界限，实现专业群内共享，且保留不同专业的核心能力与专业素养的主干课程，以实现专业群内差异化发展。

（二）融合教育实践融入课程的进一步凸显

育人模式实施以来，专业教学开始突破传统的课堂对话模式，通过企业、政府、兄弟院校的教育资源不断尝试融合教育实践，创新教育实践形式，开展观摩见习、模拟教学、岗位轮训、班级管理、专项技能训练、志愿服务、融合教育专题交流研讨等方式，提升融合教育实践效果。营造全社会共同参与的残疾人教育内涵式高质量发展体系。

（三）多元教育评价融入学生发展的进一步强调

育人模式不仅强调学习过程，更关注残疾学生的能力发展。在教育评价中引入了多元评价改革，整合结果性评价、过程性评价、增值性评价、综合素质评价等多元评价方式，明确在线学习、职业技能学习、职业素养拓展等考核评价标准，采用企业导师评价、校内教师评价、学生互评、学生自评等多种评价方式，将评价活动嵌入教学过程，支持教师精准把握学生发展情况，提升课程教学的综合质量。

八、深入推进工作建议

（一）高职院校融合教育模式持续探索：提高职业教育包容性，满足多样化教育需求

职业教育秉承人人都能成才的教育理念，具有面向人人的类型教育特征。而包括残疾人在内的弱势群体，要更加平等且广泛参与高等职业教育，包容性发展是首选。浙江特殊教育职业学院高职育人模式经过10年探索，率先拓展了融合教育理论应用场景，在高职学院构建了残健学生一体化的融合教育环境，而随着探索的深入，

需在拓展育人模式惠及面、规范融合教育办学方面做新的突破：一是拓展特殊教育学生群体对象入学通道，进一步研究孤独症等更多类型特殊教育需要学生的入学通道，以扩大职业教育在特殊教育需求群体中的受益面；二是研制高等职业院校融合教育工作规程或基本办学标准，提升高职院校办学环境友好性与办学质量。

(二)特殊职业教育适应性提升路径探索：提高特殊教育质量，满足多层次教育需求

增强职业教育的适应性是我国职业教育内涵式高质量发展的重要内容，其在价值取向方面包含 3 个内容：适应立德树人的根本任务、适应经济社会发展需要、适应以人为本的发展导向。职业教育适应性的价值取向与特殊教育关注个人与环境的双向适应、提高残疾学生培养的灵活性、适应性、针对性的理念是相契合的。随着职业教育类型特色日渐凸显，特殊职业教育培养规格的高移，提升适应性将是特殊教育、职业教育共同关注的问题：一是宏观层面，探索深化职业教育跨域多元治理路径，构建共生、共存、共管、共享的"人才培养利益共同体"，优化技能形成的生态体系；二是学校微观实践层面，完善评价机制对于职业教育类型特质的适应性问题，并在此基础上优化课程调整机制适应产业发展，提升关键办学能力。

(三)高职特殊教育多元衔接功能拓展实践：提高特殊职业教育终身发展性，满足多方面教育需求

高职特殊教育作为残疾人终身教育体系的过渡阶段，要以终身化为追求推进多元阶段的衔接。浙江特殊教育职业学院以完善评价机制为突破点，前瞻设计学生发展，探索解决学生多元发展需求与育人机制弱化的问题。而随着现代职业教育体系建设改革的推进，特殊高职院校拓展多元衔接功能研究对于推进特殊职业教育完善体系，拓宽弱势群体成长成才具有现实意义：一是探索中职—高职—本科一体化贯通发展，研究标准体系、评价体系、培养体系一体化；二是探索特殊教育需求学生的"职教高考"制度，为来自普通学校、职业学校、特殊教育学校的学生提供多样化上升通道，推进特殊教育、职业教育、普通教育的融通；三是研究各类型特殊教育需要学生的潜能与特质，关注职业思维、职业素养、职业习惯的培养，以适应产业转型升级对于技术技能人才综合素质需求的变化。